HEYNE‹

W0085493

Der Autor

Jens Priewe, Jahrgang 1947, ist in Schleswig-Holstein geboren und hat über 20 Jahre lang als politischer und Wirtschafts-Journalist gearbeitet, bevor er sich ganz auf das Thema Wein konzentrierte. Er hat einige Bücher über die Weine Italiens geschrieben sowie mehrere »Wein-Schulen« verfasst. Er veröffentlicht regelmäßig in Zeitschriften wie »Der Feinschmecker« und »essen & trinken« und lebt in München.

Jens Priewe

Weinwissen

Von A wie Aroma bis Z wie Zweigelt

WILHELM HEYNE VERLAG
MÜNCHEN

Dieses Taschenbuch ist eine gekürzte Fassung des Buches *Wein - Die neue große Schule*, das im Verlag Zabert Sandmann erschienen ist. Es lag bereits in einer früheren Taschenbuchausgabe unter der ISBN 3-453-19377-6 vor.

Umwelthinweis:

Dieses Buch wurde auf chlor- und säurefreiem Papier gedruckt.

Taschenbuchausgabe 11 / 2007

Copyright © 2000 by Verlag Zabert Sandmann GmbH, München

Copyright dieser Ausgabe © 2001 by Wilhelm Heyne Verlag GmbH & Co. KG, München

Der Wilhelm Heyne Verlag, München, ist ein Verlag der Verlagsgruppe Random House GmbH

www.heyne.de

Printed in Germany 2007

Umschlaggestaltung: Hauptmann und Kompanie Werbeagentur, München – Zürich

Umschlagillustration: © Ciaran Griffin / getty-images

Druck und Bindung: RMO; München

ISBN: 978-3-453-60066-9

Inhaltsverzeichnis

Vorwort

Man kann das Ende des vergangenen 20. Jahrhunderts nicht anders als das »Goldene Zeitalter des Weins« bezeichnen. Die staunenswerte Verbesserung der Qualitäten, der überschießende Ehrgeiz der Erzeuger, die scheinbar unbegrenzte Aufnahmebereitschaft der Märkte für feine Weine und eine neue, bislang nicht gekannte Begeisterung der Menschen in vielen Teilen der Welt für das älteste aller Getränke nach Wasser und Milch – das ist es, was die letzten zwei Jahrzehnte des vergangenen Jahrhunderts charakterisiert.

Die Ausweitung des Weinbaus in neue Anbaugebiete, die Entwicklung neuer Weinbaumethoden, die Umsetzung der Erkenntnisse moderner Önologie – all das bedarf auch einer gänzlich neuen Darstellung, damit wir verstehen, was wir trinken, und begreifen, was andere tun, um uns Genüsse zu ermöglichen, die es in dieser Form vorher nicht gab.

Weintrinken ist ein Erlebnis. Deshalb sollte das Lesen eines Weinbuches keine trockene Angelegenheit sein. »Weinwissen« führt anschaulich vor Augen, wo Wein wächst, was Wein ist und wie aus Trauben Wein entsteht. Leser und Leserin erfahren, was Ganztraubenpressung ist und was man unter Bâtonnage versteht, wo der Geschmack des Weins herkommt und wo der berühmte Weinberg Romanée-Conti liegt. Es wird gezeigt, weshalb ein Wein im kleinen Fass schneller reift als im großen und warum es manchmal von Vorteil sein kann, junge Weine zu dekantieren.

Das Buch führt thematisch in die Tiefe, damit die Eigenarten der Weine nicht nur erschmeckt, sondern bewusst gemacht werden. All das ist wichtig. Es erklärt nämlich, was einen guten von einem sehr guten Wein unterscheidet: die Summe vieler Details. Nur wenn die Weintrinker und Weintrinkerinnen verstehen, was die Winzer tun, können sie mitwachsen mit den revolutionären Veränderungen, die sich gerade in der Welt des Weins vollziehen.

»Weinwissen« wurde nicht ausschließlich für die Liebhaber deutscher, französischer, italienischer oder sonstiger Weine verfasst. Es ist für jene geschrieben, die heute dies und morgen das trinken, aber immer das Beste wollen. Gestern waren es einfache Landweine, die sie aus dem Urlaub mitgebracht haben. Heute öffnen sie eine Flasche eines der großen, Ehrfurcht einflößenden Kultweine. Morgen kann es ein völlig unbekannter Wein aus einem jener Länder sein, die erst vor gar nicht langer Zeit auf der Weltkarte der Wein erzeugenden Nationen aufgetaucht sind.

Alle diese Weine haben ihre Qualitäten. Im Regal des Weinhändlers stehen sie nebeneinander. Was sie unterscheidet, ist der Preis. Dieses Buch hilft zu verstehen, weshalb die einen fünfzig, die anderen nur fünf Euro kosten. Und es versucht, die komplizierte Weinfachsprache aufzuschlüsseln. Es möchte den Wein und die Weinherstellung transparenter machen – ohne den Mythos zu zerstören.

Jens Priewe

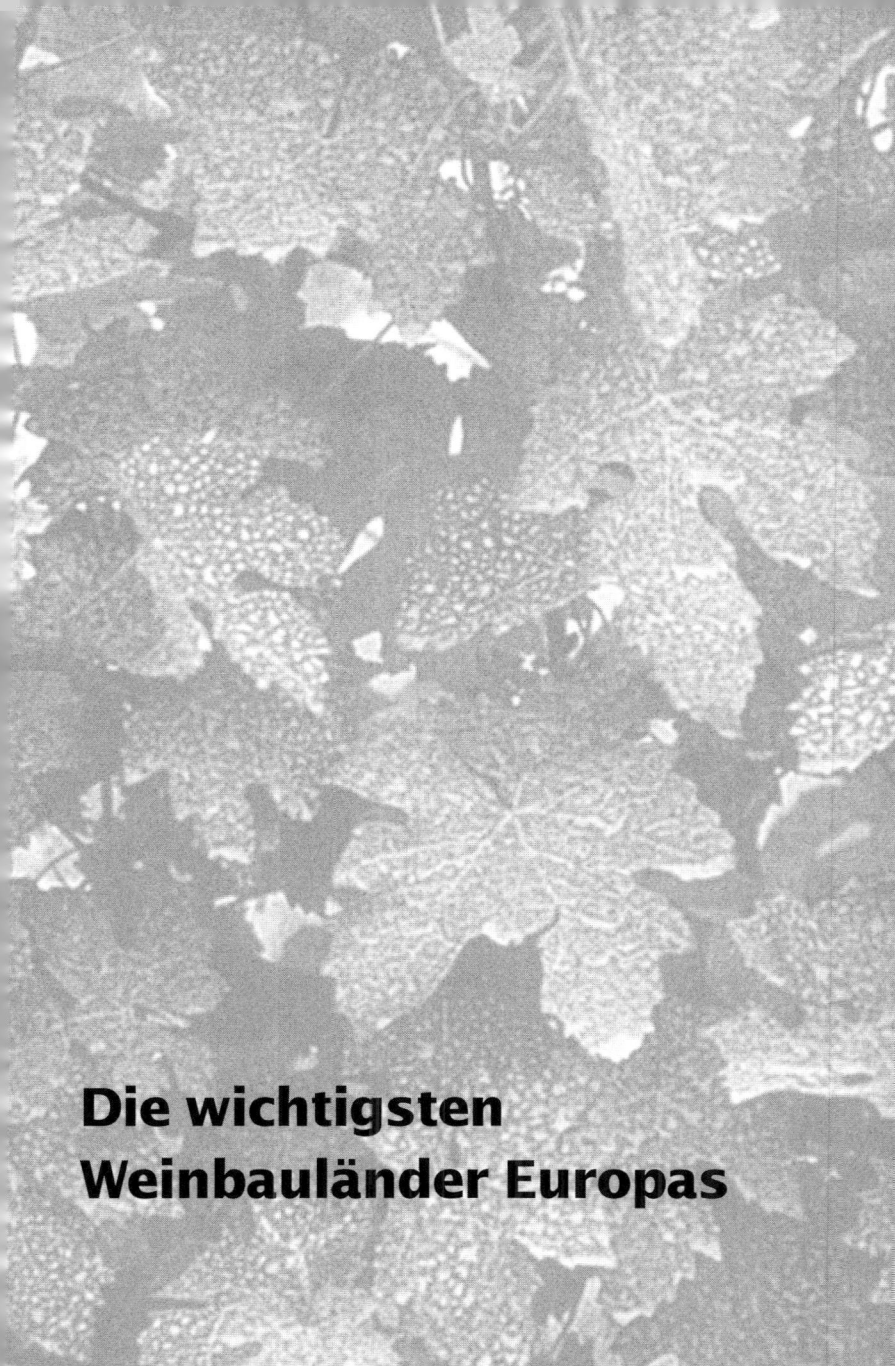

Die wichtigsten
Weinbauländer Europas

Der Weinbau konzentriert sich auf die gemäßigten Klimazonen der Erde, den so genannten Weltrebengürtel. Dieser liegt in Europa zwischen dem 40. und 50. Breitengrad.

Deutsche Wissenschaftler gehen davon aus, dass ein Gebiet mindestens 1600 Sonnenstunden im Jahr aufweisen muss, damit Rebanbau möglich ist. Amerikanische Wissenschaftler sprechen von wenigstens 2500 Stunden im Jahr, an denen es mindestens 10 °C warm sein muss.

Unabdingbare Voraussetzungen sind das freilich nicht: So können beispielsweise steile Weinberge die Kraft der Sonne erheblich verstärken, und in warmen Anbaugebieten kommt es weniger auf die Sonne als auf die Menge der Niederschläge an. Sie müssen im Jahresmittel mindestens 600 Millimeter betragen.

Doch ist auch das kein allgemein gültiges Kriterium. Es reichen nämlich beispielsweise auch 300 Millimeter Niederschlag, wenn dieser teils im Frühjahr während der Vegetationsperiode, teils im Sommer fällt, um die bis zu drei oder vier Monate während Trockenperioden zu unterbrechen.

Vereinzelt wird in Europa auch nördlich und südlich des Rebengürtels Wein angebaut: Teile der Mosel und des Rheins liegen beispielsweise am 51. Breitengrad, ebenso die südenglischen Weinanbaugebiete in Cornwall.

Im Gegenzug befinden sich viele südeuropäische Anbaugebiete um den 36. Breitengrad herum. Von dort kommen vor allem schwere, alkoholreiche Weine (Sherry, Marsala, süßer Samos, »Zypern-Sherry«) und rote Verschnittweine.

Deutschland – Land des Rieslings

Deutschland gehört zu den kleineren Vertretern unter den Weinbaunationen der Welt. Die Anbaufläche beträgt gerade acht Prozent derjenigen Frankreichs, und die Menge des Weins, der aus Deutschland kommt, ist nur unwesentlich größer als die Rumäniens. Trotzdem ist Deutschland eine besondere Weinnation, denn die deutschen Anbaugebiete befinden sich nahe des 51. Breitengrades, der als äußerste Klimagrenze für den Rebenanbau gilt. In dem relativ kühlen, kontinentalen Klima, das in Deutschland herrscht, können die Trauben nur an wenigen Stellen ausreifen. Dieser Umstand darf jedoch nicht zu dem Schluss verleiten, dass deutsche Weine am unteren Ende der Qualitätsskala stehen. Im Gegenteil: Aus klimatischen Grenzregionen – das beweist auch die französische Champagne – kommen oft besonders feine, charaktervolle Weine. Außerdem besitzt Deutschland zumindest eine Sorte, die zu Recht zu den edelsten der Welt gezählt wird: den Riesling. Daraus werden Weine gewonnen, wie es sie kaum irgendwo auf der Welt gibt.

Kein anderes Land hat seine glanzvolle Weinbaugeschichte so verdrängt wie Deutschland. Und kein anderes europäisches Land hat weinbaulich mehr Fehler gemacht und hält mit so unheimlicher Konsequenz an ihnen fest. Dieser Tragik zum Trotz gibt es Winzer, die große Weine erzeugen. Der Weinbau wurde von den Römern nach Deutschland gebracht. Im 3. Jahrhundert n. Chr. spricht der Dichter Ausonius von Reben an den

NIEDER-
LANDE

DEUTSCHLAND

Hamburg

Bremen

Weser

Elbe

Berlin

Kassel

SAALE-UNSTRUT

Leipzig

Köln

Bonn

SACHSEN

Rhein

AHR

MITTELRHEIN

RHEINGAU

MOSEL-SAAR-
RUWER

RHEINHESSEN
NAHE

FRANKEN

Main

HESSISCHE BERGSTRASSE

PFALZ

WÜRTTEMBERG

Stuttgart

FRANK-
REICH

Rhein

BADEN

Donau

München

Konstanz

SCHWEIZ

ÖSTERREICH

Ufern der Mosel. Ob es Riesling-Reben waren, ist unbekannt. Im ausgehenden Mittelalter waren Elbling und Silvaner bekannt und weit verbreitet. Eine Sorte »Ruesseling« fand erstmals im 15. Jahrhundert Erwähnung. Die Bedeutung der Riesling-Traube wurde erst viel später erkannt.

1787 verfügte der Fürstbischof zu Trier, Clemens Wenzeslaus, dass an der Mosel Riesling zu pflanzen sei. Damit begann in ganz Deutschland die goldene Zeit des Weins. Im 19. Jahrhundert waren Rieslinge aus dem Rheingau die teuersten Weine der Welt: Sie kosteten bei Londoner Weinhändlern mehr als sieben Magnumflaschen Château Lafite. Solche Ehre widerfuhr freilich nur Weinen aus besten Lagen, wie Erbacher Marcobrunn, Schloss Johannisberger oder Rauenthaler Baiken.

Spätestens mit der industriellen Revolution, als die Menschen in die Städte abwanderten, begann der langsame Niedergang des deutschen Weins. Nach dem Zweiten Weltkrieg wurden die Anbaugebiete bedenkenlos ausgeweitet und die Qualitätsunterschiede der verschiedenen Herkünfte nivelliert. Stattdessen wurde eine Prädikatswein-Hierarchie geschaffen, die nur vordergründig an qualitativen Kriterien orientiert ist. An dieser Politik hat sich bis heute nichts geändert. Im Gegenteil: Immer wieder werden qualitativ mittelmäßige Weine offiziell aufgewertet, um ihnen bessere Absatzchancen zu ermöglichen. Den bescheidenen Glanz, der heute wieder von einigen deutschen Weinen ausgeht, verdankt das Land einzelnen Winzern, die ohne Unterstützung und gegen administrative Hemmnisse am Qualitätsgedanken festhalten.

Baden

Das südlichste Anbaugebiet in Deutschland ist zugleich das heterogenste. Es besteht aus mehreren Unterzonen. Eine ist der Kaiserstuhl, ein warmes, dem Schwarzwald vorgelagertes Hügelgebiet, in dem vor allem Rotwein aus Spätburgunder-Trauben erzeugt wird, den viele Weinfreunde für den besten Deutschlands halten. Wenn es um Weißwein geht, ziehen die Kaiserstühler Winzer Weißburgunder und Grauburgunder dem Riesling vor. Eine kleinere Unterzone ist der Kraichgau südlich von Heidelberg mit körperreichen Rieslingen, leichten Weiß- und »speckigen« Grauburgundern. In der Ortenau um Baden-Baden erreicht der Riesling seine besten Qualitäten, allerdings nicht als Riesling: Hier heißt er Klingelberger. Auch einige ausgezeichnete Spätburgunder kommen von dort. Südlich von Freiburg beginnt das Markgräflerland, das Zuhause der Gutedel-Traube, die leichte, säurefrische Weißweine ergibt. Einfacher Müller-Thurgau wächst zwischen all diesen Zonen.

Franken

Franken ist kein zusammenhängendes Anbaugebiet. Seine Weinberge liegen in klimatisch begünstigten Nischen, verstreut längs des Mains. Das Weinbauzentrum Frankens ist Würzburg, die typische Rebsorte ist der Silvaner. Aus ihm werden neutral-fruchtige, erdige Weißweine erzeugt, die zu den besten in Deutschland gehören. Riesling wird nur in wenigen Lagen reif, ergibt dann allerdings hochklassige Weine. Viele Winzer sind auf den Rieslaner – eine Kreuzung von Silvaner und Riesling – ausgewichen, aus dem in Franken duftige, Riesling-ähnliche Weine gewonnen werden. Die häufigste Sorte ist der Müller-Thurgau. Frankens Weine sind körperreich, werden größtenteils trocken ausgebaut (bis maximal 4 Gramm Restzucker) und in die charakteristische Bocksbeutelflasche abgefüllt. Am westlichen Main um die Städte Wertheim und Miltenberg werden auch Rotweine aus Spätburgunder, Blauer Portugieser und Domina erzeugt.

Mosel-Saar-Ruwer

Die Mosel mit ihren steil zum Wasser abfallenden Weinbergen gehört zu den imposantesten Weinlandschaften der Welt. Hier – zwischen Koblenz und Trier – befindet sich die Heimat des Riesling. Auf den wärmespeichernden Schiefer- und Grauwackeböden wachsen überaus leichte, zartwürzige, stahlige Weine mit donnernder Säure, die eine Klasse für sich darstellen. Je nach Boden haben sie Pfirsich-, Aprikosen- oder Holunderaromen, die von einem Schieferton unterlegt sind.

Allerdings sind die Grenzen des Anbaugebietes vom Gesetzgeber viel zu weit gezogen: Sie gehen weit über die Steillagen hinaus auf die Höhen von Hunsrück und Eifel, wo oft nicht einmal der Müller-Thurgau reif wird. Aber auch auf den flachen oder hügeligen Lagen in den Moselschleifen wird Wein angebaut, allerdings ohne je die Qualität der Steillagen-Weine zu erreichen. So bringt die Mosel heute zugleich Hochgewächse im Weltmaßstab und eine Flut biederer Schlichtweine hervor. Der Riesling ist die wichtigste Rebsorte, nimmt aber nur gut die Hälfte der Rebfläche ein (55 Prozent). Es folgen Müller-Thurgau, Elbling und Kerner. Die besten Rieslinglagen finden sich an der Mittelmosel. Die Ruwer, ein kleiner Nebenfluss bei Trier, bringt ebenfalls säurebetonte Weine hervor, aber mit vegetabileren Aromen. Dagegen haben die Weine von der Saar die stahligste Säure. Von dort kommen die besten Eisweine Deutschlands sowie große edelsüße Beerenauslesen.

Pfalz

Die Pfalz ist das zweitgrößte deutsche Anbaugebiet und ein Füllhorn herzhafter, süffiger Zechweine, die trefflich zu den deftigen Gerichten des Landes passen. Die meisten Weißweine stammen von der Müller-Thurgau-Rebe, die meisten Roten von der Blauen Portugieser. Daneben gibt es aber auch eine wachsende Anzahl von Weinen, die höheren Ansprüchen genügen. Vor allem im warmen Süden des Anbaugebietes werden Spätburgunder, zunehmend aber auch Dornfelder und Saint-Laurent angebaut, die den Badener Rotweinen in nichts nachstehen. Die Mittelhaardt, ein lang gestreckter Hügelrücken, ist traditionell eines der besten Riesling-Anbaugebiete Deutschlands. Orte wie Kallstadt, Ungstein, Wachenheim, Deidesheim, Forst und Gimmeldingen sind für ihre kräftigen, mineralisch-würzigen oder fruchtig-eleganten Rieslinge berühmt. Auf den kälteren Böden werden Weißburgunder und Grauburgunder angebaut. Bei entsprechender Pflege gehören sie zu den besten Weinen dieser Sorten in Deutschland.

Rheingau

Der Rheingau ist ein kleines, aber illustres Weinanbaugebiet westlich von Frankfurt. Um Schloss Johannisberg und das Kloster Eberbach wuchsen bereits im 13. Jahrhundert Reben. Zu Beginn des 20. Jahrhunderts zahlten Londoner Weinkenner für eine Flasche besten Rheingauers – damals

»Hock« genannt – genauso viel wie für eine Flasche Château Lafite. Im Vergleich dazu ist Rheingauer Wein heute preiswert. Qualitativ aber gehören seine besten Qualitäten immer noch zu den großen Weißweinen der Welt. Weingemeinden wie Rüdesheim, Oestrich, Hattenheim, Erbach, Kiedrich und Rauenthal haben nach wie vor einen guten Ruf. Allerdings werden auch zahllose mittelmäßige Weine angeboten: Resultate viel zu hoher Erträge. Angebaut wird im Rheingau zu 88 Prozent Riesling. Er fällt etwas körperreicher aus als die Weine von der Mosel und wird häufiger trocken und halbtrocken ausgebaut. Das nördliche Assmannshausen ist eine Rotweinnische. Dort wächst ein leichter, fruchtbetonter und mandelduftiger Spätburgunder.

Rheinhessen

Die Grenzen des größten deutschen Weinanbaugebiets sind so weit gezogen, dass es stilistisch und qualitativ völlig unterschiedliche Weine hervorbringt. Auf den fruchtbaren Lössböden des Hinterlands wachsen herzhafte, rustikal-derbe Weine, vorzugsweise der Sorten Müller-Thurgau, Kerner, Scheurebe und Bacchus. Besonders gepflegt wird der Silvaner, ein leichter, trockener Wein, der sich in seiner neutral-fruchtigen Art gut als Tischwein eignet. Das Hauptanbaugebiet des Silvaners liegt im südlichen Zipfel Rheinhessens bei Worms, der Heimat der »Liebfraumilch«. Dieser dünne, gezuckerte Tropfen, inzwischen stark im Rückgang begriffen, bestimmt leider in vielen Teilen der Welt das Bild vom deutschen Wein – zum Leidwesen der heutigen Generation deutscher Spitzenwinzer. Am Rhein um die Städtchen Nackenheim, Nierstein und Oppenheim konzentriert sich alles auf den Rieslinganbau. Auf den Buntsandsteinböden (»Rotliegenden«) dieser Rheinfront wachsen einige der schönsten Rieslinge Deutschlands. Sie sind von fast symphonischer Fülle und unvergleichlicher Feinheit. Da sie durchweg kräftiger und voller, dafür etwas niedriger in der Säure als die Mosel-Rieslinge sind, werden sie gern trocken ausgebaut.

Württemberg

Württemberg ist ein Rotweinland: Über die Hälfte der Weine wird aus roten Trauben erzeugt. Der größte Teil ist blassroter Trollinger, der außerhalb des Anbaugebietes gar nicht, in Schwaben umso lieber getrunken wird: ein durstlöschender, bestenfalls delikater, ebenso oft aber fader, biederer Wein. Die klassischen Rotweine werden aus Lemberger erzeugt, dem deutschen Pendant zur österreichischen Blaufränkisch-Rebe. Dazu kommt ein wenig Schwarzriesling (Pinot Meunier). In den letzten Jahren ist auch verstärkt Dornfelder angebaut worden (Kreuzung Helfensteiner x Heroldsrebe), aus der überaus fruchtige, erstaunlich feine Rotweine entstehen. Die württembergischen Rieslinge sind robust und kräftig, aber nicht so fein wie in kühleren Zonen Deutschlands.

Weitere Anbaugebiete

■ *Ahr* Die Ahr ist ein Nebenfluss des Rheins, an dessen Hängen viel Blauer Portugieser und Spätburgunder angebaut wird. Beide Rebsorten ergeben in der Hauptsache leichte, tanninarme, aber auch einige hochfeine, zartfruchtige Rotweine.

■ **Hessische Bergstraße** Unter Hessische Bergstraße versteht man ein kleines, rechtsrheinisches Anbaugebiet um die Stadt Bensheim, das früher zum Rheingau gehörte. Heute werden hier, neben ein wenig Müller-Thurgau, eigenständige, teilweise sehr feine Rieslinge auch hoher Prädikatsstufen erzeugt.

■ **Mittelrhein** Das Weinbaugebiet ist gleichzusetzen mit dem nördlichen Rheinabschnitt zwischen Koblenz und Bonn – ein Anbaugebiet mit atemberaubenden Steillagen, in denen viele durchschnittliche Weißweine, aber auch einige superbe Rieslinge wachsen, die den großen Hochgewächsen in nichts nachstehen.

■ **Nahe** Die Nahe ist ein Flüsschen, das im Hunsrück entspringt und bei Bingen in den Rhein mündet. Es hat dem kleinen Weinanbaugebiet den Namen gegeben. Angebaut werden vor allem Müller-Thurgau und Riesling, aber auch Weiß- und Grauburgunder sowie Silvaner, Kerner und Scheurebe. Die Reben wachsen teils auf Schiefer-, teils auch auf Quarzit-, Löss- und Buntsandsteinböden. Die besten Nahe-Weine reichen an die Hochgewächse von Mosel und Rhein heran.

■ **Saale-Unstrut** An den Ufern der Saale und ihres Nebenflusses Unstrut werden vor allem Silvaner und Riesling kultiviert, die karge, mineralisch-fruchtige Weine mit markanter Säure ergeben.

■ **Sachsen** Das kleinste aller deutschen Anbaugebiete mit nur 445 Hektar Reben – zumeist Müller-Thurgau und Riesling – liefert leichte, etwas spröde Weine, die in der Region als teure Spezialitäten gehandelt werden.

Das Weinland
Deutschland in Fakten und Zahlen

Rebfläche: 105 000 Hektar
Weinproduktion: 8 bis 12 Millionen Hektoliter
Jährlicher Weinkonsum pro Kopf: 23 Liter

Die 10 häufigsten Rebsorten:

1.	Riesling	weiß	20,1 %
2.	Müller-Thurgau	weiß	19,7 %
3.	Blauer Portugieser	rot	7,4 %
4.	Spätburgunder	rot	7,4 %
5.	Silvaner	weiß	7,3 %
6.	Dornfelder	rot	6,0 %
7.	Kerner	weiß	5,7 %
8.	Trollinger	rot	3,6 %
9.	Bacchus	weiß	2,6 %
10.	Scheurebe	weiß	2,2 %

Das deutsche Weinrecht

Je nach Jahrgang gehören zwischen 90 und 98 Prozent der deutschen Weine in den Bereich der Qualitätsweine bestimmter Anbaugebiete (QbA). Tafelweine und Landweine dagegen machen einen verschwindend geringen Anteil der Weinproduktion aus. Innerhalb der Kategorie der Qualitätsweine werden die Prädikatsweine unterschieden. Bei ihnen handelt es sich um Weine mit höherem natürlichen Mostgewicht. Sie dürfen nicht angereichert werden.

Ein Problem der deutschen Weingesetzgebung sind die Großlagen: Alle Rebenstandorte Deutschlands sind bestimmten Großlagen zugeschlagen worden. Sie umfassen mehrere Gemeinden. Ein Großlagenname auf dem Etikett ist also noch kein Qualitätsausweis.

Die Qualitätsstufen im Einzelnen:

Kabinett: Wein aus reifen Trauben mit einem Mostgewicht zwischen 70 und 80° Oechsle (je nach Anbaugebiet verschieden).

Spätlese: Wein aus vollreifen Trauben bis 90° Oechsle.

Auslese: Wein aus vollreifen Trauben mit einem kleinen Anteil überreifer Beeren (bis 125° Oechsle).

Beerenauslese: Wein aus überwiegend überreifen Trauben (125 bis 150° Oechsle).

Trockenbeerenauslese: Wein ausnahmslos aus überreifen Trauben (ab 150° Oechsle).

Eiswein: Wein aus gefrorenen, bei einer Temperatur von mindestens minus 7 °C gelesenenen Trauben gekeltert, Mostgewicht mindestens das einer Beerenauslese.

Frankreich –
Grande Nation des Weins

Frankreich ist der große Lehrmeister des Weins. Kein anderes Land hat sich, historisch betrachtet, so große Verdienste um die Entwicklung hochklassiger Weine erworben wie das Land im Herzen Europas. Eine zweihundertjährige Tradition glanzvoller Weingeschichte, die bis in die Gegenwart hineinreicht – wo gibt es das bei anderen Nationen? Bordeaux, Burgund und die Champagne bringen bis heute Weine von unnachahmlicher Feinheit hervor, und es gibt wenig Grund anzunehmen, dass sich in Zukunft etwas daran ändern könnte.

Aber Frankreich besteht nicht nur aus drei, sondern aus über 300 Anbaugebieten, und der Glanz, der von den großen ausgeht, strahlt nicht immer auf die kleinen ab. Außerdem scharen sich um große Lehrmeister viele Schüler, und manche dieser Schüler, die heute in Kalifornien, Australien, Chile oder Spanien wirken, haben die Lektionen, die sie gelernt haben, ebenso beherzigt wie französische Winzer oder Kellermeister in der Tiefe der Provinz. Kurz, Frankreichs Ruhm strahlt hell wie immer – aber nicht gleichmäßig aus jedem Winkel des Landes.

Nach der französischen Weinphilosophie hat Wein Ausdruck des Bodens und des Klimas zu sein. Diese Philosophie wird mit dem Wort *terroir* beschrieben. Das klingt wie eine Selbstverständlichkeit, wird aber keineswegs überall in der Welt als solche verstanden. In Frankreich allerdings wird Wein streng nach dieser Idee hergestellt, und nirgendwo kommt die französische Weinphilosophie besser zum Ausdruck als bei den großen Spitzenweinen des Landes. Was wäre Pinot Noir ohne das Burgund? Was Cabernet Sauvignon ohne die wasserdurchlässigen Kiesschotterbänke an den Ufern der Gironde? Die beiden Rebsorten werden heute überall auf der Welt erfolgreich kultiviert. Aber nirgendwo besitzen die aus ihnen gewonnenen Weine eine solche Ausdrucksfülle wie in ihren angestammten Herkunftsgebieten. Für die Qualität ist der Mensch zuständig, für den Charakter die Rebsorte, für die Größe des Weins sorgt ausschließlich die Natur. Hervé de Villaine, Direktor der Domaine de la Romanée-Conti, bringt diese Philosophie so auf den Punkt: »Die Wahrheit ist der Weinberg, nicht der Mensch.«

Freilich gibt es große regionale Unterschiede in Frankreich. Im Süden und Südwesten Frankreichs ist man der Überzeugung, dass die Weine – vor allem die Rotweine – aus mehreren Rebsorten bestehen sollten. Dadurch werden sie vielschichtiger, und das Risiko allzu großer Jahrgangsschwankungen wird reduziert. Der Châteauneuf-du-Pape darf zum Beispiel aus 13 verschiedenen Sorten gewonnen werden. In den nördlicheren Anbaugebieten Frankreichs werden die meisten Weine dagegen nur aus einer einzigen Rebsorte gekeltert: an der Loire, in Chablis, in Savoyen, im Beaujolais, im Elsass und vor allem im Burgund. Nicht einmal die Lagen vermischt man dort miteinander (außer bei einfachen Gemeindeweinen). Die Premier und Grand Crus werden Weinberg für Weinberg getrennt geerntet, vergoren und abgefüllt. Nur in der Champagne kennt man die Assemblage – so der Fachausdruck für das Mischen. Denn Champagner wird traditionell aus Pinot Noir, Chardonnay und Pinot Meunier hergestellt.

Wahrscheinlich kamen die ersten Reben 600 Jahre v. Chr. durch die Griechen nach Frankreich. Von Marseille bis Banyuls an der spanischen Grenze setzten sie Rebstöcke in den Boden. Doch erst die Römer sorgten für die systematische Ausbreitung des Weinbaus in ihrer gallischen Provinz. Zunächst verbreitete sich die Rebe im stark besiedelten Rhônetal. Im 2. Jahrhundert gelangte sie bis nach Burgund und Bordeaux, im 3. Jahrhundert sprossen an den Ufern der Loire die ersten Reben. Die französische Weinkultur beginnt nach Meinung der Historiker mit Kaiser Aurelius Probus (232–282 n. Chr.), der die Anpflanzung von Rebstöcken in ganz Gallien befahl, was die Menschen im Lande mit großem Eifer befolgten. Der Kaiser wurde später von seinen Soldaten erschlagen, aber der Weinbau florierte. Im 4. Jahrhundert drangen die Reben sogar bis in die Champagne vor.

Die Ausbreitung des Weinbaus ging mit der Missionierung des Landes Hand in Hand. Die Kirchen brauchten Messwein, und die Benediktiner-, später die Zisterziensermönche sahen es als fromme Tat an, um ihre Klöster herum Weingärten anzulegen. Dabei erlagen nicht nur sie der Verführung des berauschenden Getränks, sondern auch der weltliche Adel und die neuen Bürgerschichten, die sich am Ende des Mittelalters herausbildeten. Schon im 12. Jahrhundert entwickelte sich ein reger Handel mit England, später mit Schottland, Holland und Deutschland. Die steigende Nachfrage nach den edlen Tropfen aus dem Reich der Franken beflügelte die Menschen, immer mehr Reben anzubauen. Zu Beginn des 17. Jahrhunderts gab es dreimal mehr Rebland als heute. Nach der Französischen Revolution übernahmen Bürgerliche die adeligen Weinlatifundien und nach der folgenden Säkularisierung auch die kirchlichen. In Bordeaux waren es vor allem Mitglieder des Parlaments, die Grundbesitz im Médoc erwarben. 1855 erstellte die Handelskammer von Bordeaux im Auftrag von Kaiser Napoleon III. eine Klassifikation der Bordeaux-Châteaux. Sie gliedert die besten 61 Weine in erst- bis fünftklassige Gewächse und hat bis heute Gültigkeit behalten.

Die Klassifizierung der Weine von Bordeaux von 1855 (Médoc – Graves):

Premiers Crus

Château Lafite-Rothschild	Pauillac
Château Latour	Pauillac
Château Margaux	Margaux
Château Haut-Brion	Pessac, Graves

Deuxièmes Crus

Château Mouton-Rothschild	Pauillac

(einzige nachträgliche Änderung:
1973 vom zweiten zum ersten Cru erhoben)

Château Rauzan-Ségla	Margaux
Château Rauzan-Gassies	Margaux
Château Léoville-Las-Cases	St-Julien
Château Léoville-Poyferré	St-Julien
Château Léoville-Barton	St-Julien
Château Gruaud-Larose	St-Julien
Château Brane-Cantenac	Cantenac-Margaux
Château Pichon-Longueville Baron	Pauillac
Château Pichon-Lalande	Pauillac
Château Ducru-Beaucaillou	St-Julien

Château Durfort-Vivens	Margaux
Château Lascombes	Margaux
Château Cos d'Estournel	St-Estèphe
Château Montrose	St-Estèphe

Troisièmes Crus

Château Giscours	Labarde-Margaux
Château Kirwan	Cantenac-Margaux
Château d'Issan	Cantenac-Margaux
Château Lagrange	St-Julien
Château Langoa-Barton	St-Julien
Château Malescot St-Exupéry	Margaux
Château Cantenac-Brown	Cantenac-Margaux
Château Palmer	Cantenac-Margaux
Château La Lagune	Ludon-Haut-Médoc
Château Desmirail	Margaux
Château Calon-Ségur	St-Estèphe
Château Ferrière	Margaux
Château Marquis d'Alesme-Becker	Margaux
Château Boyd-Cantenac	Cantenac-Margaux

Quatrièmes Crus

Château St-Pierre	St-Julien
Château Branaire	St-Julien
Château Talbot	St-Julien
Château Duhart-Milon	Pauillac
Château Pouget	Cantenac-Margaux
Château La Tour-Carnet	St-Laurent-Haut-Médoc
Château Lafon-Rochet	St-Estèphe
Château Beychevelle	St-Julien
Château Prieuré-Lichine	Cantenac-Margaux
Château Marquis-de-Terme	Margaux

Cinquièmes Crus

Château Pontet-Canet	Pauillac
Château Batailley	Pauillac
Château Grand-Puy-Lacoste	Pauillac
Château Grand-Puy-Ducasse	Pauillac
Château Haut-Batailley	Pauillac
Château Lynch-Bages	Pauillac
Château Lynch-Moussas	Pauillac
Château Dauzac	Labarde-Margaux
Château Mouton-Baronne-Philippe	Pauillac
(jetzt Château d'Armailhac)	
Château du Tertre	Arsac-Margaux
Château Haut-Bages-Libéral	Pauillac
Château Pédesclaux	Pauillac
Château Belgrave	St-Laurent-Haut-Médoc
Château de Camensac	St-Laurent-Haut-Médoc
Château Cos Labory	St-Estèphe
Château Clerc-Milon-Rothschild	Pauillac
Château Croizet-Bages	Pauillac
Château Cantemerle	Macau-Haut-Médoc

Bordeaux

Seinen Ruf als Land, aus dem die Spitzenweine kommen, verdankt Frankreich vor allem Bordeaux. Die drei Grundpfeiler für den Erfolg des roten Bordeaux lauten: Boden, Qualitätsstreben, jahrhundertealte Tradition. Bordeaux bildet das mit Abstand größte AOC-Gebiet Frankreichs (siehe Seite 65). Über 117 000 Hektar Reben stehen im Ertrag.

Das Gebiet ist nach Größe und Qualität der Böden aufgegliedert. Die berühmtesten Gebiete liegen auf der rechten (etwa Saint-Emilion und Pomerol) und auf der linken

Seite der Gironde (Médoc und Haut-Médoc). Dort wachsen die bedeutendsten Rotweine Bordeaux' – wenn nicht der Welt.

Haut-Médoc

Von den Weinen, die auf den leicht erhöhten Kiesbänken am linken Ufer der Gironde wachsen, geht der größte Glanz Bordeaux' aus. Dort dominieren Cabernet Sauvignon, Merlot und Cabernet Franc. Aus diesen drei Sorten bestehen fast alle Weine der Appellation. Zum Haut-Médoc gehören – neben der großen Appellation Haut-Médoc – die weltberühmten Weinorte und Appellationen Margaux, Pauillac, Saint-Estèphe und Saint-Julien sowie die nicht ganz so glanzvollen Listrac und Moulis.

■ Margaux

Das Dorf Margaux liegt am südlichen Ende des Haut-Médoc, die Appellation selbst ist relativ groß. Sie umfasst die benachbarten Gemeinden Issan, Cantenac, Labarde und Arsac. Die Böden sind in Margaux nicht weniger wasserdurchlässig als in den anderen Gemeinden an der Gironde, jedoch karg und arm an Stickstoff. Die Weine zählen nicht zu den körperreichsten Bordeaux', gelten aber als die vornehmsten und duftigsten. Ihre zarte, würzig-rauchige Frucht, das elegante, perfekt verwobene Tannin und das meist gut ausbalancierte Verhältnis von Alkohol, Säure und Körper – all das hat zu dem Weltruhm der Weine beigetragen.

Allerdings findet man zahlreiche Stile und noch größere Qualitätsunterschiede zwischen den Weinen – bedingt auch durch die große Zahl an Châteaux sowie die große Ausdehnung der Appellation und die verschiedenartigen Böden. Einsam herausragend: der Wein von Château Margaux, dem einzigen Premier Cru der Appellation; Licht und Schatten jedoch schon unter den zweitklassifizierten Gewächsen und riesige Unterschiede zwischen den dritt- und viertrangigen Weinen. Dafür gibt es eine beachtliche Anzahl von Cru Bourgeois, deren Weine eigentlich Grand-Cru-Qualität besitzen. Auch die Weine von Margaux basieren auf der Cabernet Sauvignon, jedoch kommen bei der Assemblage nicht nur Merlot und Cabernet Franc hinzu, sondern immer auch einige Anteile Petit Verdot, die einen extrem dunklen und säurehaltigen Wein ergibt.

■ *Pauillac*

Das Handels- und Hafenstädtchen bildet das Herzstück des Haut-Médoc. Hier sind die tiefgründigsten Kiesböden zu finden, hier stehen drei erstrangige Châteaux – mehr als in jeder anderen Appellation Bordeaux': die berühmten Châteaux Lafite-Rothschild, Mouton-Rothschild und Latour. Ihre Weinberge befinden sich in unmittelbarer Nähe zum Strom und legen Beweis für den häufig zu hörenden Satz ab: »Großer Wein muss Wasser sehen.«

Die Weine von Pauillac sind die üppigsten und geschliffensten des ganzen Haut-Médoc. Sie besitzen die dichteste Tanninstruktur, ohne überladen zu wirken. Die Tannine selbst sind außerordentlich fein und weich – zumindest in guten Jahren. Außerdem sind sie in der Regel die langlebigsten Weine von Bordeaux. Selbst in den hinteren Bereichen des fast sechseinhalb Kilometer breiten Rebengürtels, wo der Boden stärker mit Sand und Lehm durchsetzt ist, wachsen noch volle, muskulöse und zugleich feine Weine. Die Cabernet Sauvignon ist in den Weinen normalerweise zu 65 bis 75 Prozent enthalten. Fachleute behaupten, dass die Cabernet Sauvignon in Pauillac ihren maximalen Ausdruck erreiche. Gleichwohl ist ihr Anteil in den letzten Jahren zugunsten der weicheren Merlot spürbar gesunken.

■ Saint-Julien

Nur ein unscheinbares Bächlein trennt das Gebiet von Saint-Julien von Pauillac. Die Weinberge von Château Latour (Pauillac) grenzen somit direkt an die von Château Léoville-Las-Cases, dem herausragenden Wein aus der kleinen Gemeinde Saint-Julien. Diese besteht aus nicht viel mehr als einer Ansammlung von einfachen Landarbeiterbehausungen um ein knappes Dutzend strahlender Châteaux. Entscheidend ist jedoch auch hier der Boden: Ein großer Teil liegt direkt am Fluss auf leicht welligen Kieskuppen, die eine optimale Drainage besitzen – ein wichtiges Qualitätskriterium im Médoc. Trotzdem besitzt Saint-Julien keinen Premier Cru, aber Fachleute sind sich einig, dass Léoville-Las-Cases eigentlich schon lange in diese Kategorie gehört. Auch die große Zahl von »zweitrangigen« Gewächsen zeugt von der außerordentlichen Exquise der Weine von Saint-Julien. Sie mögen nicht so kompakt und auch nicht ganz so langlebig wie die von Pauillac sein, besitzen dafür mehr Würze und ein hohes Maß an Eleganz. Merlot und Cabernet Franc sind in ihnen stärker vertreten als bei den meisten Pauillac-Weinen. Léoville-Las-Cases verwendet sogar zweieinhalb bis fünf Prozent Petit Verdot, eine Komplementärsorte, die normalerweise nur in Margaux angebaut wird.

Weitere Anbaugebiete des Haut-Médoc

■ *Listrac und Moulis*
Die zwei kleinen zum Haut-Médoc gehörenden Gemeinde-Appellationen im Hinterland von Margaux warten mit kräftigen und feinen, aber manchmal auch etwas derben Weinen auf.

■ *Saint-Estèphe*
Es ist ein ehemaliges Fischerdorf an der Gironde, das dem Wein der Gemeinde den Namen geliehen hat. Saint-Estèphe liegt am nördlichen Zipfel des Haut-Médoc, wo schwerer Lehm den Untergrund bildet. Die Weine von gelten als die sprödesten des Gebiets, dunkelfarbig, gerbstoffgeprägt und sich nur langsam öffnend, später aber geradezu »explodierend« von Wohlgeschmack.

Östliches Bordeaux

Am nördlichen Ufer der Dordogne herrschen sandig durchmischte Kiesböden, teilweise auch schwere Lehmböden vor. Dort ist die Heimat der Merlot-Rebe. Die Weine, die aus ihr gewonnen werden, sind durchweg schwerer als die aus dem Médoc.

■ *Pomerol*
Mitten durch die Weinberge verläuft die Grenze zwischen Pomerol und Saint-Emilion: Das kleine Anbaugebiet, noch in den 1950er Jahren nahezu unbekannt, ist quasi eine Verlängerung des Kiesplateaus von Saint-Emilion. Nach Libourne hin werden die Böden sandiger, während nach Norden hin der Lehmanteil steigt. Der Prozentsatz der Merlot-Traube an den Weinen Pomerols

schwankt im Allgemeinen zwischen 50 und 90 Prozent. Mit 95 Prozent hat Château Pétrus – der Star unter den Gütern – den höchsten Merlot-Anteil. Den Rest macht Cabernet Franc aus. Cabernet Sauvignon ist dagegen selten anzutreffen. Pomerol-Weine sind die verschwenderischsten, schwersten Rotweine Bordeaux' – und rar obendrein, denn das Anbaugebiet ist klein. Oft wird es als Vorgarten Libournes bezeichnet. Und tatsächlich wirkt Pomerol wie eine gepflegte, saubere Parklandschaft mit Reben: Vor jeder Rebzeile wächst eine Rose, zwischen den Rebzeilen Rasen, und malerisch eingestreut liegen die Weingüter, 150 an der Zahl. Château heißen sie fast alle, aber es sind meist einfache, bürgerliche Landhäuser oder Villen. Klassifiziert wurden sie nie – wohl weil Pomerol so spät entdeckt wurde. Doch der Markt hat längst sein Urteil gesprochen. Neben Pétrus werden Le Pin, Lafleur, Trotanoy und L'Evangile am höchsten gehandelt – eine heimliche Klassifikation der Weinliebhaber.

■ *Saint-Emilion*

In Saint-Emilion werden die Weine traditionell aus je einer Hälfte Merlot und Cabernet Franc gewonnen. Eigentlich stecken in der großen Appellation zwei Anbaugebiete: das Hochplateau mit feinem Kiessand und die Hänge (Côtes) um das gleichnamige Dorf, wo sandiger Kalkstein den Untergrund bildet. In diesem Teil liegen die meisten Châteaux. Ihre Weine sind üppig, würzig, oft mit »süßer«, zumindest sehr ausgeprägter Frucht, dafür nicht so vielschichtig und vor allem nicht so langlebig wie die Weine aus dem Médoc. Château Ausone ist der einzige Premier Grand Cru der Klasse A in diesem Distrikt. Die Weine vom Hochplateau sind fester und zugleich würzigmineralisch im Aroma. Sie enthalten oft mehr Cabernet Franc, nicht selten sogar einen mehr oder minder großen Anteil an Cabernet Sauvignon. Der einzige Premier Grand Cru A ist Château Cheval Blanc, er enthält 66 Prozent Cabernet Franc, Figeac, eines der besten B-Châteaux, sogar 70 Prozent.

Weitere Anbaugebiete des östlichen Bordeaux

■ *Fronsac*

In dem nordwestlich von Libourne gelegenen Anbaugebiet werden traditionell Merlot, Cabernet Franc und Malbec angebaut. Die Weine sind leichter als in Saint-Emilion – einige ebenso gut, nur preiswürdiger. An die Spitzen von Saint-Emilion kommen sie allerdings nicht heran.

■ *Lalande de Pomerol*

Im Norden an Pomerol schließt das Gebiet mit guten, aber eher etwas rustikalen Weinen an, die mit denen von Pomerol wenig bis nichts gemein haben – außer den Namen.

Südliches Bordeaux

■ *Graves*

Fast alle Weingüter in dem Gebiet südlich von Bordeaux erzeugen auch Weißwein aus Sauvignon Blanc, Sémillon und ein wenig Muscadelle. Diese Weine – meistens im kleinen Eichenfass vergoren – gehören wegen ihres Körperreichtums und ihrer Verfeinerungsfähigkeit zu den edelsten Frankreichs.

▪ Pessac-Léognan

Die beiden Orte gehören zum großen Anbaugebiet Graves, das sich von Bordeaux aus südlich bis über Sauternes hinaus hinzieht – immer am linken Ufer der Garonne. Pessac liegt noch im Stadtgebiet von Bordeaux. Dort befinden sich der einzige Premier Cru der Appellation, Château Haut-Brion, sowie die hervorragenden Châteaux La Mission-Haut-Brion und Pape Clement, dazu einige weniger bedeutende Güter und das für seinen Weißwein berühmte Château Laville-Haut-Brion.

Léognan liegt weiter südlich in einer abwechslungsreichen Wald- und Weinlandschaft, deren karge, sanddurchmischte Böden äußerst delikate, erdig-fruchtige Weine hervorbringen. Allerdings erreichen sie nicht die Vielschichtigkeit und Langlebigkeit der Médoc-Weine.

▪ Sauternes

Das kleine Anbaugebiet im Süden Graves' ist berühmt für seine schweren edelsüßen Weine aus Sauvignon Blanc und Sémillon.

Mehr noch als der Boden um das gleichnamige kleine Dorf spielt die Edelfäule eine Rolle, die – bedingt durch die tiefe Lage und die Nähe zum Flüsschen Ciron – fast regelmäßig auftritt und einen großen Teil der Trauben infiziert. Der berühmteste Sauternes ist der von Château d'Yquem.

Aus den gesunden – also nicht edelfaulen – Trauben werden, wie überall in der Gegend, körperreiche, volle, trockene Weißweine gekeltert, die unter der Bezeichnung Graves gehandelt werden.

■ *Barsac und Cérons*

Die zwei nördlich von Sauternes gelegenen Appellationen ergeben etwas leichtere, weniger üppige Süßweine, insbesondere die von Cérons. Während ein guter Barsac nicht weit von einem Sauternes entfernt ist, erreicht ein Cérons nicht dessen Klasse. Im Norden von Barsac wachsen die leichtesten edelsüßen Weine.

■ *Entre-Deux-Mers*

Das Weißweingebiet zwischen Garonne und Dordogne besticht mit einfachen, aber schmackhaften und recht preiswürdigen Weinen aus Sauvignon Blanc, Sémillon, Muscadelle und Ugni Blanc. Auch einige gute Rotweine werden dort produziert.

■ *Premières Côtes de Bordeaux*

Lang gestrecktes, am rechten Garonne-Ufer gegenüber dem Graves liegendes Anbaugebiet, in dem sich in den letzten Jahren einige ehrgeizige Investoren niedergelassen haben. Auf kies- und kalkhaltigen Böden wachsen teilweise ganz exzellente Rotweine – vor allem aus der Merlot-Traube.

Burgund

Die Anbaugebiete des Burgunds verteilen sich auf vier französische Départements und sind weit auseinander gezogen. An das im Norden gelegene berühmte Weißweingebiet Chablis (Départment Yonne) schließen sich nach Süden die herausragende Rotweinregion Côte de Nuits sowie die vorzügliche Rot- und Weißweinregion Côte de

Beaune an (beide Départment Côte de Nuits), südlich gefolgt von dem Châlonnais und dem Mâconnais (beide
Départment Saône-et-Loire) und schließlich dem Beaujolais ganz im Süden (Départment Rhône).

Beaujolais

Das Beaujolais gehört zwar zum Burgund, ist aber der einzige Teil dieses Anbaugebiets, in dem nicht die Pinot-
Noir-, sondern die Gamay-Rebe angebaut wird. Diese
bringt einen leichten, fruchtigen Wein hervor, der mit den
Burgundern nicht das Geringste zu tun hat und einer der
preiswertesten Rotweine Frankreichs ist. Er wird in ge-
waltigen Mengen produziert: knapp 170 Millionen Flaschen. Das ist mehr, als das restliche Burgund insgesamt
herstellt. In Lyon und Umgebung trinken die Einheimischen praktisch keinen anderen Wein.

Das Erfolgsgeheimnis des Beaujolais liegt auch in der
Art der Weinbereitung. Ein Teil der Trauben wird mittels
Kohlensäuremaischung vergoren (siehe Kapitel: Wie Wein
entsteht). Dadurch erhält der Wein seine ausgeprägte
Fruchtigkeit. Am stärksten kommt sie im Beaujolais Nouveau zum Ausdruck, der bereits am dritten Donnerstag
im November seines Entstehungsjahres ausgeliefert werden darf.

Angesichts des kommerziellen Erfolgs dieses Weins ist
in Vergessenheit geraten, dass im nördlichen Beaujolais,
wo die Böden aus Granit, Porphyr und Schiefer bestehen,
gehaltvolle, kräftige und durchaus reifefähige Beaujolais-
weine wachsen. Sie tragen die Namen eines der zehn
Dörfer auf dem Etikett, in denen sie erzeugt werden:
Saint-Amour, Juliénas, Chénas, Moulin-à-Vent, Fleurie,
Chiroubles, Morgon, Régnié, Brouilly, Côte de Brouilly.

Chablis

Dass Burgund mehr ist als sein berühmtestes Anbaugebiet Côte d'Or (siehe Seite 42 ff.) beweisen zahlreiche ausgezeichnete Rot- und Weißweine, die außerhalb dieses ruhmreichen Gebiets wachsen. Die meisten sind relativ unbekannt. Einer aber ist der Anonymität entronnen: der Chablis. Er wächst nahe der Stadt Auxerre, nur rund 180 Kilometer südlich von Paris. Benannt ist der Wein nach dem gleichnamigen verträumten Städtchen, das knapp 3000 Einwohner zählt und am Fluss Serein liegt, der eigentlich nur ein größerer Bach ist.

Die feinsten Chablis sind kraftvoll und besitzen ein raffiniertes, mineralisches Bouquet mit Anklängen an Feuerstein und Blütenduft, sind jedoch nie so schwer wie die weißen Burgunder der Côte de Beaune (siehe Seite 42 ff.). Der Grund: Chablis wird zu 100 Prozent aus Chardonnay-Trauben gewonnen. In Anbetracht der relativ nördlichen Lage erreichen die Trauben jedoch nicht dieselbe hohe Reife wie die Meursaults und Puligny Montrachets an der Côte de Beaune. Außerdem ist es in Chablis oft bis ins Frühjahr hinein kühl. Nicht selten treten noch im April und Mai Nachtfröste auf – die größte Gefahr für den Weinbau in Chablis. Dafür ist der Chablis stahliger und säurebetonter als die Weine des südlichen Burgund. Das liegt freilich auch an den Böden. Sie bestehen aus stark kalkhaltigem Ton und betonen mehr die mineralische Würze als die schiere Wucht.

Die Alterungsfähigkeit der Chablisweine wird meist überschätzt. Selbst beste Chablis sollten nach fünf bis zehn Jahren getrunken werden, wenn sie süße, leicht nussige Aromen anzunehmen beginnen. Einfache Chablis, die die Masse der Weine dieser Appellation ausmachen, spielen ihren Charme dagegen schon in den ersten drei Jahren aus. Der Chablis ist der einzige Chardonnay-Wein, der traditionell in der Betonzisterne oder im Stahltank reift. Inzwischen glauben einige Erzeuger, dass er besser im kleinen Holzfass vergoren und ausgebaut werden sollte. Befürworter wie Dauvissat und Raveneau stehen Traditionalisten wie Durup und Michel gegenüber. Ihrer aller Weine gehören zu den besten der Appellation.

Insgesamt stehen in Chablis 5300 Hektar unter Reben, Tendenz zunehmend. Ein nicht geringer Teil des Weins wächst in Lagen, in denen vor 25 Jahren noch Rinder weideten. Er kommt als Petit Chablis in den Handel – schmeichelhaft für einen Wein, der mit dem echten Chablis wenig zu tun hat. Der echte Chablis AC macht 75 Prozent des Weins des Anbaugebiets aus und kann vorzüglich schmecken. Dem Papier nach besser sind die Premiers Crus (739 Hektar). Leider rechtfertigt ihre Qualität aufgrund ausgeweiteter Rebflächen nicht immer den höheren Preis. Chablis in Vollendung liefern die sieben Grands Crus (97 Hektar), die alle auf dem breiten Hügelrücken gegenüber dem Städtchen Chablis liegen: Blanchots, Bougros, Les Clos, Grenouilles, Preuses, Valmur und Vaudésir.

Côte Chalonnaise

Von dem im südlichen Burgund liegenden Weinanbaugebiet nahe der Stadt Chalon geht zwar nicht der Glanz der Côte d'Or aus, es bringt aber einige bemerkenswerte Weine hervor. Der wichtigste ist der rote Mercurey, benannt nach dem Dorf südlich von Chagny. Dieser Pinot-Noir-Wein mag etwas derber sein als die weiter nördlich wachsenden Burgunder, ist dafür aber auch körperreicher und kräftiger. Ähnlich gut kann der Rote aus dem benachbarten Dorf Givry sein. Der Ort Rully, nur wenige Kilometer südlich von Chagny, ist vor allem für seine Weißweine aus Chardonnay-Trauben bekannt. Sie sind fruchtiger und wesentlich leichter als die von Chassagne-Montrachet. Darüberhinaus wird ein großer Teil der im südlichen Burgund wachsenden Weißweine zu Crémant de Bourgogne (siehe Seite 326) verarbeitet.

Côte d'Or

Juwel unter den Weinlagen Burgunds ist die nach dem Département benannte Côte d'Or. Sie reicht fast von Dijon im Norden über Beaune bis nach Santenay im Süden und umfasst die Anbaugebiete Côte de Nuits und Côte de Beaune. Dort, wo kalkhaltige Bodenschichten an die Oberfläche treten, befinden sich einige der besten Weinlagen Frankreichs. Die Côte de Nuit ist vor allem für ihre grandiosen Rotweine – allesamt aus Pinot Noir erzeugt – bekannt.

Auch der überwiegende Teil der Rebfläche an der Côte de Beaune ist mit Pinot Noir kultiviert. Doch berühmt sind viele der Gemeinden vor allem wegen ihres Weißweins. Ausschließlich aus Chardonnay-Trauben erzeugt, haben sie es unter dem Sammelbegriff »Weißer Burgunder« weltweit zu Ruhm gebracht. Die besten unter ihnen sind schwer wie Rotweine, zugleich von großer Fülle und Langlebigkeit. Die Rotweine der Côte de Beaune sind kompakt und nuancenreich, besitzen jedoch nicht die Tiefe der Weine der Côte de Nuits.

■ **Côte de Beaune**

Aloxe-Corton – Abseits der Touristenströme liegt das kleine Dorf am Fuß des Berges Corton, der mit seiner bewaldeten Kuppe unübersehbar ist. Fast der gesamte Hang besteht aus Grand-Cru-Lagen. In den oberen, direkt an den Waldrand grenzenden Weinbergen, vor allem in den südwestlichen Lagen, steht Chardonnay. Er ergibt den berühmten Corton-Charlemagne: einen vollen, schweren Weißwein mit nussig-vanilligen Aromen. Der rote Corton ist ein robuster, langlebiger Wein, der an einen guten Gevrey-Chambertin erinnert.

Chassagne-Montrachet – Die Weißweine von Chassagne-Montrachet ähneln in puncto Fülle den berühmten Puligny-Montrachet-Weinen. Stahlige Wucht wird ihnen nachgesagt. Das gilt für den winzigen Grand Cru Criots-Bâtard-Montrachet, aber auch für die Premiers von Clos de la Maltroie und Les Ruchottes. Die Rotweine sind erdig-derb und ohne große Finesse.

Meursault – Die bedeutende Weißwein-Appellation besticht mit weichen, homogenen und harmonischen Weinen, die selten überladen sind. Das gilt nicht nur für die Premier Crus Genevrières, Perrières und Charmes, sondern auch für manchen »einfachen« Meursault.

Pommard – Das Gebiet ist bekannt für seine sanften, mildfruchtigen Rotweine, die den Premier Crus von Beaune ähnlich sind. Ausnahme sind die Weine von den Lagen Epenots und vor allem Rugiens, die mehr Tiefe und Feuer besitzen.

Puligny-Montrachet – Das Mekka der Weißwein-Liebhaber: Die vier Grand Crus Montrachet, Chevalier-Montrachet, Bâtard-Montrachet und Bienvenues-Bâtard-

Montrachet sind die wuchtigsten trockenen Weißweine des Burgund, so opulent, dass sie in manchen Jahren fast Gefahr laufen, überladen zu wirken. Mit rund 14 Vol.% und ihrem großen Körperreichtum können sie 20 Jahre und mehr alt werden. Die benachbarten Weinberge ergeben ebenfalls volle und unvergleichlich feine Weißweine von guter Haltbarkeit.

Volnay – Nicht sonderlich kompakte, aber ungemein filigrane Weine mit zarter Frucht, die zu den feinsten der Côte de Beaune gehören, kommen aus dieser Gemeinde. Die zu Meursault gehörenden Lagen Santenots und Les Plures kommen ebenfalls als Volnay auf den Markt.

■ Côte de Nuits

Chambolle-Musigny – Direkt am Fuße der Côte liegend, liefert die Gemeinde Chambolle-Musigny eher leichte, dafür aber ungemein duftige Rotweine. Bei keinem anderen Wein kommt das faszinierende Pinot-Bouquet so deutlich zum Ausdruck wie bei ihnen: süßer Iris-Blütenduft mit herbem Pflaumenaroma unterlegt. Die Spitzenlagen sind Les Musigny, die unerhört zarte Weine hervorbringt (ein Teil dieser Lage ist mit Chardonnay bestockt), und Les Bonnes Mares. Daneben ragen die beiden Premier Crus von Les Amoureuses und Les Charmes heraus.

Gevrey-Chambertin – Die größte Weinbaugemeinde an der Côte de Nuits ist Gevrey-Chambertin. Die Rebenmeere ziehen sich von der Waldgrenze bis weit über die Route Nationale 74 in die Ebene hinab. Die Weine aus diesen tieferen Lagen sind einfach und ohne großen

Charme. Die Grand Crus liegen alle am oberen Teil des Hangs und sind je nach Hangneigung oder Sonnenexposition in mehrere Climats unterteilt. Diese Weine gelten als männlich, fleischig, feurig – kurz: als die kräftigsten roten Burgunder überhaupt. Sie unterscheiden sich in Nuancen voneinander: Chambertin und Clos de Bèze sind die wuchtigsten Vertreter unter den Grand Crus, Mazis-Chambertin ist der samtigste. Die anderen Lagen bringen ebenfalls sehr gute, aber weniger einheitliche Weine hervor. Unter den Premier Crus ist der sehenswerte Clos Saint-Jacques hinter dem Dorf hervorzuheben, der bestes Grand-Cru-Niveau aufweist, allerdings auch keinen Franc billiger ist als diese. Die Gevrey-Chambertin-Gemeindeweine können ebenfalls von ausgezeichneter Qualität sein. Es empfiehlt sich jedoch, sie vor dem Kauf zu probieren: Gevrey-Chambertin ist bekannt für ausufernde Traubenproduktion.

Nuits-Saint-Georges – Die Kleinstadt Nuits-Saint-Georges bildet das Handelszentrum der Côte de Nuits. Zahlreiche große Négociant-Eléveurs haben dort ihren Sitz, etwa Joseph Faiveley und Moillard. Die Weinberge liegen an den Hängen oberhalb des Städtchens und sind ausschließlich mit Pinot Noir kultiviert. Nuits-Saint-Georges und das benachbarte Prémaux-Prissey besitzen keine Grand Crus, dafür umso mehr Premier Crus, von denen einige Weine hervorbringen, die fast an Grand-Cru-Niveau heranreichen: etwa Clos de la Maréchale und Clos Arlot, vor allem aber Les Saint-Georges und Les Vaucrains. Sie sind relativ hell in der Farbe, jedoch kraftvoll auf der Zunge und besitzen ein rauchiges, nach süßer Eiche schmeckendes Aroma.

Vosne-Romanée – Die Weinberge des kleinen, verträumten Dorfes bilden das Herzstück der Côte de Nuits. Nirgendwo im ganzen Burgund sind die Weine samtiger, duftiger, feinwürziger, kompletter als dort. Die Grand Crus liegen in der Mitte des Hangs, im Zentrum Romanée-Conti. Sie sind ganz oder teilweise im Besitz der Domaine de la Romanée-Conti – außer La Grande Rue und La Romanée. Die Weine von Echézeaux liegen zwar außerhalb des Gemeindegebiets, werden aber Vosne-Romanée zugeschlagen.

Vougeot – Clos de Vougeot ist mit 50 Hektar der größte Grand Cru der Côte de Nuits. Vollständig von einer Mauer eingefasst, reicht er vom Schloss bis hinunter an die Staatsstraße N74. Die Qualitäten sind allerdings sehr verschieden: Grand-Cru-Niveau haben nur die Weine vom oberen Teil, während die Weine von unten nur besseres Gemeindeniveau aufweisen. Da sich zahlreiche Besitzer die Lage teilen, gibt es auch in der Verarbeitung große Unterschiede.

Weitere Anbaugebiete der Côte d'Or

■ *Beaune (Côte de Beaune)*
Die gesamten Hänge hinter der Stadt Beaune bestehen aus Weinbergen. Die meisten Lagen der Appellation haben Premier-Cru-Status. Es sind harmonische, zartfruchtige, ausdrucksvolle Weine.

■ *Fixin (Côte de Nuits)*
Nördlichste Weinbaugemeinde an der Côte de Nuits mit ausgezeichneten Premier-Cru-Lagen, die denen des

benachbarten Gevrey-Chambertin nicht nachstehen. Das Dorf Brochon besitzt keine eigene Appellation. Die Weine gehören zur AOC Gevrey-Chambertin.

■ *Morey-Saint-Denis (Côte de Nuits)*

Die Grand Crus der Appellation liegen alle oberhalb der Durchgangsstraße durch den Ort. Clos de Tart und Clos des Lambrays ergeben eher leichte, elegante Weine, während Clos Saint-Denis und Clos de la Roche schon die Statur und Festigkeit des herausragenden Chambertin besitzen.

■ *Santenay (Côte de Beaune)*

Das verträumte kleine Dorf liefert saftige, süffige Pinot Noirs ohne den Anspruch, zu den großen Burgundern gezählt zu werden.

Mâconnais

Der Weinbaubereich um die Stadt Mâcon an der Saône ist bekannt für saftige Weißweine aus der Chardonnay-Rebe. Sie kommen als Mâcon Blanc oder Mâcon-Villages in den Handel. Zwar besitzen sie weder die Feinheit noch die Fülle der weißen Burgunder von der Côte de Beaune, dafür sind sie recht preiswert. Die besten Qualitäten wachsen auf den Kalksteinhügeln im Süden des Mâconnais um das Dörfchen Pouilly-Fuissé. Auch Pouilly-Vinzelles und Saint-Véran liefern gute Qualitäten. Neben Chardonnay wird im Mâconnais ein wenig Gamay angebaut. Der daraus gewonnene Wein heißt Mâcon Rouge und ist einer der wenigen Rotweine, in dem die Tradition der einstmals im gesamten Burgund weit verbreiteten Gamay-Traube – heute durch die Pinot Noir praktisch verdrängt – noch fortlebt.

Champagne

Das nördlichste Anbaugebiet Frankreichs ist stark zersiedelt: Noch über hundert Kilometer südlich von Reims liegen Weinberge dieses AOC-Bereichs. 95 Prozent der Rebflächen sind mit den drei Champagnersorten Chardonnay, Pinot Noir und Pinot Meunier bestockt, wobei die beiden Letzteren zusammen etwa drei Viertel der Rebfläche einnehmen, während Chardonnay etwa 25 Prozent ausmacht. Verantwortlich für die besondere Qualität der Weine sind die kühlen Temperaturen und die extrem kargen Kalkböden, die der Rebe nur durch regelmäßige Düngung ausreichend Nährstoffe bieten.

Die großen, marktbeherrschenden Champagnerhäuser besitzen zusammen nur etwa zehn Prozent der Rebfläche und müssen den größten Teil ihrer Trauben dazukaufen.

Die Weinbau-Gemeinden der Champagne sind offiziell klassifiziert und auf einer Skala nach Rang geordnet, die von 80 bis 100 Prozent reicht – je nach Güte. 90- bis 99-Prozent-Lagen gelten als Premier Cru, 100-Prozent-Lagen als Grand Cru. Das heißt: Ein Winzer mit einer 99-Prozent-Lage bekommt 99 Prozent des offiziell festgesetzten Höchstpreises für seine Trauben. Die besten Chardonnay-Trauben wachsen südlich der Marne um die Dörfer Chouilly, Cramant, Avize, Oger und Mesnil, während die besten Pinot Noir aus Bouzy und Ay kommen.

Die Markenchampagner bestehen immer aus einer Mischung vieler Crus und mehrerer Jahrgänge, weshalb auf den Etiketten kein Jahrgang angegeben ist. Die Prestige Cuvées und Jahrgangschampagner (nur aus Weinen eines Jahrgangs) sind teilweise außerordentlich langlebig und verfeinerungsfähig. Ein kleiner Teil des Weins kommt als roter beziehungsweise weißer Stillwein auf den Markt.

Elsass

Wer von Thann im Süden bis Marlenheim im Norden über die Elsässer Weinstraße fährt, könnte glauben, er reise auf der östlichen und nicht auf der westlichen Seite des Rheins: kleine, gemütliche Dörfer mit viel Fachwerk, Weinstuben, in denen gesungen und geschunkelt wird, deutschsprachige Hinweisschilder und Speisekarten in den Restaurants. Dazu Weine, die Riesling, Gewürztraminer und Edelzwicker heißen.

Doch wer die Menschen näher kennen lernt, merkt schnell, dass es sich um Franzosen handelt. Ihre Weinbergslagen haben sie nach Bodenqualität und Klima klassifiziert. Nicht die Rebsorte ist wichtig, sondern dass sie in der richtigen Lage steht. Die Grand Crus gelten jeweils nur für eine Sorte. Steht eine andere Sorte in derselben Lage, darf der Name dieser Lage nicht auf dem Etikett erscheinen. Auch erzeugen die Elsässer durchweg trockene Weine. Die einzige Ähnlichkeit mit deutschen Verhältnissen: Das Elsass ist eine Großappellation. Alsace AC heißt sie auf den Etiketten. Sie zieht sich über fast 150 Kilometer am Fuße der Vogesen hin und umfasst rund 14 500 Hektar Weinberge. Die zulässigen Hektarerträge sind die höchsten ganz Frankreichs. Dennoch bringt das Elsass regelmäßig einige der schönsten Weißweine Frankreichs hervor.

Wenn er in guten Lagen steht, ist der Riesling der König der Reben, auch wenn er meist recht alkoholstark ausfällt – viele Elsässer Winzer chaptalisieren gerne (siehe Kapitel: Wie Wein entsteht). Der Sylvaner, die zweithäufigste Rebsorte, ergibt stoffige Weine. Tokay (Pinot Gris) und der edle Gewürztraminer sind schwer – aber auch von unvergleichlicher Fülle. Letzterer wird meist trocken oder als *Vendange Tardive* (hochrangige Spätlese) beziehungsweise als *Grains Nobles* (Trockenbeerenauslese) angeboten. Pinot Blanc ist im Elsass eher ein schlanker Wein. Daneben werden kleine Mengen Chasselas, Muscat und ein leichter Pinot Noir erzeugt. Alle diese Weine müssen reinsortig aus der angegebenen Rebsorte bestehen. Lediglich der Edelzwicker ist ein Verschnitt mehrerer Sorten.

Jura

Der französische Jura ist ein Kalksteingebirge, das parallel zur Côte d'Or (Burgund) auf der westlichen Seite des Flusses Saône verläuft. Das Anbaugebiet ist klein: nur etwa 1500 Hektar Rebfläche. Bekanntester Wein des französischen Juras ist der Arbois, den es als Weiß-, Rot- und Roséwein gibt. Die Weißen werden aus der hellroten Poulsard-Traube oder aus Chardonnay gewonnen, manchmal mit ein paar Anteilen Savagnin. Allein gekeltert, ergibt die Savagnin-Traube den berühmten, aber recht seltenen Vin Jaune: einen sherryähnlichen Wein, der sechs Jahre unter einer Florhefeschicht reift. Bekanntester Produzent dieses goldgelben, delikaten Weins ist Château Chalon mit eigener Appellation Contrôlée.

Loire

Anjou

Das traditionelle Rotwein-Anbaugebiet um die Stadt Angers ist bekannt für seine würzigen, fruchtigen und relativ preiswerten Cabernet-Franc-Weine. Sie enthalten oft auch kleinere Anteile von Cabernet Sauvignon und anderen Sorten. Das gilt zum Beispiel für den gehaltvollen Anjou-Villages, den Saumur Rouge und den Saumur Champigny.

Seit einiger Zeit schon wird in Anjou aber auch kräftig Weißwein erzeugt, speziell aus der Chenin-Blanc-Traube. Aus ihr werden große Mengen Saumur Mousseux hergestellt, ein feiner Schaumwein, der nach der klassischen Flaschengärmethode erzeugt wird und dessen Preise weit unter Champagnerniveau liegen. Der stille Weißwein Saumur Blanc ist ebenfalls ein sehr guter und merkwürdig unbekannter Wein der Gegend. Er enthält, wie die Schaumweine, neben Chenin Blanc oft ein bisschen Sauvignon und Chardonnay. Aus Chenin Blanc, Cabernet Franc und anderen Sorten wird im ganzen Anjou und in der Touraine der Crémant de Loire produziert, ein Schaumwein nach Champagnerverfahren (siehe Seite 326).

Nantais

Das Gebiet um die Stadt Nantes an der Mündung der Loire hat einen zur Küche der Atlantikküste passenden Weißwein: den Muscadet. Er ist ein preiswerter, einfacher Wein, der durch seine Frische den Fischgerichten Paroli bieten kann. *Sur lie* steht bei vielen Weinen auf dem Etikett: auf der Hefe gelagert. Da die Muscadet-Traube (auch Melon de Bourgogne genannt), aus der er gewonnen wird, etwas geschmacksarm ist, sind die Winzer schon früh auf die Idee gekommen, den Wein bis zur Abfüllung auf der Feinhefe zu lassen und dann direkt abzufüllen, um ihm etwas mehr Nuancen zu geben. Allerdings hat ein großer Teil der Weine in Wirklichkeit gar nicht auf der Hefe gelegen, sondern ist mit Kohlensäure versetzt worden. Der Bereich Sèvre-et-Maine östlich von Nantes produziert die anspruchsvollsten Weine.

Pouilly-Fumé

Landeinwärts, gegenüber der bekannteren Lage Sancerre, liegt die Appellation von Pouilly-Fumé. Die hier erzeugten Weißweine sind zumindest in der Spitze kraftvoller, alkoholreicher und feiner als ihre berühmteren Nachbarn. Die Sauvignon-Blanc-Traube, aus der der Pouilly-Fumé zu 100 Prozent besteht, erreicht auf den kalk- und kieselhaltigen Böden ihre optimale Ausdruckskraft. Charakteristisch ist das Aroma eines Pouilly-Fumé: Wegen des hohen Anteils an Flintstein (silex) in den Böden haben viele Weine eine charakteristische Feuerstein-Note. Auf den weniger silex-haltigen Böden wird oft die weiße Chasselas-Traube angebaut, die den leichteren, einfacheren Pouilly-sur-Loire ergibt.

Sancerre

Von der oberen Loire, nur durch den Fluss von der Appellation Pouilly-Fumé getrennt, kommt der herb-fruchtige, nach Stachelbeeren und Paprika duftende Weißwein. Seinen Namen hat er von dem hoch über der Loire thronenden Dorf Sancerre. Da sich die Appellation über mehrere Nachbargemeinden erstreckt, wechseln die Böden und damit auch die Charaktere der Weine. Auch Sancerre wird, wie Pouilly-Fumé, immer reinsortig aus Sauvignon Blanc gewonnen.

Touraine

In dem recht großen Anbaugebiet um die Stadt Tours an der Loire werden leichte, einfache Rot-, Weiß- und Roséweine aus einer Vielzahl von Sorten und in zahlreichen Varianten erzeugt. Die Unterappellationen Bourgueil und Chinon sind bekannt für ihre würzigen, unkomplizierten, jung zu trinkenden Cabernet-Franc-Weine. In den Weingärten um das Städtchen Vouvray wachsen fruchtig-leichte Weißweine aus der Chenin-Blanc-Traube, die dort Pineau de Loire genannt wird. Es gibt sie in der trockenen, halbtrockenen und süßen Geschmacksrichtung. Mal sind sie belanglos, mal ausgesprochen köstlich, obendrein erstaunlich langlebig, die besten sogar beinahe unsterblich. Einige Weine werden zu einem feinen Schaumwein (Vouvray Mousseux) verarbeitet.

Weitere Anbaugebiete der Loire

■ *Coteaux du Layon* Die kleine Appellation südlich der Loire gewinnt aus spätgelesenen Chenin-Blanc-Trauben zwei hochfeine, edelsüße Weine: Quarts-de-Chaume und Bonnezeaux. Je nach Jahrgang können sie so opulent wie ein Sauternes sein und so rassig wie eine Beerenauslese.

■ *Savennières* Savennières ist eine winzige Appellation und bringt sehr gute, trockene Chenin-Blanc-Weine (aus der Unterzone Roche-aux-Moines) und einen außergewöhnlichen Wein hervor: den Coulée de Serrant. Für Weinkenner ein Kultwein und einer der besten, langlebigsten Weißweine der Welt.

Provence und Korsika

Die Provence ist ein Ferienland. Der größte Teil des Weins wurde und wird in der Region konsumiert. Die Ansprüche an einen Urlaubswein sind nicht die höchsten. Aber es gibt Winzer, die gezeigt haben, dass die Provence auch andere Weine erzeugen kann: vor allem rote. Und ihr Vorbild macht Schule. Lange Zeit wurde die Provence identifiziert mit dem blassroten bis zwiebelfarbenen Rosé de Provence. Er gilt teilweise noch immer als der typische Urlaubswein an der Mittelmeerküste und wird überall in der Region erzeugt: in Cassis, Bellet, Bandol sowie in den Großappellationen Coteaux Varois, Coteaux d'Aix-en-Provence und Côtes de Provence.

Jede Appellation sieht neben Weiß- und Rotweinen auch Roséweine vor, und meistens sind sie es, die den größten Teil der Weinproduktion ausmachen. Im Glas entpuppten sie sich früher oft als fade, plumpe, viel zu schwere Weine (oft 14 Vol.% Alkohol) ohne jede Feinheit. Am Rosé de Provence zeigt sich am deutlichsten der Wandel, der in der Region stattgefunden hat: Ein großer Teil dieser Weine ist heute frisch, leicht, fruchtig und mit milder, weiniger Säure ausgestattet. Nicht nur, dass die Vinifikation verbessert wurde: Auch die Traubensorten wurden teilweise gewechselt und der Lesezeitpunkt vorverlegt.

Bandol

Aus der kleinen Rotwein-Enklave um die gleichnamige Hafenstadt kommen einige der besten Rotweine der Provence. Die Basis dieser Rotweine liefern Mourvèdre-Trauben, die nirgendwo bessere Qualitäten bringen als dort. Der aus ihnen gewonnene Wein wird mit den anderen typischen Reben der Region assembliert, d. h. verschnitten. Der Bandol ist ein üppiger, feuriger Rotwein, der trotz seines Tannins sanft und würzig ist und sich mehrere Jahre auf der Flasche verfeinern und dabei qualitativ enorm steigern kann.

Côtes de Provence

Côtes de Provence ist eine Großappellation mit schillernder Weinproduktion: Massen von schlichten Industrieweinen, daneben aber einige hochklassige Weiß-, Rot- und Roséweine. Letztere kommen oft von ehrgeizigen, dynamischen Winzern, die aus den traditionellen Rebsorten das Optimum herausholen wollen und zugleich mit gebietsfremden Sorten wie Viognier, Cabernet Sauvignon, Merlot und Syrah experimentieren.

Korsika

Immer noch stark auf Land- und Tafelweine einfachster Art konzentriert sich die Weinbauregion, in der in den letzten Jahren jedoch mehrere Gebiete AOC-Status bekommen haben und dabei sind, bessere Qualitäten zu erzeugen. Einige Rot- und Weißweine aus den Anbaugebieten Patrimonio und Ajaccio konnten bereits erstaunliches Niveau erreichen.

Palette

Die winzige Appellation nahe Aix-en-Provence hat nur zwei Erzeuger, die aber hochklassige, langlebige Rotweine, exzellente Rosés und Weißweine erzeugen. Immer teuer, aber auch immer gut.

Rhône

Die Rhône ist das verkannteste Anbaugebiet Frankreichs. Sie bringt unvergleichlich volle, feurige Weine hervor, die aber leider oft mehr durch Wucht als durch Feinheit imponieren. Der Kenner unterscheidet zwischen der südlichen und der nördlichen Rhône. Der Norden ist die Heimat der Syrah-Rebe. Dort liegen die prestigeträchtigeren Anbaugebiete. Südlich von Valence wird die Landschaft flacher und nimmt fast provenzalische Züge an. Ab Montélimar säumen wieder Reben das Rhône-Ufer. Hier – an der südlichen Rhône – herrscht die Grenache-Traube vor, wenngleich sie kein solches Monopol hat wie die Syrah im Norden.

Nördliche Rhône

■ Condrieu und Château Grillet

Condrieu ist eine kleine, Château Grillet gar eine winzige Weißwein-Appellation an der nördlichen Rhône. Dennoch warten beide mit hochkarätigen, teuren Weißweinen aus Viognier-Trauben auf, bei denen Kenner mit der Zunge schnalzen. In Château Grillet gibt es nur einen Erzeuger, in Condrieu lediglich eine Handvoll.

■ Cornas

Cornas ist einer der großen Rotweine der Rhône und stammt aus einer kleinen Appellation südlich von Tain. Ausschließlich aus Syrah gewonnen, kann er dem Hermitage – Superstar der Weine von der nördlichen Rhône – nahe kommen. Würzig-erdiger Geschmack, Himbeeraroma, viel rau-süßes Tannin und eine lange Lebenserwartung zeichnen ihn aus.

■ Côte Rôtie

Einer überraschenden Biegung nach Südwesten, die die Rhône bei der Stadt Vienne nimmt, verdankt die Côte Rôtie ihren Wein. Auf 200 Hektar steil zum Fluss abfallenden Hängen, die mit Syrah bestockt sind, wächst der wuchtigste Spitzenwein der Rhône. Um sein animalisch-strenges Aroma und den Tanninreichtum zu mildern, dürfen ihm bis zu 20 Prozent weiße Viognier-Trauben zugegeben werden. Côte Blonde und Côte Brune heißen Unterzonen mit verschiedenen Böden. Die Weine beider Gebiete werden traditionell miteinander verschnitten. Einige der besten Winzer füllen sie jedoch unverschnitten ab.

■ Crozes-Hermitage

Das größte Anbaugebiet der nördlichen Rhône ist hauptsächlich bekannt für seine Syrah-Weine, deren Qualität von exzellent bis nichtssagend reicht. Der weiße Crozes-Hermitage besteht aus Marsanne- und Roussanne-Trauben.

■ Hermitage

Bei Tain macht die Rhône einen Knick, so dass an dieser Stelle ein reiner Südhang gebildet wird. Dort wächst ein legendärer Rotwein, der Hermitage. Er wird meist reinsortig aus Syrah-Trauben gewonnen. Sein schokoladig-strenges Aroma, sein Himbeerduft und seine Altersfähigkeit (erst ab zehn Jahren trinkbar) haben ihn weltberühmt gemacht. Die Appellation ist nur 131 Hektar groß. Entsprechend teuer ist der Wein. Auch Weißwein wird produziert: Der Hermitage Blanc ist ein rarer Weißwein aus Marsanne- und Roussanne-Trauben.

■ Saint-Joseph

Der leichteste Syrah-Wein der Zone ist fruchtig, delikat und schon früh entwickelt. Die Reben wachsen auf leichten Sand- und Kiesböden.

Südliche Rhône

■ *Châteauneuf-du-Pape*

Der Name verspricht einen feurigen, alkoholreichen Rotwein, der auf eigenartig steinigen Böden um die alte, gleichnamige Stadt wächst, die als ehemalige Papstresidenz berühmt ist. Angeblich dienen die Steine dazu, nachts die Wärme zu reflektieren. Dabei ist es in der Gegend eigentlich heiß genug – sonst würden es viele Weine nicht auf 14 Vol.% bringen.

Die besten Châteauneuf-du-Pape sind zweifellos majestätische Weine mit einem ihrem Alkohol angemessenen Körperreichtum. Die Grenache-Traube dominiert in ihnen, aber zwölf weitere Rebsorten sind erlaubt (weiße inklusive). Freilich nutzen sie nicht alle Winzer. Leider ist der größte Teil der Weine nur schwer, aber nicht sonderlich fein.

■ *Côtes du Rhône*

Das riesige Anbaugebiet umfasst fast das gesamte Rhônetal. Erzeugt werden zumeist einfache, aber schmackhafte Rotweine, die aus nahezu allen Sorten der Rhône gewonnen werden dürfen: vorwiegend Grenache, Carignan, Mourvèdre, Cinsaut und Syrah, dazu einige weiße Sorten. Die Weine von Côtes du Rhône-Villages sind in der Regel anspruchsvoller.

■ *Côtes du Tricastin und Côtes du Luberon*

Zwei große, bis tief ins Hinterland reichende Anbaugebiete mit einfachen, den Côtes du Rhône ähnlichen Weinen, jedoch leichter und durch Einbeziehung lokaler Sorten unterschiedlich akzentuiert. Auch Rosé- und Weißweine werden dort erzeugt.

■ *Gigondas*

Aus der kleinen Appellation im Hinterland der Rhône kommen gehaltvolle, anfangs etwas vegetabil schmeckende, später weichere Weine. Sie werden überwiegend aus Grenache gewonnen. In der Spitze sind es harmonische, geschmacksintensive Weine mit gutem Alterungsvermögen.

■ *Tavel und Lirac*

Die zwei kleinen Anbaugebiete haben sich hauptsächlich mit zwiebelfarbenen, schweren Roséweinen, die in ihrer Fülle an leichte Rotweine erinnern, einen Namen gemacht haben. Sie werden aus nahezu allen Rhône-Sorten gewonnen. In Lirac werden sie auch zu süffigen Rotweinen verarbeitet.

■ *Vacqueyras*

Das Nachbardorf von Gigondas hat einen eigenen AOC. Die Rotweine ähneln denen von Gigondas, sind jedoch aufgrund des höheren Syrah-Anteils etwas strenger.

Südwesten

Der Südwesten ist die stille Provinz Frankreichs. Nur wenig dringt nach draußen, aber das wenige verdient Aufmerksamkeit – zumindest beim Wein. Als Südwesten wird der Teil Frankreichs zwischen den Erhebungen des Zentralmassivs und den Pyrenäen verstanden. In der waldreichen Hügellandschaft wird an vielen Stellen Weinbau betrieben. Doch nur an wenigen schwingen sich die Weine zu stiller Größe auf. Die Rebsorten sind dem Fremden oft ebenso unbekannt wie der Landstrich selbst.

Winzer beim Verkosten eines jungen Weißweins.

Cahors

Cahors ist ein kleines Anbaugebiet um die gleichnamige
Stadt am Lot, dessen Wasser durch die tief eingeschnittene
Talsohle mäandrieren. Erzeugt wird dort ein dunkelfarbe-
ner Rotwein, der im 19. Jahrhundert mit dem Bordeaux
konkurrierte. Er wird traditionell aus der Malbec-Traube
erzeugt, die örtlich Cot oder Auxerrois heißt. Heute wird
sie meist mit der geschmeidigeren Merlot, teilweise auch
mit der Tannat verschnitten. Einige ausgesprochen schöne
Gewächse sind die Zier des Gebietes.

Jurançon

Jurançon ist für seine Weißweine bekannt: Der bekanntere ist, neben einem trockenen Weißwein, ein bernsteinfarbener, süßer Wein aus Gros Manseng, Petit Manseng und Courbu, die um Pau wachsen: selten zu finden, dann aber eine Offenbarung, besonders in der Kombination mit Blauschimmelkäse.

Madiran

Der kantige, gerbstoffreiche Rotwein aus Tannat-Trauben braucht stets ein paar Jahre, um genussreif zu werden. Oft ein eigenwilliger Wein, der aber nie belanglos ist.

Weitere Anbaugebiete im Südwesten

■ **Gaillac** Den bekanntesten Wein des Südwestens gibt es in allen farblichen und geschmacklichen Varianten. Qualitativ einfacher Wein.

■ **Pécharmant** Der beste Rotwein von Bergerac wird überwiegend aus Bordeaux-Sorten gewonnen. Die anderen Bergerac-Weine (rot, weiß, rosé) sind recht einfach.

■ **Montbazillac** Die kleine für ihre Weißweine bekannte Appellation in Bergerac ist bekannt für ihre edelsüßen Weine, die wahrscheinlich so gut wie Sauternes sein könnten – aber es selten sind.

■ **Iroulégy** Hinter dem Namen verbergen sich eigenständige, gute Rot- und Roséweine aus dem französischen

Baskenland, gekeltert aus Tannat, Cabernet Sauvignon und Cabernet Franc.

■ *Béarn* Unter diesem AC-Dach sind viele Rot-, Weiß- und Roséweine des Südwestens zusammengefasst, etwa Madiran, Jurançon, Pacherenc-du-Vic-Bilh, Iroulégy.

■ *Tursan* Die kleine Appellation liefert interessante Tannat-Weine und einen exzellenten Weißwein.

Midi

Als Midi wird vor allem die ausgedehnte Küstenebene von Marseille bis zur spanischen Grenze bezeichnet. Die Region, einst verschrien als Massenanbaugebiet Frankreichs, gilt seit den letzten Jahren des 20. Jahrhunderts als die dynamischste Weinanbauzone des Landes. Durch Reduzierung der Traubenhöchsterträge (der Hektarhöchstertrag in den AOC-Gebieten beträgt nur 40 bis 50 Hektoliter pro Hektar) wird inzwischen im Roussillon, Languedoc, Minervois, Fitou und Corbières eine Vielzahl guter, fruchtig-würziger Rotweine erzeugt. Bekannt sind immer noch vor allem die zahlreichen roten und weißen, preiswerten Landweine aus diesem Gebiet. Doch steht der Massenproduktion auf der einen Seite in immer höherem Maße überschäumender Ehrgeiz bei zahlreichen Neuwinzern gegenüber.

Banyuls

Die winzige Appellation im äußersten südlichen Zipfel des Midi wartet mit ebenso schweren wie edlen, süßen Rotweinen auf, die entfernt an einen Portwein erinnern.

Blanquette de Limoux

Dieser interessante Weißwein besteht aus Mauzan und Chardonnay und ist teils still, teils schäumend.

Coteaux du Languedoc

Unter den Weinen der Anbauregion finden sich einige bemerkenswerte Vertreter. Vor allem im bergigen Hinterland – beispielsweise an den Hängen des Pic Saint Loup – werden konzentrierte, samtige Rotweine aus Grenache, Carignan, Cinsaut, Mourvèdre, Syrah, Cabernet Sauvignon und Merlot gekeltert. Neben 85 Prozent Rotweinen gibt es auch würzig-feine Weißweine aus Picpoul, Clairette, Bourboulenc, Marsanne und Roussanne.

Sommerschnitt der üppig wachsenden Reben im Midi.

Das Weinland
Frankreich in Fakten und Zahlen

Rebfläche: 870 000 Hektar
Weinproduktion: 50 bis 55 Millionen Hektoliter
Jährlicher Weinkonsum pro Kopf: 58 Liter

Die 10 häufigsten Rebsorten:

1.	Carignan	rot	11 %
2.	Merlot	rot	11 %
3.	Grenache	rot	10 %
4.	Ugni Blanc	weiß	10 %
5.	Cabernet Sauvignon	rot	6 %
6.	Syrah	rot	5 %
7.	Gamay	rot	4 %
8.	Cabernet Franc	rot	4 %
9.	Chardonnay	weiß	4 %
10.	Cinsaut	rot	4 %

Das französische Weinrecht

Das französische Weinrecht ist streng hierarchisch geordnet: Je größer das Herkunftsgebiet, desto niedriger seine
Stellung in der Qualitätspyramide. Die bestimmten Anbaugebiete sind ihrerseits hierarchisch geordnet: Je kleiner
das Anbaugebiet, desto strenger die Vorschriften. Für ganze
Regionen (z. B. Côtes du Rhône) sind die Vorschriften
großzügig gestaltet. Danach kommen kleinere Regionen
(z. B. Haut-Médoc) und dann die Gemeinden (z. B. Pauillac).

In Burgund wird sogar noch weiter differenziert. Dort haben auch Lagen eine eigene AOC: etwa Beaune Premier Cru »Les Amoureuses« oder Echézeaux Grand Cru.

Die Qualitätsstufen im Einzelnen:

Vin de Table: Tafelweine, die als Herkunftsangabe nur Frankreich haben.

Vin de Pays: Landweine, die für Großregionen stehen, zum Beispiel den Südwesten oder ein Département.

Vin Délimité de Qualité Supérieure (AO VDQS): Weine höherer Qualität und bestimmter Anbaugebiete, die etwas strengeren Anforderungen unterliegen als Landweine.

Appellation d'Origine Contrôlée (AOC): Qualitätsweine bestimmter Anbaugebiete mit eng umrissener Herkunft und strengen Produktionsvorschriften.

Italien –
Im Rausch des Weins

Der italienische Wein und Weinbau haben sich in den letzten 35 Jahren stärker verändert als in den 300 Jahren davor. Die ehemals gemischten Kulturen aus Reben, Oliven- und Obstbäumen sind größtenteils verschwunden. In den Weinbergen sind die Rebstöcke nach Sorten getrennt angepflanzt. Und die Trauben werden getrennt gelesen – und nicht mehr wie früher im gemischten Satz gekeltert.

Auch in den Kellern hat sich viel verändert. Vor allem die Temperaturkontrolle während der Gärung (siehe Kapitel: Wie Wein entsteht) hat dem italienischen Wein neue Qualitätshorizonte erschlossen – in einem warmen, bisweilen heißen Land geradezu eine Revolution. Angelo Gaja, Winzer aus Barbaresco und einer der Ersten, der Weine auf internationalem Niveau produzierte, bezeichnet die »Temperaturkontrolle als die wichtigste Errungenschaft der Önologie nach der Erfindung des Holzfasses«. Insgesamt hat die Modernisierung des Weinbaus und der Kellerwirtschaft zu einem ungeahnten Anstieg der Qualitäten geführt. Der Rausch des Weins ging Ende der 1960er Jahre von der Toskana aus, erfasste das Friaul und das Piemont, um schließlich alle Regionen mitzureißen.

Italien ist der größte Weinproduzent der Welt. Durchschnittlich 60 Millionen Hektoliter werden jährlich produziert. Der einheimische Konsum sinkt dagegen beständig. Das heißt: Die Italiener sind tüchtige Weinproduzenten und schlechte Weintrinker. Der größte Teil des Weins stammt aus den Massenwein-Anbaugebieten Apuliens, Siziliens, Latiums und des Veneto. Es handelt sich dabei um schlichten Tafelwein, der als Verschnittwein von europäischen Großkellereien aufgekauft wird oder als Überschussprodukt von den europäischen Weinbehörden aus dem Markt genommen und zu Industriealkohol destilliert wird. Der ausufernden Tafelweinproduktion hat Italien beizeiten die Ausweitung seiner Qualitätswein-Anbaugebiete entgegengesetzt. In den DOC- und DOCG-Statuten sind Mengenbegrenzungen für die Traubenproduktion festgelegt. So ist der Anteil der DOC-Weine seit den 1980er Jahren auf 19 Prozent gestiegen. Das heißt: Die Menge des Weins, der offen im Tank verkauft wird, nimmt kontinuierlich ab, während die Zahl der Flaschenabfüller – und damit die Qualität – ansteigt. Zur Verwirrung des Weintrinkers werden allerdings auch einige der besten Weine des Landes unter Fantasienamen als Tafelwein in den Handel gebracht. Die betreffenden Erzeuger wollen oder können sich nicht an die oft unflexible, gelegentlich qualitätsferne Gesetzgebung halten und deklassieren ihre Weine freiwillig zu *Vini da Tavola*, um starren Vorschriften aus dem Weg zu gehen und freier experimentieren zu können.

Die Geschichte des italienischen Weinbaus beginnt mit den Griechen, die schon um 1000 v. Chr. den Mittelmeerraum erkundeten und bei ihren Kolonisierungsfeldzügen in den eroberten Ländern Rebstöcke pflanzten. In Sizilien und Kalabrien entstanden die ersten griechischen Handels-Stützpunkte. Von dort verbreitete sich die Rebe langsam nach Norden. Spätestens seit dem 7. Jahrhundert erzeugten die Etrusker in der heutigen Toskana Wein und handelten damit. Im 3. Jahrhundert, als der Karthager Hannibal Rom überfiel, war ganz Süditalien schon mit Reben kultiviert. Der berühmteste Wein der Antike war der Falerno.

In der Zeit des römischen Imperiums gelangten die Reben nach Norditalien und über die Alpen nach Deutschland und Frankreich. Mit dem Einfall der Goten und Langobarden brach der Weinbau zusammen. In der Hochkultur der Renaissance im 13. Jahrhundert erlebte der Wein eine neue Blüte. Große Weinhäuser wie Frescobaldi und Antinori sind in dieser Zeit gegründet worden. Nach dem Zusammenbruch der Medici-Herrschaft im 16. Jahrhundert, als Italien unter Spanisch-Habsburger Fremdherrschaft und allgemeiner Dekadenz litt, verfiel der Weinbau erneut. Durch die politischen Umwälzungen im 19. Jahrhundert konnte er sich nur regional erholen, und das auch nur, bis Reblauskatastrophe und Weltkriege die Weinberge verwüsteten. Der Wiederaufstieg des italienischen Weins begann erst um 1960.

Apulien

Die Fülle bekannter und namenloser DOC-Rotweine von teils ordentlicher, teils mittelmäßiger Qualität macht es schwer, einzelne Gebiete besonders hervorzuheben. Da das Klima von Norden nach Süden homogen warm ist und die Böden ganzer Landstriche für den Weinbau geeignet sind, hängt die Güte eines Weins stark vom einzelnen Erzeuger ab. Die Hauptsorte Negroamaro findet sich in fast allen, die Malvasia Nera und die Montepulciano-Traube in vielen Rotweinen wieder. Besonders interessante Weine ergeben die (stark rückgängige) Uva di Troia, die zum Beispiel in den Weinen von Castel del Monte und Cerignola vertreten ist, sowie die urwüchsige Primitivo-Traube, aus der neuerdings einige großartige, trockene Rotweine erzeugt werden.

Basilikata

Am Fuß des Monte Vulture, eines erloschenen Vulkans, wird in kleinen, versprengten Terrassen die Aglianico-Rebe angebaut. Aus ihren Trauben wird der Aglianico del Vulture gewonnen, einer der schönsten Rotweine des südlichen Italiens.

Friaul

Das warme, mediterrane Klima und die milden Winter haben das Friaul innerhalb der letzten 25 Jahre zu einem boomenden Anbaugebiet für Weiß- und Rotweine gemacht. In den hügeligen Unterzonen des Collio (um Gorizia) und der Colli Orientali (um Udine), sowie auf dem mageren Kiesschotterbett des Grave und den roten Böden Isonzos wachsen teilweise sehr gute Weine.

Besonders die Weißweine sind berühmt. Wegen ihres Körperreichtums und ihrer frisch-fruchtigen Primäraromen werden sie oft als die besten Italiens bezeichnet. Chardonnay und Sauvignon haben in den letzten Jahren viele traditionelle Sorten zurückgedrängt. Allerdings ist die autochthone (siehe Glossar) Tocai immer noch die mit Abstand meistangebaute weiße Sorte im Friaul. Sie hat weder etwas mit dem ungarischer Tokaj noch mit elsässischem Tokay zu tun, sondern stammt ursprünglich aus Istrien. Tocai-Weine altern jedoch schnell und ergeben meist nur durchschnittliche Qualitäten. Interessanter können Ribolla und Pinot Bianco sein. Verduzzo und Picolit, aus denen mild-süße Dessertweine erzeugt werden, haben nur regionale Bedeutung.

In den letzten Jahren haben die Rotweine einen deutlichen Aufschwung erlebt. Hochwertige Merlots, seltener

Cabernet Sauvignons, haben von sich reden gemacht. Aus alten Sorten wie Schioppettino, Pignola, Tazzelenghe und Refosco werden urwüchsige, bisweilen aber auch recht feine Weine gewonnen – allerdings nur in kleinen Mengen.

Kalabrien

Aus der vergessenen Weinregion im äußersten Süden Italiens kommen nur noch wenige qualitativ gute Weine. Diese wachsen ausschließlich im Hinterland der Hafenstadt Cirò: Es sind kräftige, tanninreiche Rotweine, die entfernt an einen Barolo erinnern, jedoch nicht dessen Langlebigkeit und Feinheit besitzen.

Kampanien

Aus der klassischen Weinregion Italiens kommen heute eine Fülle solider Weiß- und Roséweine im mediterranen Stil. Der bedeutendste Rotwein ist der Taurasi: ein schwerer, tanninstarker Wein mit ausdrucksvoller Frucht. Er wächst um die Stadt Avellino. Auch der weiße Fiano ist ein charaktervoller, gänzlich eigenständiger Wein.

Latium

Frascati

Zur Region Latium gehört das Massenwein-Anbaugebiet vor den Toren Roms, das größtenteils schlichte, wässrige Weißweine einfachsten Zuschnitts liefert. Einige Betriebe haben neuerdings gehaltvollere Weine mit zarter Frucht auf den Markt gebracht.

Montefiascone

Im nördlichen Latium, nahe der Grenze zur Toskana liegt dieses Anbaugebiet, das für seinen weißen Est! Est!! Est!!! bekannt geworden ist. Dieser rustikale, wenig aufregende Wein wird aus Trebbiano-Trauben erzeugt. Neben industriellen Weinerzeugern haben sich in jüngerer Zeit einige kleinere Betriebe dieses Weins angenommen – mit gutem Erfolg. Auch Merlot wird neuerdings sehr erfolgreich in Montefiascone angebaut.

Lombardei

Franciacorta

Das kleine, durch couragierte Unternehmerpersönlichkeiten bekannt gewordene Anbaugebiet zwischen Brescia und dem Lago d'Iseo gehört zur Lombardei und ist vor allem wegen seiner Schaumweine berühmt. Sie gelten zu Recht als die besten Italiens. Meist werden sie aus Chardonnay und (oder) Pinot Nero gewonnen, zwei Sorten, die auf den kalkhaltigen Böden der Zone sehr gute Bedingungen vorfinden. Sie werden weiß und rosé ausgebaut und sind meist erstklassige, trockene Weine nach dem Champagner-Verfahren (siehe Seite 319 f.).

Die Spumante aus der Franciacorta zählen zu den besten Italiens und können sich in der Spitze mit guten Champagnern messen, auch wenn sie fruchtiger und weniger stahlig ausfallen. Aus Chardonnay-Trauben werden auch ausgezeichnete Stillweine erzeugt, während in dem etwas rustikalen Franciacorta Rosso verschiedene Sorten wie Cabernet, Barbera, Nebbiolo und Merlot gemischt werden dürfen.

Lugana

Südlich von Sirmione am Gardasee liegt das zur Lombardei gehörende Anbaugebiet, das relativ stoffige, vollmundige Weißweine aus Trebbiano-Reben erzeugt.

Marken

Rosso Conero

Südlich der Hafenstadt Ancona, im Einflussbereich kühler Meerbrisen, wächst ein voller, feuriger Rotwein. Er heißt Rosso Conero und wird aus Montepulciano-Trauben gewonnen. Die Sangiovese, die ihm zu 15 Prozent beigemischt werden darf, bringt im warmen Adriaklima keine großen Qualitäten. Traditionell feurig und etwas derb, hat der Rosso Conero in den vergangenen Jahren durch sorgfältigere Weinbereitungs-Methoden deutlich an Feinheit gewonnen. Allerdings gibt es kaum mehr als ein knappes Dutzend Winzer, die gute Qualitäten anbieten.

Verdicchio

Dieser Wein ist der wichtigste der Region Marken und wächst am Fuße des Apennins auf lehmigen Kalkböden: ein Weißwein, der nicht durch seine Säure, sondern durch seinen Körperreichtum besticht. Lediglich die industrielle Variante des Verdicchio ergibt einen schlanken Wein, der charakteristische Verdicchio besitzt Fülle, Duft und Komplexität. Das gilt schon für den Verdicchio dei Castelli di Jesi, aber mehr noch für den Verdicchio di Matelica. Beide besitzen eine eigene DOC und werden reinsortig aus der gleichnamigen Traubensorte gekeltert.

Piemont

Das Piemont ist eine ländliche, weinbaulich hochambitionierte Region Italiens. Berühmt für Barolo und Barbaresco, die in den 1980er Jahren eine glanzvolle Wiedergeburt erfuhren, nachdem sie schon einmal, nämlich bei der Gründung Italiens 1860, eine Glanzzeit erlebt hatten. In den 1990er Jahren sind auch der dunkelfarbene Barbera und einige bislang wenig bekannte andere Weine in den Mittelpunkt des Interesses gerückt.

Barolo und Barbaresco sind zwei der bedeutendsten Rotweine Italiens und gehören zu den Weinen in der Welt, die nur aus einer einzigen Rebsorte gewonnen werden: der Nebbiolo. Die Nebbiolo-Traube ist eine alte, einheimische Sorte, die wahrscheinlich aus dem Aosta-Tal stammt und heute praktisch nur im Piemont angebaut wird. Auf den kalk- und lehmhaltigen Verwitterungsböden der Langhe um die Stadt Alba bringt diese Sorte körperreiche, tanninstarke Weine mit einer unverwechselbaren Charakteristik hervor. In den ersten Jahren herb-fruchtig im Geschmack, entwickeln sie im Laufe der Jahre ein vielschichtiges, an welkende Blumen, Waldboden und süße Gewürznelken erinnerndes Bouquet. Die nicht sehr dunkle, eher kirsch- oder purpurrote Farbe darf nicht zu dem Schluss verleiten, es handle sich um leichte Weine. Tatsächlich können Barolo und Barbaresco in guten Jahren über 14 Vol.% Alkohol aufweisen.

Barbaresco

Die Weinberge von Barbaresco beginnen schon an den nordöstlichen Ausläufern des Stadtgebiets von Alba und ziehen sich über das Gebiet von drei Gemeinden hin: Treiso, Neive und Barbaresco. Es ist ein noch kleineres

Anbaugebiet als das bekanntere kleine Barolo: Mehr als 2,5 Millionen Flaschen werden praktisch nie erzeugt. Die Weinberge liegen etwas tiefer als die von Barolo und haben etwas leichtere, sandigere Böden. Dadurch fallen die Weine im Durchschnitt weniger üppig aus. Die meisten sind mehr durch Frucht als durch Tannin geprägt. In den Spitzenlagen entstehen allerdings Weine, die an Opulenz und Schwere dem Barolo nicht nachstehen. Die Barbaresco-Weine werden – wie die Barolos – traditionell in großen, alten Fässern aus slawonischer Eiche ausgebaut, in denen sie mindestens ein Jahr reifen müssen, bevor sie nach zwei Jahren verkauft werden dürfen. Trotz der geographischen Nähe zu Barolo sind die Winzer von Barbaresco konservativ geblieben. Spitzenniveau erreichen weit weniger Weine als in Barolo. Die besten stehen jedoch an Üppigkeit und Langlebigkeit den größten Barolos nicht nach.

Barbera

Die Barbera-Traube ist die am weitesten verbreitete rote Sorte im Piemont. Vor allem in der Provinz Asti, aber auch um Alba ist sie stark vertreten. Der Barbera d'Alba ist eine Art Zweitwein vieler Barolo-Winzer: ein Wein von mittlerem Körper, tanninarm von Natur, dafür ausgesprochen fruchtig. Ihre besten Qualitäten bringt die Barbera-Traube im Monferrato, wie die Hügellandschaft nördlich und südlich um Asti genannt wird. Auf den sandig-kalkhaltigen Böden entstehen saftige, teilweise kräftig strukturierte Weine mit einem Alkoholgehalt zwischen 13 und 14 Vol. %. Traditionell werden sie in großen Holzfässern, seit einigen Jahren mit großem Erfolg auch in Barriques (siehe Glossar) ausgebaut.

Barolo

Barolo ist ein kleines Anbaugebiet. Es liegt südwestlich von Alba und umfasst das Territorium von elf Dörfern. Die wichtigsten sind Serralunga, Monforte, Castiglione Falletto, La Morra und Barolo selbst. Die Rebkulturen erstrecken sich bis auf Höhen von 500 Metern. Die Weine sind wuchtig und zart zugleich. Sie dürfen frühestens nach drei Jahren freigegeben werden und müssen davon mindestens zwei Jahre im Holzfass reifen. Traditionell verbleiben sie aber wegen ihres Tanninreichtums sogar sehr viel länger im Holz, wobei stets große Fässer aus slawonischer Eiche verwendet wurden. In den letzten Jahren ist jedoch der Ausbau in kleineren Fudern und Barriques populär geworden. Während die Barolo früher oft als »Tanninpeitschen« bezeichnet wurden, ist zumindest ein Teil der Weine heute durch Konzentration auf gute Lagen, bessere Klonenwahl, sorgfältigere Vergärung und durch Mengenreduktion wesentlich feiner als in der Vergangenheit.

Weitere Anbaugebiete des Piemont

■ **Gattinara** Der kraftvolle Nebbiolo-Wein kommt aus dem gleichnamigen Dorf bei Vercelli, jedoch ohne die Feinheit der meisten Barolo zu besitzen.

■ **Gavi** Die hügelige Weinregion südöstlich von Alessandria ist bekannt für ihre Weißweine, bei denen die Cortese-Traube leichte, etwas säurehaltige Weine ergibt.

■ **Ghemme** Der mächtige, aber etwas rustikale Nebbiolo-Wein kommt aus dem Dorf Ghemme, in unmittelbarer Nachbarschaft von Gattinara.

■ **Moscato d'Asti**   Unter diesem Namen ist das gesamte südliche Monferrato umfassende Hügelgebiet zusammengefasst, aus dem die süßen Schaumweine Asti und
Moscato d'Asti kommen.

■ **Roero**   Das aufstrebende Anbaugebiet nördlich des
Tanaro-Flusses bei Alba ist berühmt für den delikaten,
weißen Arneis und den roten Roero, einen Nebbiolo-
Wein, der etwas leichter als Barolo und Barbaresco ausfällt, jedoch sehr fein sein kann.

Sardinien

Aus Sardinien kommen nicht nur leichte, frische Sommer-
weine aus den Sorten Vermentino, Nuragus, Malvasia
di Sardegna und Sauvignon, sondern auch substanzreiche
Rotweine: Neben den traditionellen Sorten Cannonau,
Carignano, Malvasia Nera und Sangiovese wird neuerdings auch Cabernet Sauvignon mit großem Erfolg angebaut.

Sizilien

Das riesige Weinland tritt vor allem als Massenweinland
in Erscheinung. Nur wenige Erzeuger haben es verstanden, das qualitative Potenzial der Insel auszunutzen. Die
ersten waren die Staatskellerei Duca di Salaparuta in
Casteldaccia, die Güter des Grafen Tasca d'Almerita in
Scalfani Bagni und der Marsala-Erzeuger Vecchio Sam-
peri. Inzwischen streben ihnen zahlreiche Erzeuger nach
und stellen vor allem frische Weiß- und Roséweine im
modernen Stil her.

Südtirol

Noch immer nimmt die Vernatsch-Rebe rund 55 Prozent der Südtiroler Rebfläche ein. Aus ihr werden einfache und einfachste Weine zum Törggelen erzeugt – wie das Zechen in Südtirol genannt wird. Jedoch bemühen sich sowohl Privatwinzer als auch Genossenschaften (die über 80 Prozent der Trauben verarbeiten), den traditionellen Sorten Traminer, Weißburgunder und Lagrein wieder mehr Raum zu geben. Die interessantesten Südtiroler Weine werden aber derzeit noch aus Chardonnay und Sauvignon erzeugt. Bei den Roten boomen Merlot und Pinot Nero – nicht immer mit durchschlagendem Erfolg. Cabernet Sauvignon reift nur in wenigen Lagen, ergibt aber, wenn er ausreifen kann, tanninreiche, sehr feine Weine.

Toskana

Das Land zwischen dem Apennin und dem Tyrrhenischen Meer ist eine der schönsten und besterhaltenen Kulturlandschaften Europas. Ein 200 Kilometer langer Hügelteppich breitet sich von der nördlichen zur südlichen Grenze aus, durchzogen von gewundenen Flüsschen, gesprenkelt mit mittelalterlichen Dörfern, überzogen mit immergrünen Krüppeleichenwäldern. Weinbau findet in der Hügelzone fast überall statt. Allerdings gibt es wenige zusammenhängende Rebflächen. Ein Drittel der Toskana bedeckt das Chianti. Es beherbergt zahlreiche Unterzonen wie das Chianti Classico, aber auch einige eigene Ursprungsgebiete wie das des Brunello di Montalcino oder des Vino Nobile di Montepulciano.

Bolgheri

Das pittoreske kleine Dorf südlich von Pisa ist die Heimat des berühmtesten italienischen Weins: des Sassicaia. Er ist ausschließlich aus Cabernet-Sauvignon- und Cabernet-Franc-Trauben gekeltert – also untypischen Sorten für die Toskana. Doch in dem warmen, meernahen Landstrich bringen sie opulente, geschmacksintensive, langlebige Weine hervor. So hat der Sassicaia viele Nachahmer gefunden, allen voran den Ornellaia. Beide Weine sind seit 1994 nicht mehr Vino da Tavola, sondern haben eine eigene DOC. Die anderen Weine aus dem Bereich der Gemeinde Castagneto Carducci, in der auch Bolgheri liegt, heißen Bolgheri Rosso bzw. Bolgheri Bianco. Sie können ebenso aus Cabernet-Sauvignon- oder Merlot- wie aus Sangiovese-Trauben gewonnen sein. Fast alle Bolgheri Rosso sind sehr gesuchte, nicht selten auch sehr teure Weine. Ihr Erfolg hat in dem Küstenstreifen der toskanischen Maremma einen regelrechten Weinboom ausgelöst. Zahlreiche neue Güter sind gegründet worden.

Brunello di Montalcino

Der Brunello ist der international am höchsten geschätzte DOCG-Rotwein Italiens: ein üppiger, muskulöser Wein mit einem tiefen Zedern- und Brombeerduft und viel weichem, aber kräftigen Tannin. Er wird reinsortig aus Sangiovese-Trauben erzeugt, freilich einer besonders kleinbeerigen Spielart, die zur Familie der Sangiovese-Grosso-Reben gehört und Brunello genannt wird. Dieser Sangiovese-Grosso-Klon wurde Mitte des 19. Jahrhunderts von Ferruccio Biondi-Santi isoliert und vermehrt. Auf ihm basiert die Erfolgsgeschichte des Weins. Bis in die 1960er Jahre hinein hatte die Familie Biondi-Santi praktisch das Monopol auf den Brunello. Heute haben sich über 100 meist kleine Flaschenabfüller in der Zone niedergelassen. Die Anbaufläche hat sich seit Anfang der 1980er Jahre mehr als verdoppelt. Neben großen Weinhäusern und kapitalkräftigen Privatleuten, die sich in Montalcino angesiedelt haben, füllen auch immer mehr kleinbäuerliche Betriebe ihren Wein selbst ab.

Der Brunello ist dank der südlicheren Lage wuchtiger und schwerer als der Chianti Classico. Sein Tannin ist süßer und weicher, die Säure liegt niedriger. Er reift mindestens zwei Jahre im Holzfass (traditionell ein großes Holzfass aus slawonischer Eiche) und darf erst nach vier Jahren in den Handel kommen. Allerdings rechtfertigt nicht jeder Brunello den Ruf, der ihm vorauseilt, und den Preis, den er kostet. Von exzellenter Qualität und vergleichsweise bescheidenem Preis kann der Rosso di Montalcino sein, der zweite Wein aus diesem südtoskanischen Anbaugebiet. Auch er ist reinsortig aus Brunello-Trauben gekeltert, braucht aber nur ein Jahr Fassreife.

Chianti

Das Chianti reicht von Pisa im Norden über Florenz und Siena bis nach Montalcino im Süden. Es ist in sieben Chianti-Unterzonen unterteilt, von denen nur eine größeren Bekanntheitsgrad besitzt: das Chianti Classico zwischen Florenz und Siena. Die anderen Zonen heißen Chianti Rufina (um Pontassieve), Chianti Colline Pisane (Pisa), Chianti Montalbano (Carmignano), Chianti Colli Fiorentini (Florenz), Chianti Aretini (Arezzo) und Chianti Colli Senesi (südlich Siena). Die Chianti-Weine aller Unterzonen gehören in die höchste italienische Qualitätsweinkategorie, die DOCG, obwohl der größte Teil relativ einfache Rotweine hervorbringt.

Das Chiantigebiet ist größer als die sieben Unterzonen. Deren Winzer können entscheiden, ob sie ihren Wein als einfachen Chianti oder als Chianti ihres Herkunftsgebiets auf den Markt bringen wollen. Für einfachen Chianti gelten die lockersten, für Chianti Classico die strengsten Qualitätsanforderungen. Gemeinsam ist allen Chianti-Weinen, dass sie ganz oder überwiegend aus Sangiovese-Trauben gewonnen werden müssen. In der Spitze ergeben sie konzentrierte Weine mit trockenem, adstringierenden Tannin und feinem Brombeeraroma – Weine von karger Eleganz.

■ *Chianti Classico*

Die Hügelzone zwischen Florenz und Siena gilt als Kerngebiet des Chianti. Sie setzt sich aus neun Gemeinden zusammen. Gemeinsam ist den Weinen, dass sie ausschließlich oder zu mindestens 85 Prozent aus Sangiovese-Trauben gewonnen werden. Die Statuten für den Chianti sind erst unlängst überarbeitet worden: Der Rest (15 Prozent) darf aus Canaiolo, Malvasia Nera, Mammolo oder anderen einheimischen Sorten bestehen. Außerdem sind alternative Sorten wie Merlot und Cabernet Sauvignon zulässig. Die Beimischung weißer Sorten (vormals bis zu sechs Prozent) ist nicht mehr erlaubt. Die ehemalige Chianti-Formel wurde um 1860 erfunden, und die weißen Trauben dienten dazu, die Weine früher trinkbar zu machen. Allerdings haben Spitzenwinzer von dieser Möglichkeit schon längere Zeit keinen Gebrauch mehr gemacht.

Chianti Classico ist kein einheitliches Anbaugebiet. Im Norden um San Casciano und Greve sind die Weine duftiger und mit feinerem Tannin ausgestattet als die Weine im Süden. Castellina, Gaiole, Radda und Castelnuovo Berardenga am südlichen Rand des Anbaugebiets liefern dagegen kräftigere, tanninstärkere, bisweilen auch rauere Weine. Freilich unterscheiden sich die Weine auch dort je nach Höhenlage (bis 700 Meter) und Bodenformation deutlich. In tiefer gelegenen Gebieten finden sich sandige, feinschotterige Böden, auf denen zarte, elegante Weine wachsen. In höheren Lagen dominieren tonhaltige Letten (Galestro) und kalkhaltiger Sandstein (Alberese). Von dort kommen muskulösere Weine.

Spätestens seit Beginn der 1980er Jahre ist die Qualität des Chianti Classico erheblich gestiegen. Kapitalkräftige Privatleute haben Weingut um Weingut aufgekauft und die darnieder liegende Weinwirtschaft saniert. Sie haben die Erträge reduziert, die Sangiovese-Traube wieder vermehrt angepflanzt, zugleich aber auch mit alternativen Sorten experimentiert. Einen Teil ihrer Weine haben sie, weil nicht gesetzeskonform, als *Vini da Tavola* – Tafelweine – auf den Markt gebracht: Als *Super Tuscans* sind sie berühmt geworden. Seit 1997 dürfen Tafelweine keinen Jahrgang mehr auf dem Etikett tragen. Sie müssen dann als IGT-Wein oder als Chianti Riserva verkauft werden, was sie letztlich auch sind (sofern es sich um Sangiovese-Weine handelt). In jedem Fall gehören die Jahrgangs-Chianti zu den schönsten jungen Weinen, die Italien besitzt, die Riserve mit ihrem spröden Tannin zu den eigenständigsten, teilweise besten Rotweinen des Landes.

■ *Chianti Rufina*

Östlich von Florenz bei Pontassieve liegt das kleine Anbaugebiet, das in den 1930er Jahren ins Chianti eingemeindet wurde und vorher unter der Bezeichnung Rufina einen eigenen Wein produziert hatte. Für den Rufina-Chianti gelten dieselben Vorschriften für die Traubenzusammensetzung wie für andere Chianti. Wegen der besonderen Sandstein- und Tonmergelböden entstehen aber recht eigenständige Weine. Sie sind etwas tanninstärker, besitzen aber eine zarte Frucht und sind in ihren besten Qualitäten ebenso gut wie die besten Chianti Classico. Allerdings umfasst die DOCG-Zone lediglich knapp 600 Hektar, und es gibt nur wenige Spitzenerzeuger. Pomino, ehemals zum Chianti Rufina gehörend, hat heute eine eigene DOC.

Vino Nobile di Montepulciano

Der zweite bedeutende Rotwein der Südtoskana neben dem Brunello di Montalcino ist der Vino Nobile di Montepulciano. Er wächst auf den Hügeln um das gleichnamige mittelalterliche Städtchen und wird vor allem aus Trauben der Sorten Sangiovese (örtlich Prugnolo Gentile genannt) sowie Canaiolo und Mammolo (in kleinen Mengen) gewonnen.

Das Anbaugebiet ist halb so groß wie das des Brunello, hat sandigere Böden und wegen seiner größeren Entfernung zum Meer ein kühleres und gemäßigteres Klima: Grund dafür, dass der Vino Nobile nicht ganz die Fülle des Brunello beziehungsweise die Dichte und Eleganz der Chianti Classico erreicht. Gleichwohl sind die besten Vino Nobile durchaus würdige Vertreter der Sangiovese-Traube. Die weniger guten Lagen liefern die Trauben für den einfachen, aber delikaten Rosso di Montepulciano oder den noch einfacheren Chianti Colli Senesi.

Weitere Anbaugebiete und Weine der Toskana

■ *Carmignano* Das kleine Anbaugebiet westlich von Florenz wurde 1932 dem Chianti Montalbano zugeschlagen, dann 1975 wieder ein eigenständiges Anbaugebiet. Der Carmignano wird aus Sangiovese- und Canaiolo-Trauben mit zehn Prozent Cabernet Sauvignon gewonnen. Aufgrund der tief gelegenen Weinberge fällt er säureärmer aus als der Chianti Classico. Wegen der sandigen Böden erreicht er nicht ganz dessen Körperreichtum.

■ *Montescudaio* Das kleine Ursprungsgebiet liegt nördlich von Bolgheri und ist vor allem interessant wegen seiner Rotweine auf Sangiovese-Basis.

■ *Morellino di Scansano* Im menschenleeren Hinterland der Maremma südlich von Grosseto wird ebenfalls die Sangiovese-Grosso-Rebe angebaut. Im dortigen warmen mediterranen Klima ergibt sie einen fleischigen, üppigen Wein, der jedoch nicht die Fülle eines Brunello hat.

■ *Rosso delle Colline Lucchesi* In dem kleinen Anbaugebiet um die Stadt Lucca wächst an den Hängen des Apennin ein Chianti-ähnlicher Rotwein aus Sangiovese- und Canaiolo-Trauben. In den letzten Jahren haben sich dort ein halbes Dutzend kleiner Erzeuger niedergelassen, die feine, geschliffene Weine erzeugen.

■ *San Gimignano* Die Weißweininsel im Chianti bringt einen schlichten, aber beliebten Wein aus Vernaccia-Trauben hervor.

■ **Val di Cornia** Das relativ unbekannte Anbaugebiet um das Dörfchen Suvereto in der Maremma ist in den letzten Jahren wegen seiner ausgezeichneten Sangiovese- und Cabernet-Weine bekannt geworden.

■ **Vin Santo** Nahezu überall im Chianti wird dieser Dessertwein erzeugt. Er wird aus angetrockneten Weißweintrauben gewonnen und reift dann zwischen drei und fünf Jahren in kleinen Fässchen (caratelli). In seinen besten Qualitäten mehr als ein rustikaler Bauernwein.

Trentino

Die Region wurde zum wichtigsten Chardonnay- und Pinot-Grigio-Anbaugebiet Italiens, wobei Chardonnay vor allem an Italiens Spumante-Industrie verkauft und Pinot Grigio zu einfachen Leichtweinen vergoren wird. Nur im Einzelfall werden aus diesen Sorten feine Weine gewonnen. Eigenständige rote Sorten sind vor allen Marzemino und Teroldego. In den besten Qualitäten ergeben sie konzentrierte, würzige, charaktervolle Weine – meist jedoch entstehen recht durchschnittliche Weine.

Umbrien

Orvieto

Die bedeutendste Weißwein-Zone Umbriens wird von Trebbiano und Grechetto-Trauben dominiert. Aus ihnen werden säurearme, einfache Weine gewonnen. Bessere Qualitäten liefern Weingüter, die Chardonnay und Sauvignon gepflanzt haben.

Sagrantino

Von den Hügeln um das Städtchen Montefalco kommt der heute wohl beste Rotwein Umbriens: der Sagrantino. Die Sagrantino-Traube ergibt einen vielschichtigen, traditionell etwas feurigen, heute eher kompakten Wein von dunkelrubinroter Farbe mit viel mürbem, bittersüßen Tannin.

Torgiano

Schon die Etrusker haben in diesem Gebiet Wein angebaut. Bekannt geworden ist dieser umbrische Rotwein vor allem wegen der Familie Lungarotti, die über einen großen Teil der Weinberge um das kleine gleichnamige Dorf am Tiber verfügt und mit ihrer Riserva Monticchio, die erst nach zehnjähriger Lagerung (größtenteils auf der Flasche) auf den Markt kommt, schon früh Qualitätsstandards gesetzt hat.

Der einfache Torgiano ist ein unprätentiöser, aber sehr delikater Wein. Basis des Torgiano ist die Sangiovese-Traube. Den ausdrucksvollen, fruchtigen Geschmack steuert die Canaiolo bei, die zu 30 Prozent in ihm enthalten ist. Seit April 1991 hat Torgiano DOC G-Status aufzuweisen.

Venetien

Bianco di Custoza, Gambellara

Die Ursprungsgebiete dieser beiden Weine liegen um den südlichen Gardasee: Es sind einfache, saubere Weißweine, die vor allem aus Garganega- und Trebbiano-Trauben gewonnen werden.

Breganze

Dieses winzige Ursprungsgebiet um das gleichnamige Dorf nördlich von Vicenza ist vor allem durch exzellente Chardonnays, Cabernet Sauvignons und Dessertweine (Torcolato, Dindarello, Acininobili) eines Betriebs bekannt: Maculan. Der Rest der Produktion ist von solider, aber etwas biederer Art.

Soave

Soave ist die Weißwein-Zone östlich von Verona, die in erster Linie als ein typisches Massenanbaugebiet bekannt ist, jedoch mit einigen bemerkenswerten Weißweinen aus der Classico-Hügelzone um die Dörfer Soave und Monteforte aufwarten kann. Sie kommen von Betrieben wie Pieropan, Anselmi, Pra, Bolla und einigen anderen. Hauptsorte des Soave ist die Garganega, aus der wegen ihrer dicken Schale auch delikate Süßweine (Recioto) gewonnen werden.

Valpolicella

Das in die Ebene ausgeweitete Valpolicella-Anbaugebiet ist auch heute noch ein Massenanbaugebiet. Lediglich aus dem hügeligen Valpolicella Classico kommen leichte, schmelzig-fruchtige Weine mit eigenem Charakter. Sie werden meist aus drei roten Sorten erzeugt: Corvina, Rondinella und Molinara.

Der feurige Amarone, ein aus teilgetrockneten Trauben erzeugter, durchgegorener Wein mit einem Alkoholgehalt von 14 bis 17 Vol. %, macht dagegen nur einen verschwindend geringen Anteil der Produktion aus. Er ist ein typisch Veroneser Spezialwein, im Einzelfall kann er ein großer Wein sein.

Das Weinland
Italien in Fakten und Zahlen

Rebfläche: 840 000 Hektar
Weinproduktion: 58 Millionen Hektoliter
Jährlicher Weinkonsum pro Kopf: 55 Liter

Die 10 häufigsten Rebsorten:

1.	Trebbiano	weiß	11,6 %
2.	Sangiovese	rot	10,0 %
3.	Barbera	rot	5,5 %
4.	Merlot	rot	3,7 %
5.	Negro Amaro	rot	3,6 %
6.	Montepulciano	rot	3,6 %
7.	Primitivo	rot	2,0 %
8.	Dolcetto	rot	1,2 %
9.	Prosecco	weiß	0,8 %
10.	Pinot Bianco	weiß	0,8 %

Das italienische Weinrecht

Denominazione di Origine Controllata e Garantita (DOCG):
kontrollierte und garantierte Ursprungsbezeichnung,
die höchste Stufe des italienischen Weingesetzes.
Die Bezeichnung wurde seit 1983 nur wenigen Weinen zuerkannt. Sie ist in der Regel mit strengeren Vorschriften,
insbesondere strengeren Mengenbegrenzungen versehen
als die DOC.

Denominazione di Origine Controllata (DOC): kontrollierte Ursprungsbezeichnung, wird seit 1964 vergeben; enthält Vorschriften über die Grenzen der Anbaugebiete, die zugelassenen Rebsorten, die Art des Ausbaus der Weine sowie über den Zeitpunkt der Freigabe. Derzeit sind etwa 17 Prozent der italienischen Produktion DOC-Weine.

Indicazione Geografica Tipica (IGT): 1997 eingeführte Kategorie von Regionalweinen, die dem Landwein entspricht. Die Anforderungen an Mindestalkoholgehalt und Hektarhöchsterträge liegen unter DOC-Niveau. Auf dem Etikett dürfen Rebsorte, Jahrgang und Region angegeben werden.

Vino da Tavola (VdT): Tafelwein mit geringsten qualitativen Anforderungen. Er muss unverdorben und zum Verzehr geeignet sein. Auf dem Etikett dürfen nur die Farbe, der Alkoholgehalt und das Herkunftsland angegeben werden, nicht der Jahrgang.

Österreich – Weißweine mit wuchtigem Charme

Österreich hat als eines der letzten westeuropäischen Weinbauländer den Schwenk zur Qualitätsweinproduktion vollzogen. Nachdem 1985 Weinfälschungen im großen Stil aufgeflogen waren, brach der Weinhandel komplett zusammen. Aus der Krise gingen jene Winzer und Weinkellereien gestärkt hervor, die sich der Qualität verschrieben hatten. Ein neues, strenges Weingesetz wurde verabschiedet, die Weinkontrolle intensiviert. Seitdem befindet sich der österreichische Wein im Aufwind. Einige Weiß- und Süßweine gehören heute zur Weltspitze.

Viele Weine Österreichs ähneln den ungarischen und friulischen Weinen. Die österreichischen Weinbezeichnungen lehnen sich dagegen eher an die deutschen Vorschriften an. Die Weißweine sind körperreich und werden durchweg trocken ausgebaut, die Rotweine sind fruchtig und warm – wie das Klima in den Anbaugebieten. Österreichs Weine wurden und werden noch immer größtenteils im eigenen Land getrunken. Der Exportanteil liegt bei nur 13 Prozent. Das heißt folglich: Der größte Teil des österreichischen Weins wird im eigenen Lande konsumiert. Darunter ist ein hoher Prozentsatz einfacher, rustikaler Bauernweine von Großkellereien und Kleinstwinzern. Sie werden zum großen Teil in Großflaschen wie der Doppelliterflasche abgefüllt. Rund 40 Prozent des Weins, der in Österreich konsumiert wird, stammt aus diesem so genannten »Doppler«.

Kamptal

Das an Krems anschließende, donauabgewandte Anbaugebiet umgibt die Stadt Langenlois. In dem warmem, trockenen Klima, in dem Weißburgunder und Chardonnay unter Ertrag stehen, werden vereinzelt auch Cabernet Sauvignon und andere rote Sorten angebaut. Der größte Teil der Rebfläche ist jedoch mit Grünem Veltliner bepflanzt sowie mit Riesling. Beide Weine können sich im Einzelfall mit denen der Wachau messen. Der Weinbau findet auf Terrassen und in Hanglagen statt. Einige der namhaftesten Winzer Österreichs kommen aus diesem Anbaugebiet.

Kremstal

Das Anbaugebiet Kremstal um die Stadt Krems schließt sich fließend an das berühmte Weinbaugebiet Wachau an.

Die Grünen Veltliner und Rieslinge stehen in ihren besten Qualitäten denen aus der Wachau kaum nach – allerdings nur im donaunahen Teil des Anbaugebiets. Im Hinterland verliert sich die pannonische Wärme. Besonders die im donaunahen Teil auf Urgesteinsböden wachsenden Rieslinge und die dichten, auf Lössterrassen des Hinterlands wachsenden Grünen Veltliner gehören zu den besten österreichischen Weinen dieser Sorten.

Mittel- und Südburgenland

Das Mittelburgenland südlich des Neusiedlersees ist Österreichs bestes Rotweinland. Die Rotweine haben dort einen Anteil von 78 Prozent. Die klassische Rotweinsorte ist der Blaufränkisch, der Tannin mitbringt und neuerdings mit Cabernet Sauvignon zu interessanten Cuvées assembliert wird. Vor allem die Rotweine aus Deutschkreutz und Horitschon gelten als die besten Österreichs. Daneben wird ein wenig Saint-Laurent sowie Zweigelt angebaut.

Das Südburgenland wird gern als Weinidylle bezeichnet. In den wenigen, versprengten Weinbergen wachsen teilweise jedoch hervorragende Weine. Aus dem Gebiet um Eisenstadt und Deutsch-Schützen kommen ausgezeichnete Blaufränkisch-Gewächse, ansonsten wird Welschriesling und Weißburgunder angebaut.

Neusiedlersee-Hügelland

Das Anbaugebiet Neusiedlersee-Hügelland liegt westlich und östlich des Neusiedlersees und reicht von der Stadt Rust bis zum Fuße des Leithagebirges. Auf den Löss-,

Sand- und Schwarzerdeböden wachsen herzhafte, vollmundige Weißweine (besonders gut gelingen die Sorten Sauvignon, Weißburgunder, Chardonnay) und mittelschwere Rotweine vor allem aus den Sorten Blaufränkisch, aber auch Zweigelt und Cabernet Sauvignon.

Der bekannteste Wein des Anbaugebietes ist der Ruster Ausbruch. Diese Süßwein-Spezialität wächst in den seenahen Weingärten um die Stadt Rust und wird aus allen angebauten Sorten erzeugt, oft auch als Cuvée. Im feuchtwarmen Treibhausklima werden die Trauben großflächig von der Botrytis befallen. Die edelfaulen Trauben müssen von Gesetzes wegen ein Mindestmostgewicht von 138 Grad Öchsle haben. Bessere Winzer produzieren den Ausbruch erst ab 150 Grad Öchsle. Gleiches geschieht auf der östlichen Seite des Sees. Von dort kommen edelste Beeren- und Trockenbeerenauslesen. Speziell im Seewinkel sind die Süßweine mindestens so berühmt wie in Rust, zumindest diejenigen Alois Krachers und Willi Opitz'.

Neusiedlersee

Das Anbaugebiet nördlich des Neusiedlersees liefert Massen einfacher, schlichter Weine, die nur geringen Anforderungen genügen. Rund 72 Prozent der Produktion besteht aus Weißwein. Die typische und angestammte Weißweinsorte ist der Welschriesling. In seinen besten Qualitäten liefert er stoffige, durchaus feine Weine, die anstelle des Grünen Veltliners gerne als »G'spritzter« getrunken werden. Der Grüne Veltliner selbst fällt eher plump aus. Daneben werden Weißburgunder, Neuburger, Bouvier und gelegentlich auch Chardonnay und Sauvignon angebaut.

Sie ergeben füllige, mäßig feine, nicht selten halbtrocken oder lieblich ausgebaute Weine. Von teilweise recht guter Qualität sind die trockenen Weiß- und Rotweine des Anbaugebiets um die Dörfer Gols, Frauenkirchen und Podersdorf. Dort werden heute einige kraftvolle Weißweine aus Welschriesling, Sauvignon, Ruländer und Chardonnay und vollmundige Rote aus Zweigelt, Blaufränkisch und Cabernet Sauvignon erzeugt, wie sie früher in diesem Gebiet vollkommen unbekannt waren.

Steiermark

In dem flächenmäßig großen, weinbaulich kleinen Anbaugebiet, das sich auf die drei Zonen Südsteiermark, Südoststeiermark und Weststeiermark erstreckt, werden vorwiegend fruchtige Weißweine erzeugt, die auf weit verstreuten Weinbergen wachsen. Welschriesling, Weißburgunder, Müller-Thurgau, Gewürztraminer und Ruländer sind die in der Südoststeiermark am häufigsten angebauten Sorten, dazu der urtümliche Schilcher, ein zwiebelfarbener Wein mit schneidender Säure aus der blauen Wildbacher-Rebe. Er hat die kleine Weststeiermark um den Ort Stainz auf die Weinlandkarte gesetzt.

Die besten Weine kommen aus der Südsteiermark. Der sommerlich sehr warme, aber auch regenreiche Landstrich direkt an der slowenischen Grenze ist berühmt für seine intensiv fruchtigen, frischen Weißweine. Auf lehmigen Böden an steil abfallenden Hügeln wachsen elegante Welschrieslinge, säurebetonte Chardonnays (hier Morillon genannt) und alkoholstarke Sauvignons (auch Muskat-Silvaner genannt), die manchmal 14 Vol.% und mehr erreichen.

Thermenregion

Thermenregion ist der neue Name für das alte Weinanbaugebiet Gumpoldskirchen, die wärmste Weinregion Österreichs. 1985 durch Zusammenlegung der Anbaugebiete Gumpoldskirchen und Bad Vöslau entstanden, ist es vor allem für seine Weißweine aus den Sorten Zierfandler und Rotgipfler bekannt, die früher nebeneinander im Weinberg wuchsen und gemeinsam gelesen wurden. Nachdem jahrelang mehr Gumpoldskirchener in den Verkauf gekommen war als im Anbaugebiet produziert wurde, geriet die Region als Massenwein- und Verschnittweingebiet in Verruf. Inzwischen gibt es wieder ernst zu nehmende Bestrebungen, den Qualitätsstandard zu erhöhen. Allerdings wird rund 90 Prozent der Weinproduktion in Heurigen ausgeschenkt.

Wachau

Die Wachau ist ein kleines, aber prominentes Weinanbaugebiet an der Donau zwischen Melk und Krems. Auf den steil zur Donau abfallenden Terrassen mit ihren Urgesteinsböden erreichen Grüner Veltliner und Riesling ungeahnte Qualitäten. Sie werden meist erst im Oktober gelesen und ergeben vielschichtige, teils hochfeine Weine mit kräftiger, weiniger Säure. Begünstigt wird der Weinbau durch das warme, aus Ungarn kommende und sich bis ins Donautal ausbreitende Klima, das die kühle Luft, die aus den Seitentälern des Waldviertels hereinströmt, mildert.

Sowohl die leichten Steinfeder-Weine als auch die gehaltvolleren Federspiele gehören zu den gesuchtesten Weinen Österreichs. Die Krönung sind die wuchtigen

Smaragde, die mit ihren exotischen Fruchtnoten und feinen Honigtönen äußerst langlebig sind, insbesondere beim Grünen Veltliner. Allerdings können nicht in allen Jahren Smaragde eingebracht werden. Um derart hohe Mostgewichte zu erhalten, muss ein Teil der Trauben von der Edelfäule befallen sein. 1983 haben sich die Wachauer Winzer zum Gebietsschutzverband »Vinea Wachau« zusammengeschlossen und sind mit strengen Richtlinien und einem eigenen Bezeichnungswesen über das österreichische Weingesetz hinausgegangen.

Die Weinklassifizierung in der Wachau:

Steinfeder: leichte, duftige Weine bis maximal 10,7 Vol.% Alkohol (die Steinfeder ist ein Grasgewächs)

Federspiel: klassischer, rassig-trockener Wein bis maximal 12 Vol.% Alkohol (der Name stammt aus der Falkenjagd)

Smaragd: reife, füllige, trockene Spätlesen über 12 Vol.% Alkohol

Die im Gebietskonsortium »Vinea Wachau« organisierten Winzer dürfen keine Weine aus anderen Weinanbaugebieten im Sortiment haben.

Weinviertel

Das größte Weinanbaugebiet Österreichs nimmt knapp ein Drittel der Weinbaufläche des Landes ein. Bekannt ist das Weinviertel vor allem als Lieferant einfacher, süffiger Grüner Veltliner, die den größten Teil des österreichischen Heurigen-Weins ausmachen. Der Welschriesling wird für die Schaumweinherstellung benötigt. Daneben trifft man in diesem Gebiet auf nahezu alle anderen Sorten Österreichs.

Wien

Zahlreiche, meist unzusammenhängende Weinberge am nördlichen Stadtrand Wiens (Nussdorf, Heiligenstadt, Grinzing, Stammersdorf, Strebersdorf, Jedlersdorf) bilden dieses Weinbaugebiet mit teils hervorragenden Löss-, Schiefer- und Schotterböden, auf denen durchweg einfache, süffige Weine aus nahezu allen Sorten, die in Österreich zugelassen sind, angebaut werden. Der größte Teil wird offen in den »Heurigen« ausgeschenkt, wie die Weinrestaurants und Weingärten Wiens genannt werden (deren Inhaber sind in der Regel zugleich die Weinbergbesitzer). Einzelne Winzer haben aber unter Beweis gestellt, dass Wien auch bedeutende und sogar langlebige Weine hervorbringen kann, die zur Spitze Österreichs gehören.

Weitere Anbaugebiete Österreichs

■ **Carnuntum** Das kleine Anbaugebiet liegt an der Donau östlich von Wien. Aus ihm kommen vor allem ein guter Weißburgunder und ein fruchtiger, unkomplizierter Zweigelt.

■ **Donauland** Das lang gestreckte, uneinheitliche Anbaugebiet von Krems bis Klosterneuburg liefert viel einfachen Grünen Veltliner, daneben Weißburgunder und ein wenig Riesling und Müller-Thurgau.

■ **Traisental** Auf den sandigen Lössböden der Region zwischen Wagram und St. Pölten wachsen eher einfache, duftig-frische Grüne Veltliner, Weißburgunder und Rieslinge.

Das Weinland
Österreich in Fakten und Zahlen

Rebfläche: 48 500 Hektar

Weinproduktion: 2,8 Millionen Hektoliter

Jährlicher Weinkonsum pro Kopf: 31 Liter

Die 10 häufigsten Rebsorten:

1.	Grüner Veltliner	weiß	36,0 %
2.	Zweigelt	rot	9,0 %
3.	Welschriesling	weiß	8,9 %
4.	Müller-Thurgau	weiß	6,8 %
5.	Weißer Burgunder	weiß	6,0 %
6.	Blaufränkisch	rot	5,4 %
7.	Blauer Portugieser	rot	4,9 %
8.	Riesling	weiß	3,4 %
9.	Neuburger	weiß	2,3 %
10.	Blauburger	rot	1,8 %

Das österreichische Weinrecht

Prädikatswein: höchste Qualitätsstufe, vor allem für süße (oder restsüße) Weine verwendet, die nicht angereichert werden dürfen; sie wird abhängig vom Mostgewicht unterteilt in: Spätlese (Mindestmostgewicht 19° Klosterneuburger Mostwaage, KMW), Auslese, Beerenauslese, Ausbruch, Trockenbeerenauslese und Eiswein.

Kabinettwein: nicht aufgebesserter Qualitätswein mit einem maximalen Alkoholgehalt von 12,9 Vol.%.

Qualitätswein: We n mit einem Mindestmostgewicht von 15° KMW.

Landwein: Wein mit einem Mindestmostgewicht von 13° KMW; Landwein darf aufgebessert werden.

Tafelwein: Wein mit einem Mindestmostgewicht von 13° KMW; Tafelwein unterliegt ‹einer Mengenbegrenzung und darf aufgebessert werden.

Ost- und Südosteuropa – Im Osten viel Neues

Der ost- und südosteuropäische Weinbau hat seit der Mitte des 20. Jahrhunderts nicht dieselbe rasante Entwicklung genommen wie der Weinbau Frankreichs, Italiens und Spaniens, ganz zu schweigen von dem der Weinbaunationen in der Neuen Welt. Aber es ist immerhin Bewegung in diesen Teil Europas gekommen. In vielen Ländern Ost- und Südosteuropas wird die Erinnerung wach, dass aus ihren Ländern einmal Weine kamen, die bei Menschen in ganz anderen Teilen der Welt hohe Wertschätzung genossen – gleich, ob es sich um Ungarn, Griechenland, Bulgarien, Moldawien oder die Ukraine handelt. Langsam setzt sich bei ihnen die Einsicht durch, dass sie auch heute noch – besser: heute wieder – Weine produzieren können, mit denen sie an ihre glanzvolle Vergangenheit anschließen könnten.

Bulgarien

Das sanft wellige Hügelland südlich der Donau ist für den Weinbau nahezu ideal geeignet. Kontinentales Klima im Landesinneren mit heißen Sommern und kalten Wintern und mediterranes Klima in den sanft zum Schwarzen Meer abfallenden Balkanhängen machen den Weinbau zu einem der wichtigsten Wirtschaftszweige des Landes. Rund 130 000 Hektar stehen unter Ertrag – je zur Hälfte weiße und rote Reben. In den letzten Jahrzehnten wurde viel Cabernet Sauvignon, Merlot und – in geringerem Umfang – Pinot Noir gepflanzt. Diese Sorten dominieren heute in Bulgarien. Die Cabernet-Rebe liegt mit 55 Prozent an der Spitze und ergibt weiche, vollmundige Rotweine, besonders in den nördlichen Bereichen längs der Donau. Die einheimischen Sorten Mavrud, Melnik, Pamid und Gamza sind dagegen im Rückgang begriffen. Von den heimischen Trauben ist Pamid heute die verbreitetste, Melnik die urwüchsigste. Sie wächst nur in einem kleinen Bezirk im äußersten Südwesten. Bei den weißen Sorten verdrängen Riesling, Chardonnay und Sauvignon den Rkatsiteli und Welschriesling. Außerdem werden Dimiat, Feteaska, Muscat Ottonel, Gewürztraminer, Aligoté und Ugni Blanc kultiviert: vor allem in den Niederungen am Schwarzen Meer. Wenn die Qualität bulgarischer Weine heute vom Niveau westeuropäischer Spitzengewächse noch weit entfernt ist, so liegt das vor allem daran, dass Bulgarien fast nur für die ausländischen Massenmärkte produziert. Etwa 85 Prozent der Weinproduktion des Landes werden exportiert.

Griechenland

Erst in den letzten Jahren hat Griechenlands Weinwirtschaft eine Dynamik entwickelt wie die Italiens seit den 1980er Jahren. Der Rückzug des Weinbaus in höher gelegene, kühle Gebiete, die Übernahme moderner Anbaumethoden aus Frankreich, der vermehrte Anbau roter Sorten, insbesondere der Cabernet Sauvignon, haben eine Reihe von Weinen hervorgebracht, wie sie Griechenland vorher noch nicht kannte. Sie kommen aus mehr oder minder großen Nischenlagen von Chalkidike, Patras, Thessaloniki, Makedonien, und zwar sowohl von großen bekannten Markenweinproduzenten als auch von ehrgeizigen kleinen Privatwinzern. Allerdings machen Weißweine immer noch fast 60 Prozent der Produktion aus. Größtenteils handelt es sich um alkoholreiche, wenig feine Weine, die nicht selten gesüßt oder geharzt sind. Auf den Inseln der Ägäis werden nach wie vor schwere, alkoholreiche Süßweine produziert. Einheimische Sorten dominieren eindeutig.

Ungarn

Ungarn besitzt eine Weinbautradition, die nicht wesentlich jünger ist als die Frankreichs oder Italiens. Die Weine aus Sopron und Eger müssen schon im 13. Jahrhundert so eindrucksvoll gewesen sein, dass sie außer Landes verkauft werden konnten. Anfang des 18. Jahrhunderts war der Ruf des Tokaj bereits so weit verbreitet, dass der edelsüße Wein nach Paris an den Hof Ludwig XIV. gelangte. Nach der Reblauskatastrophe und nach den Weltkriegen verlegten sich Ungarns Winzer auf die Massenproduktion. Schlichteste, oftmals gesüßte Weiß- und Rotweine fluteten aus ihren Kellern. Einstmals famose Weine verloren langsam an Klasse und Variantenreichtum. Erst seit 1989, als der nationale Weinbauverband neu gegründet wurde, geht es mit dem Weinbau langsam wieder aufwärts.

Vor allem im Norden des Plattensees (Badacsony, Balatonfüred-Csopak) wachsen vollmundige, schwere Weißweine aus Kéknyelü (Blaustiel), Szürkebarat (Pinot Gris), Olaszrizling (Welschriesling), während die jüngeren Weinberge südlich des Plattensees (Dél-Balaton) mit Chardonnay, Sauvignon und Traminer bestockt sind. Sopron nahe der österreichischen Grenze ist eine Rotweinzone mit viel Kékfrankos (Blaufränkisch). Die neuen Rotweingebiete liegen jedoch im Süden bei Szekszárd und Vilány. Hier werden Cabernet, Merlot und Pinot Noir angebaut. Im kühleren Norden um Eger befindet sich die Heimat des Stierbluts, des erfolgreichen ungarischen Markenweins, der früher vor allem aus der roten Kadarka-Traube, heute vermehrt aus Kékfrankos, Cabernet und Merlot gewonnen wird. Von sich reden machen aber vor allem die Weißweine aus Eger und dem benachbarten Mátraalja (Leányka, Olaszrizling, Muskateller, Chardonnay, Sauvignon und Sémillon).

Der international bekannteste Wein Ungarns ist jedoch immer noch der edelsüße Tokaj. Er kommt aus dem äußersten Nordosten Ungarns und wird aus den Sorten Furmint, Hárslevelü sowie Muscat Blanc à Petits Grains gewonnen. Voraussetzung für den Tokaj ist: Über die Hälfte der Trauben muss von der Edelfäule befallen sein. Während die gesunden Trauben normal vergären, werden die edelfaulen Aszú-Trauben zu einer Art Maische verarbeitet und dem gärenden Wein zugegeben: je mehr, desto süßer und edler fällt er aus. Drei Puttonyos auf dem Etikett entsprechen einer Auslese, vier einer Beerenauslese, sechs einer Trockenbeerenauslese (Puttonyos: Anzahl der Bütten mit Aszú-Trauben, die einem 136-Liter-Fuder zugegeben werden; eine Bütte fasst 25 Kilogramm). Eine Aszú Eszencia, die Perfektion des Tokaj, gärt bis zu zehn Jahre.

Weitere Weinbaunationen

■ **GUS** Die Republiken der ehemaligen Sowjetunion stellen zusammengenommen das viertgrößte Weinbauland der Welt dar. Doch die Weinproduktion lag und liegt in den meisten Gebieten noch immer darnieder. Dabei bieten die Ukraine mit der Krim und Georgien mit seiner großen Süßweintradition hervorragende Voraussetzungen für die Produktion von Qualitätsweinen. Einzig Moldawien hat es mit Hilfe internationaler Weinkonzerne geschafft, seinen Weinbau neu zu ordnen.

■ *Kroatien* Das im Aufbau befindliche Land hat eine interessante Weißweinzone im Norden, wo das warme, kontinentale Klima volle, reife Weißweine gedeihen lässt, und einen schmalen Streifen an der dalmatinischen Küste, wo vorwiegend Rotwein produziert wird (Sorten: Plavac Mali, Teran, Cabernet, Merlot).

■ *Rumänien* Das große Weinbauland besitzt rund 200 000 Hektar Weinberge, die überwiegend mit einheimischen Sorten bestockt sind. Rumänien ist bekannt für seine Rebenvielfalt. Die weiße Feteasca Alba gehört zu den meistangebauten Sorten. Qualitativ bessere Weine werden jedoch aus Sauvignon Blanc, Pinot Gris, Rkatsiteli, Muscat Ottonel, Aligoté und Gewürztraminer bei den weißen und Pinot Noir bei den roten Trauben gewonnen. Moldawien, Muntenien, Oltenien und Banat sind die wichtigsten Anbauzonen.

■ *Slowenien* Seit der Selbstständigkeit im Jahre 1991 hat der Weinbau eine große Entwicklung genommen. Zwei Gebiete ragen heraus: Podravje um die Stadt Maribor mit ausgezeichneten Weißweinen (Welschriesling, Sauvignon, Chardonnay, Pinot Blanc) und Goriska Brda, der slowenische Collio, wo noch heute überwiegend Rotwein angebaut wird (Refosco, Merlot, Barbera).

■ *Tschechien, Slowakei* In beiden Ländern ist der Weinbau noch stark rückständig, jedoch mit gutem Potenzial, vor allem in Mähren.

Portugal –
Land voller Geheimnisse

Portugal ist ein Land im Umbruch: Die neue Zeit hat schon begonnen, die alte ist noch nicht zu Ende. Im Inneren herrscht noch die alte Ordnung: rote Trauben, die mit Stielen und ohne technische Hilfsmittel gekeltert werden, um zu mächtigen, tanninherben Rotweinen auszuwachsen, die den Gaumen zusammenziehen und jahrelang ungenießbar sind. Daneben stehen saubere, fruchtig-frische Weißweine, die am Ende mit ein paar Gramm Zucker gesüßt werden und so die Weltmärkte erobern. Ein Land der Gegensätze also: Im kühlen, atlantischen Klima gedeihen Leichtweine wie der Vinho Verde. Das Kontinentalklima im Landesinneren mit seinen trocken-heißen Sommern bringt dagegen ein Schwergewicht wie den Portwein hervor. Portugal aber besteht aus mehr als nur aus Mateus Rosé und Portwein. Es besitzt über 500 autochthone Rebsorten (siehe Glossar), aus deren neben den vielen gaumenschmeichelnden Industrieweinen auch einige charaktervolle Rot- und Weißweine erzeugt werden. Wie gut portugiesischer Wein sein kann, beginnt sich bereits zu zeigen.

In der Antike brachten Phönizier, Griechen und Römer die Reben auf die Iberische Halbinsel. Unter der maurischen Herrschaft stagnierte der Weinbau, lag aber nicht darnieder. Mit der Unabhängigkeit Portugals im Jahre 1385 entwickelte sich dann ein reger Handel mit England. Vom Minho-Fluss aus, der heute Nordportugal von Spanien trennt, wurden regelmäßig Weinfässer ins Königreich verschifft. Von Portwein war damals noch nicht die

Rede. Portwein wurde erst entdeckt, als der englische König William III. im Jahre 1693 so hohe Zölle auf französische Weine erhob, dass sich die englischen Weinhändler nach anderen Quellen umsehen mussten, um Ersatz für die heiß geliebten französischen Rotweine zu finden. Das freilich dauerte.

1678 schickte ein Liverpooler Weinhändler seine beiden Söhne nach Portugal. Sie fuhren den Douro aufwärts, um tief im Landesinneren bei Lamego einen Geistlichen kennen zu lernen, der den örtlichen Rotwein noch während der Gärung mit Brandy aufgoss und so die Gärung stoppte. Das Resultat: ein süßer, alkoholstarker Rotwein, so recht nach dem Geschmack der Engländer, die schwere Rotweine liebten. Bald gründeten sie überall am Douro Handelshäuser, um für Nachschub zu sorgen. Um Weinfälschungen vorzubeugen, wurden 1756 die Grenzen des Anbaugebiets, das für den Portwein bestimmt ist, genau festgelegt. Auch der Madeira von der gleichnamigen Atlantikinsel erfreute sich im 18. und 19. Jahrhundert großer Beliebtheit. Hundert Jahre später verwüsteten Mehltau und Reblaus die Weinberge. Erst um 1930 begann der Wiederaufbau durch die Gründung zahlreicher Genossenschaften. Als Portugal 1986 der EU beitrat, existierten bereits zahlreiche Ursprungsgebiete, und der weltweite Erfolg des Mateus Rosé bewies, dass der Blick der portugiesischen Winzer nicht rückwärts gerichtet ist.

Bairrada

Das Anbaugebiet um die Stadt Águeda war bis vor 200 Jahren weltberühmt, weil es seine Rotweine zu Portweinen aufspritete und als solche verkaufte. Als eigenständige Region wurde Bairrada erst nach dem Zweiten Weltkrieg wieder bekannt, und zwar durch mächtige, tanninstarke und langlebige Rotweine aus der dickschaligen Baga-Traube, die mit einem Mindestanteil von 40 Prozent enthalten sein muss. Sie bilden die Basis für zahlreiche Garrafeida-Weinverschnitte großer Handelshäuser. Aus Bairrada kommt auch eine kleine Menge eines robusten, säurebetonten Weißweins aus Bical-Trauben.

Dão

Die Region nordöstlich von Lissabon ist kräftig im Aufstieg begriffen. Bekannt ist sie vor allem für schwere Rotweine aus diversen Sorten, etwa Touriga Nacional, Tinta Rouriz, Bastardo, Jaen. Viele Dão werden noch mit Stielen vergoren, so dass sie entsprechend herb und bitter ausfallen. Die besten Dão jedoch zeigen ihr Qualitätspotenzial: Sie besitzen Feinheit und Klasse.

Douro

Das Anbaugebiet des Portweins liegt rund 100 Kilometer östlich von Porto am Oberlauf des Douro-Flusses. Zentrum der Weinproduktion ist Pinhao. Die Weinterrassen ziehen sich weit ins Hinterland hinein. Sie liegen auf verwitterten Schieferböden, die imstande sind, Feuchtigkeit zu speichern, so dass die Reben die lange sommerliche Trockenheit überstehen können. Wenig bekannt ist, dass die Hälfte der Weinproduktion vom Douro auf nicht gespritete Rotweine entfällt. Der berühmteste ist der Barca Velha aus dem Portweinhaus Ferreira. Er gilt zu Recht als Portugals bester Rotwein.

Vinho Verde

Aus dem Norden Portugals kommt der mengenmäßig bedeutendste Wein Portugals: der Vinho Verde. Den »grünen Wein« gibt es in zwei Versionen: der roten und der weißen. Roter Vinho Verde ist spröde, tanninherb und ziemlich unbekannt, weshalb nur wenige Exemplare das Land verlassen. Der weiße Vinho Verde ist neben dem Port der wichtigste Ausfuhrwein Portugals: ein leichter, kohlensäurefrischer Wein mit 8 bis 10 Vol.% Alkohol, häufig auch mit ein paar Gramm Restzucker, der schnell auf den Markt kommt und ebenso schnell getrunken wird.

Sein Anbaugebiet umfasst die Provinz Minho von Porto bis zur spanischen Grenze. In diesem kühlen, regenreichen, zugleich fruchtbaren und deshalb dicht besiedelten Teil Portugals werden zahlreiche weiße Sorten kultiviert. So liegen dem Vinho Verde ganz unterschiedliche Trauben oder Traubenmischungen zugrunde: Pedernão, Trajadura, Avesso und Loureiro zum Beispiel. Die hochwertigste Sorte ist die Alvarinho, die ganz im Norden an der Grenze zu Galizien angebaut wird. Deren Weine (bis 13 Vol.% Alkohol) bleiben jedoch meist im Lande. Früher wurde der Vinho Verde stets einer malolaktischen Gärung unterzogen, wodurch die Kohlensäure entstand. Industriellem Vinho Verde, der 90 Prozent der Produktion ausmacht, wird dagegen Kohlensäure zugegeben.

Weitere Anbaugebiete Portugals

■ **Bucelas** Das winzige Anbaugebiet liegt nördlich von Lissabon und wartet auf mit einem hochgelobten, aber recht einfachen Weißwein aus Arinto-Trauben.

Hoch rankende Reben für den Vinho Verde.

■ **Carcavelos** Hinter dem Namen verbirgt sich ein süßer, aufgespriteter Dessertwein aus weißen Trauben, der vor 150 Jahren gern in England getrunken wurde. Heute ist das winzige DOC-Anbaugebiet, das zur Estremadura gehört, vom Badeort Estoril vor den Toren Lissabons nahezu aufgefressen worden.

■ **Colares** Der dicke, fast schwarze Wein ist selbst in Portugal ein sehr gesuchter Rotwein aus unveredelten Ramisco-Trauben, die im Dünensand westlich von Lissabon wachsen. Wegen des sandigen Untergrunds blieben die Weinberge des kleinen DOC-Gebietes von der Reblauskatastrophe im 19. Jahrhundert verschont.

■ **Ribatejo** Im Hinterland von Lissabon liegt dieses große Anbaugebiet, aus dem viele Massenweine kommen, aber auch einige bemerkenswerte rote Ribatejo-Gewächse, Garrafeidas, die zu den Höhepunkten der portugiesischen Weine zählen.

Das Weinland
Portugal in Fakten und Zahlen

Rebfläche: 250 000 Hektar
Weinproduktion: 4,5 bis 10 Millionen Hektoliter
Jährlicher Weinkonsum pro Kopf: 57 Liter

Die häufigsten Rebsorten:

In Portugal existieren noch keine exakten Erhebungen
über die zahlreichen Rebsorten und deren Anbauflächen.
Die wichtigsten roten Trauben sind Alfrocheiro, Tinta Roriz
(Aragonez), Baga, Castelão Frances (Periquita, Mortága),
Touriga Francesca und Nacional und Verdelho (Gouveio).
Unter den weißen Trauben dominieren Alvarinho, Arinto,
Avesso, Azal Branca, Bical, Encruzado, Maria Gomez
(Fernão Pires), Loureiro und Trajadura.

Das portugiesische Weinrecht

Historisch betrachtet war Portugal das weltweit erste
Weinland, das die Grenzen eines Anbaugebietes von Gesetzes wegen festlegen ließ, um Weinfälschungen vorzubeugen: das Portwein-Gebiet am Douro. Das war im Jahre
1756. Heute gibt es in Portugal fünf Weinbauzonen
mit 32 Qualitätswein-Anbaugebieten. 26 davon genießen
DOC-Status (Denominação de Origem Controlada, ent-

spricht dem französischen AOC-System), in sechs Regionen werden Weine mit IPR-Bezeichnung (Indicacão de Provèniência Regulamentada, entspricht den V.D.Q.S.-Weinen) erzeugt. Dazu existieren acht Landweingebiete (Vinhos Regionais, entspricht den französischen Vins de Pays). Der Rest firmiert unter Vinho de Mesa (Tafelwein). Zu Beginn der 1990er Jahre wurden noch doppelt so viele Land- und Tafelweine produziert wie Qualitätsweine; inzwischen werden mehr Qualitätsweine erzeugt als alle anderen Weinkategorien zusammengenommen.

Portugals Weinbezeichnungen

Verdes: Jungweine, die gleich nach Beendigung der Gärung getrunken werden.

Maturo: Die Bezeichnung »reife« Weine gilt für alles, was nicht zu den Verdes gehört.

Garrafeida: Etikettenbezeichnung für einen Spitzenwein, der lange, oft zehn Jahre, im Fass oder im Keller gelagert hat.

Schweiz –
Wo der Wein ruft

Die Schweizer sind Patrioten – außer beim Wein. Der größte Teil dessen, was sie trinken, kommt aus dem Ausland. Die einen erklären dies damit, dass es zu wenig Schweizer Wein gäbe. Die anderen meinen, es gäbe zu wenig guten Schweizer Wein. Wegen der Vorliebe ihrer Landsleute für ausländische Weine sah sich die Schweizer Regierung schon vor Jahrzehnten gezwungen, deren Import zu begrenzen – vor allem den ausländischer Weißweine. Dieser Protektionismus helvetischer Prägung hat dem Schweizer Wein einerseits die heimischen Absatzmärkte gesichert, andererseits dazu geführt, dass er international in die Isolierung geriet. Außerhalb des eigenen Landes war und ist er praktisch nicht anzutreffen. Die Gründe: der hohe Preis und die wenig spektakulären Qualitäten. Gäbe es nicht eine Handvoll Weinbauern, die trotz fehlenden Wettbewerbs bereit sind, außerordentliche Anstrengungen zu unternehmen, wüsste niemand, dass aus der Schweiz auch feine, charaktervolle Weine kommen können.

Die Geschichte des Schweizer Weinbaus ist Teil der europäischen Weinbaugeschichte. Zur Zeit des Römischen Reichs wurden gezielt Reben im Raum Basel und Windisch angebaut.

Im Mittelalter wurde die Entwicklung der Weinbautechniken durch die Mönche vorangetrieben. Höhepunkt: die Gründung des Zisterzienser-Klosters in Dézaley und die Anlage des ersten Terrassenweinbergs im Jahre 1142 am Genfer See.

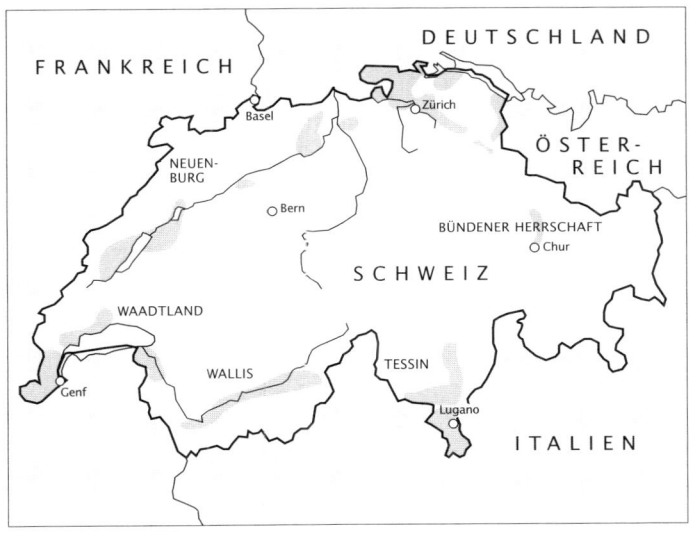

Vom Beginn der Eidgenossenschaft (1291) bis ins 18. Jahrhundert nahm der Weinkonsum stark zu. Der Weinbau blühte, bis er im 19. Jahrhundert aufgrund der starken ausländischen Konkurrenz niederging. Ende des 19. und Anfang des 20. Jahrhunderts brach er durch die Geißel des Mehltaus und der Reblaus zusammen. Erst nach dem Ende des Zweiten Weltkriegs erholte er sich wieder, nachdem die Anbaufläche um fast zwei Drittel geschrumpft war. Die ökonomische Gesundung wurde freilich mit einem rapiden Verfall der Qualität erkauft. So wurde 1977 in der Schweiz fast 200 Prozent mehr Wein erzeugt als 1957, obwohl die Rebfläche in dieser Zeit nur um weniger als zehn Prozent gewachsen war. Farbschwache Rotweine wurden und werden mit dunklen Importweinen verschnitten, die Weißweine massiv (bis zu 3 Vol.%) chaptalisiert (siehe Kapitel: Wie Wein entsteht).

Waadtland (Vaud)

Waadt ist die klassische Weißweingegend der Schweiz. Rund 80 Prozent der Rebfläche sind mit Chasselas-Reben bestückt. Das berühmteste Gebiet ist das malerische Lavaux am Nordufer des Genfer Sees. Aus dem Bezirk zwischen Montreux und Lausanne kommen die wohl feinsten Chasselas-Weißweine der Schweiz (die Chasselas wird dort oft Dorin genannt). Die besten kommen allerdings unter dem Gemeindenamen auf den Markt: Chardonnes, Saint-Saphorin, Epesses, Calamin und vor allem Dézaley. Im Gebiet zwischen Lausanne und Genf, La Côte genannt, entstehen leichtere, blumige, fast spritzige Chasselas-Weine. Der bekannteste ist der Féchy. Die Rotweine – zumeist aus Gamay-Reben gewonnen – sind dagegen eher schlicht (Salvagnin ist ein Verschnitt von Pinot Noir und Gamay). Eine Sonderstellung nimmt das Chablais südlich von Montreux ein, wo die Nähe des Hochgebirges spürbar ist. Dort, hoch über der Rhône um die Orte Yvorne, Aigle und Bex, entwickelt die Chasselas mineralisch-herbe Noten und ähnelt dem vollmundigen Walliser Fendant.

Wallis (Valais)

Das Wallis steuert knapp 40 Prozent zur gesamten schweizerischen Weinproduktion bei. An den abenteuerlich steilen, terrassierten Südhängen des Rhônetals von Visp bis Martigny wachsen mehr als 40 verschiedene Rebsorten. Die Hälfte der Rebfläche ist allerdings mit Chasselas-Reben kultiviert, die im Wallis Fendant heißen. Sie ergeben kräftige, vollmundige Weine mit mineralischer oder fruchtiger Prägung – je nach Boden. Aus

Das Weinland
Schweiz in Fakten und Zahlen

Rebfläche: 15 000 Hektar
Weinproduktion: 1,3 Millionen Hektoliter
Jährlicher Weinkonsum pro Kopf: 42 Liter

Die 5 häufigsten Rebsorten:

1.	Chasselas	weiß	36,0 %
2.	Pinot Noir	rot	30,5 %
3.	Merlot	rot	5,5 %
4.	Riesling x Sylvaner	weiß	4,5 %
5.	Gamay	rot	3,0 %

Das Schweizer Weinrecht

Das Schweizer Weinstatut gestattet den Weinbau in nahezu
allen 24 Kantonen. Die Regelungen sind ziemlich großzügig. Es werden zwischen 80 und 110 Hektoliter pro Hektar geerntet – zu viel für den Qualitätsweinbau. Allerdings
ernten gute Winzer deutlich weniger. Fast alle Schweizer
Weine sind trocken. Im Wallis gibt es einige edelsüße
Johannisberg-Weine. Leider hat man die Anreicherung mit
Zucker zum Prinzip gemacht, obwohl dies im Wallis und
im Rheintal unnötig wäre.

Chamoson kommen aromatische, körperreiche und stets trocken ausgebaute Sylvaner, eine Sorte, die im Wallis Johannisberg genannt wird. Aus Fully stammt der würzige Petite Arvine und der exotische Ermitage, der aus weißen Marsanne-Trauben gewonnen wird. Im oberen Rhônetal fristen noch mehr als ein Dutzend uralte Regionalreben ein bescheidenes Dasein, deren Namen nur die Einheimischen noch kennen. Ein Drittel der Weinproduktion des Wallis besteht aus Rotwein: größtenteils Dôle, ein Verschnitt aus Pinot Noir (mindestens 51 Prozent) und Gamay. Es werden jedoch auch reine Pinot Noir-Weine erzeugt.

Weitere Anbaugebiete der Schweiz

■ **Bündener Herrschaft** Das einzige bedeutende Anbaugebiet der Ostschweiz nahe der Stadt Chur ist berühmt für seine zartfruchtigen, würzigen Blauburgunder, die nicht durch Körper, sondern durch fruchtige Finesse imponieren.

■ **Neuenburg (Neuchâtel)** In dem kleinen Anbaugebiet mit verstreut um den Neuenburger See liegenden Weingärten wachsen vor allem Chasselas, aber auch ein wenig Chardonnay und Pinot Noir. Aus letzteren wird der roséfarbene Œil de Perdrix gewonnen.

■ **Tessin (Ticino)** Das kleine und relativ junge Anbaugebiet, das von Giornico bis Chiasso reicht und zu 90 Prozent mit Merlot-Trauben bestockt ist, strebt mächtig empor. Kein anderer Schweizer Rotwein reicht an den Merlot del Ticino in seinen besten Qualitäten heran.

Spanien –
Mehr als nur Rioja

Nach dem Umfang seiner Rebfläche ist Spanien das größte Weinbauland der Erde. Gemessen an der Menge des erzeugten Weins steht es allerdings nur an dritter Stelle – hinter Italien und Frankreich.

Dieser Zwiespalt dokumentiert die Besonderheit Spaniens unter den weinerzeugenden Nationen: Durch die große Trockenheit in weiten Teilen des Landes sind die Traubenerträge gering. Außerdem ist Spanien stark von Traditionen geprägt, die noch aus dem 18. und 19. Jahrhundert stammen. So stehen in keinem anderen Weinbauland Europas so wenig Rebstöcke auf einem Hektar wie dort.

Seit den 1960er Jahren hat in Spanien jedoch eine beispiellose Modernisierung des Weinbaus stattgefunden, die allerdings zur Massenproduktion, zum Qualitätsverfall und damit zum Abstieg des spanischen Weinbaus führte.

Der moderne, qualitätsorientierte Weinbau hat erst in den letzten Jahrzehnten in Spanien Einzug gehalten. Die Qualitätsrevolution ging dabei nicht von der Rioja, dem international bekanntesten Weinanbaugebiet Spaniens aus, sondern von vielen kleinen und kleinsten Anbaugebieten der Iberischen Halbinsel.

Heute ist Spanien eine der dynamischsten Weinnationen der Welt. In den meisten Anbaugebieten des Landes dominieren jedoch noch jene Rebsorten, die in den letzten 50 oder 100 Jahren der Landbevölkerung ein Auskommen

ermöglichten, indem sie sichere, hohe Erträge bei geringen qualitativen Ansprüchen gaben. In der Rebenstatistik liegt unter den weißen Sorten die Airén, unter den roten die Garnacha vorn – beides Sorten, die schlichte, einfache Weine ergeben.

Die traditionelle Art der Weinbereitung – späte Lese und fehlende Temperaturkontrolle bei der Gärung – gehört jedoch der Vergangenheit an. Dennoch bestimmen immer noch Genossenschaften, die sich der industriellen Massenweinproduktion verschrieben haben, weitgehend das Bild des spanischen Weins.

Das führt dazu, dass viele Weißweine des Landes mager und plump ausfallen, die Rotweine häufig alkoholreich und meist sehr niedrig in der Säure sind.

Erst die neue Generation von Weinerzeugern, die in den 80er und 90er Jahren des 20. Jahrhunderts die Bühne betrat, hat sich um eine Änderung bemüht. Diese Pioniere haben den Weinbau aus den heißen in kühlere Zonen getragen und stark in moderne Kellertechnik investiert.

Das Resultat: frische, saubere Weißweine und gehaltvolle, konzentrierte Rotweine, die weder überlagert noch zu säurearm ausfallen. Sie prägen mehr und mehr den heutigen spanischen Weinstil.

Kultiviert wurden Reben auf der Iberischen Halbinsel schon 4000 bis 3000 vor Christus. Doch erst als Phönizier die Stadt Cádiz gründeten und später die Karthager und Römer einen schwunghaften Handel im Mittelmeerraum begannen, erlebte Spanien seine erste Weinblüte (200 v. Chr.). Besonders in Rom trank man viel und gerne Wein aus Baetica (Andalusien) und Terraconensis (Tarragona).

Nach der Eroberung Spaniens durch die Araber (711 n. Chr.) wurde der Weinbau nicht mehr gefördert – wohl aber geduldet. Der Prophet Mohammed hatte zwar den Weingenuss verboten, aber die Emire und Kalifen konnten auf die Weinsteuern nicht verzichten.

Nach der Rückeroberung der Iberischen Halbinsel durch die Christen im 15. Jahrhundert blühte der Weinbau zum zweiten Mal auf. Jerez und Málaga waren die wichtigsten spanischen Weinbauregionen. 1587 überfiel Sir Francis Drake Cádiz und erbeutete 2900 Pipes (Fässer) Sherry. Bald darauf kam der Weinhandel mit England in Schwung. Spaniens Weinbau florierte.

Erst in der zweiten Hälfte des 19. Jahrhunderts vernichteten Mehltau und Reblaus die Weinberge von Katalonien bis Málaga. Einzige Ausnahme: die Rioja. Wegen seiner Randlage erreichte die Reblaus dieses Anbaugebiet erst, als die Reben schon weitgehend mit amerikanischen Unterlagen veredelt waren (1900 bis 1910). Zahlreiche Bordeaux-Winzer suchten in der Rioja Ersatz für ihre vernichteten Weinberge. Sie brachten ihre Barriques mit und führten neue Kellertechniken ein. Während der Weltkriege und des Spanischen Bürgerkriegs konnte sich der Weinbau kaum erholen.

Nach 1950 wird der Weinbau durch Gründung zahlreicher Winzergenossenschaften neu belebt. Aber man konzentriert sich auf die Erzeugung einfacher Tafelweine sowie auf den Fassweinexport. Die Qualität verfällt. Nur Sherry und Rioja erleben seit den 60er Jahren des 20. Jahrhunderts einen Boom.

Erst in den 1980er Jahren bemüht sich Spanien, Anschluss an die Qualitätsbestrebungen anderer europäischer Länder zu bekommen. In Katalonien, Alt-Kastilien und einigen kleinen Anbaugebieten im Norden Spaniens starten junge Weinunternehmer und Investoren eine neue, atemberaubende Qualitätsoffensive. Die Reblaus-Katastrophe, die im vorigen Jahrhundert Spanien heimsuchte, und die industrielle Massenproduktion, die nach dem letzten Weltkrieg einsetzte, haben die Ausbreitung des Qualitätsweinbaus auf der Iberischen Halbinsel stark behindert. Jetzt herrscht in Spanien jedoch eine beispiellose Aufbruchstimmung.

Andalusien

Jerez und Sanlucar

Sherry ist der bedeutendste Wein Andalusiens. Von seinem Charakter und seiner Bereitung her gibt es nirgendwo auf der Welt einen vergleichbaren Wein. Er darf aus den drei weißen Rebsorten Palomino, Pedro Ximénez und Muscat d'Alexandrie erzeugt werden. Tatsächlich wird Sherry – zumindest der trockene – zu 90 Prozent aus der Palomino-Traube erzeugt. Er wächst in der Provinz Cádiz nahe des Meeres, wo trotz der hohen Temperaturen, die in Andalusien herrschen, immer eine kühle Brise vom Atlantik herüberweht. Zentrum der Sherry-Produktion ist die Stadt Jerez de la Frontera. Auf den weißen Albariza-Kreideböden, die sich dort befinden, erreicht Sherry seine besten Qualitäten. Die Besonderheit des Sherry liegt darin, dass er mit Branntwein aufgespritet wird, um ihm einen höheren, zu seinem Körperreichtum passenden Alkoholgehalt zu geben. In den letzten Jahren hat sich die Anbaufläche um Jerez halbiert, weil die Nachfrage nach Sherry weltweit gesunken ist. Unter Kennern genießt der Wein jedoch nach wie vor einen einzigartigen Ruf.

Montilla-Moriles

Dieses Gebiet bringt dem Sherry in Stil und Qualität vergleichbare Weine aus Pedro-Ximénez-Trauben hervor, die jedoch wesentlich billiger und immer trocken sind. Ein nicht geringer Teil der PX-Trauben wird nach Jerez verkauft zur Erzeugung süßer Olorosos – eine erlaubte Transaktion.

Aragón

Somontano

Somontano liegt an den Südhängen der Pyrenäen in der Region Aragón. Es ist eines der kleinsten (2100 Hektar) und jüngsten Ursprungsgebiete Spaniens (erst 1985 geschaffen). In dem kühlen, niederschlagsreichen Klima wachsen hervorragende Weißweine aus den Sorten Chardonnay und Chenin Blanc, während in wärmeren, tiefer gelegenen Zonen neben den Traditionsreben Monastrell und Garnacha zunehmend Cabernet Sauvignon, Merlot und Pinot Noir angebaut werden. Aus ihnen entstehen gehaltvolle, elegante Rotweine, die in den letzten Jahren beträchtliches Aufsehen erregt haben.

Galicien

Rías Baixas

Galicien ist wegen seines feuchten, atlantischen Klimas besonders gut für Weißweine geeignet. Der südliche Bereich von der Stadt Cambados bis zur portugiesischen Grenze, Rías Baixas geheißen, gilt daher als bestes Weißwein-Anbaugebiet Spaniens. Angebaut wird dort zu 90 Prozent die Albariño-Rebe. Aus ihr werden frische, leicht würzige Weine erzeugt, die in Spanien selbst eine sehr hohe Wertschätzung genießen, daher recht teuer sind und nur in geringen Mengen ins Ausland gelangen.

Kastilien-La Mancha

La Mancha

Das öde, einsame Hochland südöstlich von Toledo ist Spaniens größter Weinbaubereich. Obwohl die Trockenheit groß und Wasser knapp sind, kommen große Mengen von schlichten Massenweinen aus diesem Teil Neukastiliens. 90 Prozent der Rebfläche ist mit der für die Dürre unempfindlichen Airén-Rebe bestockt, die körperreiche, säurearme Weißweine ergibt. Einige Bodegas haben es fertig gebracht, aus ihr fruchtig-frische Weine zu keltern.

Aufsehen erregt haben die Rotweine des Marqués de Grignón aus Cabernet Sauvignon und Merlot, die zu den besten ihrer Kategorie in Spanien gehören.

Valdepeñas

Das ausgedehnte, in 700 Meter Höhe gelegene Weinanbaugebiet um die gleichnamige Stadt Valdepeñas ist bekannt für seine milden, glutvollen Rotweine. Sie werden meist zu 90 Prozent aus der weißen Airén-Traube gewonnen. Zehn Prozent Tempranillo (örtlich Cencibel genannt) reichen aus, um den Weinen Farbe und Gerbstoff zu geben. Einige ambitionierte Winzer keltern ihren Rotwein inzwischen aber ganz aus Cencibel- oder anderen roten Trauben und bauen ihn als Reserva in kleinen Eichenfässern aus. Der größte Teil der Valdepeñas-Produktion besteht jedoch aus einfachen Weißweinen.

Kastilien-León

El Bierzo

In Nordwesten Spaniens an der Grenze zu Galicien liegt dieses Anbaugebiet, das noch stark traditionell geprägt ist und wegen seines kühleren Klimas eine große weinbauliche Zukunft besitzt, insbesondere für elegante Rotweine.

Ribera del Duero

Das bedeutendste Anbaugebiet der Region Castilla y León (Altkastilien) liegt östlich der Stadt Valladolid an den Ufern des Duero-Flusses. Seine Rebfläche entspricht mit 12 750 Hektar etwa einem Viertel der Rebfläche der Rioja. Qualitativ aber ist die Ribera zum großen Herausforderer für die Rioja geworden. Angebaut wird in erster Linie die Sorte Tempranillo, die dort Tinto fino oder Tinto del País heißt und deren Rebkulturen sich bis auf 900 Meter Höhe hinziehen. Ursprünglich wurde sie verwendet, um einfache Roséweine zu erzeugen. Heute ergibt sie dunkelfarbene, mächtige Rotweine von großer Feinheit und langer Lebensdauer. Die Bodegas Vega Sicilia sind das berühmteste Weingut. Sie fügen ihrem Wein zusätzlich Cabernet Sauvignon, Merlot und Malbec hinzu. Die meisten der neugegründeten Bodegas sind diesem Beispiel gefolgt. Andere keltern ausschließlich die Tinto fino. Zu diesen gehört Pesquera, die zweite bekannte Bodega der Zone. Mit dem Erfolg ihrer Weine begann in den 80er Jahren des vergangenen Jahrhunderts der kometenhafte Aufstieg dieser Region, in der noch heute Zuckerrüben und Reben direkt nebeneinander wachsen. Klimatisch ist die einsame Ribera ein Land der

Extreme: lange, frostkalte Winter und kurze, trockene Sommer, die große Traubenerträge gar nicht zulassen.

Rueda

Vor hundert Jahren in Vergessenheit geraten, ist die Weißweinzone um die gleichnamige Stadt südwestlich von Valladolid heute wieder im Aufstieg begriffen. Nachdem dort jahrzehntelang nur die zuckerreiche Palomino-Traube angebaut wurde, um sherryähnliche Weine zu erzeugen, stellen die Winzer seit 1980 ihre Weinberge zunehmend um und pflanzen die traditionelle Verdejo-Traube. Sie bildet heute die Basis für die leichten, trockenen Weißweine der Gegend. Im Rueda Superior muss sie zu mindestens 60 Prozent enthalten sein. Den Rest teilen Viura und Sauvignon unter sich auf.

Toro

Aus der kleinen Rotwein-Enklave östlich der Stadt Zamora kommt ein körperreicher, feuriger Wein, der ganz aus Tempranillo-Trauben erzeugt wird.

Katalonien

Costers del Segre

Die Weinbauoase nahe der Stadt Lleida ist berühmt wegen des äußerst modern ausgestatteten Spitzenweingutes Raimat. Die Raimat-Gewächse gehören zu den besten Weinen der neuen Generation spanischer Weine. Sie wachsen in einem frostkalten Hochland, in dem im Sommer große Trockenheit herrscht und das deshalb durch ein System von Kanälen bewässert werden muss. Neben den traditionellen Sorten Parellada, Macabeo und Tempranillo werden mit Erfolg Chardonnay, Merlot, Cabernet Sauvignon und Pinot Noir angebaut.

Penedès

Das kühle Hügelland südlich von Barcelona ist vor allem berühmt für den Cava, den bekanntesten spanischen Schaumwein, der nach dem Verfahren der Flaschengärung erzeugt wird. Er wird aus den weißen Rebsorten Macabeo, Xarel-lo und Parellada gewonnen. Seit 1988 darf auch Chardonnay verwendet werden. Cava wurde 1872 zum ersten Mal nach diesem Verfahren von dem Weinpionier José Raventos produziert. Seitdem ist seine Kellerei Codorníu landesweit bekannt. Cava muss mindestens neun Monate auf der Hefe liegen, Jahrgangs-Cava (Cava Vintage) mindestens vier Jahre.

Ansonsten werden auf den hellen, tonhaltigen Kreideböden des Penedès kräftige, fruchtbetonte Weißweine aus den drei Cava-Sorten erzeugt, daneben einige Rotweine aus Cariñena, Garnacha und Monastrell. Der bekannteste Winzer des Penedès ist Miguel Torres. Er hat in den 1970er Jahren als Erster in Spanien moderne Weinbautechniken eingeführt. Von seinem Weingut in Villafranca kommen heute auch edle Rotweine aus Cabernet Sauvignon. Neue, junge Avantgarde-Winzer haben mit Merlot große Erfolge.

Priorato

Das kleine Anbaugebiet umfasst nur neun Dörfer. Sie liegen im bergigen Hinterland von Tarragona.

Der größte Teil der Weinberge ist mit Cariñena kultiviert, aus der dunkelfarbene, alkoholreiche, aber einfache

Rotweine gekeltert werden. Seit Ende der 1980er Jahre haben sich jedoch ein gutes Dutzend Spitzenwinzer im Priorato niedergelassen, die die traditionelle Garnacha-Rebe wieder zu Ehren bringen und daneben ein wenig Cabernet Sauvignon anbauen. Aus diesen Sorten entstehen heute großartige, äußerst charaktervolle, langlebige Rotweine, die zu den besten und teuersten in ganz Spanien gehören.

Murcia

Jumilla

In dem ausgedehnten, heißen Gebiet im Hinterland von Alicante wird vor allem die rote Monastrell-Rebe angebaut. Sie ergibt meist feurige, schwere Rotweine mit kräftigem Aroma. Durch eine vorgezogene Lese haben viele Weine deutlich an Feinheit gewonnen.

Yecla

Die kleine DO liegt in den Bergen um Murcia, in der Levante im Südosten Zentralspaniens. Die Weine, hauptsächlich aus der roten Monastrell- und der Garnachatraube gewonnen, sind dunkelfarben und ähneln den Weinen von Jumilla.

Navarra

Bekannt geworden ist dieses Anbaugebiet vor allem durch seine einfachen, aber delikaten Roséweine aus der Garnacha-Rebe. Diese werden auch heute noch in großen Mengen gekeltert. Doch ersetzen immer mehr Weingüter die Garnachatraube nach und nach durch die wesentlich feinere Tempranillo. Aus ihr lassen sich wohlstrukturierte Rotweine erzeugen, die ernsthaft mit den Riojas konkurrieren. Auch Cabernet Sauvignon und Merlot werden mit zunehmendem Erfolg angebaut. Navarra zählt heute zu den aufstrebendsten Anbaugebieten Spaniens.

Rioja

Das Anbaugebiet der Rioja ist 120 Kilometer lang und liegt an den Flussufern des Ebro. Berühmt ist es vor allem für seine tiefroten, würzigen Rotweine, die in ihren besten Reserva- und Gran-Reserva-Qualitäten mehrere Jahrzehnte alt werden und dabei eine unerhörte Feinheit entwickeln können. Allerdings wird über die Hälfte der Rotweine jung verkauft.

Die Rioja besteht aus drei Unterzonen: die Rioja Alavesa im Westen liegt nördlich des Ebro-Flusses. Die Rioja Alta verläuft südlich des Flusses in den aufsteigenden Hügeln. Östlich von Logroño beginnt die Rioja Baja, die wärmste und trockenste Unterzone mit mediterranem Klima und den schwersten Weinen (bis 15 Vol.%).

Der typische Rioja besteht zu 80 Prozent aus Tempranillo. Dazu kommen kleinere Anteile Garnacha- und Cariñena-Trauben (örtlich Mazuelo genannt). Mit Sondergenehmigung darf dem Rioja auch Cabernet Sauvignon und Merlot hinzugefügt werden. Die Weine werden in kleinen *barricas* von 225 Litern aus amerikanischer Eiche ausgebaut. Die Qualität der Rioja-Weine ist sehr unterschiedlich. Es gibt viele magere Weine und zahlreiche überlagerte Reservas. Der Rioja-Boom der

1960er Jahre des 20. Jahrhunderts hat die Massen-wein-Produktion gefördert. Noch heute stehen den rund 100 abfüllenden Groß-Bodegas tausende von klei-nen Traubenproduzenten gegenüber, die trotz der Tro-ckenheit im Sommer oftmals weit mehr als den gesetzli-chen Höchstertrag von 50 Doppelzentnern pro Hektar ernten. Erst seit Beginn der 90er Jahre des vergange-nen Jahrhunderts haben einige Kellereien begonnen, eigene Weinberge anzulegen, um die Traubenproduk-tion selbst kontrollieren zu können.

Immer häufiger kommen erfreulicherweise weiße Rioja-Weine als frische, duftige, junge Weine auf den Markt. Es gibt auf der anderen Seite aber immer noch die traditionellen holzfassgelagerten Crianzas und Reser-vas. Sie machen etwa 20 Prozent der Produktion des Ge-biets aus und werden heute meist aus Macabeo-Trauben gekeltert, nur gelegentlich noch aus der traditionellen Malvasia-Rebe.

Weitere Anbaugebiete Spaniens

■ **Binissalem (Balearische Inseln)** Das bedeutends-te Anbaugebiet der spanischen Baleareninsel Mallorca liefert einen körperreichen, feurigen Rotwein aus Man-to-Negro-Trauben, teilweise auch aus Tempranillo und Monastrell.

■ **Utiel-Requena (Valencia)** Das große Anbaugebiet liegt in den Bergen in Südostspanien, im Hinterland von Valencia, um die Städte Utiel und Requena, und produ-ziert kräftig strukturierte Rotweine aus Tempranillo- und Bobal-Trauben.

Das Weinland
Spanien in Fakten und Zahlen

Rebfläche: 1,2 Millionen Hektar
Weinproduktion: 30 bis 40 Millionen Hektoliter
Jährlicher Weinkonsum pro Kopf: 38 Liter

Die 10 häufigsten Rebsorten:

1.	Airén	weiß	19,2 %
2.	Garnacha	rot	8,8 %
3.	Tempranillo	rot	6,6 %
4.	Monastrell	rot	5,0 %
5.	Macabeo	weiß	3,6 %
6.	Bobal	rot	3,0 %
7.	Pedro Ximénez	weiß	1,4 %
8.	Mencía	rot	0,9 %
9.	Moscatel	weiß	0,9 %
10.	Palomino	weiß	0,8 %

Das spanische Weinrecht

Denominación de Origen (DO): Qualitätsweine bestimmter Anbaugebiete; Weine aus genau definierten Herkunftsgebieten mit einem eigenen Consejo Regulador, der die Bereitung und Vermarktung von Weinen überwacht und die Erfüllung bestimmter qualitativer Maßstäbe gewährleistet; knapp 50 Prozent der spanischen Weinproduktion hat DO-Status.

Denominación de Origen Calificada (DOCa): qualifizierte Qualitätsweine. 1991 zum ersten Mal den Rioja-Weinen zuerkannt.

Vino de la Tierra (VdlT): Landwein. Weine aus einem bestimmten Anbaugebiet, das keinen DO-Status hat.

Vino de Mesa (VdM): Tafelwein. Die Trauben stammen aus Weinbergen mehrerer Ursprungsgebiete.

Spanische Weinbezeichnungen

Es entspricht einer alten spanischen Tradition, Weine erst dann freizugeben, wenn diese trinkreif sind. Aus diesem Grunde existiert ein differenziertes System von Altersbezeichnungen, anhand derer der Konsument schon beim Studieren des Etiketts erkennen kann, ob es sich um einen jungen oder einen gereiften Rotwein handelt. Für jeden Weintyp wird genau festgelegt, wie lange er im Holzfass beziehungsweise auf der Flasche reifen muss:

Joven:	1 Jahr
Crianza:	2 Jahre
Reserva:	3 Jahre
Gran Reserva:	5 Jahre

Die wichtigsten Weinbauländer der Neuen Welt

Auf der südlichen Halbkugel findet Weinbau hauptsächlich zwischen dem 30. und 45. Breitengrad statt. Dieser so genannte Rebengürtel umfasst Weinbauländer wie Chile, Argentinien, Australien, Südafrika und Neuseeland. Die nordamerikanischen Anbauzonen befinden sich ebenfalls auf dem schmalen Band zwischen dem 30. und 45. Breitengrad, doch verschiebt sich der Weinbau in den letzten 30 Jahren zunehmend zu den Peripherien dieser Rebenzonen. Der Grund: Trauben brauchen Wärme, um reif zu werden. Um aber feine Weine zu ergeben, brauchen sie vor allem kühle Temperaturen, denn diese bremsen die Zuckerentwicklung in den Trauben und verhindern so, dass die Weine später zu alkoholisch und zu schwer werden. Außerdem sorgen sie dafür, dass in der Reifephase nicht zu viel Säure abgebaut wird. Säure aber ist eines der Elemente, die Weiß- und Rotweinen Eleganz verleihen.

Als Folge dieser Erkenntnis haben sich die Weinbaugebiete weltweit in kühlere Zonen verlagert. Besonders spürbar ist dies in Australien, Südafrika und Chile. In Kalifornien und Oregon ist diese Entwicklung schon lange im Gange: Vor allem für Weißweine werden gezielt Gegenden gesucht, die im Einflussbereich des kühlen pazifischen Klimas liegen. Seit dem Ende des vergangenen Jahrhunderts haben die so genannten »Länder der Neuen Welt« den etablierten Weinmächten Europas Konkurrenz gemacht. Die Kalifornier waren die ersten, die gegen Ende der 1980er Jahre mit spektakulären Qualitäten aufwarteten. Australien, Neuseeland, Südafrika, Chile und Argentinien kamen hinzu. Zwar ist der überwiegende Anteil der Weine immer noch einfacher Massenwein, zunehmend aber kommen aus diesen Ländern Spitzenqualitäten.

Australien –
Aufbruch in eine neue Zukunft

Quantitativ gesehen steuert Australien zur weltweiten Weinproduktion zwar nur ein Prozent bei. Doch qualitativ gesehen ist das Land fast schon ein Riese: Überproportional viele Weine gehobener und hoher Qualität kommen aus »Down Under«, wie der fünfte Kontinent auch genannt wird. In den letzten 35 Jahren hat sich in Australiens Weinwirtschaft ein tief greifender Wandel vollzogen: zunächst der Übergang von der Produktion schwerer, alkoholreicher Likörweine zu einfachen, gefälligen, meist in industriellen Mengen erzeugten Tischweinen, danach derjenige zur Herstellung von gehobenen Qualitäten in bewusst begrenzter Menge. Heute gibt es in Australien eine breite Basis guter Qualitätsweine und eine kleine Spitze mit bemerkenswerten Hochgewächsen.

In Australien herrschen andere Voraussetzungen für den Weinbau als in Europa. Das Klima ist nahezu überall warm genug, um Reben zu kultivieren. Frostgefahr existiert nicht, und die Böden eignen sich an vielen Stellen für den Weinbau. Die größte Gefahr geht von der Trockenheit beziehungsweise von der hohen Luftfeuchtigkeit in einigen Gebieten aus, die das Risiko mit sich bringt, dass sich Pilzkrankheiten schnell ausbreiten. Aus diesem Grund hat sich in den letzten zehn Jahren der Weinbau zunehmend in die kühleren Anbaugebiete im Süden des Landes zurückgezogen: etwa Margaret River, Adelaide Hills, Coonawarra, Padthaway, Geelong, Yarra Valley oder Tasmanien.

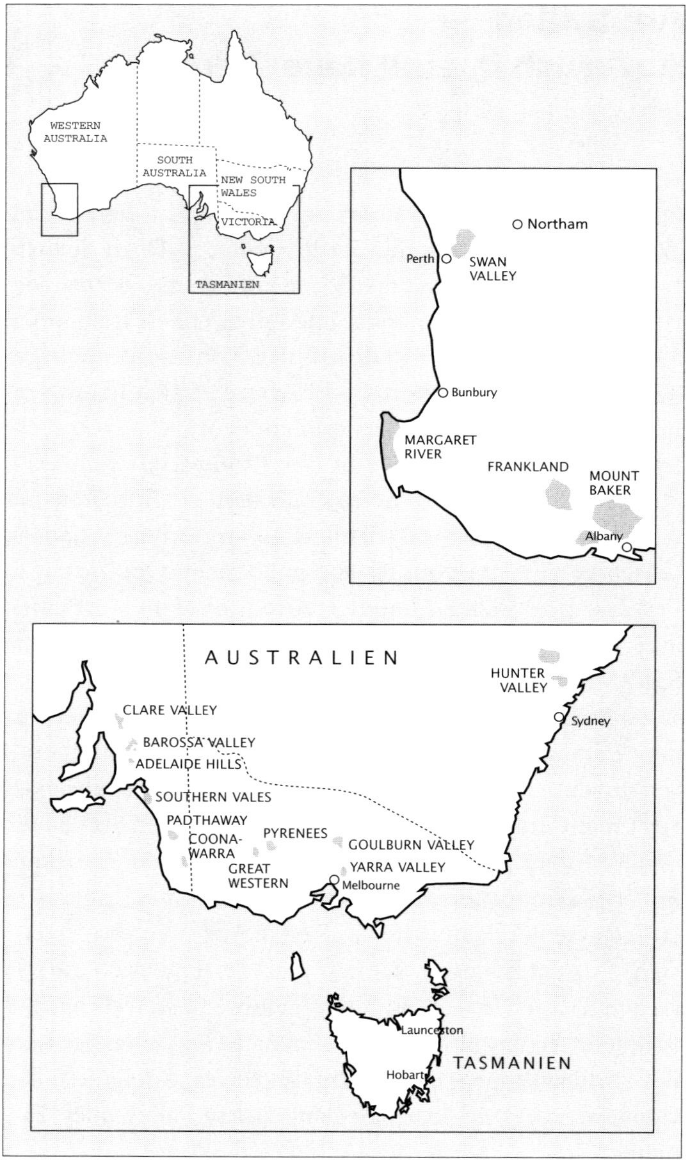

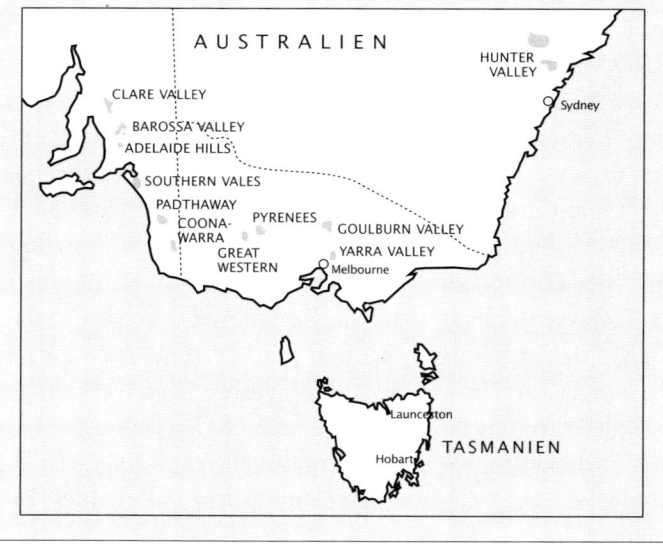

WESTERN
AUSTRALIA

SOUTH
AUSTRALIA

NEW SOUTH
WALES

VICTORIA

TASMANIEN

O Northam

Perth O   SWAN
VALLEY

O Bunbury

MARGARET
RIVER

FRANKLAND

MOUNT
BAKER

Albany O

A U S T R A L I E N

HUNTER
VALLEY

CLARE VALLEY

O Sydney

BAROSSA VALLEY

ADELAIDE HILLS

SOUTHERN VALES

PADTHAWAY   PYRENEES

COONA-
WARRA   GOULBURN VALLEY

GREAT   YARRA VALLEY
WESTERN   O Melbourne

Launceston

Hobart   TASMANIEN

Es gibt praktisch keine Einzellagen, sondern nur Klimazonen, die durch ihre mäßigen Temperaturen die Erzeugung von Qualitätsweinen möglich machen – oder eben nicht, wegen zu hoher Temperaturen. Es verwundert dementsprechend nicht, dass sich die australische Weinphilosophie deutlich von der europäischen unterscheidet. In Australien ist Wein nicht Ausdruck des bestimmten Bodens in einer bestimmten Klimazone, sondern Ausdruck der Rebsorte – gleichgültig, wo diese wächst. So stammt der größte Teil des australischen Weins von Trauben aus verschiedenen Anbaugebieten, die mal zehn Meilen, mal 3000 Meilen voneinander entfernt liegen. Sie werden in Tankwagen herbeitransportiert, um nach einer bestimmten Formel mit anderen Weinen verschnitten zu werden. Die meisten kommen als Rebsortenweine auf den Markt, das heißt, nur aus einer Traubensorte: als Chardonnay, Sémillon, Shiraz oder Cabernet Sauvignon zum Beispiel. Als Herkunftsgebiet wird häufig Südaustralien oder einfach nur Australien angegeben.

Der australische Winemaker unterscheidet sich deshalb grundlegend von den europäischen Önologen. Sein Job ist es nicht nur, einfach Wein zu produzieren. Er hat den Auftrag, einen Fünf-Dollar-Cabernet-Sauvignon zu machen, einen Zehn-Dollar-Cabernet-Sauvignon oder einen Fünfzig-Dollar-Premium-Wein. Entsprechend bemüht er sich, die passenden Trauben einzukaufen. Diese Art des Winemaking haben die Australier perfektioniert. Fast alle großen Weinkellereien haben mehrere Standardqualitäten, die jedes Jahr in Millionen Stückzahlen produziert werden – meist in recht guter Qualität. Selbst Australiens berühmtester Wein, der rote Grange aus der Kellerei Penfolds, ist ein »Multi-district-blend«, der aus drei verschiedenen, weit voneinander entfernt liegenden Weinbaugebieten stammt. Freilich gibt es auch viele Weine, die aus einer einzigen Anbauregion kommen. Vor allem kleine und mittlere Weingüter, deren Weine ganz oder größtenteils aus eigenen Trauben produziert werden, haben sich auf gebietstypische Weine verlegt. Allerdings sind sie keineswegs immer besser oder charaktervoller als die Multi-district-blends der großen Kellereien.

Inzwischen findet der Weinbau in Australien fast nur in den südlichen Bundesstaaten statt. Dort herrschen kühlere Temperaturen, und die Trockenperioden arten nicht so leicht zur Dürre aus wie im Norden. Und wenn der Niederschlag doch einmal ausbleibt, werden die Reben einfach bewässert – die Australier sind praktische Menschen. Südaustralien ist mit 42,8 Prozent der Rebfläche die größte Weinbauregion des fünften Kontinents: Im Hinterland von Adelaide wachsen sowohl einfachste Verschnitt- und Tafelweine wie hochklassige Rotweine. Es folgen Victoria mit 26,3 Prozent und New South Wales mit 23,4 Prozent. Western Australia und Tasmanien – beide gelten als *Cool climate areas* – teilen sich die restlichen zehn Prozent der Rebfläche.

Die Geschichte des australischen Weinbaus beginnt im Jahre 1791, als zum ersten Mal Weintrauben an den Reben hingen, die der britische Gouverneur drei Jahre zuvor in seinem Garten in Sydney gepflanzt hatte. Er brachte sie aus Südafrika mit. Australien selbst besaß keine eigenen Weinreben. In den folgenden Jahrzehnten begannen die Farmer in anderen Teilen Australiens, es dem Gouverneur gleichzutun. In Victoria, New South Wales und Westaustralien, wo sich viele Engländer niedergelassen hatten, blühte der Weinbau bald. Auf der Insel Tasmanien kultivierten die Franzosen Wein. Mitte des 19. Jahrhunderts ließen sich viele deutsche Religionsflüchtlinge im südaustralischen

Barossa Valley nieder und begannen dort, europäische Reben zu kultivieren. So verfügte Australien, das seit 1901 zu einem Bundesstaat zusammengewachsen war, zu Beginn des 20. Jahrhunderts bereits über ein beträchtliches Weinbaupotenzial. Syrah hieß bei ihnen Hermitage, Pinot Noir Red Burgundy, Weißwein Chablis oder Rhineriesling. Man spezialisierte sich vor allem darauf, süße Likörweine zu erzeugen – beziehungsweise diese aufzuspriten und so Australian Port zu produzieren. Noch heute ist der Muscat d'Alexandrie eine der am häufigsten angebauten Sorten in Australien (sie heißt dort Muscat Gordon Blanco). Die langsame Rückkehr zu trockenen Tischweinen begann erst nach dem Zweiten Weltkrieg. Der steigende inländische Weinkonsum und vor allem die gestiegene Nachfrage des Auslands (im Jahr 2000 machten die Exporte fast 40 Prozent der Weinverkaufs aus) führten zu einer stetigen Ausweitung der Rebflächen (allein vom Jahr 2000 zu 2001 um 20 Prozent). Allerdings werden die neuen Weinberge vornehmlich in *Cool climate areas* angelegt, während die herkömmlichen Anbaugebiete etwas an Bedeutung verlieren.

New South Wales

Hunter Valley

Wegen seiner Großstadtnähe ist das Hunter Valley ein sehr bekanntes und beliebtes Anbaugebiet: nur zwei Autostunden nördlich von Sydney. Es herrscht ein subtropisches Klima, in dem fast alle wichtigen Sorten Australiens angebaut werden. Shiraz und Sémillon ragen qualitativ heraus. Aber auch Chardonnay und Cabernet Sauvignon können gute Qualitäten ergeben.

South Australia

Adelaide Hills

Im Hügelland nördlich von Adelaide herrscht ein kühles Mikroklima, das die Erzeugung eleganter, säurebetonter Weine erlaubt. Einige der besten Weißweine aus Chardonnay und Sauvignon sowie mit die besten Pinot Noir und Schaumweine kommen von dort.

Barossa Valley

Das größte Qualitätswein-Anbaugebiet Australiens liegt etwa eine Autostunde nördlich von Adelaide. Angebaut werden nahezu alle Sorten. In dem warmen Klima gelingen Shiraz und Sémillon jedoch besonders gut, häufigste weiße Sorte ist der Riesling. Sie wurde von den deutschen Siedlern bevorzugt, die sich Mitte des 19. Jahrhunderts im Barossa Valley niederließen. Heute werden aus ihr würzige, körperreiche Weine gewonnen, die nur wenig Ähnlichkeit mit dem europäischen Riesling haben. Vor allem der Weißweinanbau zieht sich aus klimatischen Gründen zunehmend ins benachbarte Eden Valley beziehungsweise in die Adelaide Hills zurück. Barossa dagegen ist der Sitz vieler Großkellereien, etwa Penfolds (größter australischer Weinproduzent), Orlando, Mildara und Yalumba.

Clare Valley

Das Clare Valley gilt als die »Toskana« Australiens. In dem hoch gelegenen, trocken-warmen Gebiet nordöstlich von Adelaide wächst der beste Riesling des Landes. Von größerer Bedeutung ist jedoch Cabernet Sauvignon. Außerdem kommen aus der reizvollen Gegend sehr gute Weißweine und einige charaktervolle Shiraz.

Coonawarra

Australiens vielleicht bestes Rotweingebiet liegt auf hal-
bem Weg von Adelaide nach Melbourne. Entdeckt wurde
es erst um 1960, obwohl dort schon seit dem vorigen Jahrhundert Reben angebaut werden. In der hennaroten Terra
rossa wachsen tiefschwarze, tanninreiche Cabernet Sauvignons und üppige Shiraz. Beide gehören zu den besten
Rotweinen ganz Australiens. In dem schmalen, nur 16 Kilometer langen Anbaugebiet nördlich der Stadt Penola haben sich viele große, aber auch einige kleine Kellereien niedergelassen.

Padthaway

In dem relativ kühlen, aber auch trockenen Anbaugebiet
wachsen größtenteils weiße Trauben, aus denen saftige Chardonnays und Sauvignons entstehen. Wegen der
Trockenheit müssen die Rebenmeere fast regelmäßig beregnet werden.

Southern Vales

Südlich von Adelaide liegt dieses mäßig warme Tal, das
für seine exzellenten, rau-samtigen Shiraz bekannt ist. Es
lässt aber auch guten Cabernet Sauvignon und kraftvolle
Chardonnays wachsen. Die bekannteste und beste Anbauzone ist das McLaren Vale.

Tasmanien

Kühlstes Anbaugebiet Australiens mit den Weinbauzentren Launceston, Freycinet und Hobart. Von dort kommen einige der besten Weißweine, vor allem Chardonnays,
und die besten Pinot Noirs des Landes.

Victoria

Goulbourn Valley
Das unzusammenhängende Anbaugebiet liegt am Goulbourn River und liefert einige der besten Weine Victorias: würzige Shiraz von disziplinierter Fülle, fleischige Cabernet Sauvignons bei den Roten, feste Chardonnays und saftige Sauvignons bei den Weißweinen.

Great Western
Im Westen des Bundesstaats Victoria liegt dieses kleine Anbaugebiet. Es herrscht ein gemäßigtes Klima und wird deswegen für leichte, mildfruchtige Rotweine und feine Schaumweine geschätzt.

Pyrenees
Das liebliche Hügelland am Avoca River, etwa zwei Autostunden nordwestlich von Melbourne, hat eine lebendige Wein- und Gastroszene. Von dort kommen gehaltvolle, rustikal-elegante Rotweine aus Shiraz, Cabernet Sauvignon und Merlot sowie manch gute Weißweine.

Yarra Valley
Nur eine halbe Autostunde nördlich von Melbourne und damit noch im Einflussbereich des kühlen Meeresklimas gelegen, hat das stark zersplitterte Anbaugebiet durch einige spektakuläre Qualitäten auf sich aufmerksam gemacht: tiefgründige und tanninstarke Cabernet Sauvignons, muskulöse Shiraz, zartfruchtige Pinot Noirs und cremige Chardonnays haben zum guten Ruf des Anbaugebiets beigetragen. Allerdings werden auch viele einfache Weine vom Pinot Gris bis zum Cabernet-Shiraz-Verschnitt erzeugt.

Der australische Weinbau verlagert sich in die kühlen Hügelgebiete.

Western Australia

Margaret River, Swan Valley, Mount Barker

Die drei besten Anbaugebiete Westaustraliens sind um die Stadt Perth und südlich davon gelegen. Von hier kommen duftig-volle Weißweine aus den Rebsorten Chardonnay, Sémillon, Sauvignon und Riesling, dazu Rotweine wie elegante Cabernet Sauvignons und feine Pinot Noirs.

Das Weinland
Australien in Fakten und Zahlen

Rebfläche: 140 000 Hektar
Weinproduktion: 800 000 Hektoliter
Jährlicher Weinkonsum pro Kopf: 19,3 Liter

Die 10 häufigsten Rebsorten:

1.	Shiraz	rot	20,8 %
2.	Cab. Sauvignon	rot	17,3 %
3.	Chardonnay	weiß	13,7 %
4.	Merlot	rot	5,2 %
5.	Sémillon	weiß	4,9 %
6.	Riesling	weiß	2,7 %
7.	Muscat	weiß	2,4 %
8.	Pinot Noir	rot	2,4 %
9.	Sauvignon	weiß	2,0 %
10.	Grenache	rot	1,8 %

Das australische Weinrecht

Die Weine müssen zu 85 Prozent aus dem auf dem Etikett angegebenen Anbaugebiet und von der dort angegebenen Rebsorte stammen. Tauchen mehrere Rebsorten auf dem Etikett auf, so ist der Wein zum größten Teil aus der erstgenannten erzeugt. Erlaubt ist das Zusetzen von Säure (Azidifikation), während die Chaptalisation verboten ist. Gesetzliche Mengenbegrenzungen bei der Traubenproduktion gibt es nicht. Im Qualitätsweinbau werden zwischen 60 und 90 Hektoliter pro Hektar geerntet.

Methoden der Weinbereitung

Der technische Standard im Weinbau und der Kellertechnik
ist in Australien hoch. Der weitaus größte Teil der Trauben wird mechanisch gelesen, ein großer Teil der Reben
auch mechanisch beschnitten. Rotweine werden häufig in
Barriques ausgebaut (guter Cabernet Sauvignon in französischen, Shiraz durchweg in amerikanischen). Die besseren Weißweine machen eine malolaktische Gärung durch
und reifen ebenfalls in kleinen Barriques.

Minimal pruning

Nach entsprechenden wissenschaftlichen Versuchen sind
einige Weingüter dazu übergegegangen, bestimmte
Reben fast gar nicht zu beschneiden. Nach einigen Jahren
der Überproduktion reguliert die Rebe den Trauben-
ansatz dann von selbst auf ein Niveau von etwa 80 Hektoliter pro Hektar.

Chile und Argentinien –
Zwischen Anden und Pazifik

Chile ist das älteste Weinland auf der südlichen Erdhalbkugel. Schon im 16. Jahrhundert setzten die Spanier die
ersten Reben in die Erde, die sie aus ihrer Heimat mitgebracht hatten.

Doch die Geschichte des modernen chilenischen Weins
ist jung. Sie beginnt im Jahre 1982. Chiles Weinindustrie
geriet damals in eine schwere Krise. Der inländische Konsum war von 50 auf elf Liter Wein pro Kopf gesunken,
während zwei Rekordernten im Keller lagen. Der Wein-
markt brach zusammen. In dieser Situation erinnerte man
sich daran, dass schon lange vor 1982 internationale Rebsorten angebaut wurden: Die ersten Cabernet-Sauvignon-
Reben kamen 1851 nach Chile. Folglich begannen die wichtigsten Bodegas, in großem Stil internationale Rebsorten
zu pflanzen: Cabernet Sauvignon, Merlot sowie die weißen
Sorten Sauvignon Blanc und Chardonnay. Export hieß die
Devise.

Die Operation war erfolgreich. Der Aufstieg Chiles zu
einem angesehenen Erzeuger von Qualitätsweinen begann. Innerhalb von fünf Jahren gelang es den Chilenen,
exportfähige Weine zu produzieren und die Weinwirtschaft wieder anzukurbeln.

Heute haben die internationalen Sorten bereits ein
Übergewicht gegenüber den traditionellen. Entsprechend schmecken die für den Export vorgesehenen Weine
völlig anders als die Weine für den inländischen Konsum.

Die besten Qualitäten bietet in der Regel die Cabernet-Sauvignon-Traube mit ihrer kräuterwürzigen Note und dem Eukalyptuston. Die größten Zuwachsraten verzeichnet jedoch die Merlot, die fleischige und geschmacksintensive Weine ergibt.

Bei den weißen Sorten fallen allen voran Sauvignon Blanc und die Chardonnay mit ihrer tropischen Fülle auf. Doch nur wenige Weingüter produzieren all ihre Trauben selbst: Sie kaufen sie jedes Jahr von tausenden kleiner Vertragswinzer.

Chiles Weinbauklima ist durchweg mediterran geprägt. Es gibt den Weinen eine ausgeprägte fruchtig-würzige Note. Bei 300 Millimeter Niederschlag im Jahr ist Rebbau ohne künstliche Bewässerung kaum irgendwo möglich. Mit Rebkrankheiten hat man nur selten zu kämpfen.

Allerdings gibt es große Temperaturunterschiede. Die Weinanbaugebiete des Landes reichen nämlich vom trockenen Aconcaguatal, das 100 Kilometer nördlich von Santiago liegt, bis zur Stadt Chillan 400 Kilometer südlich der Hauptstadt. Dort ist es pazifisch kühl mit relativ hohen Niederschlägen. Der größte Teil der Reben ist noch ungepfropft (siehe Seite 192 f.). Die Reblaus ist in Chile unbekannt.

Die Weinanbaugebiete Chiles

Das prestigereichste Anbaugebiet ist Maipo, etwa hundert Kilometer südlich von Santiago gelegen. Von dort kommen die besten Cabernet und einige gute Sémillon. Kaum weniger gut sind die Rotweine im südlich anschließenden Rapel-Valley, wo es aber etwas kühler ist.

Aus dem Rapel um die Städte Rancagua, San Fernando und Santa Cruz kommen würzige, geschmacksintensive Weine. Einige der besten wachsen auch südlich der Stadt Curicó.

Noch weiter im Süden (Maule) wird die traditionelle País im großem Umfang angebaut, eine Massensorte, die riesige Erträge bis 250 Doppelzentner pro Hektar ergibt. Die besten Chardonnay und Sauvignon kommen dagegen aus dem küstennahen Anbaugebiet von Casablanca, im Norden bei Valparaiso gelegen.

Das Weinland
Chile in Fakten und Zahlen

Rebfläche für den Weinanbau: 74 500 Hektar
Weinproduktion: 4 bis 5 Millionen Hektoliter
Jährlicher Weinkonsum pro Kopf: 19 Liter

Die 10 häufigsten Rebsorten:

1.	Cab. Sauvignon	rot	30,7 %
2.	País	rot	18,1 %
3.	Merlot	rot	12,0 %
4.	Chardonnay	weiß	8,0 %
5.	Sauvignon	weiß	7,7 %
6.	Sémillon	weiß	2,8 %
7.	Carmenère	rot	2,7 %
8.	Sirah	rot	1,2 %
9.	Pinot Negro	rot	1,0 %
10.	Riesling	weiß	0,3 %

Das chilenische Weinrecht

Ein Weingesetz hat sich Chile erst 1985 gegeben. Es legt die Herkunftsgebiete fest und definiert die zur Qualitätsweinproduktion zugelassenen Sorten: insgesamt 23 (die País, eine der am häufigsten angebauten Reben, gehört nicht dazu). Die Weine tragen in Chile fast immer den Namen einer Rebsorte auf dem Etikett. Diese Rebsorte muss zu mindestens 75 Prozent im Wein enthalten sein. Das gilt auch für Herkunft und Jahrgang. Maximal 25 Prozent dürfen aus einem anderen Jahrgang beziehungsweise aus einem anderen Herkunftsgebiet stammen. Die Chaptalisierung ist in Chile nicht erlaubt, wohl aber die Azicifikation. Eine Begrenzung der Traubenproduktion ist nicht vorgeschrieben. Der Durchschnitt liegt beim Qualitätswein bei etwa 90 Doppelzentner pro Hektar.

Argentinien – eine Weinwelt für sich

Argentinien ist der viertgrößte Weinproduzent der Welt – und doch ist über das Land, seine Rebsorten und Weine wenig bekannt. Das mehr als 200 000 Hektar umfassende Rebland liegt ausschließlich im Westen des Landes am Fuße der Anden. Es ist stark zersplittert und reicht von Lavalle im Norden bis über San Rafael im Süden hinaus. Zentrum der Weinproduktion ist die Stadt Mendoza. In ihrer Umgebung haben die meisten großen Kellereibetriebe ihren Sitz.

Doch obwohl Mendoza nur rund 300 Kilometer von Santiago de Chile entfernt liegt, haben sich Argentinien und Chile weinbaulich in völlig andere Richtungen entwickelt. In Argentinien dominieren noch heute die alten Rebsorten aus der Kolonialzeit: vor allem die hellroten Criolla und Cereza. In den fruchtbaren, gut bewässerten Tallagen werden von diesen Sorten bis zu 400 Doppelzentner pro Hektar geerntet. Die Weine, hellrot in der Farbe und niedrig im Alkohol, werden ausschließlich auf dem inländischen Markt abgesetzt. Unter den weißen Sorten dominieren die schlichte Ugni Blanc und die Muscat d'Hambourg. Sie ergeben plump-süße Likörweine beziehungsweise magere, etwas fade Tafelweine. Die internationalen weißen Sorten haben nur selten überzeugende Weine hervorgebracht. Beste Weißweinsorte dürfte die Torrontés mit leichten, würzigen Weinen sein. Die charaktervollsten, besten Rotweine kommen von der Malbec. Sie besitzen Tiefe, Vielschichtigkeit und Festigkeit. Leider ist Malbec im Rückgang begriffen, weil viele mit Cabernet und Merlot bessere Geschäfte zu machen hoffen. Daneben werden zahlreiche italienische Sorten wie Barbera, Bonarda, Nebbiolo und Sangiovese sowie spanische wie Tempranillo angebaut.

Neuseeland –
Die Inseln des Sauvignons

Neuseeland hat mit seinen würzigen Sauvignons und Chardonnays in der ganzen Welt Bewunderung hervorgerufen. Im eigenen Lande wird und wurde Wein freilich immer noch mit Vorsicht genossen, obwohl die Weinproduktion sich seit 1960 mehr als verzwanzigfacht hat. Jahrelang durften nur Hotels Wein verkaufen. Der Einzelne war nicht befugt, mehr als zwölf Flaschen zu erwerben. Erst seit 1960 dürfen Restaurants Wein anbieten, seit 1990 auch Supermärkte. Noch 1980 wurde ein gesetzliches Verbot für nötig befunden, Wein mit Wasser zu verdünnen.

Die Ursache für derlei Absonderlichkeiten liegt in der skurrilen Weinbaugeschichte des Landes. Die ersten Reben wurden bereits 1819 in Neuseeland gepflanzt. Doch richtig in Schwung kam der Weinbau erst 1970. Dazwischen lagen Reblausbefall, Prohibition und Depression. Die ersten europäischen Vitis-vinifera-Reben wurden in Neuseeland um 1970 gepflanzt, und die ersten Weine, die Aufsehen erregten, stammen von 1984. Zu diesem Zeitpunkt war die häufigste Sorte Neuseelands, die Albany Surprise, gerade von der Müller-Thurgau überflügelt worden. Die Winzer des Landes glaubten, dass die im kühlen Deutschland meistangebaute Traube auch im kühlen Neuseeland gelingen müsse. Fortan ergoss sich eine Flut leichter, süßer Weine aus den Kellern des Landes. Die drei größten Getränkekonzerne Neuseelands füllten 90 Prozent des neuseeländischen Weins ab. Die restlichen zehn Prozent der Wein-

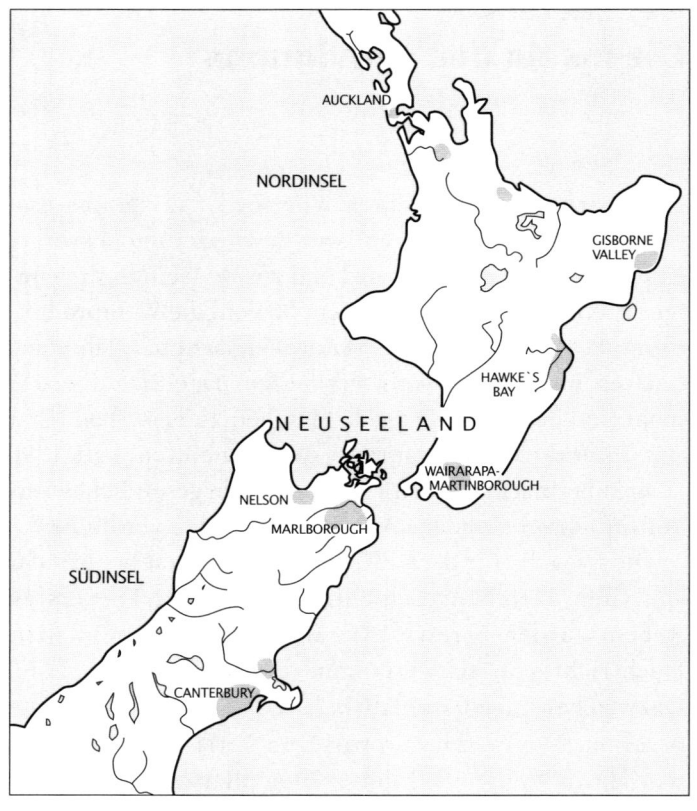

produktion teilten sich 150 Weinerzeuger untereinander auf. Die Müller-Thurgau hat bis 1992 ihre Spitzenstellung behaupten können. Erst dann ist sie von der Chardonnay überrundet worden.

Die ersten Reben wurden auf der warmen Nordinsel gepflanzt: Jahrzehntelang war Auckland das Zentrum des neuseeländischen Weinbaus. Mit der Ausbreitung der Müller-Thurgau wurde das flache, fruchtbare Gisborne Valley zur größten Weinbauzone des Landes.

Als anspruchsvolle Chardonnays und vor allem Sauvignons Erfolge feierten, verlagerte sich der Weinbau in die benachbarte Hawke's Bay und in den 1990er Jahren dann zunehmend auf die Südinsel. Denn kühl ist das Klima Neuseelands vor allem auf der Südinsel. Heute ist Marlborough mit seinen kargen, steinigen Böden und den großen Temperaturunterschieden zwischen Tag und Nacht das größte und wichtigste Weinanbaugebiet Neuseelands. Auf der Nordinsel wachsen allerdings nach wie vor die besten roten Cabernet Sauvignons, speziell im Gebiet der Hawke's Bay, aber auch um Auckland.

Nordinsel

Auckland

In dem gemäßigten, feuchtwarmen Klima um die Hauptstadt Neuseelands werden traditionell Rotweine angebaut. Die besten stammen von der Cabernet Sauvignon, die besonders in Matacma und auf der Insel Waiheke gute Qualitäten bringt. Neben Montana, dem größten Kellereibetrieb der Insel, haben sich dort viele wohlhabende Städter niedergelassen, um Wein anzubauen.

Gisborne Valley

Immer noch ein Massenanbaugebiet, ist dies zugleich aber die wichtigste Chardonnay-Zone des Landes: Auf diese Sorte konzentrieren sich die Anstrengungen hunderter von Kleinwinzern und einiger Kellereien. Die Traube ergibt hier körperreiche Weine mit den typischen Aromen tropischer Früchte und milder Säure.

Hawke's Bay

Wegen des drastischen Rückgangs der Müller-Thurgau ist der Weinbaubereich um die Stadt Napier heute nicht mehr das größte Anbaugebiet Neuseelands – wohl aber eines der besten. Viel Chardonnay wächst dort, besonders gut aber gedeihen Cabernet Sauvignon, Cabernet Franc und Merlot, aus denen konzentrierte, vom Eichenholz kräftig gewürzte Rotweine entstehen.

Wairarapa-Martinborough

Die kleine, schicke Anbauzone im Hinterland von Wellington wartet mit exzellenten Cabernet Sauvignons und einigen vorzüglichen Pinot Noirs auf.

Südinsel

Marlborough

Das größte und bedeutendste Anbaugebiet Neuseelands ist Marlborough, mit pazifisch-kühlem Klima und steinigen Böden um den Ort Blenheim. Das auf drei Seiten von Burgen, auf der vierten vom Meer umgebene Tal hält mit 40 Prozent den Löwenanteil unter den neuseeländischen Anbaugebieten. Berühmt ist es vor allem für seine pikanten Sauvignons, die sich durch Fülle und außerordentlich kräftige Aromen auszeichnen. Viele Großkellereien beziehen Trauben von dort.

Nelson, Canterbury

Die beiden kleinen Anbaugebiete auf der Südinsel sind noch jung. Von dort kommen stahlige Chardonnays (Nelson) und einige interessante Pinot Noirs (Canterbury).

Das Weinland
Neuseeland in Fakten und Zahlen

Rebfläche: 10 700 Hektar
Weinproduktion: 600 000 Hektoliter
Jährlicher Weinkonsum pro Kopf: 10,5 Liter

Die 10 häufigsten Rebsorten:

1.	Chardonnay	weiß	27,1 %
2.	Sauvignon	weiß	23,0 %
3.	Pinot Noir	rot	12,8 %
4.	Merlot	rot	7,0 %
5.	Cabernet Sauvignon	rot	5,8 %
6.	Riesling	weiß	4,8 %
7.	Müller-Thurgau	weiß	3,4 %
8.	Sémillon	weiß	2,0 %
9.	Pinot Cris	weiß	1,5 %
10.	Muscat	weiß	1,3 %

Das neuseeländische Weinrecht

Die Bestimmungen Neuseelands ähneln denen Australiens.
Es gibt keine Vorschriften zur Begrenzung der Traubenproduktion. Die durchschnittlichen Erträge für Qualitätswein
liegen mit 90 Hektoliter pro Hektar relativ hoch – Folge der
ausgiebigen Niederschläge. Allerdings sind die Sommer
oft trocken, so dass in vielen Gebieten eine Bewässerung unverzichtbar ist. 90 Prozent des neuseeländischen Weins
stammen lediglich von drei großen Getränkekonzernen. Sie
müssen ihre Trauben (oder den Most) bis zu 1500 Kilometer weit zur Zentralkellerei transportieren.

Südafrika –
Kap der guten Weine

Der Weinbau Südafrikas ist im Vergleich zu anderen Ländern der Neuen Welt rückständig. Erst seit Mitte der 1980er Jahre hat sich das Land am Kap geöffnet. Seitdem sprießen neue Weingüter wie Pilze aus dem Boden. Die Zukunft hat gerade erst begonnen.

Südafrika ist – noch immer – ein Genossenschaftsland: 85 Prozent der Trauben werden von einer der 69 Kooperativen des Landes verarbeitet. Fast alle sind der großen KWV angeschlossen, der Zentralgenossenschaft des Landes (Kooperatiewe Wijnbouwers Vereeniging). Knapp 40 Prozent des von der KWV erzeugten Weins wird destilliert, oder die Trauben werden zu Mostkonzentrat verarbeitet.

Der einfache südafrikanische Wein kommt zu überwiegenden Teilen aus den heißen Massenanbaugebieten des Landes wie Oranje River, Olifants River, Klein-Karoo oder Malmesbury. Dank Bewässerung werden dort über 300 Hektoliter pro Hektar produziert. Ein großer Teil des Weins wird in Fünf-Liter-Kartons abgefüllt und geht – meist in lieblicher Version – in die Landesteile, die hauptsächlich von der weißen Bevölkerung Südafrikas bewohnt werden.

Allerdings vollzieht sich in Südafrika seit dem Ende der Apartheid ein bedeutender Wandel. Seit Mitte der 80er Jahre des 20. Jahrhunderts können europäische Qualitätsreben eingeführt werden, die die heimischen Massenträger nach und nach ersetzen. Das bedeutet: Die neuen Sauvignon, Chardonnay oder Cabernet Sauvignon sind unvergleichlich besser als ihre alten Pendants.

Außerdem ist die Zahl der privaten Winzer und Weinunternehmer sprunghaft gestiegen – und mit ihnen die Rotweinquote und der Wunsch, qualitativ höherwertige Weine zu erzeugen. Als Folge davon wandert der Weinbau in kühlere Regionen ab, und es kommt dadurch zu einer völligen Neubewertung der Lagen und Anbaugebiete.

Constantia

1652 pflanzte der holländische Arzt Jan van Riewbeeck die ersten Reben in der Tafelbucht bei Kapstadt. Ebenda befindet sich das älteste und berühmteste Anbaugebiet Südafrikas. Im 18. Jahrhundert war es für seinen Süßwein

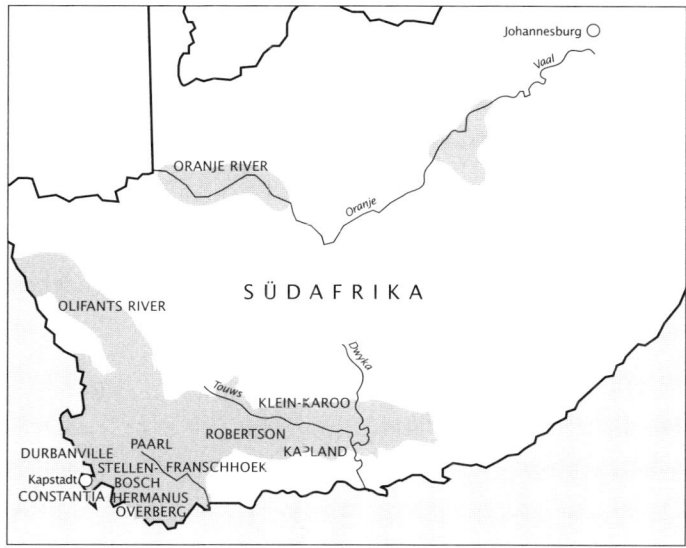

weltberühmt. Heute werden in dem kühl-feuchten Klima saftige Sauvignons und Chardonnays erzeugt, die zu den besten des Landes gehören. Auch einige sehr gute Cabernet-Merlot-Cuvées kommen von dort.

Drei Güter beherrschen die Szene von Constantia: das staatseigene Gut Groot Constantia, das aufstrebende Familienweingut Klein Constantia und das hochambitionierte, in deutscher Hand befindliche Gut Buitenverwachting.

Franschhoek

Nördlich von dem bekanntesten Anbaugebiet Südafrikas – Stellenbosch – gelegen, gehört dieses relativ warme, lang gestreckte Tal zu den touristisch am stärksten frequentierten und gleichzeitig angesehensten Anbaugebieten Südafrikas. Besiedelt wurde es im 17. Jahrhundert von französischen Hugenotten. Sie waren es auch, die nach französischem Vorbild hier den Weinbau eingeführt haben. Kultiviert wird heute nahezu die gesamte Palette der südafrikanischen Rebsorten. Spezialität ist der Sémillon.

Paarl

Das nördlich von Kapstadt gelegene, warme Anbaugebiet wird von den zwei Giganten KWV und Nederburg dominiert. Sie produzieren unzählige Weine meist einfacher Qualität, dazu Liköre, Port-ähnliche Weine und Brandys. Die Privatweingüter stehen im Schatten der Genossenschaft. Einige von ihnen, deren Weinberge in kühleren Winkeln angelegt sind, produzieren jedoch auch exzellente Rotweine, etwa Plaisir de Merle.

Stellenbosch

Die größte Dichte an Spitzenweingütern findet sich in Stellenbosch, knapp 50 Kilometer vor Kapstadt. In dem malerischen, von holländischen und englischen Traditionen geprägten Anbaugebiet entstehen vor allem kräftige, tanninreiche Rotweine aus Cabernet Sauvignon, Merlot und Pinotage. Die Spitzenweine dieser Gegend können sich durchaus unter den sehr guten Weinen der Alten Welt behaupten.

Auf den hoch gelegenen Hängen des Simonsbergs und des Helderbergs wachsen kräftige, fruchtbetonte Weißweine, vor allem Sauvignons, aber zunehmend auch gute Chardonnays. Die Spitzenweine kommen von Thelema Mountains, Vriesenhof, Muldersbosch, Kanonkop und Morgenhof.

Weitere Anbaugebiete

■ *Durbanville* Nur wenige Kilometer nördlich von Kapstadt gelegen, ist diese aufstrebende, atlantiknahe Zone viel versprechend, vor allem für Weißweine.

■ *Hermanus* Das südlichste Anbaugebiet des Landes an der Walker Bay mit kühl-feuchtem Klima versucht mit Erfolg, Pinot Noir und Chardonnay zu erzeugen.

■ *Robertson* Das warm-heiße Beregnungsgebiet liegt zwei Autostunden nördlich von Kapstadt. Großenteils ist es ein Massenanbaugebiet mit einfachen, geschmacksneutralen Weinen, teils aber auch mit individuellen Qualitäten, etwa von De Wetshof und Graham Beck, Springfield und Zandvliet.

Das Weinland
Südafrika in Fakten und Zahlen

Rebfläche: 104 000 Hektar
Weinproduktion: 9 Millionen Hektoliter
Jährlicher Weinkonsum pro Kopf: 9,5 Liter

Die 10 häufigsten Rebsorten:

1.	Chenin Blanc	weiß	23,8 %
2.	Colombard	weiß	11,2 %
3.	Cabernet Sauvignon	rot	6,7 %
4.	Chardonnay	weiß	5,7 %
5.	Pinotage	rot	5,5 %
6.	Sauvignon	weiß	5,1 %
7.	Muscat d'Alexandrie	weiß	4,3 %
8.	Merlot	rot	3,6 %
9.	Cinsaut	rot	3,6 %
10.	Shiraz	rot	3,3 %

Weingesetze in Südafrika

Das südafrikanische Weinrecht ist nicht sonderlich streng.
Die Ursprungsgebiete (Wine of Origin) sind zwar seit 1973
genau definiert, doch braucht ein Gut, das Weinberg-
besitz in mehreren Gebieten hat, nur eines auf dem Etikett
anzugeben, auch wenn die Trauben aus zwei oder mehreren Gebieten kommen.
Ein Rebsortenwein muss nur zu 75 Prozent aus der angegebenen Sorte bestehen. Eine Höchstmengen-Verordnung
für die Traubenproduktion existiert nicht. Südafrikas
Weine dürfen zwar nicht angereichert, wohl aber künstlich
gesäuert werden (Azidifikation).

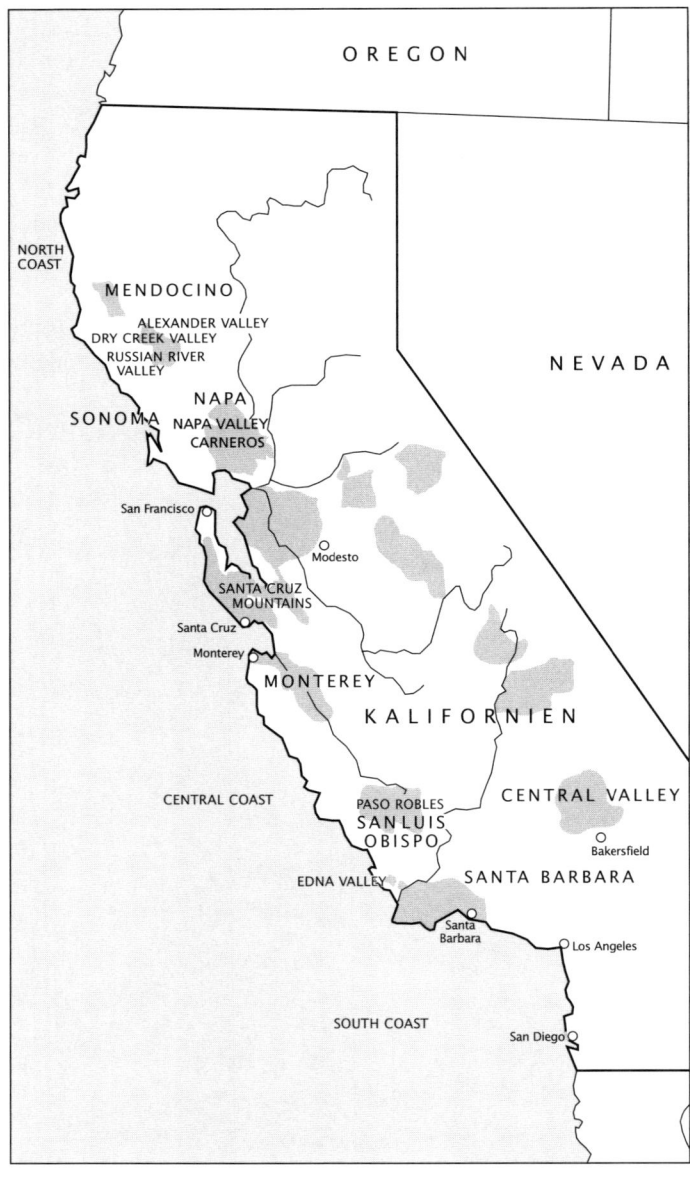

OREGON

NORTH
COAST

MENDOCINO

ALEXANDER VALLEY
DRY CREEK VALLEY
RUSSIAN RIVER
VALLEY

NAPA

NAPA VALLEY
CARNEROS

SONOMA

NEVADA

San Francisco

Modesto

SANTA CRUZ
MOUNTAINS

Santa Cruz

Monterey

MONTEREY

KALIFORNIEN

CENTRAL COAST

PASO ROBLES

SAN LUIS
OBISPO

CENTRAL VALLEY

Bakersfield

EDNA VALLEY

SANTA BARBARA

Santa
Barbara

Los Angeles

SOUTH COAST

San Diego

USA – Der Wein der unbegrenzten Möglichkeiten

Das bekannteste nordamerikanische Weinbaugebiet, das Napa Valley, ist innerhalb von 30 Jahren von einem grünen Tal, in dem friedlich Schafe und Rinder grasten, zum innovationsfreudigsten und spektakulärsten Weinanbaugebiet Kaliforniens geworden – eine Entwicklung, für die Weingüter in Europa 150 Jahre benötigten. Erst seit den siebziger Jahren erlebt der sonnige Westen der USA diesen Weinboom. Trotzdem liegen Weine aus Napa, Sonoma, Monterey, Santa Barbara und anderen Anbaugebieten Kaliforniens bei internationalen Proben oft auf vorderen Plätzen. Andere Bundesstaaten stehen bis dato deutlich im Schatten des Senkrechtstarters Kalifornien. Dabei darf man ihnen, wie das Beispiel des Weinbaus in Oregon beweist, getrost Qualitätshöchstleistungen zutrauen.

In Kalifornien ist die Sonne nicht der einzige Faktor, der zum Aufschwung der Weinindustrie geführt hat. Schon im letzten Jahrhundert war bekannt, dass sich die Böden an der gesamten West Coast für den Weinbau eigneten. Spätestens seit den Forschungsarbeiten der Weinbau-Universität Davis, die vor 55 Jahren vorgelegt wurden, ist klar, dass vor allem auch das Klima in den pazifiknahen Gebieten gute Voraussetzungen für feine Weine bietet.

Die Geschichte des kalifornischen Weinanbaus beginnt 1769 in San Diego. Der Franziskanermönch Juníperro Serra errichtete eine Kette von Missionsstationen, die sich auf dem Weg nach Norden bis nach Sonoma zogen. Da die

Padres Messwein für ihre Gottesdienste benötigten, pflanzten sie Reben an. Es waren Sorten, die die Spanier einst nach Mexiko gebracht hatten, etwa die Criolla. 1782 wurde der erste Missionswein in San Juan Capistrano gekeltert. Er muss kaum genießbar gewesen sein. Um 1833 pflanzte der Franzose Jean-Louis Vignes erstmals Reben, die er direkt aus Europa importiert hatte, in Weinbergen um Los Angeles an. Aus der Tatsache, dass seine Weinproduktion sich bald auf tausend Fässer pro Jahr belief, kann geschlossen werden, dass es ein ordentlicher Wein gewesen sein muss.

Nach der Unabhängigkeitserklärung Mexikos im Jahre 1822 und der späteren Annektierung Kaliforniens durch die Vereinigten Staaten von Amerika führten amerikanische Großgrundbesitzer die Weinbautradition fort. Als 1849 das Goldfieber ausbrach, ließen sich Deutsche, Italiener und Amerikaner in Kalifornien nieder und verkauften ihren Wein mit Erfolg in die aufblühenden Goldgräberstädte am Rande der Sierra Nevada. Der Weinbau verlagerte sich langsam in den kühleren Norden Kaliforniens.

Die wohl schillerndste Figur des kalifornischen Weinbaus war zu jener Zeit der ungarische Graf Agoston Haraszthy. Zunächst Sheriff in San Diego, wurde er zum Tafeltraubenhändler nahe San Francisco mit den Importreben Zinfandel und Muscat d'Alexandrie, um nach einer ausgedehnten Europareise mit 300 verschiedenen Rebsorten zurückzukommen und sie in Sonoma zu pflanzen. Als sein Gut Buena Vista bankrott ging, verschwand der Graf nach Nicaragua, um dort Zuckerrohr anzubauen und Rum zu erzeugen. Doch dazu kam es nicht mehr. Er wurde kurz darauf von Alligatoren gefressen.

Ein Anfang war jedoch gemacht. Bald tauchten im Napa Valley europäische Namen wie Charles Krug, Jakob

Schram, Jakob und Beringer auf und pflanzten Reben. Ein Weinboom erfasste das Land, der 1886 allerdings jäh endete. Die Reblaus zerstörte die neuen Weinkulturen – vermutlich war das Insekt durch Haraszthys Stecklinge nach Amerika gelangt. Kaum waren ein Gegenmittel gefunden und die Weinberge neu bestockt, verkündete die amerikanische Regierung 1919 die Prohibition. Die Folgen für den Weinbau waren fatal. Die meisten Güter wurden in den Ruin getrieben. Wein durfte nur noch privat oder zu Messweinzwecken angebaut werden. Als 1933 das Alkoholverbot wieder aufgehoben wurde, waren die Märkte fast völlig verschwunden und die Handelsstrukturen zerstört.

Erst Ende der 1960er Jahre begann der Wiederaufstieg, als weinbegeisterte Unternehmer wie Robert Mondavi und Joe Heitz sich im Napa Valley niederließen und begannen, Weine der Spitzenklasse zu erzeugen. Unterstützt von dem russlandstämmigen Önologen Andre Tchelistcheff, der 1938 von Frankreich, wo er jahrelang für berühmte Weingüter gearbeitet hatte, nach Kalifornien wechselte, praktizierten sie modernes Weinbergmanagement: Sie führten die Temperaturkontrolle und die malolaktische Gärung ein (siehe Kapitel: Wie Wein entsteht) und wandten andere wichtige kellertechnische Neuerungen an. Aus dem verschlafenen grünen Tal zwei Autostunden nördlich von San Francisco wurde eine Pilgerstätte für die neuen Weinenthusiasten.

Der Erfolg kann sich sehen lassen: Bei einer Blindprobe, die die Académie de Vin in Paris organisierte, wurden kalifornische Weine mit französischen Spitzengewächsen verglichen; der Chardonnay von Château Montelena rangierte vor den besten weißen Burgundern, und auch ein Cabernet Sauvignon aus der kalifornischen Kellerei Stag's

Leap fand sich in einer Spitzenposition wieder. Drei Jahre später organisierte das französische Feinschmeckermagazin Gault Millau eine »Weinolympiade«: Wieder lagen kalifornische Weine auf den ersten Plätzen. Ein Weinboom ungeahnten Ausmaßes setzte ein. Während 1960 gerade 20 Kellereien im Napa Valley existierten, sind es heute schon über 230.

Anfang der achtziger Jahre des 20. Jahrhunderts hat Kalifornien seine Herkunftsbezeichnungen definiert: 72 Ursprungsgebiete wurden zu American Viticultural Areas deklariert (AVA), die wiederum größeren Zonen, den so genannten Counties (wie Napa oder Sonoma County) zugeschlagen wurden. Die Counties ihrerseits gehören zu den Großbereichen Central Coast, Central Valley, North Coast, Sierra Foothills und Southern California.

Central Coast

Unter dem geographischen Dachbegriff Central Coast werden alle Weinanbaugebiete zwischen San Francisco und Los Angeles zusammengefasst. Die Herkunftsbezeichnung ist ebenso schillernd wie die Weine, die von dort kommen. Vor allem Fun- und Modeweine sind es, die im südlichen Kalifornien hergestellt werden: saftig, aber dünn und oftmals lieblich ausgebaut. Auf der anderen Seite gibt es in einigen Landstrichen auch Weine, die es leicht mit den Hochgewächsen aus Napa und Sonoma aufnehmen können.

Monterey (County)

Das heterogene Anbaugebiet im und nahe des Salina Valley ist Kaliforniens größte Gemüsekammer mit kilometerlangen Brokkolifeldern und Salatbeeten. Seit einigen Jahren säumen auch Weinberge das fruchtbare Tal. Ihre Größe bemisst sich nicht in Hektaren, sondern in Quadratkilometern. Zumindest aus den drei AVA-Zonen Carmel, Chalone und Arroyo Seco kommen jedoch zahlreiche gute Cabernet Sauvignons und einige exzellente Chardonnays.

San Luis Obispo (County)

Drei dynamische Anbaugebiete, Paso Robles, Edna Valley und Arroyo Grande befinden sich rund um die Universitätsstadt San Luis Obispo: Aus dem riesigen Paso-Robles-Gebiet kommen gute Cabernet Sauvignons und Zinfandels, während im kühleren, meernahen Edna Valley naturgemäß Chardonnay und Pinot Noir vorherrschen. In Arroyo Grande reden alle vom Schaumwein. Das Champagnerhaus Deutz ist dort der größte Weinerzeuger. Die meisten Trauben dieser drei Gebiete werden jedoch an Kellereien im Norden verkauft, vor allem nach Carneros und Sonoma.

Santa Barbara (County)

Durch die zum Pazifik hin offenen Täler dringt nördlich des Badeortes Santa Barbara kühle Meeresluft ins Santa Ynez Valley und ins Santa Maria Valley. Dort wachsen knackige Chardonnays und wuchtige Pinot Noirs, in den tieferen Teilen auch Sauvignon und Merlot. Au Bon Climat, Lane Tanner, Foxen Vineyard und Robert Mondavis Byron Vineyards sind führende Erzeuger.

Santa Cruz Mountains (San Mateo County)

Der waldreiche Hügelzug liegt zwischen San José und dem Pazifik, mit uralten Mammutbäumen und eingestreuten kleinen Weinbergen. Erzeugt werden sehr feine Cabernet Sauvignons, sehr gute Zinfandel und einige bemerkenswerte Weißweine. Allerdings ist die Produktion recht gering.

Central Valley

Das Central Valley ist die produktivste landwirtschaftliche Region Amerikas. Über 800 Kilometer lang, werden dort Melonen, Blumenkohl und auch Weintrauben angebaut, traditionell zur Rosinen- und Saftproduktion, aber auch zur Weinherstellung. 60 Prozent aller kalifornischen Trauben kommen von dort. E. & J. Gallo, die größte Kellerei der Welt, produziert dort knapp 60 Millionen Flaschen einfacher, aber schmackhafter Alltagsweine. Zunehmend lassen sich in Lodi, dem nördlichen Teil des San Joaquin Valley, auch namhafte Güter wie Robert Mondavi, Glen Ellen und Sebastiani nieder, um dort nicht nur Trauben zu kaufen, sondern auch anzubauen – unter Einsatz von Tropfberegnung und Schatten spendenden Erziehungssystemen. Auch das Rebensortiment hat sich geändert. Statt minderwertiger Hybridreben wie Rubired und Royalty werden zunehmend Zinfandel, Cabernet Sauvignon, Merlot, Sauvignon, Gewürztraminer und Riesling kultiviert. Mit 15 Prozent Anteil sind sie in manchen Napa-Weinen vertreten.

North Coast

Mendocino (County)

Auch der warme Norden Kaliforniens hat sich als Weinbaugebiet einen Namen gemacht. Mendocino County ist nach der kleinen Künstlerstadt am Pazifischen Ozean benannt, die freilich weit entfernt von den Weinbergen ist, die im Anderson Valley, am oberen Russian River und am Clear Lake liegen. Nur knapp zwei Dutzend Winerys verteilen sich auf den Distrikt. Früher wurde in der Gegend viel Hopfen angebaut. Heute reifen an den terrassierten Hängen des Anderson Valley vor allem Chardonnay, Gewürztraminer und Pinot Noir. Das Tal ist über den Navarro River offen zum Pazifischen Ozean hin, so dass die sommerliche Hitze immer wieder durch kühle Meeresluft gemildert wird. Die Schaumweinherstellung spielt im Anderson Valley eine große Rolle. Das Champagnerhaus Roederer hat dort seine amerikanische Filiale eingerichtet. Im oberen Russian River Valley um Ukiah liegen die Temperaturen entschieden höher. Dort werden würzige Zinfandel und muskulöse Cabernet Sauvignons erzeugt. Auch kleine Mengen Petite Syrah werden angebaut, wenngleich diese eher ein Relikt jener Zeit ist, als aus Mendocino County Massen namenloser Konsumweine kamen. Das beste Weingut der Gegend ist Fetzer in Hopeland, das sich dem ökologischen Weinbau widmet.

Napa (County)

Napa ist der Inbegriff des amerikanischen Weinwunders. In Napa haben die Amerikaner gezeigt, in welch kurzer Zeit sie in der Lage sind, europäisches Weinwissen in ihrem Land umzusetzen: in weniger als 30 Jahren. Viele der modernen, auch architektonisch beeindruckenden Weingüter verwirklichten Erkenntnisse, die in der Alten Welt nur als Buchwissen existierten – nicht selten mit fachlicher Hilfe und dem Kapital französischer, schweizerischer und deutscher Weinfachleute. Gegen die Anziehungskraft dieser Winerys wirken selbst renommierte europäische Weingüter altmodisch und verstaubt. Jedenfalls ist das lang gestreckte Tal immer wieder für Schlagzeilen gut, obwohl weniger als fünf Prozent der kalifornischen Weine aus ihm kommen. In erster Linie sind es natürlich die spektakulären Weine, die Aufmerksamkeit erregen. Aber auch kunstsinnige Millionäre, die sich mit einem Weingut ein Denkmal setzen wollen, exzentrische Tüftler mit Tellerwäscherkarrieren, spleenige Weinliebhaber, die auf den regelmäßigen Weinauktionen atemberaubende Preise für die schwarzroten Cabernet Sauvignon des Tals zahlen, sorgen dafür, dass der Gesprächsstoff in Napa nicht ausgeht. Das exotische Fluidum macht ein Schild deutlich, das am Eingang des Napa Valley steht und die eher nüchtern veranlagten Amerikaner mit den Worten begrüßt: »Wein ist Poesie in Flaschen.« Sie stammen von dem Schriftsteller Robert Louis Stevenson.

■ *Carneros*

Das etwa 6500 Hektar große Anbaugebiet nahe der San Pablo Bay ist berühmt für seine Weiß- und Schaumweine. In dieser flachhügeligen, äußerlich nicht sehr spektakulären Landschaft, die am Eingang zum Napa Valley liegt, sich aber auch nach Sonoma hinein erstreckt, wachsen einige der besten Chardonnay. Der größte Teil der Trauben wird an Napa-Winerys verkauft. Einige Winerys haben jedoch eigenes Rebland dort erworben. Schließlich haben sich in Los Carneros mehrere Schaumweinkellereien niedergelassen, unter ihnen auch europäische Schaumweinhersteller wie Freixenet, Codorníu, Domaine Chandon, Mumm und Taittinger (Domaine Carneros). Die besten *sparkling wines*, die nach dem traditionellen

Flaschengärverfahren erzeugt werden (allerdings oft nach dem Transvasionsverfahren), können europäischen Schaumweinen durchaus Paroli bieten. Auch die rote Pinot Noir gedeiht in dem kühlen Klima gut. Sie wird für Stillweine, von den Schaumweinkellereien aber auch zur Assemblage mit Chardonnay verwendet. Los Carneros heißen im Spanischen übrigens die Schafe – Hinweis auf die Zeit vor den Reben, als noch Viehzucht in diesem Landstrich betrieben wurde.

■ Napa Valley

Das Napa-Tal ist etwa 50 Kilometer lang. Es reicht von Napa im Süden bis über Calistoga hinaus im Norden. Eigenartigerweise sind die Temperaturen im Norden wärmer als im Süden. Der Grund: Die feuchte, pazifische Kühle tritt von Süden ins Tal ein und ist im Norden kaum mehr zu spüren. Über 95 Prozent des Weinbaus spielen sich auf dem Talboden und an den hügeligen Ausläufern der Mayacamas-Berge auf der einen und Vaca Range auf der anderen Talseite ab. In den Tallagen finden sich schwere Tonböden, an den Hängen sind die Lehmböden stärker mit Kiesel durchsetzt. Im höher gelegenen, bergigen Hinterland haben sich bisher nur wenige Winerys niedergelassen. Die meisten liegen wie Perlen aneinandergereiht an den beiden großen Verkehrswegen, die das Tal durchschneiden: der Schnellstraße 29 und dem parallel dazu verlaufenden Silverado Trail. Architektonisch sehenswert sind die im mexikanischen Stil erbaute Winery von Robert Mondavi, der neue Kellerklotz von Dominus, die wie ein griechisches Kloster auf dem Hügel thronende Sterling Winery, die Clos Pegase Winery und die Hess Collection, die zugleich Kunstmuseen sind, die mondäne

Kelleranlage von Opus One, die alte Inglenook Winery, die jetzt Niebaum-Coppola heißt, oder das im Farmhouse-Stil errichtete Weingut von Joseph Phelps. Mancher bedeutende Wein kommt jedoch aus bescheidenen und gänzlich unspektakulären Winerys, wie Heitz Cellars, Mount Veeder, Stag's Leap, Clos du Val oder Cain Cellars, um nur einige zu nennen. Die Böden sind durchweg fruchtbar. Im Februar sprießt gelb blühendes Senfgras zwischen den Rebzeilen. Viele Winzer erzeugen sogar eigenen Senf. Allerdings ist die Zusammensetzung der Böden völlig uneinheitlich – sogar in den Tallagen. Viele Weingüter besitzen gar keine eigenen Rebkulturen im Tal, sondern beziehen ihre Trauben – zumindest zum Teil – von unabhängigen Winzern. Die Bedeutung eigener Reben ist vielen Weingutbesitzern erst deutlich geworden, als die Traubenpreise in den letzten Jahren aufgrund von Reblausschäden und einiger Missernten massiv anstiegen.

Das südliche Napa Valley liegt noch im Einfluss kühler Meeresluft. Bis zur Ortschaft Yountville werden deshalb noch viel Chardonnay, ein bisschen Gewürztraminer, Riesling und Sauvignon angebaut. Ab Yountville dominiert jedoch Cabernet Sauvignon. Die wenigen Weißweininseln, die sich noch im nördlichen Abschnitt des Napa Valley finden, werden zunehmend mit roten Trauben bestockt, und auch nach Süden hin drängen die Rotweinkulturen unaufhörlich vor. Die feinschotterigen, wasserdurchlässigsten Böden sind normalerweise für den Cabernet Sauvignon reserviert, während die schwereren, lehmhaltigen Böden mit Merlot bepflanzt werden. Der Cabernet Sauvignon ergibt opulente, leicht krautige Weine mit einem Bouquet von Johannisbeeren, schwarzem Pfeffer, vielen Würznoten, Mokkatönen, Röstaromen und einem robusten Tanningerüst. Die Weine besitzen zwar nicht die Langlebigkeit großer Bordeaux', aber eine ähnliche Fülle und eine bemerkenswerte Feinheit. Viele Proben haben deutlich gemacht, wie schwer es ist, blind Bordeaux-Weine und Napa-Cabernets zu unterscheiden. Einige, aber nicht alle Weine weisen kleine Anteile Merlot, Cabernet Franc oder Malbec auf. Solange dieser Anteil 25 Prozent nicht übersteigt, darf allein Cabernet Sauvignon auf dem Etikett stehen.

Sonoma (County)

Napa ist das Herz des kalifornischen Weinbaus, aber weder die erste noch die einzige bedeutende Weinregion Amerikas. Zumindest in Sonoma wurden früher Reben angebaut. Sonoma besteht aus mehreren Unterzonen – und ebenso vielen Weinen. Die hübsche Kleinstadt Sonoma ist von San Francisco aus über die Golden Gate Bridge und den Highway 101 in weniger als einer Autostunde zu erreichen. Der Weinbau ist dort wesentlich älter als im nahe gelegenen Napa Valley. Dennoch steht Sonoma im Schatten des berühmten Nachbarn. Es ist ein großes Anbaugebiet mit unterschiedlichen Klimata und ebenso vielen unterschiedlichen Rebsorten. Die bekanntesten sind Russian River Valley, Alexander Valley und Dry Creek Valley. Die historische Kernzone ist jedoch das Sonoma Valley. Es reicht von Sonoma bis nach Santa Rosa. Dort hat das alte Agoston-Haraszthy-Weingut Bartholomew Park seinen Sitz, die gigantische Sebastiani-Kellerei, der Zinfandel-Spezialist Ravenswood, Château St-Jean mit hervorragenden Weißweinen sowie die kleine Matanzas Creek Winery mit ihren berühmten Merlots. Ihre Trauben wachsen jedoch teilweise nicht im Sonoma Valley.

- *Alexander Valley*

Das Tal liegt im Norden Sonomas zwischen Healdburg und Cloverdale und ist die wärmste Unterzone der gesamten Appellation. Früher ein Anbaugebiet für Massenweine, hat auch dort seit den 70er Jahren des vergangenen Jahrhunderts der Qualitätsweinbau Fuß gefasst.

Die Sortenvielfalt ist zwar immer noch groß und die Qualitäten oft eher schillernd als überzeugend. Doch gedeihen auf den lehmigen, wasserspeichernden Böden inzwischen unstrittig volle, fleischige Cabernet Sauvignons und Merlots, teilweise auch sehr gute Zinfandel, während Weißweine nur noch in einigen Nischen erzeugt werden.

- *Dry Creek Valley*

Das Tal des trockenen Baches verläuft parallel zum Highway 101 in westlicher Richtung. Der Talboden ist an vielen Stellen mit alten, knorrigen Zinfandel-Reben bestockt – ein Indiz dafür, dass in dieser Zone schon lange vor dem Cabernet-Boom Wein angebaut wurde: Im 19. Jahrhundert waren es die Italiener, die als Erste im Dry Creek Valley Reben anbauten.

Noch heute legen viele Namen ein eindeutiges Zeugnis ab vom italienischen Stammbaum ihrer Eigentümer: das Show-Weingut Ferrari-Carrano, die Farmer-Winery Pedroncelli (mit guten Zinfandel-Weinen), die riesige Simi-Winery und die noch größere Kellerei der Brüder Gallo. Inzwischen werden im beschaulichen Dry Creek Valley auch viel Cabernet Sauvignon, ein bisschen Syrah und Cinsaut und im Süden häufig Sauvignon und Chardonnay angebaut.

Unterirdischer Keller der Kunde Winery in Sonoma.

■ Russian River Valley

Meere von Reben bestimmen die Landschaft des Russian River Valley zwischen Santa Rosa und Healdsburg. Zum weitaus größten Teil sind es Chardonnay-Reben. Nur auf den kieselsteinhaltigen Schwemmlandböden an den Ufern des Russian River, der sich durch das Rebland schlängelt, wächst Pinot Noir. Die besondere Eignung für die Burgunderrebe und die Weißweine rührt von den Nebeln, die vom Pazifik her über die Berge kommen, aber auch von der feuchten, kühlen Luft, die vom Süden her in das offene Tal eindringt. Russian River ist die kühlste Unterzone Sonomas. Viele Napa-Winerys haben dort Chardonnay- oder Pinot-Noir-Weinberge, andere kaufen ihre Trauben dort, auch Schaumweinkellereien in Carneros.

Das Weinland
Kalifornien in Fakten und Zahlen

Rebfläche: 224 000 Hektar
Weinproduktion: 17 Millionen Hektoliter
Jährlicher Weinkonsum pro Kopf: 7,6 Liter

Die 10 häufigsten Rebsorten:

1.	Chardonnay	weiß	19,6 %
2.	French Colombard	weiß	13,0 %
3.	Zinfandel	rot	12,2 %
4.	Cabernet Sauvignon	rot	10,8 %
5.	Merlot	rot	9,2 %
6.	Chenin Blanc	weiß	4,6 %
7.	Rubired	rot	4,1 %
8.	Barbera	rot	3,6 %
9.	Grenache	rot	3,3 %
10.	Ruby Cabernet	rot	2,4 %

Die kalifornischen Weingesetze

Die kalifornischen Weingesetze sind einfach. Es gibt keine Mengenbeschränkungen bei der Traubenproduktion, die Sortenpolitik ist liberal. Ein Chardonnay- oder ein Cabernet-Sauvignon-Wein muss zu mindestens 75 Prozent aus dieser Sorte bestehen. Weine mit einem geringeren Anteil einer Sorte werden Meritage genannt (normalerweise steht Meritage für einfache Tafelweine).

Die AVA-Bereiche

Anfang der achtziger Jahre wurden 72 Ursprungsgebiete zu American Viticultural Areas deklariert (AVA). Dabei entstanden viele große Zonen wie Napa oder Sonoma County, aber auch (72) kleine Unterappellationen wie Stag's Leap oder Mount Veeder, beide zum Beispiel in Napa gelegen. Weine mit einer Kleinappellation auf dem Etikett müssen zu 95 Prozent aus dieser Zone kommen, Weine aus einer Großappellation zu 85 Prozent.

Besondere Weinbezeichnungen

Jug Wine: einfachster Massenwein

Cooler: alkoholarmer Fun-Wein

Blush: Roséwein

White Zinfandel: süßer Weißwein aus der roten Zinfandel-Traube

Weitere Weinbaustaaten der USA

■ **New Mexico** Der heiße Südwesten Amerikas ist durch spektakuläre Schaumweine berühmt geworden, die südlich von Albuquerque in weit über 1000 Meter Höhe am Rio Grande wachsen.

■ **New York** Die Finger Lakes im Bundesstaat New York nahe dem Eriesee sind seit Jahrzehnten für exzellente edelsüße Weine berühmt – ebenso die Anbaugebiete auf der kanadischen Seite des Sees.

■ **Oregon** Es gibt Stimmen, die behaupten, dass die besten Weine Amerikas eines Tages aus anderen Bundesstaaten als Kalifornien kommen werden – etwa aus Oregon. Im Schatten seines großen südlichen Nachbarn hat sich der Bundesstaat Oregon zumindest auf einem Feld zum heimlichen Herausforderer entwickelt: beim Pinot Noir.

Noch haben die ansässigen Winzer einiges aufzuholen: Die Rebflächen Oregons betragen nur etwa zwei Prozent derjenigen Kaliforniens. Ernst zu nehmende weinbauliche Unternehmungen wurden erst in den sechziger Jahren des 20. Jahrhunderts registriert, als in Kalifornien bereits eine allgemeine Aufbruchstimmung herrschte.

Das gemäßigte, fast europäische Klima mit milden Wintern und nicht zu trockenen Sommern veranlasste einige Pioniere, sich südlich von Portland am Willamette River niederzulassen, um dort Reben anzubauen – entgegen dem Rat der kalifornischen Wein-Universität in Davis nicht amerikanische Hybridreben, sondern europäische Vinifera-Reben: etwa die Sorten

Chardonnay, Riesling, Gewürztraminer und vor allem Pinot Noir.

Die rote Burgunderrebe Pinot Noir entwickelte sich in dem milden Klima am besten und bedeckt heute fast die Hälfte der Rebfläche des Landes. Die Weine, die aus ihr gewonnen werden, sind weder schwer noch säurearm, sondern zartfruchtig, fein und daher den französischen Burgundern ähnlicher als die meisten kalifornischen Weine aus dieser Rebsorte.

Der Enthusiasmus der Pinot-Noir-Pioniere war derart ansteckend, dass mehrere Emigranten aus Kalifornien sich am Willamette River niederließen, um sich auf das Abenteuer mit der kapriziösen Sorte einzulassen, die bislang nirgendwo außerhalb Burgunds überzeugende Ergebnisse gebracht hatte. Selbst das Burgunder Handelshaus Robert Drouhin eröffnete eine Dependance in Oregon. Andere wichtige Pinot-Noir-Produzenten sind Elk Cove Vineyards, Bethel Heights Vineyard und Adelsheim Vineyard. Einen großen Teil der Trauben kaufen sie von Winzern zu, weil nur wenige der Neugründungen über ausreichend Rebland verfügen.

Neben Pinot Noir ist Oregon stellenweise mit Chardonnay und Gewürztraminer erfolgreich, im Süden des Landes auch mit Cabernet Sauvignon.

■ *Virginia* In dem milden Klima des aufstrebenden Weinlands im Osten der USA wurden schon vor 350 Jahren Reben angebaut. Inzwischen ist ein Großteil der Hybridreben gerodet und durch Qualitätsreben wie Chardonnay, Cabernet Sauvignon und Merlot ersetzt worden. Sie ergeben mittelschwere Weine ganz eigener Prägung.

■ **Washington** Der Bundesstaat Washington im äußersten pazifischen Nordwesten Amerikas hat doppelt so viel Rebfläche wie Oregon – und ist noch unbekannter. Das liegt daran, dass der Weinbau im Vergleich zur dominierenden Getreidewirtschaft des Landes nur einen geringen Stellenwert hat.

An der Qualität liegt es jedenfalls nicht. Die Weine aus der Cabernet-Sauvignon-Traube und vor allem die aus Merlot, die am warmen Columbia River und im Yakima Valley wachsen, sind von beachtlicher Qualität – wenn auch nicht so herausragend –, dass sie eine Konkurrenz für Kalifornien werden könnten. Es sind vollmundige, schwere Weine, denen es nie an Fülle, gelegentlich aber etwas an Feinheit fehlt.

Das führende Weingut Washingtons ist Château Sainte Michelle am Columbia River, das auch bemerkenswerte Weißweine aus Sémillon- und Sauvignon-Reben erzeugt. Außerhalb Amerikas tauchen die Weine fast nie auf.

Rebe und Weinberg

Wein ist ein natürliches Produkt, kein Resultat wissenschaftlicher Arbeit. Die alten Griechen bezeichneten ihn folgerichtig als »Geschenk der Götter«. Sie waren es, die die Reben wachsen und die Trauben reifen ließen. Der Saft der Beeren vergärt ohne menschliches Zutun. Und wenn der gesamte Zucker des Mostes vergoren und in Alkohol umgewandelt ist, hört die Gärung von selbst auf und Wein ist entstanden.

Im Grunde hat sich daran bis heute wenig geändert. Theoretisch bedarf es nicht einmal eines Kellermeisters, um Wein herzustellen, geschweige denn komplizierter Kellertechnik. Doch möchte man manchen Fortschritt im Keller nicht mehr missen.

Basis für einen guten Tropfen bleiben aber auch heute noch gesundes Rebgut in der richtigen Lage, die sorgsame Pflege der Reben während des ganzen Vegetationszyklus', eine verantwortungsvolle Bodenbearbeitung des Weinbergs, günstige Wettervoraussetzungen und eine vorsichtige und schnelle Weinlese.

Zur Geschichte der Weinrebe

Wildreben, die traubenähnliche Früchte trugen, hat es schon gegeben, bevor der Mensch in die Geschichte eintrat. Davon zeugen fossile Traubenkerne, die etwa 60 Millionen Jahre alt sind.

Die Reben wuchsen in den endlosen Wäldern, die die gemäßigten Zonen des Planeten Erde damals bedeckten. Um ans Licht zu kommen, mussten sie sich hochkämpfen. Sie entwickelten Ranken und konnten auf diese Weise an den Bäumen emporwachsen. Vitis silvestris, Waldrebe, nennen sie die Rebforscher.

Das Verbreitungsgebiet der Waldrebe muss weit über die Grenzen der heutigen Anbaugebiete hinausgegangen sein: Es gibt Belege, dass sie zum Beispiel in Afghanistan und in Ägypten, am Amur und im Mittleren Westen Amerikas, in der Karibik und in Mexiko wuchs. Allerdings war das Klima in damaliger Zeit wärmer als heute.

Mit den Eiszeiten zog sich die Rebe wieder in die gemäßigten Zonen zurück: in den Mittelmeerraum und nach Vorderasien. Aber kaum dass sich die Erde wieder erwärmte, breiteten sich die Reben erneut nach Norden aus.

Im Gegensatz zu den heutigen Kulturreben, die sich selbst befruchten, war die wilde Waldrebe zweigeschlechtlich. Das heißt: Es gab nur männliche und nur weibliche Pflanzen. Für die Ausbreitung sorgten der Wind, der die Samen verwehte, sowie Beeren fressende Vögel und Säugetiere.

Die Entdeckung des Weins

Wann der Mensch begann, Reben zu kultivieren, und wo aus den Trauben erstmals Wein erzeugt wurde, kann nur vermutet werden. Sicher ist, dass nicht in allen Gebieten, in denen Wildreben wucherten, auch Wein hergestellt wurde.

Siegeszug einer Kletterpflanze

Die ältesten Hinweise auf die Existenz des Weins stammen aus Georgien. Dort hat man Reste von Tonkrügen gefunden, die mit Traubenreliefs dekoriert sind und die auf die Zeit um 6000 v. Chr. zurückgehen. Auch zwischen Euphrat und Tigris, in der südlichen Kaukasusregion, am Nil und später in Palästina gibt es Anzeichen dafür, dass die Menschen schon in der Frühzeit Wein zu bereiten wussten.

Dass es ein wohlschmeckendes Getränk war, darf bezweifelt werden: Weshalb sonst wurde es mit Honig gesüßt oder wie Absinth mit Kräutern gewürzt? Wahrscheinlich verehrten die Menschen den Wein allein seiner alkoholischen Wirkung wegen.

In Nordamerika, wo Pflanzen der Gattung Vitis ebenfalls eine weite Verbreitung hatten, ist von der Existenz eines Weins in vorchristlicher Zeit nichts bekannt. Die Erklärung für diesen merkwürdigen Unterschied: Die amerikanischen Reben eigneten sich nur bedingt zur Erzeugung von Wein. Viele Trauben bildeten nicht genug Zucker, wiesen zu wenig oder zu viel Säure auf. Oder es fehlten die Hefen, um die Transformation des Zuckers in Alkohol zu bewerkstelligen.

Möglich ist auch, dass Wein zwar existierte, aber nicht schmeckte. In der Geschichte des amerikanischen Kontinents taucht er jedenfalls erst sehr spät auf. Noch heute zeichnen sich Weine, die aus Trauben der amerikanischen Vitis-Untergattungen gewonnen sind, durch einen sehr strengen Geschmack aus: Fox-Ton wird er von Fachleuten genannt, Fuchs-Geschmack.

Wahrscheinlich verdankt sich die Entdeckung des Weins einem Zufall. Die Menschen in Vorderasien bewahrten nämlich den Traubensaft in Krügen oder Schläuchen aus Ziegen- und Kamelleder auf, worin er, angesichts der heißen Temperaturen, schnell zu gären begann. Ob er durchgärte, süß blieb, oxydierte oder zu Essig wurde, ist unbekannt.

Immerhin spricht die bloße Existenz von Wein in diesem Raum dafür, dass die Trauben sehr zuckerreich waren und der Saft sich zu einem wohlschmeckenden und berauschenden Getränk vergären ließ. Deshalb haben die Botaniker später der europäisch-vorderasiatischen Rebe den Namen Vitis vinifera gegeben: die zur Weinerzeugung taugliche Rebe.

Wein bei den Griechen und Römern

Mit dem Aufstieg der griechischen Zivilisation wurde die Rebe ab 1600 v. Chr. im Mittelmeerraum systematisch kultiviert. Mykene und Sparta müssen die Zentren der Weinproduktion gewesen sein. Darauf deuten zumindest auch zahlreiche Darstellungen auf Vasen hin, die dort gefunden wurden. Wein war ein Kultgetränk, mit dem Siege gefeiert, Götter geehrt und Feste begangen wurden.

Die Methoden der Weinbereitung waren damals schon erstaunlich weit entwickelt, obwohl es auch immer wieder vorkam, dass dem Wein während der Gärung salziges

Meerwasser beigemischt wurde – angeblich, um ihn geschmeidiger zu machen. Die griechischen Kolonisatoren brachten Wein und Reben nach Syrien, Ägypten, Cádiz und Marseille (600 v. Chr.), später auch nach Sizilien (500 v. Chr.). Trotzdem sahen die Griechen ihren Weingott Dionysos nicht nur als Wohltäter an, der ihre Bauern die Kunst der Weinbereitung lehrte. Sie betrachteten ihn auch als Bedroher, der die Menschen in einen Rausch versetzt und mit Wahnsinn schlägt.

Nach dem Niedergang Griechenlands breitete sich der Weinkult rasch im Römischen Reich aus. Wein war Statussymbol, Währung, Medizin und mythisches Getränk zugleich, das zum Beispiel zur Besiegelung von Verträgen getrunken wurde.

Der weiße Falerner war der berühmteste Wein der Antike. Seine Reben wuchsen nördlich von Neapel, an Ulmen oder Maulbeerbäumen. Plinius berichtete, dass er mal süß, mal trocken, immer jedoch alkoholreich war. Zu jener Zeit experimentierte man bereits mit verschiedenen Erziehungsformen (Kletterhilfen) sowie mit verschiedenen Aufbewahrungsarten, und man begann, Rebsorten voneinander zu unterscheiden. Vergil schrieb, dass es so viele Sorten gäbe wie Sandkörner am Strand.

Von Rom aus gelangte das Wissen vom Weinbau nach Südfrankreich, an die Mosel, den Rhein und in bestimmte Teile Spaniens. Spanier und Franzosen sind sich allerdings sicher, dass einzelne ihrer Stämme schon vorher Weinbau betrieben haben.

Auch in Italien muss das berauschende Getränk schon in vorrömischen Zeiten bekannt gewesen sein – zumindest in Mittelitalien. Dort siedelten die Etrusker, und bei ihnen galt Wein schon im 3. Jahrhundert v. Chr. als Symbol für Wohlstand und ausschweifendes Leben. Ob die Etrusker Reben anbauten oder Wildreben zur Weinherstellung benutzten, ist nicht bekannt, wohl aber, dass sie Handel mit Wein trieben.

Die letzten zwei Jahrtausende

In den Jahrhunderten nach Christus hatte sich der Weinbau in Europa wie ein Flächenbrand ausgebreitet. Im Mittelalter leisteten die Mönche Pionierarbeit: Vor allem unter den lebensfrohen Benediktinern, später unter dem sich abspaltenden, asketischen Orden der Zisterzienser erreichte das Wissen um den Anbau der Rebe und die richtige Erzeugung des Weins ein hohes Niveau. Von ihren Klöstern in Cluny und Cîteaux ging die Entwicklung des Burgund zum Weinanbaugebiet aus. In der Renaissance waren es dann aufgeklärte Monarchen und wohlhabende Bürger, die den Weinbau vorantrieben, vor allem die italienischen Familien Antinori und Frescobaldi.

Ihre größte Ausdehnung erreichte die europäische Rebfläche im 16. Jahrhundert. Sie war knapp viermal so groß wie heute, und der Weinkonsum muss bis zu 200 Liter pro Mensch und Jahr betragen haben. Danach war es allerdings vorbei mit der goldenen Weinära. Kriege und Krankheiten, auch die Abkühlung des Klimas sorgten dafür, dass sich der Weinbau auf jene wenigen Kerngebiete zurückzog, die in etwa mit den heutigen Weinanbaugebieten identisch sind.

Die Mehltau- und die Reblauskatastrophe

Der größte Einschnitt in der jüngeren Geschichte des Weinbaus sind das Auftreten des Echten Mehltaus und der Reblaus gewesen. Der Mehltau befiel die ersten Pflanzen erstmals 1847 in Frankreich und vernichtete ganze Ernten. Unvergessen ist der Jahrgang 1854: In Frankreich konnte nur ein Zehntel der normalen Menge geerntet werden.

Noch verheerender war das Werk der Reblaus. Die Schädlinge kamen über Rebpflanzen, die Händler aus Amerika mitbrachten, nach Europa. Ausgehend von Frankreich fraßen sie sich ab 1863 durch die Weinberge Europas und vernichteten auf Jahrzehnte riesige Rebenbestände. Als um 1910 endlich ein Gegenmittel gefunden wurde, waren unzählige Rebsorten, wahrscheinlich auch hochwertige, für immer verschwunden. Das heutige Rebensortiment ist nur noch ein Bruchteil der damaligen Vielfalt.

Die Rebe vom Austrieb zur Weinlese

Die Weinrebe ist die am stärksten zuckersammelnde Obstpflanze der Welt. Sie besitzt die Fähigkeit, ungewöhnlich große Mengen von Zucker (Fructose und Glucose) zu bilden und in ihren Beeren zu speichern: Zwischen 15 und 25 Prozent des Traubensafts bestehen aus vergärbarem Zucker. Zum Vergleich: Kernobst wie Apfel und Birne enthält nur zwölf Prozent Zucker. Dadurch eignet sich die Rebe mehr als jede andere Obstpflanze zur Weinerzeugung.

Außerdem ist sie eine der zähesten, genügsamsten und anpassungsfähigsten Pflanzen überhaupt. Sie wächst sowohl auf kargen, nährstoffarmen Böden als auch unter extremen Temperaturbedingungen. In den kühlen, nördlichen Anbaugebieten wie der Champagne oder Teilen der Mosel und des Rheins haben die Reben Frosthärte entwickelt und trotzen sogar winterlichen Temperaturen von unter minus 20 °C. In den heißen Anbaugebieten Zentralspaniens dagegen überstehen sie Trockenzeiten von 90 Tagen und mehr. Ursache für diese extreme Anpassungsfähigkeit ist ihre starke und vor allem tiefe Wurzelbildung. Die Wurzeln werden nicht nur fest im Boden verankert, sondern auch als Nahrungsspeicher genützt. In trockenen Gegenden wie der spanischen Ribera del Duero müssen die Pfahlwurzeln sechs Meter tief in den Boden eindringen, um an Feuchtigkeit zu kommen. Auf diese Weise trägt die Rebe auch dort Früchte, wo andere Kulturpflanzen mangels Feuchtigkeit eingehen.

Einen großen Teil der Energie, die die Rebe zum Wachsen benötigt, bezieht sie über ihre vielen Blätter. Photosynthese heißt dieser Vorgang, der in allen Pflanzen stattfindet: Das Blattgrün (Chlorophyll) wandelt Kohlendioxid aus der Luft (zusammen mit Wasser) in Zucker um. Voraussetzung für die Photosynthese ist Licht. So klettert die Rebe auf ihrer Suche nach Licht mit Hilfe ihrer Ranken in die Höhe. Es ist kein Zufall, dass sich viele Weinanbaugebiete in der Nähe von Seen oder Flüssen befinden: Die Wasseroberfläche reflektiert das Licht und verstärkt es. Und je höher die Temperatur und je heller das Licht sind, desto mehr Zucker kann die Rebe bilden. Ideale Bedingungen für die Photosynthese sind Temperaturen zwischen 25 °C und 28 °C und eine Lichtmenge von 20 000 Lux.

Allerdings kann die Rebe durch starken Wassermangel beeinträchtigt werden, denn bei zu großer Trockenheit verschließt das Blatt seine Poren, so dass einerseits Wasser bei der Atmung nicht evaporieren, andererseits die Pflanze aber auch nicht atmen kann. In einem solchen Fall wird dementsprechend auch kein Zucker gebildet. Leichten Wasserstress hält die Rebe dagegen problemlos aus. Ihr größter Schwachpunkt ist ihre Anfälligkeit gegen Krankheiten und Schädlinge – zumindest gilt das für die europäischen Vitis-vinifera-Edelreben; die ursprünglichen amerikanischen Vitis-Reben waren wesentlich robuster. Echter und Falscher Mehltau, Schwarzfleckenkrankheit, Milben und Nematoden setzen den heutigen Edelreben kräftig zu. Und – was Qualitätswinzer längst wissen und was verheerende Folgen hat – die Krankheitsanfälligkeit wächst mit starken Düngergaben und steigenden Erträgen deutlich.

Klone und Pfropfreben

Um den für den jeweiligen Weinberg und die Ansprüche des Winzers optimalen Wein zu erzeugen, kommt es auch auf die Wahl des richtigen Rebklons an. Die Rebschulen züchten von jeder Rebsorte zahlreiche Klone. Sie unterscheiden sich in genau festgelegten Merkmalen voneinander. So gibt es von derselben Sorte zum Beispiel Klone, die auf üppigen Fruchtansatz hin selektiert sind, das heißt, die viele Trauben mit vielen Beeren bilden. Umgekehrt existieren Klone, die einen lockeren Fruchtansatz mit wenigen Beeren aufweisen.

Neue Weinberge werden heute mit solchen veredelten Reben bestockt. Sie bestehen aus einer Unterlagsrebe und einem darauf gepfropften Edelreis. Das Edelreis enthält die genetischen Anlagen der Rebsorte, die Unterlagsrebe die Anlagen für das Wurzelwerk. Diese sollten genau auf die Bodenbeschaffenheit abgestimmt sein. Die Unterlagsrebe selbst kann von einer beliebigen anderen Rebsorte stammen. Sie muss nur reblausresistent und virenfrei sein. Mit Maschinen wird ein Schnittprofil ausgestanzt, so dass die beiden Teile nahtlos zusammengefügt werden können. Diese Arbeit übernehmen meist die Rebschulen. Als Schutz vor Infektionen wird die Schnittstelle mit Paraffin überzogen. Im Frühjahr, wenn die Rebe austreibt, durchbricht das Blatt die Paraffinschicht.

Spitzenweingüter, die ihr hochwertiges genetisches Rebenpotenzial erhalten wollen, entnehmen die Edelreiser den eigenen Rebgärten und pfropfen sie auf ausgewählte Unterlagen (z. B. Romanée Conti im französischen Burgund). In Kalifornien werden zum Beispiel viele Cabernet-Sauvignon-Reben per Umpfropfen durch Merlot ersetzt, im italienischen Chianti viele Weißweinreben durch rote Sangiovese-Reben. Drei Jahre nach dem Umpfropfen können die Reben zum ersten Mal abgeerntet werden.

Morphologie der Weinrebe

Wein wird aus den Früchten der Reben bereitet. Die Früchte der Weinrebe sind die Trauben. Ihre Beeren bestehen zu 90 Prozent aus Wasser. Lediglich die restlichen zehn Prozent bewirken, dass aus ihr ein edles Getränk wird.

Im Herbst sitzen am Stielgerüst der Trauben (auch Kamm oder Rappen genannt), entsprechend ihrer Größe, 80 bis 150 Beeren. Manche Sorten wie Riesling und Pinot Noir haben sehr kleine, kompakte Trauben. Andere Sorten tragen von Natur aus weniger Beeren oder neigen zum »Verrieseln«, das heißt, lediglich ein kleiner Teil der Blüten wird befruchtet, so dass im Herbst nur wenige Beeren an der Traube hängen. So beispielsweise die Picolit-Traube aus dem italienischen Friaul, aus der teure Dessertweine erzeugt werden: Sie bringt meist nur 50 kleine Beeren hervor, die locker und unregelmäßig an den Stielenden sitzen. Anderes Extrem ist die weiße Ugni Blanc, aus der der Grundwein für die Cognac-Herstellung gewonnen wird: Sie ist von wesentlich üppigerem Wuchs und trägt bis zu 150 Beeren.

Wichtiger als die Größe der Trauben ist die Größe der Beeren. Weintrauben, die als Tafelobst dienen, haben dicke, runde Beeren, die bis zu 15 Gramm wiegen und viel Saft enthalten. So schmecken sie dem, der sie isst, am besten. Auch einige Trauben, die für die Weinbereitung benutzt werden, haben relativ dicke Beeren. Entsprechend groß ist die Mostausbeute, wenn sie abgepresst werden. Allerdings freuen sich darüber vor allem die Massenweinwinzer. Alle höherwertigen Rebsorten haben dagegen kleine Beeren, die nur ein bis zwei Gramm wiegen. Das bedeutet zwar eine geringe Mostausbeute, dafür aber entsprechend konzentriertere Inhaltsstoffe.

Der Weinbauer erntet Trauben, braucht für die Weinbereitung aber nur deren Beeren. Das heißt, die Beeren müssen vom Stielgerüst getrennt – »entrappt« – werden. Das Stielgerüst selbst wird – von wenigen Ausnahmen abgesehen – zur Weinerzeugung nicht benötigt, denn es enthält unter anderem die in den meisten Fällen unerwünschten, hart und unreif schmeckenden Gerbstoffe.

Rote Trauben werden, kaum dass sie nach der Lese am Weingut angekommen sind, sofort entrappt. Weiße Trauben dagegen werden meist sehr vorsichtig mit den Stielen abgepresst, der ablaufende Most aber wird dann ohne sie vergoren.

So bekommt der Wein seine Farbe

Art und Qualität des Weins hängen entscheidend von der Beschaffenheit der Beeren ab, da ihr Fruchtfleisch den zuckerreichen Most enthält, der zu Wein vergoren wird. Beerenmost an sich hat immer eine graugrüne Farbe, gleichgültig, ob er aus weißen oder roten Beeren stammt. Rot wird ein Wein nur dadurch, dass die Beerenschalen mitvergoren werden, denn sie enthalten die blauen Farbpigmente. Diese Anthocyane sind vor allem in Alkohol löslich, etwas schwerer auch in Wasser. Dieses Phänomen macht man sich bei der Herstellung von Roséweinen zunutze: Der Most von roten Beeren hat vor der Gärung – wenn der Zucker noch nicht in Alkohol transformiert worden ist – einige Stunden Kontakt mit den Schalen. Das genügt, um die hellrote Tönung hervorzurufen.

Wer nur den Saft roter Beeren ohne Schalen vergärt, erhält Weißwein (außer bei speziell gezüchteten Hybridreben wie der rotfleischigen Teinturier-Rebe). Das geschieht zum Beispiel in der Produktion von Champagner: Zwei der Trauben, aus denen dieser Schaumwein traditionell hergestellt wird, Pinot Noir und Pinot Meunier, tragen rote Beeren, werden aber als Grundwein für den Champagner zu Weißwein verarbeitet. Im Gegensatz zur Rotweinbereitung ist bei der Herstellung von Weißwein der Schalenkontakt nicht unbedingt nötig. Weißweine, die ein paar Stunden Schalenkontakt gehabt haben, tendieren farblich ins Zitronen- oder Goldgelb. Der Grund: Die Schalen weißer Beeren enthalten keine Anthocyane, dafür aber so genannte Flavone. Diese wiederum enthalten gelbe Pigmente.

Qualität aus der Beerenschale

Die meisten Beeren, aus denen Wein gewonnen wird, haben eine dicke Schale. Sie enthält jene Stoffe, die – vom Zucker einmal abgesehen – die Qualität des Weins ausmachen: die Phenole. Darunter versteht man neben den Farbpigmenten (Anthocyane) die Tannine (Gerbstoffe) und einen Teil der Geschmacksstoffe. Ihr Sammelbegriff lautet Polyphenole: Sauerstoff-Wasserstoff-Moleküle, die polymerisieren und immer neue Verbindungen eingehen. Im Saft der Weinbeeren finden sich unzählige Phenolverbindungen, wobei der Saft von roten Beeren deutlich mehr enthält als der Saft weißer Beeren. Das bedeutet, besonders Rotweinwinzer sind daran interessiert, Trauben mit möglichst hohem Phenolgehalt zu erzeugen, um farb-

und geschmacksintensive sowie gerbstoffreiche Weine zu erhalten. Die für den Rotwein feinsten Phenole in der Beerenschale machen 13 Prozent der Gesamtphenole aus. Der weitaus größere – jedoch weniger erwünschte – Anteil befindet sich in den Traubenkernen (65 Prozent) und im Stiel (22 Prozent).

Ein Element aus der Gruppe der Phenole ist bei der Bereitung der meisten Rotweine hocherwünscht: das Tannin (Gerbstoff). Speziell Rotweine brauchen Tannin, denn es gibt ihnen Komplexität. Und es macht sie altersbeständig: Es bindet den Sauerstoff, der in die Flasche dringt, so dass dieser den Wein nicht so schnell verderben kann. Tannin ist eine geruchlose phenolische Verbindung, die leicht bitter schmeckt und die Zunge zusammenzieht (adstringierender Geschmack). Das Tannin in der Beerenschale ist wohlschmeckend und weich, die Gerbstoffe in den Traubenkernen und in den Kämmen dagegen sind härter. Auch hier gilt: Die Qualität sitzt in der Schale. In aller Regel wird der Rotweinwinzer folglich die Tannine aus der Schale favorisieren. Im Gegensatz zur Rotweinbereitung ist Tannin in Weißweinen unerwünscht und nur in unbedeutenden Mengen enthalten.

Auch ein Großteil der Geschmacksstoffe befindet sich in den Beerenschalen: flüchtige Geschmacksstoffe, die für den Duft, und nichtflüchtige, die für den Geschmack des Weins sorgen. Zu den flüchtigen, also duftenden, gehören zum Beispiel Methoxypyrazin, das für den krautig-pfeffrigen Duft des Cabernet Sauvignon verantwortlich ist, Nerol für den blumig-muskatartigen Duft des Riesling und Megastigmatrienon für den Tabak- und Ledergeschmack eines Brunello di Montalcino. Die nichtflüchtigen Geschmacksstoffe sind zum Beispiel an

Zuckermoleküle gebunden und entwickeln sich erst mit zunehmender Alterung des Weins.

Der Vegetationszyklus der Rebe

Ob das Jahr einen mittelmäßigen oder guten Wein hervorbringt, hängt in hohem Maße, aber nicht nur vom Herbst ab. Auch Frühjahr und Sommer bergen für das Traubenwachstum große Risiken – Qualitätsrisiken, vor allem aber Ertragsrisiken. Wie jede andere Pflanze auch hat die Rebe einen eigenen Vegetationszyklus. Er ist in Wachstumsphase, Reifephase und Ruhephase unterteilt. Die Ruhephase beginnt im Herbst nach der Lese, wenn die Rebe im Stammholz und in den Wurzeln genug Kohlenhydrate für ihre Winternahrung gespeichert hat. Dann verfärben sich die Blätter und fallen ab. Die Ruhephase dauert den ganzen Winter hindurch.

Austrieb

Der neue Reifezyklus beginnt nach der Winterruhe im März des Folgejahres (auf der südlichen Erdhalbkugel im September) mit dem Austrieb: Ab einer Temperatur von etwa acht bis zehn Grad Celsius treten zuerst an den Schnittstellen der Reben Wassertröpfchen auf – ein Zeichen dafür, dass die winterliche Ruhephase beendet ist und die Säfte zu schießen beginnen. Bald darauf schwellen die Knospen – auch Augen genannt –, die beim winterlichen Rebschnitt stehen geblieben sind, an und brechen schließlich auf. Erste kleine, grüne Blättchen treten aus, die schnell wachsen und sich entfalten. Sind diese entwickelt, stellt die Pflanze ihre Ernährung wieder auf Photosynthese um. Einige Sorten treiben etwas eher aus

(z. B. Chardonnay), andere etwas später (z. B. Cabernet Sauvignon). Bis zu diesem Stadium ernährt sich die Rebe von den Kohlehydrat-Vorräten, die sie im Herbst angelegt hat. Erst wenn die Blätter entwickelt sind, nimmt sie die Nahrung über Photosynthese auf.

Blüte

Etwa 45 bis 90 Tage nach dem Austrieb, also Mitte Mai bis Ende Juni (auf der südlichen Erdhalbkugel von November bis Mitte Dezember), setzt die Blüte ein. In dieser Zeit sind die neuen Triebe gewachsen und haben Rispen entwickelt, an denen die Blüten sitzen. Sie sind von braunen Käppchen (Kalytra) verschlossen, die aufspringen und Stempel und Staubgefäße freigeben (fast alle Vitis-vinifera-Reben sind zweigeschlechtlich, befruchten sich also selbst). Die Blüte ist ein für das Auge eher unscheinbarer Vorgang, der lediglich der Bestäubung der Fruchtknoten dient. Die Bestäubung erfolgt, indem der männliche Pollen an dem feuchten, weiblichen Fruchtknoten haften bleibt. Ein nicht risikoloser Vorgang: Regen oder heftige Winde zum Zeitpunkt der Blüte können verhindern, dass alle Fruchtknoten bestäubt werden, was zu mehr oder minder großen Ertragseinbrüchen im Herbst führt. Der Winzer spricht vom »Durchrieseln« der Blüte.

Fruchtansatz

Sofort nach der Blüte entwickeln sich aus den bestäubten Fruchtknoten die Beeren, während die unbefruchteten Blüten verkümmern und abfallen. Die Rispe weist dann größere oder kleinere Lücken auf. Die Fruchtansätze sind am Anfang sehr klein, grün und hart. Sie vergrößern sich aber ziemlich rasch. In dieser Zeit ist die Rebe am anfälligsten gegen tierische oder pflanzliche Schädlinge, wie den Heuwurm und Traubenwickler oder die gefürchteten Pilzkrankheiten: den Echten und Falschen Mehltau (siehe Glossar). Bei feuchtem, warmem Klima breiten sich Pilzkrankheiten rasch aus und müssen bekämpft werden.

Färbung

Im August beginnt dann die Reifephase (auf der südlichen Erdhalbkugel im Januar). Die Beeren verdoppeln ihre Größe, die Intensität der Färbung nimmt zu, die Beerenhaut wird dünner und die Beere weicher. Erst jetzt färben sich die bis dahin hellen Beeren dunkel: Bei den Weißweinsorten nehmen sie eine gelbliche Tönung an, während sich die roten Beeren rotblau färben. Ausgelöst wird dieser Vorgang wahrscheinlich dadurch, dass ein bestimmtes Maß an Zucker in den Beeren überschritten ist. Allerdings färben sich nicht alle Trauben zur gleichen Zeit, sondern zunächst nur diejenigen, die am meisten Sonne und Wärme erhalten haben, während Beeren, die auf der Schattenseite wachsen, grün bleiben. Je nach Sorte und abhängig vom Jahresklima setzt diese in Frankreich als *véraison* bezeichnete Färbung früher oder später ein – in warmen Jahren früher, in kühlen später und bei stark tragenden Rebstöcken später als bei wenig tragenden. Sie leitet die letzte und für die Qualität des Jahrgangs entscheidende Phase im Vegetationszyklus der Rebe ein: je ausgereifter die Rebe, desto kräftiger und extraktreicher der Wein.

Reifebestimmung und Lesezeitpunkt

Die Reifephase der Traube beginnt mit der Färbung der Beeren im August und endet mit der Lese. Diese Zeit ist die wichtigste im kurzen Leben der Weintraube: Die Blätter beginnen Zucker zu produzieren und in den Beeren zu speichern. Je mehr Wärme und Licht sie bekommen, desto mehr Zucker produzieren sie. Und je mehr Zucker vorhanden ist, desto höher liegt später der Alkoholgehalt des Weins: Etwa 16 Gramm Zucker ergeben ein Volumenprozent Alkohol. Außer mit der Zuckerproduktion ist die Rebe jetzt mit dem Abbau der hohen Säure beschäftigt, die noch in den grünen, unreifen Trauben steckt. Wenn Zucker und Säure im richtigen Verhältnis zueinander stehen, ist die Traube reif.

Letztlich entscheidet jeder einzelne Winzer, was Reife ist und wann seine Trauben reif sind. Und so sind auch die Definitionen von »Reife« ausgesprochen vielfältig. In der Regel gilt eine Traube als »reif«, wenn die Zuckerbilanz geringere Zuwächse aufweist, als im Gegenzug die Säure abfällt. Der größte Teil der Trauben wird als »reifes« Lesegut eingebracht – vor der so genannten Vollreife. Von »Vollreife« spricht man in Deutschland, wenn nachts mehr Zucker abgebaut als den Beeren tagsüber durch Assimilate zugeführt wird. Die Zuckerbilanz ist dann negativ. Vollreife Trauben können aber nur bei später Lese geerntet werden. Folglich wird der Großteil der Trauben in Deutschland »reif« gelesen. Winzer in anderen Ländern haben durchaus ihre eigene Ratio für das Zucker-Säure-Verhältnis. Und in Massenanbaugebieten entspricht das Reifekriterium oft dem gesetzlich vorgeschriebenen Mindestalkoholgehalt des späteren Weins beziehungsweise der Mindestsäuremenge.

In warmen Regionen startet die Lese früher, in kühlen später. Auf Zypern beispielsweise beginnt sie schon im Juli. Auf Sardinien und in Teilen Siziliens rücken die Lesemaschinen ab Mitte August aus. Im spanischen Penedès werden die ersten weißen Trauben teilweise Anfang September eingebracht. In diesen Gebieten ist es so warm, dass der gewünschte Zuckergehalt – und damit das notwendige Mostgewicht – meist problemlos erreicht wird. Die frühe Lese hat den Sinn, die Säure zu erhalten.

Wie man die Reife erkennt

Für die Bestimmung der Reife und damit für die Festlegung des genauen Lesetermins gibt es kein Schema. Die meisten Winzer stellen Analysen des Beerensafts an. Vom Zeitpunkt der Färbung der Trauben im August steigt die Zuckerkonzentration kontinuierlich an, während die Säure gleichzeitig sinkt. In kühlen Anbaugebieten orientieren sich die Winzer vor allem an der Zuckerkonzentration. In den warmen und heißen Regionen wird, insbesondere bei Weißweinen, darauf geachtet, dass die Gesamtsäure nicht zu tief absinkt: Sie sollte zwischen sieben und zehn Gramm pro Liter liegen – Spezialweine ausgenommen. Manche Winzer orientieren sich statt an der Gesamtsäure am pH-Wert des Beerensafts. Er sollte zwischen 2,7 und 3,7 liegen.

Zuckerkonzentration, Mostgewicht und Oechslegrade

Die Menge des Zuckers, der im Traubensaft gelöst ist, wird als Mostgewicht bezeichnet. Das Mostgewicht ist ein wichtiger Indikator für Qualität – aber keineswegs der wichtigste, wie manche Winzer glauben machen möchten. Man misst es mit Hilfe eines Refraktometers oder eines Aräometers. Entwickelt wurde das Verfahren von dem Pforzheimer Goldschmied Christian Ferdinand

Oechsle um 1830. Franzosen und Australier messen in Baumé, Amerikaner in Brix beziehungsweise Balling, Italiener in Babo. Österreich benutzt die Skala der Klosterneuburger Mostwaage (KMW), Deutschland die Oechsle-Skala. Bei allen diesen Verfahren wird gemessen, um wie viel schwerer (genau: dichter) eine Einheit Most im Vergleich zu einer Einheit Wasser ist. Der Gewichtsunterschied beruht überwiegend auf dem Zuckeranteil des Mostes. So entspricht Traubensaft mit dem spezifischen Gewicht von 1,080 (Wasser = 1,0) einem Mostgewicht von 80 Grad Oechsle, während ein Traubensaft mit einem spezifischen Gewicht von 1,100 genau 100 Grad Oechsle aufweist.

Die meisten Weine haben einen Alkoholgehalt zwischen 11 und 13 Vol.%. Da sich der Zuckergehalt im Mostgewicht widerspiegelt, kann der Winzer umrechnen, wie hoch der Zuckergehalt in seinen Beeren sein muss, um diesen Wert nach der Gärung zu erreichen. Das einfachste Messverfahren ist zweifellos das in Frankreich und Australien benützte der Baumé-Skala. Sie gibt eins zu eins den potenziellen Alkoholgehalt eines Mosts an, wenn der gesamte in ihm gelöste Zucker vergoren wäre: Ein Most mit 12 Baumé ergäbe folglich einen Wein mit 12 Vol.%.

Da das Mostgewicht ein wichtiger Faktor für die Festlegung des Lesezeitpunkts ist, basiert die Einteilung nach Qualitäts- und Prädikatsweinen, wie sie im deutschen und österreichischen Weingesetz vorgenommen wird, auf dem Mostgewicht. Auch für die Klassifizierung der Prädikatsweine ist das Mostgewicht ausschlaggebend. Eine Riesling Spätlese von der Mosel muss mindestens 76, eine Auslese 85 Grad Oechsle aufweisen. Nach diesem

Maßstab wäre ein einfacher französischer Landwein schon eine Auslese, ein italienischer Amarone aus Valpolicella gar eine Beerenauslese. In den mediterranen Anbaugebieten und in anderen warmen Weinbauzonen ist das Mostgewicht folglich wenig aussagekräftig. Dort zählen Säure, pH-Wert oder physiologische Reife. Aber auch in Deutschland und Österreich setzt sich zunehmend die Einsicht durch, dass das Mostgewicht nur einer von mehreren Faktoren ist, die über die Qualität eines Weins Auskunft geben. Die Zusammensetzung der Säuren und der Extrakt sind mindestens ebenso wichtig.

Tabelle der Mostgewichte

Grad Oechlse	Kloster-neuburger Mostwaage (KMW)	Baumé	Brix/Balling	Potenzieller Alkohol-gehalt in Vol.%
60	12	8,1	14,7	8,1
65	13	8,8	15,9	8,8
70	14	9,4	17,1	9,4
75	15	10,1	18,2	10,1
80	16	10,7	19,2	10,7
85	17	11,3	20,3	11,3
90	18	11,9	21,4	11,9
95	19	12,5	22,4	12,5
100	20	13,1	23,6	13,1
105	21	13,7	24,7	13,7
110	22	14,3	25,7	14,3
115	23	14,9	26,8	14,9
120	24	15,5	27,8	15,5
125	25	16,9	28,9	16,9

Vom Kabinett zur Trockenbeerenauslese

Die erste Reifestufe ist der Kabinett: Die Trauben sind gesund und reif und haben ein Mostgewicht von 70 bis 80 Grad Oechsle (mindestens 17 Grad KMW). Die Beeren sind weich, die Beerenhaut ist straff und noch grün. Der Zuckergehalt hat sein Maximum aber noch nicht erreicht (in Österreich gilt Kabinett noch nicht als Prädikatswein).

Die zweite Reifestufe ist die Spätlese. Die Trauben sind vollreif und meist noch gesund, mit einem Mostgewicht von mehr als 80 Grad Oechsle (mindestens 19 Grad KMW). Die Beeren sind sehr weich, manchmal schon leicht faltig. Farblich changieren sie ins Gelbgrüne. Die Traube sollte idealerweise an dem Punkt sein, an dem nachts genauso viel Zucker veratmet wie während des Tages produziert wird.

Dritte Reifestufe ist die Beerenauslese. Die Trauben bestehen überwiegend aus edelfaulen Beeren mit einem Mostgewicht von 125 bis 159 Grad Oechsle (mindestens 25 Grad KMW). Teilweise werden die edelfaulen Teile mit der Schere aus der Traube geschnitten. Bei der Beerenauslese wird zwar eine geringe Mostausbeute erzielt, aber hoher Extrakt und eine hohe Konzentration an Fructose und Säure.

Die vierte Reifestufe ist die Trockenbeerenauslese: Die Trauben sind vollständig edelfaul und haben ein Mostgewicht von über 160 Grad Oechsle (mindestens 30 Grad KMW). Sie sind bereits zu Rosinen geschrumpelt und enthalten nur noch wenig, dafür aber umso zucker- und säurereicheren Saft. Oft müssen die edelfaulen Beeren bei der Lese mit den Fingern oder mit einer Pinzette aus der Traube gezupft werden.

Die Erhaltung der Säure

In der Reifephase produziert die Rebe nicht nur Zucker, sie baut auch Säure ab. Täte sie es nicht, wären alle Weine ungenießbar. Der Säureabbau darf allerdings nicht zu groß sein, denn Säure ist ein notwendiger Bestandteil des Weins: Sie gibt ihm Frische und Eleganz. Das gilt vor allem für Weißweine.

Insbesondere in warmen Weinanbaugebieten erkennt man mehr und mehr den Wert und die Wichtigkeit der Säure im Wein: speziell für den Weißwein, aber auch für den Rotwein. Dementsprechend richtet sich in diesen Gebieten der Lesezeitpunkt weniger nach dem Mostgewicht als vielmehr nach den Säurewerten.

Damit die Weine nicht zu breit werden und ihre Lebendigkeit behalten, wird gerade in den mediterranen sowie in den vergleichbar warmen, überseeischen Anbaugebieten allerorten darauf geachtet, dass die Gesamtsäure nicht zu tief absinkt: Sie sollte zum Lesezeitpunkt zwischen sieben und neun Gramm pro Liter betragen, um nach der Gärung zwischen fünf und sieben Gramm zu liegen. In den überseeischen Gebieten darf Wein darüberhinaus sogar künstlich gesäuert werden (Azidifikation, siehe Glossar) – eine Praxis, die in Europa verboten ist.

Zuckerproduktion und Säureabbau erfolgen in der Reifephase parallel zueinander: Je wärmer es ist, desto höher steigen die Zuckerwerte, desto mehr Säure wird aber gleichzeitig veratmet. Dabei nimmt die Säure nicht unbedingt im gleichen Verhältnis ab wie die Zuckerkonzentration steigt. Kühle Nächte zum Beispiel verlangsamen den Säurerückgang – eine Verzögerung, die besonders in Anbaugebieten mit warmem Klima, wie Südtirol und Friaul

(Italien), Maconnais (Frankreich) oder Penedès (Spanien) höchst willkommen ist.

Als Folge dieser Erkenntnis verlagert man seit einigen Jahren in Übersee den Weinbau mehr und mehr in kühlere Anbaugebiete. So wird beispielsweise in Kalifornien immer weniger Weißwein im warmen Napa Valley angebaut, sondern in Carneros, Russian River und Alexander Valley, in Gebieten eben, die im Einflussbereich des kühlen pazifischen Klimas liegen.

Im Wein sind vor allem zwei Säuren anzutreffen: die Weinsäure und die Apfelsäure. Beide zusammen machen rund 90 Prozent der Gesamtsäure aus. Während die Weinsäure eine weiche, angenehm schmeckende und deshalb hochwillkommene Säure ist (Weintrauben sind übrigens die einzigen Früchte, in denen diese Säure vorkommt), ist die Apfelsäure aggressiv. Ist sie im Übermaß vorhanden, macht sie den Wein kantig und hart. Die Menge der Apfelsäure hängt von mehreren Faktoren ab. Zum einen gibt es Rebsorten mit grundsätzlich hohem Apfelsäureanteil wie Pinot Noir und Malbec. Zum anderen hängt die Apfelsäure vom Witterungsverlauf ab: In kühlen Jahren ist der Apfelsäureanteil hoch, in sonnenreichen Jahren gering. Der Grund: Apfelsäure wird bei Wärme stärker veratmet als Weinsäure. Die Güte eines Jahrgangs lässt sich also leicht an der Höhe der Apfelsäure bestimmen.

Weißweinwinzer dulden die Apfelsäure – allerdings nur in begrenzter Menge –, weil sie jungen, fruchtigen Weinen Frische und Biss geben kann. Riesling, Grüner Veltliner, Sancerre oder die norditalienischen Weißweine haben immer einen mehr oder minder großen Anteil an Apfelsäure. In Rotweinen hat Apfelsäure dagegen nichts zu suchen und muss entfernt, genauer: in die weiche Milchsäure umgewandelt werden. Aus diesem Grund machen Rotweine nach der alkoholischen Gärung grundsätzlich eine malolaktische Gärung durch (siehe Kapitel: Wie Wein entsteht).

Die Bedeutung des pH-Werts

Gesamtsäurewert und pH-Wert sagen durchaus nicht dasselbe aus. Der pH-Wert gibt nur die schmeckbaren, nichtflüchtigen Säuren an, während der Gesamtsäuregehalt die gesamte titrierbare Säure misst, das heißt: die maßanalytisch feststellbare Säure einschließlich der flüchtigen Säuren. Der pH-Wert ist also, genau betrachtet, aussagekräftiger. Er gibt die Konzentration der im Saft aktiven Säure an. Sie wird im Labor anhand der freien Wasserstoffionen gemessen. Ein hoher pH-Wert zeigt eine niedrige, ein niedriger pH-Wert eine hohe Säure an.

Physiologische Reife

Aus Amerika kommt der Begriff »physiologische Reife«. Gemeint sind nicht die traditionellen, in Europa üblichen Reifekriterien wie die Messung der Zuckerkonzentration oder des Säuregehalts. Stattdessen spielen der Färbungsgrad der Beerenhaut (bei Weiß- und Rotweinen), die Elastizität des Fruchtfleisches, der Reifezustand der Kerne und nicht zuletzt der Geschmack der Beeren eine große Rolle. Inzwischen spricht man auch in Europa von physiologischer Reife – nicht zuletzt deshalb, weil sich erfahrene Winzer und Önologen vom Reifezustand ihrer Trauben schon immer durch Probieren überzeugt haben: Wie süß sie schmecken und wie dick die Schale ist, gehört zu den unverzichtbaren Prüfungen, die jeder Château-Besitzer in Bordeaux und jeder Domänen-Besitzer im Burgund in der Reifezeit ohnehin fast täglich vornimmt.

Frühe oder späte Lese?

Reife- und Lesezeitpunkt sind durchaus nicht immer identisch: Manche Trauben werden frühreif, andere dagegen erst vollreif, wieder andere sogar überreif gelesen. Eine frühe Lese hat den Sinn, die Säure zu erhalten, ist also besonders bei der Bereitung von Weißweinen wichtig. Liest man die Trauben vollreif, erhält man neben einem höheren Alkoholgehalt mehr Polyphenole und Anthocyane (bei Rotweinen) sowie mehr Extraktstoffe. Unter Extraktstoffen versteht man die Summe aller nicht-flüchtigen Substanzen eines Weins. Sie nehmen mit fortschreitender Reife zu. Dazu zählen Zucker, Säuren, Glycerin sowie die nur in kleinen Mengen vorhandenen Phenole, Pektine, Proteine und Mineralien. Würde der Wein erhitzt werden und verdampfen, so blieben sie übrig.

Extrakt ist ein Qualitätsfaktor, abhängig nicht nur vom Zeitpunkt der Lese. Je weniger Trauben eine Rebe trägt und je weniger Wasserbestandteile sie enthält, desto höher ist automatisch der Extrakt. Spät gelesene Weine haben oftmals einen Extrakt von über 30 Gramm pro Liter, selbst wenn ihr Alkoholgehalt gering ist, früh gelesene Weine kommen trotz eines hohen Alkoholgehalts selten über 19 Gramm hinaus.

Durch die Lese vollreifen Rebguts entstehen demnach extraktreichere Weine: körperreicher, konzentrierter – und vor allem auch mit einem höheren Alkoholgehalt, weil die Rebe mehr Zeit hatte, Zucker zu bilden. Nun ist der Alkoholgehalt an sich zwar noch kein Qualitätskriterium, doch muss ein guter Wein einen seinem Extraktreichtum angepassten Alkoholgehalt haben, um harmonisch zu sein.

Die späte Lese

Reife Trauben müssen nicht unbedingt sofort gelesen werden. Solange die Herbstsonne scheint, können sie weiterreifen, bis sie »vollreif« oder gar »überreif« sind. Durch die Gnade des Wettergottes entstehen so feine Spätlesen und edelsüße Auslesen. Die späte Lese führt dazu, dass die Weine voller und stärker werden. Der Zuckeranteil in den Beeren steigt weiter an, die Säure nimmt weiter ab. Das gilt für weiße wie für rote Trauben. In Zonen mit kühlem, kontinentalen Klima versuchen die Winzer, die Lese hinauszuziehen, um höhere Mostgewichte und damit vollmundigere, edlere Weine zu bekommen. Oft ist es dort allerdings pure Notwendigkeit, weil die Trauben wegen der niedrigeren Temperaturen später reifen. In Teilen Deutschlands und Österreichs sowie Frankreichs brauchen sie zum Beispiel vier Wochen länger, um auf dieselben Mostgewichte zu kommen wie in den warmen Anbauländern. Die teilweise noch hohe Tageswärme des Herbstes führt dazu, dass die Rebe auch nach dem Reifestadium weiter assimiliert und Zucker in die Beeren einlagert. Das Mostgewicht steigt. Die Trauben erreichen das Stadium der Vollreife.

So entstehen Spätlesen: gehaltvolle Weine mit komplexen Aromen. Allerdings sind die Nächte zu dieser Jahreszeit schon recht kühl. Ein Teil des tagsüber gebildeten Zuckers wird nachts wieder veratmet. Das heißt: Die Zuwächse an Zucker werden im Laufe der Zeit geringer. Ab einem bestimmten Punkt halten sie sich mit den Verlusten die Waage. Manchmal tritt dieser Zustand schon Anfang Oktober, manchmal erst Ende Oktober ein. Spätestens dann schicken die Winzer ihre Lesehelfer in den Weinberg, um die Trauben zu schneiden.

In bestimmten Anbaugebieten lassen die Winzer einen Teil der vollreifen Trauben weiter am Rebstock hängen. Dadurch erreichen diese das Stadium der Überreife. Zwar ist die »Zuckerbilanz« der Beeren dann negativ, weil mehr Zucker veratmet als neu gebildet wird. Da aber gleichzeitig der Wasseranteil am Traubensaft durch Verdunstung sinkt, steigt die Zuckerkonzentration trotzdem an, und der prozentuale Anteil des Zuckers am Most und damit das Mostgewicht nehmen zu: Auf diese Weise entstehen edelsüße Auslesen. Ihr Most ist so zuckerreich, dass er nicht mehr durchgären kann. Ein mehr oder minder großer Zuckerrest bleibt im Wein und gibt ihm eine raffinierte, edle Süße. Oft stoppt auch der Kellermeister bewusst die Gärung, bevor der Zucker vollständig vergoren wurde.

Die Süße der Weine aus überreifem Lesegut geht unter anderem auf den hohen Fructoseanteil zurück – neben Glucose eine der beiden Zuckerarten, die die Weinrebe bildet. Fructose ist eine besonders hochwertige Zuckerart mit einer deutlich größeren Süßkraft als Glucose. Während die Glucose zu Beginn der Reifephase im August noch über 80 Prozent des Zuckers im Traubensaft ausmacht, nimmt der Fructoseanteil mit zunehmender Reife überproportional zu. Am Ende der Reifephase ist etwa gleich viel Fructose wie Glucose im Traubensaft enthalten. In überreifen Beeren überwiegt sogar die Fructose. Der Botrytis-Pilz, ohne den es praktisch keine Überreife gibt, baut mehr Glucose als Fructose ab.

Edelsüßer Nektar durch Pilzbefall
Am spätesten werden die Trauben für die edelsüßen Weine gelesen: im November. Sie sind inzwischen höchst unansehnlich: braun, geschrumpelt und faul. Die Lese ist

Filigranarbeit. Für Trockenbeerenauslesen müssen die Beeren teilweise mit den Fingern oder der Pinzette aus der Traube gezupft werden.

Wenn die Trauben über die Vollreife hinaus an den Stöcken hängenbleiben, beginnen sie, Saft zu verlieren. Auf diese Weise werden Zucker und Säure in den Beeren konzentriert: die Voraussetzung für die Erzeugung edelsüßer Weine. Zwei Vorgänge sind es, die den Saftschwund auslösen: das langsame Dünnerwerden und schließliche Durchlässigwerden der Beerenhaut sowie das Auftreten des Schimmelpilzes Botrytis cinerea, dessen Sporen durch die Beerenhaut wachsen und feinste Löcher hinterlassen. Im ersten Fall entstehen rosinenartige, im zweiten mit Schimmel besetzte Schrumpeltrauben. Gemeinsam ist ihnen, dass der Wasseranteil am Traubensaft (der normalerweise rund 90 Prozent beträgt) durch die poröse Haut der Beeren verdunstet, so dass der Anteil der restlichen Inhaltsstoffe automatisch ansteigt. Die bekanntesten Weine, die so entstehen, sind die französischen Sauternes, die ungarischen Tokajer sowie die deutschen beziehungsweise österreichischen Beeren- und Trockenbeerenauslesen. Sie gedeihen nur in warmfeuchtem Klima und gehören zu den rarsten, teuersten und gesuchtesten Weinen der Welt. Doch was heißt Weine? Nektar, sagen die Kenner. Oder: Schweiß der Engel.

Der Schimmelpilz Botrytis cinerea tritt nur in Anbaugebieten mit gemäßigtem Klima auf, und dort auch nur unter bestimmten Voraussetzungen: wo es feuchte Morgennebel gibt, die von milder, warmer Herbstluft aufgelöst werden, so dass die Trauben im Laufe des Tages wieder abtrocknen. Solche Voraussetzungen findet man nur selten. In Sauternes bringt das Flüsschen Ciron die Feuchtigkeit, und die Sonne Bordeaux' liefert die Wärme. In Deutschland sind es die Flüsse Rhein, Mosel, Saar und Ruwer, über denen sich die Frühnebel bilden. Die hohen Temperaturen kommen durch die intensive Herbstsonne sowie die Strahlungsthermik zustande, die vom Boden und von den Gewässern ausgeht. In Österreich ist es die Kombination Neusiedlersee und pannonische Wärme, die solch einzigartige Weine hervorbringt, im ungarischen Tokaj die Verbindung der Flüsse Tisza und Bodrog mit dem Wärmestau im Karpatenbogen.

Den Edelschimmel gibt es durchaus nicht jedes Jahr. 1985 und 1990 sind in Sauternes zum Beispiel nur wenige Trauben von der Botrytis cinerea befallen worden. Konzentration und Süße der Sauternes-Weine waren das Resultat normaler Wasserverdunstung in den Beeren. Weine aus solchen Jahren sind etwas weniger süß und haben eine etwas höhere Säure als Botrytis-infizierte Weine. Ob diese Edelsüß-Variante den Botrytis-Weinen vorgezogen wird, hängt vom persönlichen Geschmack ab. Die Liebhaber edelsüßer Weine schmecken schnell heraus, dass Botrytis-Weine eine größere geschmackliche Komplexität als andere edelsüße Weine besitzen. Tatsächlich unterscheidet sich der Saft Botrytis-infizierter Trauben deutlich von dem normal-edelfauler Trauben: Er enthält mehr ölig-süßes Glycerin sowie mehr Essigsäure (eine flüchtige Säure) und mehrere eigene Enzyme. Außerdem baut der Edelschimmelpilz mehr Säure als Zucker ab. Botrytis-Weine schmecken daher süßer als Weine aus normal geschrumpeltem Lesegut. Bei letzteren werden Zucker und Säure im gleichen Verhältnis abgebaut.

Feuchtwarmes Klima gibt es in vielen Anbaugebieten der Welt. Wenn die Feuchtigkeit aber nicht schnell wieder trocknet, breitet sich der Botrytis-Pilz großflächig aus, insbesondere bei anhaltenden Regenfällen. Die Trauben faulen dann am Stock. Graufäule heißt diese gefürchtete Variante der Botrytis cinerea. Sie hat zur Folge, dass die Beerenschalen aufplatzen und das Fruchtfleisch ausgewaschen wird. Besonders in den warmen Mittelmeerländern ist dieses Risiko groß. Deshalb werden, um Dessertweine zu erzeugen, die Trauben dort früh gelesen, dann auf Strohmatten getrocknet und erst nach etwa zwei Monaten gekeltert. Entsprechend zuckerreich ist der Most – aber nicht edelsüß.

Die Entdeckung der Spätlese

Die Entdeckung der späten Lese geht auf das Jahr 1775 zurück. Der Fürstabt von Fulda, damals Eigentümer von Schloss Johannisberg im Rheingau, musste jedes Jahr schriftlich die Erlaubnis für den Beginn der Lese geben. Das entsprechende Dokument überbrachte ein Reiter. Aufgrund verschiedener Umstände verspätete sich der Herbstbote in jenem Jahr, so dass bei seiner Ankunft ein Teil der Trauben schon faul war. Die Mönche kelterten die faulen Trauben separat. Über den Wein, der aus ihnen gewonnen wurde, berichtete einer von ihnen später dem Abt: »Solche Weine habe ich noch nicht in den Mund gebracht.« Eine Statue des Reiters steht heute im Hof des Schlosses.

Allerdings wurde im ungarischen Tokaj schon 1650 aus edelfaulen Trauben Wein erzeugt. Damals verschob der Verwalter auf der Burg von Tokaj die Lese wegen eines bevorstehenden Angriffs der Türken. Nachdem die Gefahr vorüber war, hatte sich die Edelfäule ausgebreitet. Der Legende zufolge entstand so der erste süße Wein aus edelfaulen Trauben. In Frankreich wurde die Edelfäule erstmals 1847 auf Château d'Yquem erwähnt. Marquis Bertrand de Lur Saluces, der Besitzer, kam verspätet von einer Reise aus Russland zurück, so dass die Trauben in seinen Weinbergen schon Fäule angesetzt hatten. Dennoch wurde gelesen, und der 1847er erwies sich als der größte Jahrgang des 19. Jahrhunderts. Sicher ist allerdings, dass Château d'Yquem und das Sauternais schon vorher bedeutende Süßweine hervorgebracht hatten. Die Weine der Jahre 1811 und 1825 sind legendär.

Der Wein, der aus der Kälte kommt

Eine besondere edelsüße Rarität ist der Eiswein. Auch er ist ein edelsüßer Wein, entsteht aber dadurch, dass die Trauben in gefrorenem Zustand gelesen und gekeltert werden. Durch den Frost ist der Wasseranteil des Traubensafts weitgehend zu Eis gefroren, so dass sich Zucker, Säuren und andere Inhaltsstoffe in dem wenigen, von der Kelter laufenden Most konzentrieren. Das heißt: Je tiefer die Temperaturen und je höher der Vereisungsgrad, desto konzentrierter der Most.

Die Trauben müssen bei mindestens minus 7 °C auf die Kelter kommen. Solche Minustemperaturen herrschen oft erst um Weihnachten herum oder im neuen Jahr. In nennenswerten Qualitäten wird Eiswein nur in Deutschland, Österreich und in Kanada erzeugt. Er hat eine höhere Säure im Vergleich zu Weinen aus Botrytis-infiziertem Lesegut.

Zufalls-Eisweine wurden schon im 19. Jahrhundert gekeltert. Im 20. Jahrhundert tauchten die ersten Eisweine 1949 an der Saar, in großem Stil dann 1961 überall in Deutschland auf. Die Herstellung von Eisweinen bleibt an die natürlichen klimatischen Voraussetzungen gebunden. Versuche, Eiswein künstlich zu gewinnen, indem frisch gelesene, vollreife Trauben im Kühlhaus gefrostet werden, haben keine zufrieden stellenden Ergebnisse erbracht und sind inzwischen verboten.

Die Lese – Höhepunkt des Weinjahres

Die Lese ist der Höhepunkt eines jeden Weinjahres, aber auch die kritischste Phase. Nur durch sorgfältige Leseplanung gelingt es, die Trauben in der Qualität, die der Weinberg hervorgebracht hat, auf die Kelter zu bringen. Vordergründig ist die Lese ein einfacher Vorgang. Die Trauben werden mit einer Schere vom Stiel geschnitten, in Körben oder Wannen aus Kunststoff gesammelt, dann in hölzerne Bütten umgefüllt, die in einen Traubentransporter entleert werden. Der Traubentransporter bringt das Lesegut zum Kelterhaus, wo es verarbeitet wird. In groben Zügen spielt sich dieser Vorgang so überall auf der Welt ab, wo Wein erzeugt.

Maßnahmen zum Qualitätserhalt

Ob allerdings aus sehr guten Trauben auch ein ebensolcher Wein wird, hängt von vielen Details ab: So etwa von sauberem, geeignetem Lesegeschirr. Außerdem dürfen die Bütten, Lesekörbe und Lesewannen nicht zu groß sein und nicht bis zum Rand mit Trauben vollgepackt werden. Sonst kann es passieren, dass die untersten Trauben durch das Gewicht der über ihnen liegenden gequetscht werden, denn die Schale reifer Beeren ist empfindlich dünn.

Das Wichtigste ist, die Trauben möglichst unverletzt und schnell auf die Kelter (siehe Kapitel: Wie Wein entsteht) zu bringen. Das Lesegut soll möglichst unverletzt im Keller ankommen. Denn austretender Traubensaft oxydiert rasch, wenn er Sauerstoff ausgesetzt ist – insbesondere bei weißen Trauben. Um eine solche Oxydation zu verhindern, müssen die Trauben geschwefelt werden – das bedeutet eine erste Minderung der Qualität. Eine weitere Gefahr ist, dass auslaufender Traubensaft angesichts der hohen Temperaturen, die oft während der Lese noch herrschen, angären kann. Most (Saft der Trauben) oder Maische (feste Bestandteile wie Schalen, Kerne etc.) bekommen durch solch eine wilde Gärung leicht einen Essigstich. Außerdem werden durch den Traubensaft Phenole aus den Stielen gelaugt – ein bei weißen wie roten Trauben gleichermaßen unerwünschter Vorgang.

Je dichter Weinberg und Keller beieinander liegen, desto weniger Probleme tauchen auf. Bei Spitzenweingütern wie der Domaine Romanée-Conti im Burgund oder Château Mouton-Rothschild in Bordeaux sind die Trauben maximal zwei Stunden nach der Lese im Keller. Im Vergleich sind Genossenschaften und Großkellereien froh, wenn es ihnen gelingt, ihre Trauben wenigstens am gleichen Tag zu keltern, an dem sie gelesen worden sind – was angesichts starrer Arbeitszeiten und rigider Arbeitsvorschriften keineswegs immer einfach ist.

Um eine Oxydation oder eine wilde Gärung zu verhindern, sind viele Weingüter in den heißen Anbaugebieten zum Beispiel Australiens, in denen die Tagestemperaturen zwischen 35 °C und 45 °C liegen, dazu übergegangen, nachts zu lesen: Nachts kühlt es ab, und auf die sonst unumgängliche Schwefelung der Trauben kann verzichtet werden. Allerdings ist die Nachtlese nur möglich, wenn maschinell gelesen wird. Die Erntemaschinen sind mit

Halogenscheinwerfern ausgestattet, die die Reben hell erleuchten.

Handlese oder maschinelle Lese?

In immer mehr Weinanbaugebieten wird die Lese nicht mehr von Hand, sondern von Maschinen erledigt, so genannten Vollerntern. Das geschieht durchaus nicht nur in Massenwein-Anbaugebieten. Auch renommierte Domänen im Burgund und Grand-Cru-Classé-Châteaux aus Bordeaux setzen im Herbst Lesemaschinen ein. Sie fahren auf hohen Rädern über die Rebzeilen und trennen die Trauben durch einen komplizierten Schüttel- oder Schlagmechanismus von den Fruchtruten.

Der größte Vorteil der Vollernter besteht in ihrer Schnelligkeit. Sie ernten in einer Stunde, wozu sonst 30 Lesehelfer nötig wären. Auf diese Weise ist es meist möglich, alle Trauben zum idealen Lesetermin einzubringen. Auch in feuchten Jahren bewährt sich der Vollernter, da er in den kurzen Regenpausen zumindest einen großen Teil der Trauben ernten kann. Freilich müssen die Trauben, gerade wenn Grauschimmel auftritt, von Hand nachverlesen werden. Selektieren kann die Maschine nicht. Weitere Nachteile des Vollernters sind: Die Laubwand der Reben wird bei der maschinellen Lese oft in Mitleidenschaft gezogen, und die Beeren werden häufiger beschädigt als bei der Handlese.

Notmaßnahmen zum Qualitätserhalt

In feuchten Herbsten wenden einige Châteaux in Bordeaux neue Techniken an, um die Folgen des Regens möglichst gering zu halten. Damit die Beeren sich durch die plötzliche Wasserzufuhr nicht aufblähen und somit der wertvolle Traubensaft verwässert, haben einige Güter den Boden mit Plastikfolien abgedeckt, damit das Wasser nicht in ihn eindringen kann. Andere Châteaux versuchen, den verwässerten Most durch künstlichen Wasserentzug zu konzentrieren (z. B. durch Umkehr-Osmose, siehe Kapitel: Wie Wein entsteht). Wieder andere schicken ihre Trauben vor dem Mahlen durch eine Heißluftschleuse, in der sie wenigstens äußerlich getrocknet werden. Die Besitzer von Château Pétrus in Pomerol haben gelegentlich einen Helikopter zwei Stunden lang tief über dem Weinberg kreisen lassen, um die regennassen Trauben zu trocknen. Nicht alle diese Maßnahmen hatten einen wirklich durchschlagenden Erfolg. Viele Versuche waren nur teuer. Sicher ist aber, dass die Nachteile schlechter Jahrgänge heute im Vergleich zu früheren Jahren zumindest erheblich gemildert werden können – vorausgesetzt, das Weingut verfügt über die dafür nötigen finanziellen Mittel.

Klima und Boden

Die Franzosen sagen: Große Weine wachsen an großen Flüssen. In Wirklichkeit brauchen große Weine mehr als nahes Wasser: warme Hänge, trockene Böden und viel Licht.

Weinbau findet sowohl auf der nördlichen als auch auf der südlichen Erdhalbkugel statt. Fast die gesamte Weltrebenfläche konzentriert sich auf zwei schmalen Rebengürteln, die gekennzeichnet sind durch ein gemäßigt warmes Klima ohne zu große Kälte und Hitze. Neben diesen klimatischen Grundvoraussetzungen braucht die Rebe vor allem Licht und Wärme: Licht fördert die Assimilation der Blätter, Wärme beschleunigt den Vegetationszyklus und damit die Traubenreife. Die optimale Temperatur für das Wachstum der Rebe liegt, so haben Wissenschaftler der Forschungsanstalt Geisenheim ermittelt, zwischen 25 und 28 °C. Diese Voraussetzungen erfüllen die meisten Anbaugebiete nur wenige Wochen im Jahr.

Auf die Lage kommt es an

Deshalb sind große Weine rar. Sie wachsen nur in wenigen, begünstigten Landstrichen oder in kleinen ökologischen Nischen. Oft entscheidet die Landschaftsgestalt darüber, inwieweit diese Voraussetzungen erfüllt werden. Dabei können winzige Details ausschlaggebend sein, ob ein guter oder ein großer Wein entstehen kann.

Die Höhenlage

Ein maßgeblicher Faktor für die Temperatur im Weinberg ist die Höhe der Weinberge: Mit zunehmender Höhe sinken die Temperaturen. Ganz genau nehmen sie pro 100 Meter Höhenunterschied um 0,6 °C ab. In heißen Anbauzonen wie dem libanesischen Bekaa-Tal stehen die Reben deshalb auf 1000 Meter Höhe. Die höchsten Weinberge der spanischen Ribera del Duero ziehen sich bis auf 800 Meter hinauf. Einige der besten Weine Siziliens wachsen in 600 Meter Höhe. Auch in Australien, Südafrika, Chile und Kalifornien verlagert sich der Weinbau zunehmend in hohe, kühlere Lagen. Erschließt man in den heißen Ländern der Erde für den Weinbau eher die kühlen Lagen, kommt es im Gegensatz dazu in vielen europäischen Anbaugebieten mit kühlem, kontinentalen Klima eher darauf an, jedes Grad Wärme auszunutzen. Hier befinden sich die Weinberge zwischen 50 und 450 Meter über dem Meeresspiegel.

Die Hanglage

Die ideale Weinberglage ist die Hanglage: Die Böden sind in der Regel flachgründig und karg, die Sonne hat einen günstigen Einfallswinkel. Außerdem herrscht am Hang eine Thermik, die eine kontinuierliche Wärmezufuhr garantiert. Die kalten Luftströmungen fallen nachts von der Hanghöhe hinab ins Tal, wo sie tagsüber wieder erwärmt werden. Die sich morgens erwärmende Talluft klettert dann die Hänge hinauf. Dieser Kreislauf ist vor allem für Weißweine wichtig. Der Riesling im Elsass, an Mosel und Rhein sowie in der Wachau braucht den Wechsel zwischen Tageswärme und nächtlicher Kühle, um möglichst wenig Säure zu verlieren. In kühlen Anbauzonen kann von den

Kaltluftströmungen aber auch Gefahr ausgehen. Um den Zustrom kalter Luft zu bremsen und ein allzu starkes Absinken der Mostgewichte zu verhindern, werden nicht nur in Deutschland, Österreich und im Elsass, sondern auch in der Champagne und teilweise im Burgund die Kuppen der Hügel mit Wald bepflanzt.

In den gemäßigten Zonen bietet die Hanglage noch andere Vorteile: Die Sonneneinstrahlung ist dort wesentlich größer als in Flachlagen, und jede Kalorie Wärme mehr kann von entscheidender Bedeutung sein. Die maximale Wärmeabgabe erfolgt bei einem Einstrahlwinkel von 90 Grad. Zwar wird dieser Wert nur in wenigen Steillagen erreicht, doch je mehr sich die Neigung des Hangs diesem Wert nähert, desto mehr Sonne erhält er. Die Sonne erwärmt den Boden, und die Bodenwärme strahlt auf die Trauben ab – zumindest auf steinigen Böden.

Die Lage in Gewässernähe

Die Nähe zu Flüssen, Seen oder Meeren ist für Reben von großem Vorteil, vor allem deshalb, weil die Wasseroberfläche das Licht reflektiert. Licht ist für die Photosynthese und damit für die Assimilation der Blätter immens wichtig: Bei 20 000 Lux erreicht sie ihren besten Wirkungsgrad. Diese Lichtmenge ist auch bei leichter Bewölkung vorhanden. Bei starker Bewölkung bleibt sie mehr oder minder deutlich unter diesem Wert.

Gerade in Anbaugebieten mit kühlem atlantischen oder kontinentalen Klima kommt der lichtbündelnden Wirkung der Gewässer daher große Bedeutung zu – auch dann, wenn die Distanz zwischen Gewässer und Weinberg mehrere Kilometer beträgt. Liegen Weinberg und Gewässer unmittelbar nebeneinander, hat das Wasser – zumindest während der warmen Jahreszeit – außerdem eine wärmespeichernde Wirkung. Das heißt: Es strahlt abends und nachts, wenn die Luft abkühlt, Wärme direkt in die Weinberge ab. Dafür besteht im Winter, wenn das Wasser kühler ist als die Luft, in Flussnähe oft Frostgefahr.

Die Klimatypen

Weinbau findet zwar größtenteils innerhalb des so genannten Weltklimagürtels statt, aber natürlich sind die klimatischen Bedingungen auf den verschiedenen Kontinenten und in den einzelnen Weinbauländern und Anbaugebieten nicht einheitlich. Man unterschiedet verschiedene Klimatypen, die für den Weinbau jeweils andere Voraussetzungen mit sich bringen.

In nordeuropäischen Anbaugebieten herrscht ein nördliches Klima, ein kühles Klima mit atlantischen Einflüssen und häufig nicht mehr als 1300 Sonnenstunden im Jahr. Die Sommer sind kurz und warm, die Winter kalt und ziehen sich, wie in der Champagne und in Deutschland, bis weit ins Frühjahr hinein. Vor allem im mitteleuropäischen Binnenland trifft man kontinentales Klima an, das durch große Unterschiede zwischen Jahreshöchst- und Jahrestiefsttemperaturen charakterisiert ist. Maritimes Klima, das bedeutet gleichmäßig warmes Klima mit geringen Schwankungen zwischen Sommer und Winter, ist vor allem in meernahen Weinanbaugebieten und in vielen Weinländern auf der südlichen Erdhalbkugel anzutreffen.

Ideales Weinbauklima herrscht im ganzen Mittelmeerraum vor: das mediterrane Klima. Es zeichnet sich durch warme, trockene Sommer und kühle, feuchte Winter aus.

Doch sogar im so genannten Trockenklima, einem sehr warmen Klima mit ganz geringen Niederschlägen, kann Weinbau gelingen, allerdings nicht ohne Hilfsmittel. So wäre ohne regelmäßige Beregnung zum Beispiel in Teilen Südaustraliens, Südafrikas, Chiles und das kalifornische Central Valley kein Weinbau möglich.

Durchschnittliche Sonnenscheindauer zwischen April und September (in Stunden)

Jerez (Spanien)	1930
Alicante (Spanien)	1847
Oran (Algerien)	1784
Patras (Griechenland)	1778
Montpellier (Frankreich)	1771
Florenz (Italien)	1697
Mendoza (Argentinien)	1688
Palermo (Italien)	1619
Perpignan (Frankreich)	1619
Adelaide (Australien)	1544
Dijon (Frankreich)	1433
Bordeaux (Frankreich)	1252
Reims (Frankreich)	1226

Welcher Boden ist der beste?

Der Boden prägt den Charakter des Weins, sagen die Franzosen. Unstrittig ist der Grund, auf dem die Rebe wächst, von großer Bedeutung für Art und Qualität des späteren Weins. Doch welcher Boden den besten Wein ergibt, hat noch kein Wissenschaftler der Erde herausgefunden. Noch sind sich Wissenschaftler und Praktiker darüber uneins, was genau die Eignung eines Bodens ausmacht. Eines allerdings steht fest: Ein Privileg des besten Bodens gibt es nicht.

Franzosen und Deutsche gehen davon aus, dass es die Zusammensetzung insbesondere die mineralische Zusammensetzung ist, die den Stil und den Charakter eines Weins prägt: ob er auf Löss oder Granit, Buntsandstein oder Kalk gewachsen ist. Amerikaner und Australier neigen eher zu der Ansicht, dass Aufbau und Struktur des Bodens, weniger seine mineralische und organische Zusammensetzung, Charakter und Qualität des Weins ausmachen.

Für die europäische Auffassung sprechen viele Gründe. Die besten Pinot Noir der Welt gedeihen auf den Kalkböden der Côte d'Or im Burgund, die Weine von Pouilly verdanken ihre Eigenart den mit Silex (Feuerstein) durchmischten Kalkböden an den Hängen der Loire. Einige Grand Crus aus dem Elsass erhalten ihr charakteristisches mineralisches Bouquet nur auf den Gneis-Verwitterungsböden am Fuße der Vogesen; und den deutschen Rieslingen von der Mittelmosel, wo der blaue Devon-Schiefer vorherrscht, wird sogar ein typisches Schiefer-Bouquet nachgesagt.

Und doch haben die Winzer der Neuen Welt freilich auch nicht ganz Unrecht, wachsen doch Riesling, Sauvignon Blanc und Pinot Noir auch dort und ergeben gute bis sehr gute, charaktervolle Weine – auf ganz anderen Böden. Ganz zu schweigen von Cabernet Sauvignon und Chardonnay: Nicht nur einmal haben kalifornische Weine aus diesen Sorten die französischen Pendants in Blinddegustationen geschlagen oder waren ihnen zum Verwechseln ähnlich, obgleich die sauren Böden im Napa

Valley völlig verschieden, geradezu konträr zu den stark kalkhaltigen des Médoc beziehungsweise der Côte de Beaune sind.

Tatsächlich schließen sich beide Auffassungen nicht aus. Um überhaupt Qualitätsweinbau zu betreiben, müssen bestimmte Voraussetzungen vorhanden sein: leichte, warme, trockene Böden mit einer nicht zu großen, aber auch nicht zu geringen Menge an organischen Stoffen, um ein gesundes vegetatives Wachstum zu ermöglichen. Zusätzlich kann ein bestimmter Bodentyp mit einer besonderen mineralischen Zusammensetzung für eine Rebsorte förderlich beziehungsweise für die Finesse eines bestimmten Weines verantwortlich sein: zum Beispiel Feuerstein an der Loire, Urgestein in der Wachau, Schiefer an der Mosel.

»Terroir« – mehr als Boden

Die Qualitätsphilosophie der Europäer wurde von den Franzosen entwickelt und wird mit dem Begriff »terroir« beschrieben. Terroir ist mehr als Boden; es setzt sich aus einer ganzen Reihe von Faktoren zusammen. Bruno Prats, Eigner von Château Cos d'Estournel in Saint-Estèphe, hat diese Qualitätsphilosophie einmal so formuliert: »Eine unendliche Anzahl von Faktoren beeinflusst den Wein: Tag- und Nachttemperaturen, die Verteilung der Niederschläge auf das Jahr, die Anzahl der Sonnenstunden, die Tiefgründigkeit des Bodens, sein pH-Wert, sein Wasserrückhaltevermögen, seine mineralische Zusammensetzung, die Oberflächengestalt der Landschaft, die Sonnenausrichtung – um nur einige dieser Faktoren zu nennen. Das Wirkungsgefüge all dieser Faktoren zusammen nennen wir in Frankreich ›terroir‹.«

Die Arbeit im Weinberg

Ein großer Wein wird im Weinberg gemacht und nicht im Keller, sagen die Franzosen. Der Weinberg ist die Keimzelle der Qualität. Nachdem es in den 70er und 80er Jahren des 20. Jahrhunderts vielen Weingutbesitzern gefiel, in schicke Keller und moderne Kellertechnologie zu investieren, besinnen sie sich inzwischen wieder verstärkt auf die Wurzeln der Qualität: die Bearbeitung des Weinbergs. Dabei – und nicht bei der Kellerarbeit – entscheidet sich, ob das Qualitätspotenzial, das im Boden steckt, ausgeschöpft wird oder nicht. Bei der Bodenpflege und der Rebenerziehung, beim Rebschnitt und bei der Schädlingsbekämpfung werden die Voraussetzungen dafür geschaffen, dass aus mittelmäßigen Weinen gute Weine, aus guten sehr gute und aus sehr guten große Weine werden können.

Weinberge werden heute überall auf der Welt als Monokulturen angelegt. Rebe steht neben Rebe, andere Kulturpflanzen werden im Weinberg nicht geduldet. Solch ein Intensiv-Weinbau ist nicht unproblematisch. Er ist extrem krankheits- und schädlingsanfällig und verlangt einen umfassenden Pflanzenschutz. Dabei gibt es ihn auch noch nicht sehr lange. Im Médoc standen bis ins 19. Jahrhundert hinein Getreidefelder neben Rebanlagen. An Rhône, Rhein und Etsch wuchsen Obstbäume zwischen den Rebzeilen. In der Steiermark und im Friaul liefen Hühner und Ziegen unter den Reben umher. In Mittelitalien, insbesondere in der Toskana, herrschten bis 1960 noch gemischte Rebkulturen vor. Zwischen den Rebzeilen wurden Hafer oder Weizen ausgesät, und nach je fünf Rebstöcken war ein Olivenbaum gepflanzt. Die Reben rankten teilweise an Maulbeerbäumen oder Ulmen empor.

Seit die Arbeit knapp und teuer geworden ist, sind die Mischkulturen aus dem Bild der Weinanbaugebiete verschwunden. Im modernen Weinberg herrscht Ordnung. Die Rebzeilen sind wie mit dem Kamm gezogen, die Menge der Blätter ist genau kalkuliert. Doch nicht alles, was modern aussieht, dient ausschließlich der Qualität. Ein Weinberg muss auch so angelegt sein, dass er kostengünstig bearbeitet werden kann, sonst wird der Wein unbezahlbar. So wurden die neuen Rebkulturen maschinengerecht angelegt. Der Abstand der Rebzeilen entspricht der Spurweite des Traktors. Die Rebzeilen selbst verlaufen meist senkrecht zum Hang, damit die Wärme von unten nach oben steigen kann, oder quer zur Hauptwindrichtung, damit der Wind die gestaute Wärme nicht herausbläst. Die Anzahl der Drähte, an denen sich die Rebe hochranken soll, ist auf die gewünschte Größe der Laubwand zugeschnitten. Aus der Größe der Laubwand errechnet sich die maximale Anzahl der Trauben. Wie tief die Trauben schließlich hängen, ist ebenfalls genau vorausberechnet: so tief, dass das Laub keinen Schatten auf sie werfen kann, und so hoch, dass die Bodenfeuchtigkeit nicht zu Schimmelbildung führt. Auch das Erziehungssystem, die Düngergaben, die Auswahl der Klone einer Sorte – alles ist mathematisch genau auf die quantitativen und qualitativen Vorgaben abgestimmt.

Bei allem Einzug der Technik im Weinberg gilt aber nach wie vor: Je besser der Wein ist, desto weniger lässt sich die Weinbergarbeit mechanisieren. Der Schweiß auf der Stirn des Weinbauern, der die Lesebütten wegschleppt, und der dampfende Leib des Pferdes, das vor dem Pflug geht – sie sind es, die den Preis (und die Qualität) des Weins ausmachen. Die Lese ist dann der Höhepunkt des Weinjahres und bringt die Wahrheit auf den Tisch: Nun zeigt sich, ob die Arbeiten während des Jahres erfolgreich waren und ob es gelingt, die der Natur mühsam abgetrotzten Qualitäten unbeschadet in den Keller zu bringen.

Die Bodenbearbeitung

Der moderne Weinberg ist eine Intensivkultur. Das hat zur Folge, dass ohne regulierende Eingriffe von außen das biologische und ökologische System nicht im Gleichgewicht zu halten ist. Das wichtigste Eingriffsgebiet ist der Boden. Im Frühjahr oder im Sommer wird der Boden zwischen den Rebzeilen rigolt (gepflügt). Diese Maßnahme dient dazu, den Boden zu belüften und das Unkraut unterzumulchen. Denn vor allem in der trockenen Jahreszeit stehen wilde Gräser in ernster Wasserkonkurrenz zu den Reben. Sie absorbieren die Oberflächenfeuchtigkeit. Das Untermulchen geschieht mit Hilfe eines Grubbers oder einer Pflugschar. Früher wurden sie von Pferden, Maultieren oder Ochsen gezogen, heute übernehmen Traktoren diese Arbeit. Lediglich in sehr steilen Lagen, etwa an der Mosel oder der Côte Rôtie, werden die Hänge mit Seilzuganlagen bearbeitet. Nur teilweise wird der Boden noch mit der Hacke gelüftet. Beim Umpflügen des Bodens werden die Tag- und Tauwurzeln der Reben zerstört. Dadurch wird der Rebpflanze aber kein Schaden zugefügt. Im Gegenteil: Es führt zu einem verstärkten Wachstum der Fußwurzel und dient zur Kräftigung der Pflanze. Ein anderer Vorteil ist, dass die Rebe beispielsweise in einem regnerischen Herbst mangels Oberflächenwurzeln weniger Feuchtigkeit aufnehmen kann: Gerade in der Reifephase könnten die Beeren dann anschwellen und verwässern.

Das Mulchen ist zugleich eine Art Gründüngung und dient somit der Humusbildung. In Massenwein-Anbaugebieten wird allerdings auf ein Mulchen verzichtet. Die Weinbauern verwenden chemische Unkrautvernichtungsmittel (Herbizide). Wie jede andere Pflanze auch entnimmt die Rebe dem Boden Nährstoffe. Diese Nährstoffe müssen dem Boden wiedergegeben werden. In gewissen Abständen ist deshalb eine Düngung notwendig. Einige Weinbauern bringen – je nach Bodenbeschaffenheit – jährlich oder etwa alle drei Jahre Stallmist, Gründung, gehäckseltes Rebholz oder Stroh im Weinberg aus. Andere verwenden Kompost aus der städtischen Abfallwirtschaft.

Idealer Dünger sind die alten Fruchtruten der weinbergeigenen Rebstöcke. Sie müssen im Winter sowieso gekappt und beseitigt werden. Da die grünen Triebe nach der Lese verholzen, lassen sie sich leicht verbrennen, was meist im Weinberg geschieht: Über vielen großen Weinanbaugebieten stehen den ganzen Winter über Rauchfahnen. Einige Spitzenweingüter aber machen sich die Ruten zunutze: Sie häckseln und kompostieren sie, um sie später als Dünger wieder im Weinberg auszubringen. Auf diese Weise bleiben die weinbergeigenen Bakterienkulturen erhalten, ein Faktor für die Qualität und spätere Unverwechselbarkeit des jeweiligen Weins.

Die Anwendung von mineralischem Dünger wird im Qualitätsweinbau meist vermieden, kann aber notwendig werden, um bestimmten Böden Stickstoff, Kalium und Phosphat zurückzugeben. Im Qualitätsweinbau dient die Düngung stets dem gesunden Wachstum der Rebe, nicht aber der Erhöhung der Traubenerträge. Sie heißt deshalb auch Ausgleichsdüngung. Eine Überdüngung der Böden, wie sie zu Zeiten der Massenweinproduktion in den

1960er und -70er Jahren die Regel war und auch heute noch in einigen Gebieten üblich ist, führt zwar zu einer Steigerung der Traubenerträge, aber auch zu gravierenden Folgeproblemen. Durch die erhöhte Traubenproduktion verringern sich die Mostgewichte, die Trauben reifen verspätet oder unvollständig, die Säurewerte können absinken. Vor allem aber werden die Reben anfälliger gegen Krankheiten. Dazu kommt die ökologisch bedenkliche Grundwasserbelastung durch Nitratauswaschung.

Auch um der Erosion vorzubeugen, müssen mitunter Maßnahmen ergriffen werden. Da Weinbau häufig in Hanglagen stattfindet, wird die Oberflächenkrume ständig durch Regen und Wind zu Tal getragen. Im Burgund haben die Weinbauern früher die Erde in Körben wieder in den Hang zurückgebracht. In den Steillagen der Mosel, am Rhein bei Nierstein und an der Côte Rôtie wird noch heute nach heftigen Regenfällen der ausgeschwemmte Boden eingesammelt und in den Hang zurückbefördert. Um die Erosion von vornherein zu vermeiden, wird in steilen Weinberglagen oft eine gezielte Oberflächenbegrünung vorgenommen. Sie hält den Boden am Hang. Die ausgesäten Gräser und Pflanzen müssen allerdings kurze Wurzeln haben, um den Reben nicht zu viel Feuchtigkeit wegzunehmen. Typische Erosionsstopper sind zum Beispiel Raps, Ölrettich und Klee sowie Senfgras, das im kalifornischen Napa Valley als Kulturpflanze zwischen den Reben angebaut wird. Winterroggen dient dazu, die Winderosion zu bremsen.

Die Schädlingsbekämpfung

Reben in Hochleistungs-Monokulturen sind anfällig für Pilzkrankheiten und Insektenbefall. Beides kann zu empfindlichen Einbußen bis hin zum Ertragsausfall führen — eine existentielle Katastrophe für viele Winzer. Mit Insektiziden und Fungiziden lassen sich solche Risiken zwar erfolgreich bekämpfen, aber diese Art der Schädlingsbekämpfung ist teuer, besonders wenn prophylaktisch gespritzt wird. Auch ist beobachtet worden, dass Reben oder Insekten gegen bestimmte Spritzgifte schnell resistent werden, mit der Konsequenz, dass es im Folgejahr zu einer explosionsartigen Ausbreitung des Schadens kommen.

Nicht zuletzt sind immer mehr Menschen der Meinung, dass die Natur für ein Genussmittel wie Wein nicht geschädigt werden dürfe. Viele Winzer stellen deshalb auf naturnahen Weinbau um. Das bedeutet unter anderem die Unterbrechung der Monokulturen. Der integrierte Weinbau versucht außerdem, durch Kontrolle des Insektenflugs und durch Einbeziehung von Wettervorhersagen einen möglichen Schädlingsbefall zu prognostizieren, mit dem Ziel: solange kein unmittelbares Risiko bevorsteht, wird das prophylaktische Spritzen unterlassen. Muss eingegriffen werden, spritzt der biologische Weinbauer mit einer weniger gefährlichen Kupfersulfat-Lösung (»Bordelaiser Brühe«), die Blätter und Blüten abhärtet.

Hilfsmaßnahmen

Nicht immer hält die Natur die optimalen Voraussetzungen für den Weinbau bereit. Bisweilen muss der Mensch massiv eingreifen, um ernsthafte Schäden im Weinberg zu verhindern. Dazu gehören zum Beispiel Maßnahmen zur Verhinderung von Frostschäden in den nördlichen Anbauländern und von allzu großer Trockenheit in den südlichen Ländern.

Einige nördliche Weinanbaugebiete, etwa das französische Chablis und die Champagne, sind stark frostgefährdet. Wenn die Temperaturen nach dem Austrieb unter null Grad zu sinken drohen, verbringen die Winzer Tag und Nacht im Weinberg um glühende Ölöfen oder brennende Autoreifen, mit denen sie die Weinberge erwärmen wollen. In Kalifornien stellt man riesige Ventilatoren in den Weinberg, um die kalte Luft aus den Tallagen abfließen zu lassen. In Deutschland werden Weinberge manchmal großflächig beregnet, so dass sich eine Eisschicht um die jungen Triebe bildet, die »Erstarrungswärme« abgeben. Am gefürchtetsten sind Spätfröste im Mai während der Eisheiligen.

In Anbaugebieten, in denen Niederschläge nur im Winter fallen, müssen die Reben künstlich beregnet werden. Meist handelt es sich um eine Tropfberegnung. Dabei tritt aus einem fest in den Rebzeilen installierten Schlauch im Zehn- oder Zwanzig-Sekunden-Abstand ein Wassertropfen aus. Vor allem in den trockenen Sommermonaten kann eine solche Tropfberegnung notwendig sein. Sie dient nicht der Ertragssteigerung, sondern dem Überleben der Rebpflanze. Auch Neuanpflanzungen, die noch nicht im Ertrag sind, brauchen oft eine solche Tropfberegnung.

Etwas ganz anderers sind Bewässerungsanlagen, die ganze Rebstriche großflächig beregnen, um Traubenerträge von 200 Doppelzentnern pro Hektar und mehr zu ernten. Eine solche Bewässerung dient nicht der Gesundheit der Reben, sondern hat einzig eine Ertragssteigerung zum Ziel. Man findet sie zum Beispiel im kalifornischen Central Valley, in den australischen Riverlands, im Norden Chiles und im südafrikanischen Robertson Valley.

Ertragsbegrenzung –
A und O für Qualität

Wie die meisten Pflanzen neigt auch die Rebe zu einer starken Fruchtbildung, sofern Klima und Boden es zulassen. Es liegt also weitgehend in der Hand des Weinbauern, die natürliche Produktivität der Rebe zu begrenzen.

Das Alter der Reben beeinflusst ihre Produktivität stark. Ihre quantitativ besten Erträge geben sie zwischen dem zwölften und 25. Lebensjahr, danach nimmt ihre Leistung kontinuierlich ab. Die meisten Winzer hacken ihre Reben deshalb nach 25 Jahren aus und ersetzen sie durch neue. Ganz anders die Spitzenhersteller: Château Margaux verwendet für seinen Grand Vin nur Reben mit einem Mindestalter von 40 Jahren, für seinen Zweitwein Pavillon Rouge solche von mindestens 25 Jahren. Der Grund ist: Je geringer die – altersbedingte – Eigenproduktivität der Rebe, desto besser die Qualität der Trauben. Einige berühmte Weine Frankreichs oder anderer Länder tragen als zusätzlichen Qualitätshinweis auf dem Etikett die (allerdings nicht geschützte) Bezeichnung »alte Reben«: *vieilles vignes*.

Die Qualität eines Weins steigt, je weniger Reben am Rebstock hängen. Das besagt das Menge-Güte-Gesetz. Will man also einen Qualitätswein erzeugen, muss dort, wo die Natur die Quantität nicht von sich aus begrenzt, der Mensch dafür Sorge tragen. Überall auf der Welt basiert der Qualitätsweinbau auf mehr oder minder strengen Ertragsbegrenzungen. Das heißt: Die Reben dürfen ein bestimmtes Quantum an Trauben pro Hektar Weinberg nicht überschreiten, sonst läuft der Weinbauer Gefahr, dass sein Wein die Anerkennung als Qualitätswein verliert und als Tafelwein deklassiert wird. Die Festlegung der Höchsterträge erfolgt durch die nationalen Weinbaubehörden. Ihre Höhe ist von Anbaugebiet zu Anbaugebiet verschieden: Sie reicht von 35 Hektolitern in den Grand-Cru-Appellationen Burgunds bis zu 200 Hektolitern in den Beregnungsgebieten Australiens und Kaliforniens (bei der Weinen, die dort erzeugt werden, handelt es sich nicht um Qualitätsweine im europäischen Sinn). Umgekehrt dürfen die Höchsterträge selbstverständlich unterschritten werden. Allerdings führt eine Verringerung der Erträge ab einer bestimmten Grenze nicht mehr zu einer entsprechenden Qualitätssteigerung.

Das Menge-Güte-Gesetz beruht auf einem biologischen Faktum: Eine Pflanze kann nur eine begrenzte Menge an Früchten zur Reife bringen. Je mehr Trauben am Rebstock hängen, desto langsamer reifen sie. Entsprechend groß ist in kühlen Anbaugebieten die Gefahr, dass sie zum Lesezeitpunkt nicht voll ausgereift sind. In warmen Anbaugebieten bilden die Trauben zwar genügend Zucker, aber wenig andere Inhaltsstoffe: Die Extraktwerte sind niedrig, der Most verwässert. Der Mehrertrag führt zu einem Verlust an Qualität, Konzentration und Dichte. Da er aufgrund der größeren Mengen aber auch zu höheren Einnahmen führt, nehmen viele Weinbauern den Qualitätsverlust in Kauf.

Die Bestockungsdichte

Die vielleicht wichtigste Frage des qualitätsorientierten Weinbaus ist, wie viele Rebstöcke pro Hektar gepflanzt werden sollen. Wissenschaftler sind sich nämlich einig, dass die Qualität des Weins nicht primär von einem niedrigen Traubenertrag pro Hektar Weinberg abhängt, sondern von einem niedrigen Ertrag pro Rebstock. Je mehr Rebstöcke auf einer bestimmten Rebfläche gepflanzt sind, desto weniger Trauben trägt jeder einzelne Rebstock – wegen der großen Nahrungskonkurrenz untereinander. Die Bestockungsdichte hat also einen direkten Einfluss auf die Erträge und damit auf die Qualität des Weins.

Das hat sich nicht überall auf der Welt herumgesprochen. In Teilen Spaniens beispielsweise sind die Weinberge noch im traditionellen Weitstand angelegt: Etwa 1100 Reben kommen auf einen Hektar Land, das heißt, der Abstand von Rebe zu Rebe beträgt 2,50 Meter, die Breite des Zwischenraums zwischen den Rebzeilen 3,50 Meter. Das bedeutet wenige Reben pro Hektar Land, aber jede Traube trägt viele Trauben. Das mag für Tafel- oder Landweine gut sein, Spitzenweine dagegen werden kaum aus solchen Weinbergen kommen.

In vielen Qualitäts-Anbaugebieten der Welt, zum Beispiel in Kalifornien, sind die Weinberge so angelegt, dass sie mit herkömmlichen Maschinen bearbeitbar sind. Die Anzahl der Rebstöcke schwankt zwischen 2300 und 3500 pro Haktar. Das bedeutet, die Reben stehen in einem Abstand von 1,50 Meter nebeneinander, die Wegbreite beträgt 1,90 Meter. In solchen Weinbergen werden gute bis sehr gute Weine erzeugt.

In den Grand-Cru-Lagen Bordeaux', Burgunds und der Champagne tragen die Rebstöcke kaum mehr als ein halbes Kilo Fruchtgewicht. Das entspricht einer einzigen kleinen Traube. Dieser Minderertrag pro Stock wird durch eine entsprechend große Zahl von Rebstöcken kompensiert. Auf einem Hektar stehen dort oft 10 000 Rebstöcke, bisweilen auch mehr. In der Champagne beispielsweise stehen die Reben nur einen Meter voneinander entfernt, und die Breite der Wege zwischen den Rebzeilen beträgt ebenfalls nur einen Meter. Bei einem solchen Dichtstand ist die Nahrungskonkurrenz entsprechend groß und zwingt die Reben, tief zu wurzeln und ihre Trauben dicht am Stamm zu bilden, damit die Transportwege für die Nahrung kurz bleiben. Die Bearbeitung eines solchen Weinbergs ist aufwendig. Für herkömmliche Traktoren sind die Rebzeilen zu eng. Die Franzosen haben für die Arbeit in derartigen Weinbergen eigens schmale, hochrädrige Traktoren, so genannte *enjambeurs*, entwickelt. Ein großer Teil der Arbeit muss allerdings per Hand erfolgen. Die höheren Kosten werden aber durch bessere Qualität und höhere Preise wettgemacht.

Nicht nur in Frankreich, sondern auch in einigen hochklassigen Weinanbaugebieten anderer Länder werden neue Weinberge heute wieder dichter bepflanzt als in der Vergangenheit. In den wärmeren Zonen des Mittelmeers pflanzt man 4500 bis 6000 Stöcke pro Hektar, um qualitativ bessere Trauben zu bekommen. Einige alte Weinberge an Mosel und Saar, die aus der Zeit vor der Mechanisierung stammen, sind sogar noch mit 8000 oder 12 000 Rebstöcken pro Hektar bepflanzt. Denn Dichtstand hat Tradition. Im letzten Jahrhundert, als die Weinberge noch mit Pferden oder Maultieren bearbeitet wurden, standen oftmals 20 000 Reben auf einem Hektar. In der Antike pflanzten die Römer sogar bis zu 35 000 Stöcke.

Die Wahl der richtigen Erziehung

Reben sind Kletterpflanzen. Sie brauchen Kletterhilfen zum Wachsen: Stützpfähle, gespannte Drähte oder Holzgestelle. Es gibt Dutzende Kletterhilfenmöglichkeiten, in der Fachsprache Rebenerziehungssysteme. Ausschlaggebend für ihre Auswahl ist, ob niedrige oder hohe Erträge erzielt werden sollen, denn ihre Konstruktion entscheidet mit darüber, ob die Rebe viele oder wenige Trauben trägt. Das bedeutet, das Erziehungssystem hat einen großen Einfluss auf die Produktivität der Rebe. So begrenzt die Ein-Bogen-Erziehung den Fruchtansatz stärker als die Zwei-Bogen-Erziehung, und die Pergola-Erziehung eröffnet dem Rebstock ein üppigeres Wachstum als eine Drahtrahmen-Erziehung. Die Art, wie die Kletterhilfen konstruiert sind, hängt aber auch von den Klimaverhältnissen und von der Bodenbeschaffenheit ab – und davon, ob die Reben von Hand oder mechanisch bearbeitet werden sollen. Auch hat fast jedes Weinanbaugebiet bei der Rebenerziehung seine eigenen Traditionen. Genau betrachtet sind die meisten Erziehungssysteme aber nur Varianten von drei Grundtypen: dem Gobelet-System, dem Guyot-System und dem Cordon-System.

Gobelet-System

Das älteste, noch immer praktizierte System zur Erziehung von Reben wurde wahrscheinlich in der Antike von den Griechen erfunden, später von den Römern übernommen und ist noch heute im Mittelmeerraum weit verbreitet. Man findet das Gobelet-System in ganz Südfrankreich, an der Rhône bis hinauf ins Beaujolais, in Spanien und in Teilen Süditaliens (Apulien und Sizilien). Der Rebstamm wird dabei sehr kurz gehalten: Er misst 30 bis 65

Gobelet-System: ältestes Reben-Erziehungssystem, nur im Qualitätsweinbau verbreitet.

Zentimenter. Die Rebe wird so geschnitten, dass nur drei nach oben wachsende Schenkel stehen bleiben. Im Herbst biegen sie sich unter dem Gewicht der Trauben nach unten wie die Rippen eines aufgespannten Regenschirms.

Das System ist auch unter den Bezeichnungen Goblet, Bäumchen, alberello, en vaso oder bush vines bekannt. Es kommt zum Teil ohne Stützen aus, zum Teil fungieren einzelstehende Pfähle als Stützen. Der Anschnitt ist kurz, nur wenige Augen werden stehen gelassen. Das Gobelet-Prinzip ist Garant für geringe Erträge und daher für den Massenweinbau ungeeignet. Gerade im Qualitätsweinbau der warmen Regionen ist es jedoch wieder stark im Kommen.

Guyot-System

Das im europäischen Qualitätsweinbau am häufigsten praktizierte Erziehungssystem ist das Guyot-System. Es wird in Bordeaux ebenso wie in großen Teilen Burgunds, der Côte Rôtie, der Loire, des Elsass, aber auch in den wichtigsten Weinbaugebieten Italiens (Toskana, Pie-

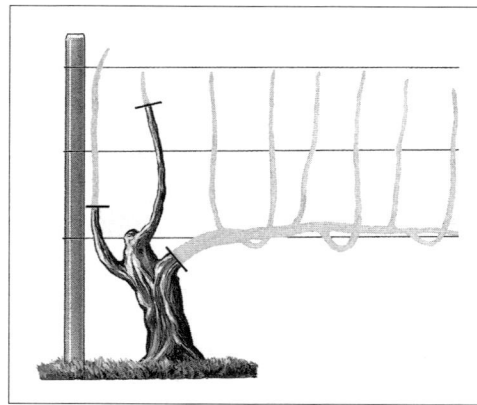

Guyot-System: klassische Drahtrahmenerziehung, die das Wachstum der Rebe begrenzt.

mont), Spaniens und teilweise in Deutschland und Österreich angewendet. Dabei ranken sich die Reben an Drähten empor. Zunächst wird beim winterlichen Rebschnitt eine Fruchtrute stehen gelassen – man wählt dazu die dem Stamm am zweitnächsten befindliche –, auf sechs bis fünfzehn Augen angeschnitten, gebogen und am untersten Draht festgebunden. Sie soll später die Trauben tragen.

Die dem Stamm am nächsten wachsende Fruchtrute wird auf zwei Augen angeschnitten. Sie trägt im darauffolgenden Jahr die Früchte. Der Stamm ist zwischen 30 und 80 Zentimeter hoch. Als Stützen dient ein Drahtrahmen. Der Anschnitt erfolgt auf sechs bis 15 Augen. Je nach Anschnitt sind geringe bis mittlere Erträge möglich, das bedeutet, je weniger Augen stehen gelassen werden, desto weniger Ertrag wird erzielt. Werden zwei Fruchtruten stehen gelassen, sind aber auch hohe Erträge möglich. Das System ist die klassische Drahtrahmenerziehung, die das Wachstum der Reben begrenzt.

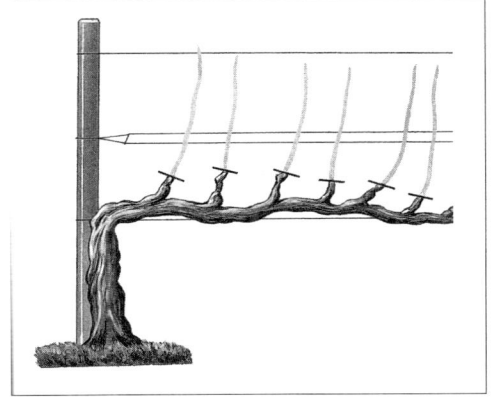

Cordon-Erziehung: rationelle, auch für maschinelle Rebenpflege geeignete Erziehung.

Cordon-Erziehung

Das weltweit verbreitetste Rebenerziehungssysteme ist die Cordon-Erziehung. Es ist ein rationelles Systen und hat den Vorteil, dass der Rebschnitt und das Aufbinden der Rebschenkel relativ leicht sind und keine großen handwerklichen Fähigkeiten erfordern – bei zunehmender Verknappung von erfahrenen Weinbergarbeitern ein wichtiger Gesichtspunkt. Zudem ist es auch für maschinelle Rebenpflege geeignet, das heißt, die Reben können leicht mechanisch beschnitten und geerntet werden.

Die Cordon-Erziehung ist in Nord- und Südamerika, in Südafrika, Australien und Neuseeland weit verbreitet. Auch in Europa, vor allem in einigen Weindörfern Burgunds (z. B. Chassagne-Montrachet), werden die Reben nach diesem System erzogen. Als Stützen dient auch hier ein Drahtrahmen. Ein oder zwei Rebschenkel werden permanent stehen gelassen und an den Draht gebunden. Der Anschnitt erfolgt auf zwei bis fünf Augen, je nach erwünschten Traubenerträgen. Das Erziehungssystem wird im Qualitäts- und Massenweinbau eingesetzt.

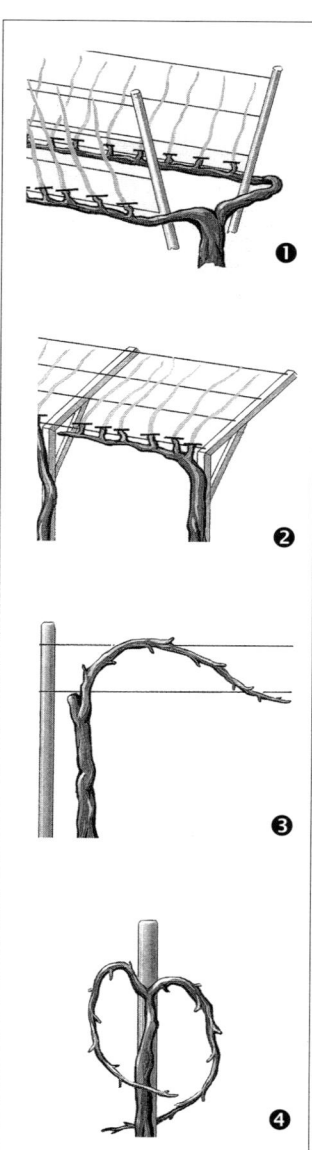

Andere Erziehungssysteme

Neben diesen verbreitetsten Systemen gibt es eine Reihe von Spielarten: Beispielsweise das noch junge, aber erfolgreiche System mit dem Namen Lyra ❶.

Es wurde in Bordeaux entwickelt und hat die Form eines Y. Vorteil dieses Systems ist die doppelte Laubwand, durch die die Trauben mehr Sonne erhalten.

Vor allem in einigen Alpentälern (Südtirol, Trentino, Valpolicella) ist das alte Pergola-System noch verbreitet, bei dem die Reben an laubenartigen Holzgestellen entlangranken ❷.

Eindeutiger Nachteil dieses Systems: Es bleiben zu viele Trauben pro Rebe auf dem Stock, was zu Qualitätsverlust führt.

In Deutschland existiert vor allem die Bogenerziehung, ein weit verbreitetes Erziehungssystem, das es als Flachbogen, Halbbogen und Pendelbogen gibt ❸. Es ist leicht zu bearbeiten, erfordert allerdings handwerkliches Geschick, denn das Holz kann beim Aufbinden leicht brechen. An Mosel, Saar und Ruwer hat sich die Ganzbogenerziehung bewährt, eine traditionelle Pfahlerziehung ❹. Bei diesem System hängen die Trauben dicht am Boden und bekommen viel Wärme und Sonne.

Der Rückschnitt

Wichtige Qualitätsmaßnahmen sind auch der Rückschnitt der Reben im Winter und ihre Ausdünnung im Sommer. Beide Vorgänge dienen der Ertragsbegrenzung. Im Winter ruhen die Reben, aber im Weinberg wird gearbeitet. Rebschnitt-Trupps streifen durch die Rebzeilen und kappen 90 Prozent der alten Fruchtruten. Um die Hüfte tragen sie ein Halfter, in dem eine Rebschere steckt. Alte Rebscheren funktionieren mit Handkraft, die neuen arbeiten pneumatisch. Manche Weingüter beginnen schon im November mit dem Winterschnitt, andere erst in Januar oder Februar, wenn die (während der Lese noch grünen) Fruchtruten verholzt sind. Dabei wird der größte Teil des alten Holzes entfernt. Je weniger Fruchtruten (eine oder zwei) mit umso weniger Augen (sechs bis zwanzig) stehen gelassen werden, desto geringer ist der Fruchtansatz im Frühjahr. Das bedeutet weiter, desto weniger Beeren mit dementsprechend höherem Extrakt und besserer Qualität können geerntet werden.

Auch der Sommerschnitt dient zur Qualitätssteigerung. Bei allzu vollem Behang hat der Weinbauer die Möglichkeit, einen Teil der noch grünen Trauben zu entfernen. Nach der Färbung der Beeren im August, manchmal auch schon im Juli, schicken die Weingutbeseitzer ihre Arbeiter wieder durch den Weinberg. Dabei werden die Trauben entweder herausgebrochen oder herausgeschnitten — damit wird der Ertrag gesenkt und die Konzentration in den Reben erhöht. Qualitätswinzer dünnen bis zu 50 Prozent der Trauben aus. In manchen Jahren kommt ihnen die Natur zu Hilfe: Wenn Krankheiten, Hagel, Spätfrost und Blüteschäden den Fruchtansatz (Behang) schon reduziert haben, kann man auf den Sommerschnitt verzichten.

Qualitätsmaßstab Hektarhöchsterträge

Frankreich ist der Pionier der modernen Qualitätsweinerzeugung. Dort werden die Hektarhöchsterträge meist in Hektoliter Most pro Hektar angegeben (1 Hektoliter = 100 Liter). Die italienischen Weingesetze sprechen dagegen von Doppelzentner Trauben pro Hektar. Die Mostausbeute der Trauben liegt bei durchschnittlich 70 Prozent.

Deutschland

Rheingau	100 hl
Mosel-Saar-Ruwer	125 hl

Frankreich*

Bordeaux Sec	65 hl
Pauillac	45 hl
Margaux/Saint-Julien/Saint-Estèphe	45 hl
Saint-Emilion	45 hl
Saint-Emilion Grand Cru	40 hl
Pomerol	40 hl
Chambertin Grand Cru	35 hl
Pommard 1er Cru	40 hl
Montrachet Grand Cru	40 hl
Meursault	45 hl

Beaujolais	65 hl
Coteaux du Languedoc	50 hl
Côtes du Rhône	50 hl
Champagne	60 hl
Elsass	80 hl
Elsass Grand Cru	55 hl

Italien

Chianti	65 hl
Chianti Classico	55 hl
Brunello di Montalcino	55 hl
Barolo/Barbaresco	55 hl
Collio (Friaul)	80 hl
Soave	100 hl
Teroldego (Trentino)	120 hl

Österreich

| alle Anbaugebiete | 67,5 hl |

Schweiz

| Genf | 90 hl |
| Wallis | 80 hl |

Spanien

| Ribera del Duero | 60 hl |
| Rioja | 60 hl |

Kalifornien, Südafrika, Australien

keine Ertragsbegrenzung

---

* Auf Antrag darf der angegebene Basisertrag um bis zu 20 % überschritten werden.

Natürliche Ertragseinbußen

Nicht zuletzt hängt die Höhe der Erträge von den natürlichen Gegebenheiten ab. Auf trockenen, steinigen Böden (»warmen« Böden) können Reben keine Massenerträge produzieren, auf feuchten, stickstoffreichen Böden (»kalten« Böden) tragen sie umso mehr. Auch das Klima spielt eine große Rolle. Ein kühles, feuchtes Frühjahr kann dazu führen, dass nicht alle Blüten befruchtet werden: Die Trauben verrieseln. Spätfröste im Mai können die Blüte sogar ganz zerstören. Im Sommer bedroht Hagel die Reben. Die Eignung eines Gebietes zum Qualitätswein-Anbau ist daher stark von den natürlichen Faktoren abhängig. Nicht zu vergessen die Rebkrankheiten, von denen große Gefahr ausgeht und die die Erträge bisweilen drastisch dezimieren.

Rebkrankheiten
■ Echter Mehltau (Oidium)
Ein weißgrauer Pilzbelag legt sich über Blätter und Beeren und zerstört die Beerenhaut. Gefährliche, aus Nordamerika eingeschleppte Rebkrankheit, die zum totalen Ertragsausfall führt, wenn sie nicht bekämpft wird.

■ Falscher Mehltau (Peronospora)
Bei dieser gefährlichsten Rebkrankheit bildet sich ein weißer Pilzrasen auf der Unterseite der Blätter, so dass diese abfallen. Auch die Fruchtstände werden befallen. Die jungen Beeren schrumpeln, werden braun und ledrig.

■ Grauschimmel (Botrytis cinerea)
Botrytis cinerea ist ein bei starkem Regen auftretender Schimmel, der die jungen Trauben faulen lässt. Anti-

Botrytizide dürfen nur bis vier Wochen vor der Lese gespritzt werden, um Rückstände auf der Beere zu vermeiden.

■ *Blattgallmilbe*

Die gefährliche Raubmilbe nistet sich im Winter in der Wolle der Knospen ein und saugt im Frühjahr nach dem Austrieb den Saft aus den jungen Blättern. Dabei scheidet sie ein Speichelsekret ab, das für die Pockenbildung auf den Blättern verantwortlich ist.

■ *Traubenwickler*

Diese Motte legt ihre Eier in den Blütenkäppchen ab. Aus ihnen schlüpft im Juni der Heuwurm, der die Gescheine (Blütenstände) zerfrisst. Ihm folgt Ende Juli der Sauerwurm, der die Beeren von innen aushöhlt. Der Traubenwickler ist eine gefährliche Insektenplage, die durch Pheromonfallen erkannt und dann bekämpft werden muss.

■ *Flavescence Dorée*

Diese neue Blattkrankheit breitet sich in Frankreich, Italien und Deutschland epidemisch aus. Die Blätter rollen sich ein und fallen ab.

Rebschäden
■ *Verrieseln der Blüte*

Durch kühles, feuchtes Wetter und mangelnde Lichteinstrahlung während der Blüte wird diese Fruchtbarkeitsstörung hervorgerufen. Sie führt dazu, dass nur wenige Blüten bestäubt werden und folglich im Herbst nur wenige Beeren an der Traube hängen. Für den Winzer kann das eine erhebliche Ertragsminderung bedeuten.

■ *Chlorose*

Diese Nährstoffstörung führt zu verminderter Chlorophyllbildung und zur Vergilbung der Blätter. Ausgelöst werden Chlorosen durch einen Mangel an Stickstoff, Magnesium oder anderen Mineralstoffen, besonders auf kalkhaltigen Böden.

Wie Wein entsteht

Wein kann nie besser sein als die Trauben, aus denen er gewonnen wird. Im Grunde ist er ein natürliches Produkt, und seine Herstellung bedarf weder eines Kellermeisters noch komplizierter Kellertechnik. Praktisch jedoch beeinflussen den Wuchs der Rebe und den Gärvorgang eine Vielzahl von Faktoren.

Den Vorgang der Gärung und die damit verbundenen und daran anschließenden Prozesse zu kontrollieren, ist die Aufgabe des Kellermeisters. Er ist zwar kein Weinmacher, aber er schafft die Voraussetzungen dafür, dass feiner, wohlschmeckender Wein entsteht.

Ganz besondere Bedeutung kommt dem menschlichen Eingreifen durch die Person des Kellermeisters oder Önologen in den Weinanbauländern der so genannten Neuen Welt zu. Unter anderem – und nicht zuletzt – sorgt er dafür, dass der Most während der Gärung gekühlt wird.

Die Weingüter sehen dann zwar wegen der vielen technischen Hilfsmittel wie Raffinerien aus, doch nur so gelingt es, auch in warmen Anbaugebieten wie dem neuseeländischen Marlborough feine Weine entstehen zu lassen. Doch immer wieder gelingt es Kellermeistern leider auch, aus guten Trauben schlechte Weine zu keltern.

Von der Traube zum Wein – die Weinbereitung

Unter Weinbereitung wird die Verarbeitung der Trauben zu Wein verstanden. Sie beginnt mit der Annahme der Trauben im Keller und endet beim Abstich des vergorenen Weins von der Hefe. Sie zieht sich also über einen Zeitraum von einer Woche bis zu drei Monaten hin – je nach Wein und Art der Vergärungsmethode. Die meisten Weine gären zehn bis 15 Tage. Manch einfacher, leichter Rotwein ist aber auch schon nach vier Tagen vergoren. Weißweine können dagegen durchaus drei bis fünf Wochen gären, edelsüße Weißweine drei Monate lang. Das Gärtempo hängt von der Temperatur im Gärkeller ab. Diese bestimmt in der Regel der Kellermeister. Je höher die Temperatur, desto rascher verläuft die Gärung – je niedriger, desto langsamer geht sie vonstatten.

Die Bereitung von Weißwein und Rotwein ist nicht grundsätzlich verschieden. Der wichtigste Unterschied besteht darin, dass beim Rotwein die Schalen mitvergoren werden, beim Weißwein hingegen nur der Saft vergoren wird. Das heißt: Die weißen Trauben werden gleich nach Ankunft im Keller abgepresst. Der Saft wird aufgefangen und vergoren. Rote Trauben werden dagegen nur gemahlen oder ganz sanft gequetscht, so dass die Beerenhaut aufplatzt. Saft, Fruchtfleisch, Schale und Traubenkerne bilden zusammen die Maische. Sie wird vergoren. Erst nach der Gärung wird die Maische ausgepresst. Der ohne Pressdruck frei ablaufende Wein ist das hochwertigere Produkt. Der Presswein ist dagegen ein Wein zweiter

Qualität. In ihm finden sich zahlreiche harte Tannine, weshalb er dem Hauptwein in der Regel nicht zugefügt wird. Lediglich in schwächeren Jahren kann es passieren, dass dem Hauptwein ein kleiner Anteil Presswein zugegeben wird – in Bordeaux zum Beispiel eine übliche Praxis.

Die ausgepressten Schalen wurden früher getrocknet, zu Briketts gepresst und als Brennstoff verwendet. Im Winter spendeten sie dann Wärme in kalten Winzerstuben. Auch Weinstein (Kaliumhydrogentartrat) wurde aus ihnen gewonnen. Weinstein ist für die pharmazeutische Industrie (Seignettesalz) und die Lebensmittelherstellung (Backpulver) ein wichtiger Grundstoff. Inzwischen wird Kaliumhydrogentartrat synthetisch hergestellt, so dass diese Nebenerwerbsquelle für Winzer versiegt ist. Heute wird der Trester meist kompostiert und als organischer Dünger in den Weinbergen ausgebracht. Einige Winzer verkaufen den Trester auch an Destillationsbetriebe, die Tresterschnaps herstellen (in Italien Grappa, in Frankreich Marc genannt). Die Schalen der weißen Trauben, die immer noch Reste von Zucker enthalten, werden mit Most aufgegossen, vergoren, und der so entstehende Wein wird destilliert. Auf diese Weise entstehen Traubenbrände aus weißen Sorten.

Aus Most wird Wein

Voraussetzung für die Entstehung von Wein ist die Umwandlung des Traubenmostes in Wein: die so genannte alkoholische Gärung. Dabei handelt es sich um einen komplizierten chemischen Prozess, der in mehreren Schritten abläuft und nicht nur Alkohol, sondern auch zahlreiche Nebenprodukte hervorbringt: erwünschte und unerwünschte. Das wichtigste Nebenprodukt ist Kohlendioxid (CO_2). Dieses geruchlose Gas entweicht dem gärenden Wein in Form von Blasen. Deshalb sind die meisten Gärgefäße zur Oberseite hin offen. Wenn also der Wein im Gärgefäß »blubbert« oder »prickelt«, zeigt das dem Winzer an, dass der Wein schon (oder noch) gärt.

Alkoholische Gärung durch Weinhefen

Jeder Wein braucht Hefen, um zu gären. Ohne Hefen bleibt er Traubenmost. Sie bewerkstelligen die Umsetzung des Zuckers in Alkohol. Allerdings gibt es zahlreiche Hefestämme, und jeder hat seine Eigenarten – nicht immer nur positive. Die Qualität des Weins hängt also auch von der richtigen Hefe ab. Hefen sind Pilze und gehören, wie auch Algen und Bakterien, zu den einzelligen Pflanzen und damit zu den einfachsten Mikroorganismen im Pflanzenreich. Sie vermehren sich durch Abtrennung ausgestülpter Zellen. Die Energie dazu liefert der Zucker, der im Traubenmost als Glucose und Fructose gelöst ist. Er bildet gleichsam die Nahrung für die Hefen, während der Alkohol, der am Ende entsteht, nur ein Nebenprodukt des Vermehrungsprozesses ist. Allerdings ist die Tätigkeit der Hefen an bestimmte Voraussetzungen gebunden. Bei hohen Temperaturen vermehren sich die Hefen schnell und bewirken eine stürmische Gärung. Niedrige Temperaturen machen die Hefen träge und führen zu einer langsamen Gärung. Bei Temperaturen unter 12 °C stellen die meisten Hefen ihre Tätigkeit sogar ganz ein. Die Gärung bleibt stecken – der Albtraum eines jeden Kellermeisters.

Bei einer Temperatur des Mostes von etwa 15 °C an vermehren sich die Hefen kontinuierlich, und zwar so lange, bis der gesamte Zucker verarbeitet und der Wein staubtrocken ist. Danach sterben die Hefen ab und fallen auf den Boden des Fasses. »Geläger« sagt der Fachmann zu dem Hefetrub. Das bedeutet: Wenn der Kellermeister nicht einschreitet, gärt jeder Wein automatisch durch. Nur bei extrem zuckerreichen Mosten kann es passieren, dass die Gärung stecken bleibt, bevor der Zucker ganz vergoren ist. Hat nämlich der Wein einen Alkoholgehalt von etwa 15 Vol.% erreicht, sterben die Hefen ab. Zu viel Alkohol ist der Feind der Hefen. Dies passiert regelmäßig bei edelsüßen Weinen, gelegentlich aber auch ungewollt bei hochgrädigen Mosten, die eigentlich durchgären sollen. Spektakulärstes Beispiel war der 1992er Le Montrachet von der berühmten Domaine de la Romanée-Conti. Er kam nie auf den Markt, weil er nicht durchgärte und restsüß blieb.

Der botanische Name für die Weinhefe lautet Saccharomyces ellipsoideus (auch Saccharomyces cerevisiae genannt). Ähnliche Gärhefen werden auch bei der Bierherstellung und in der Brotproduktion verwendet. Allerdings besteht jede Hefegattung aus zahlreichen Hefestämmen – so auch die Weinhefe. Jeder Hefestamm reagiert in unterschiedlicher Weise auf die Inhaltsstoffe des Traubenmosts und prägt demzufolge den Wein auf seine Weise – ähnlich wie der Boden oder die Lage es tun. So gibt es zum Beispiel alkoholempfindliche Hefen, die nur bis etwa 5 Vol.% arbeiten. Danach übernehmen andere Hefen ihre Arbeit. Wieder andere sind wärmeempfindlich oder produzieren viel Schwefelwasserstoff, womit die Wahrscheinlichkeit steigt, dass der Wein später einen »Böckser«, einen Geruchsfehler, aufweist. Es gibt aromatisierende Hefen für junge Weißweine und Hefen, die speziell für die Sorte Sauvignon Blanc selektiert wurden, um ihr einmal ein weiches, einmal ein aggressiveres Aroma zu geben. Champagnerhefen zeichnen sich dadurch aus, dass sie nach dem Absterben große Flocken bilden.

Welche Hefe für welchen Wein?

Weinhefen gibt es aus der Natur oder aus dem Labor. Im ersten Fall handelt es sich um natürliche oder wilde Hefen, im zweiten Fall um Reinzuchthefen. Da Hefen fast überall vorkommen, wo Trauben wachsen, hat nahezu jeder Landstrich, manchmal auch jeder Weinberg seine eigenen natürlichen Hefekulturen. Sie kommen im Normalfall mit den Trauben in den Keller oder befinden sich bereits dort, sofern dieser in einem Weinanbaugebiet liegt. In regnerischen, kühlen Jahren bilden sich allerdings nur wenige Hefen. Starkes Spritzen von Fungiziden und Insektiziden beeinträchtigt ebenfalls die Bildung der Hefekulturen. Außer durch den Wind werden die Sporen des Hefepilzes nämlich durch Insekten, insbesondere durch die Fruchtfliege, weitergetragen. In solchen Jahren ist der Kellermeister auf Reinzuchthefen angewiesen. Reinzuchthefen sind selektierte natürliche Hefen, die in speziellen Labors vermehrt werden und als Trockenhefe in den Handel kommen. Mit ihnen wird der Most »geimpft«.

Die meisten Weinerzeuger benutzen heute Reinzuchthefen zur Vergärung des Weins. Reinzuchthefen sind berechenbarer und mindern das Risiko, dass der Most nicht angärt, dass die Gärung stecken bleibt oder der Wein unangenehme Nebentöne annimmt. Die Weinerzeuger der Neuen Welt verwenden nahezu ausschließlich Reinzuchthefen (in einigen Weinanbaugebieten Kaliforniens, Südafrikas und Australiens bleibt ihnen gar nichts anderes übrig, weil es dort klimabedingt keine Hefekulturen gibt). Aber auch in Europa schwören viele Weinproduzenten aus leidvoller Erfahrung inzwischen auf Reinzuchthefen – und keineswegs nur Großkellereien und Genossenschaften. Die Kehrseite der Medaille ist, dass die Weine ganzer Landstriche manchmal so uniform sind, dass Boden- und Sortenunterschiede nicht mehr in der gewünschten Weise zutage treten – vor allem, wenn alle Weinerzeuger die gleichen Reinzuchthefen verwenden.

Bei natürlichen Hefen, so beteuern Winzer aus Bordeaux, Burgund und vielen Teilen Deutschlands, könne das nicht passieren. Sie ergeben charaktervolle, vielschichtige Weine, weil die Hefekulturen im Weinberg nicht nur aus einem Hefestamm, sondern aus mehreren wilden Hefestämmen bestehen, und jeder einzelne trägt zum Gelingen des Weines bei. Amerikanische und australische Önologen schmunzeln über solch einen »Märchenglauben«. Doch die Europäer lassen sich nicht beirren. Zumindest die Spitzenwinzer pflegen mit Inbrunst ihre Hefekulturen, indem sie geschnittenes Rebholz, Pressrückstände und das Geläger kompostieren, um sie als organischen Dünger später wieder im Weinberg auszubringen und so zur Erhaltung ihrer eigenen Hefekulturen beizutragen.

Der Entdecker der Weinhefen

Der französische Chemiker Louis Pasteur hat als Erster den Vorgang der alkoholischen Gärung vollständig und präzise beschrieben. Zwar wurde lange vor ihm schon Wein erzeugt und ebenso lange war bekannt, dass es der Zucker im Traubenmost ist, der sich in Alkohol verwandelt. Aber dass es dazu der Aktivität der Hefen bedarf, wusste noch niemand.

Die Entdeckung der Hefen als Erreger der Gärung hat freilich auch mit der Erfindung eines technischen Hilfsmittels zu tun: des Mikroskops. Hefen sind mit dem Auge nicht sichtbar. Unter einem Mikroskop mit mindestens 600-facher Vergrößerung kann man sie aber genau erkennen. Während der Gärung vermehren sie sich extrem stark. So enthält ein Kubikzentimeter Most auf dem Höhepunkt der Gärung zwischen 80 Millionen und 120 Millionen Hefezellen. Zu Beginn der Gärung waren es nur 260 000 Hefezellen bei der gleichen Saftmenge, im Weinberg sogar nur 120 000 Hefezellen.

Der chemische Vorgang bei der alkoholischen Gärung

Die chemische Formel für die Umsetzung des Zuckers in Alkohol und Kohlendioxid lautet: $C_6H_{12}O_6$ (Zucker) $2\,C_2H_5OH$ (Alkohol) + $2\,CO_2$ (Kohlendioxid). Das Kohlendioxid kann auch in gelöster Form als Kohlensäure (H_2CO_3) vorhanden sein. Die Nebenprodukte machen zusammen etwa vier bis fünf Prozent des Weins aus. Nur wenige Nebenprodukte sind unerwünscht: etwa Acetaldehyd, weil es den Wein oxydiert, Fuselöle, also höherwertige, unangenehm schmeckende und wirkende Alkohole, sowie Methanol. Methanol ist eine giftige Substanz, die unvermeidlich bei jeder alkoholischen Gärung entsteht und ab 25 Gramm pro Liter tödlich wirken kann. Allerdings ist Methanol nur in verschwindend geringen Mengen im Wein vorhanden: maximal 0,3 Gramm pro Liter. Ebenso bemüht sich der Kellermeister, die Essigsäure so niedrig wie möglich zu halten. Sie ist eine flüchtige Säure und kann zur Geruchsbeeinträchtigung führen.

**Haupt- und Nebenprodukte
der alkoholischen Gärung**

Äthylalkohol	47–48 %
Kohlendioxid	46–47 %
Glycol	2,5–3 %
Bernsteinsäure	0,2–0,5 %
Butylenglycol	0,05–0,1 %
Essigsäure	0–0,25 %
Milchsäure	0–0,2 %
Acetaldehyd	0–0,01 %
Methanol	0,05–0,3 %

Die Rotweinbereitung

Es gibt nur wenige Grundregeln für die Rotweinvergärung, aber viele Maßnahmen, die jedes Jahr neu erfunden werden müssen. Laut Emile Peynaud, dem berühmten französischen Önologen, besteht die Kunst der Rotweinbereitung darin, dass ein mittelmäßiger Jahrgang ganz anders vinifiziert werden muss als ein großer Jahrgang. Prinzipiell müssen die roten Trauben vor der Gärung erst einmal entrappt (von den Stielen getrennt) und gemahlen werden. Die so entstehende Maische fermentiert dann in Edelstahltanks oder in offenen Holzkufen. Ist der gesamte Zucker vergoren, wird der Wein von der Maische gezogen und die Maische abgepresst. Damit ist die Vinifikation (Weinbereitung) beendet.

Die alkoholische Gärung von Rotwein

In der Praxis ist die Gärung allerdings viel komplizierter, denn sie beinhaltet neben der Umwandlung von Zucker in

Alkohol auch die Extraktion von Farbe und Gerbstoff aus den Traubenschalen. Früher verwendete der Kellermeister auf diese Aspekte wenig Gedanken, denn die Extraktion verläuft fast parallel zur alkoholischen Gärung, und es bedarf keiner besonderen Vorkehrungen von seiner Seite, damit Farbe und Tannin in den Wein übergehen.

Heute wird der Mechanismus der Extraktion genau beobachtet und ihr Ablauf präzise gesteuert. So darf beispielsweise in kleinen Jahren, wenn die Schalen wenig Farbe und Tannin (Gerbstoffe) enthalten, der Wein nicht zu lange auf der Maische stehen, sonst gelangen zu viele harte, unreife Tannine in den Wein. Die Güte großer Rotweine hängt aber erheblich von der Qualität seiner Tannine ab. Sie sind die Seele des Weins, wie der verstorbene Baron Philippe de Rothschild es einmal formulierte. Wie man es anstellt, nur die besten Tannine in den Wein zu bekommen, darüber zerbrechen sich die Önologen den Kopf.

Tannine finden sich in drei verschiedenen Bestandteilen der Rotweinmaische: in den Schalen, in den wenigen Stielfragmenten, die beim Entrappen und Mahlen nicht entfernt wurden, und in den Traubenkernen. Das weichste, am wenigsten verholzte Zellgewebe weisen die Schalen auf. Die in ihnen enthaltenen Tannine sind besonders fein, zumal wenn die Trauben sehr reif waren. Das Tannin aus den grünen Stielteilen ist stumpfer und wird deshalb von den Kellermeistern meistens verschmäht, das aus den verholzten Kernen ist am härtesten: Es ist immer unerwünscht. Die Bemühungen konzentrieren sich auf die Extraktion des edlen Schalentannins. Es macht zwischen 20 und 30 Prozent des insgesamt vorhandenen Tannins aus.

Die Maischegärung

Normalerweise gären Rotweine schneller als Weißweine. Bereits nach wenigen Stunden bilden sich erste Bläschen auf der Maische, nach zwölf Stunden »blubbert« sie, nach einem Tag befindet sie sich in voller Fermentation. Ursache des zügigen Angärens: Die Gärgefäße sind oben offen. Die Maische hat somit Luftkontakt, und unter Sauerstoff vermehren sich die Hefen schneller als unter Sauerstoffabschluss.

Offen sind die Gärgefäße deshalb, weil das Kohlendioxid, das bei der Gärung entsteht, nach oben entweicht und die in der Flüssigkeit schwimmenden Schalen mitreißt. Sie bilden schnell einen festen »Tresterhut« im oberen Teil des Gärtanks. Dieser Tresterhut muss immer wieder nach unten gedrückt werden, sonst hat der gärende Wein zu wenig Kontakt mit den Schalen. Früher geschah das von Hand, indem Kellerarbeiter auf die hölzernen Gärbottiche kletterten und den Tresterhut mit langen Stangen und Stampfern zerkleinerten oder ihn gar selbst mit den Füßen nach unten drückten. Im Burgund wird diese Form der *pigeage* noch heute praktiziert. Ansonsten wird der Wein unten am Fass abgezogen, in einem Gefäß aufgefangen, von dort mit einem Schlauch nach oben gepumpt und über den Tresterhut gespült. Im Zeitalter der Edelstahltanks ist das Umwälzen von Hand meist durch einen geschlossenen Pump-Kreislauf ersetzt worden.

Das Tannin aus den Schalen lässt sich verhältnismäßig leicht lösen. Schon geringe Mengen Alkohol reichen aus, damit die Extraktion beginnt. Allerdings müssen die Schalen viel Kontakt mit der Flüssigkeit haben. Das Umwälzen der Maische – in Frankreich *remontage*, in Italien *rimontaggio*, in der englischsprachigen Welt *pumping over* genannt – ist deshalb eine der wichtigsten Operationen während der Maischegärung. Vor allem in den ersten Tagen der Gärung muss die Maische mehrmals am Tag gewendet werden. In dieser Phase gehen sowohl die Farbstoffe als auch die Tannine aus den Schalen in den Wein über. Später reicht ein einmaliges Umpumpen pro Tag aus.

Wenn die Schalen ausgelaugt sind, darf der Wein nicht mehr umgewälzt werden. Es würde zu viel Tannin aus Stielresten und Kernen in den Wein gelangen, was unerwünscht ist. In jedem Fall bedarf es langer Erfahrung und großen Fingerspitzengefühls, um die Extraktion zu steuern. In kleinen Jahren, in denen die Schalen wenig phenolische Substanzen enthalten, wird die Maische weniger oft übergepumpt, in guten Jahren öfter. Die Häufigkeit des Umwälzens variiert auch von Rebsorte zu Rebsorte. Farbintensive Sorten wie Syrah und Cabernet Sauvignon müssen öfter bewegt werden als etwa eine relativ farbschwache Vernatsch-Maische aus Südtirol.

Gärtemperatur und Gärdauer

Wie lange der Rotwein auf der Maische gärt, hängt vor allem von der Gärtemperatur ab. Je niedriger sie ist, desto langsamer gärt die Maische. Umgekehrt gilt: Je höher sie ist, desto rascher geht die Gärung vonstatten. Da heute fast alle Rotweine temperaturkontrolliert vergoren werden, kann der Kellermeister die Länge der Maischegärung genau steuern. In Edelstahltanks ist es am leichtesten, die Maische zu kühlen. Wo noch traditionelle große Holzcuves zur Vergärung verwendet werden (wie zum Beispiel auf vielen Bordeaux-Châteaux), sind diese im Inneren mit Kühlschlangen ausgestattet. Manchmal werden auch einfach nur Kühlplatten oder Plastikbeutel mit Eis in den Gärbottich gehängt, um zu verhindern, dass die Temperaturen allzu stark ansteigen. Einfache Rotweine wie Valpolicella oder Beaujolais gären etwa vier Tage auf der Maische, gehaltvollere Rotweine wie Elsässer Pinot Noir, Badischer Spätburgunder oder Blaufränkisch aus dem österreichischen Burgenland haben etwa acht Tage Schalenkontakt. Schwerere Rotweine machen eine fünfzehntägige Maischegärung durch, traditionelle Barolos oder Cabernet Sauvignons werden vier Wochen auf der Maische belassen.

Der größte Teil der Farbstoffe ist schon nach wenigen Tagen aus den Schalen extrahiert. Das bedeutet: Der Wein ist dunkelrot, die Schalen sind hellviolett. Gelöst werden die Farbstoffe – wie die Tannine – durch den Alkohol, der durch die Umwandlung des Zuckers entsteht. Die Gärungswärme unterstützt den Extraktionsprozess. Im Vergleich zu den Farbstoffen brauchen die Tannine etwas länger, um ausgewaschen zu werden. Wenn der Kellermeister der Meinung ist, dass der Wein genügend »Struktur« besitzt, wird er von der Maische abgezogen. Die Schalen sinken, weil die Gärung sich verlangsamt und kein CO_2 mehr produziert wird, auf den Boden. Der Kellermeister öffnet das Ventil im Gärbehälter und lässt die Maische ablaufen. Schalen, tote Hefen und Fruchtfleischteilchen, die sich am Boden abgesetzt haben, werden in eine Presse gepumpt und ausgepresst. Ist noch Zucker in der Flüssigkeit, wird sie ohne Schalen weitervergoren. Sonst ist die Gärung beendet.

Auf den Tanningehalt hat die Dauer der Maischegärung nur indirekt Einfluss, wichtiger ist die Gärtemperatur. Viele moderne Önologen plädieren bei tanninhaltigen

Maischen für eine kurze Fermentationsdauer (nur wenige Tage, im Extremfall gar nur 36 Stunden). Die Fermentation muss dann aber bei hohen Temperaturen stattfinden: über 30 °C, manchmal sogar bis 35 °C. In dieser kurzen Zeit werden nur die leicht löslichen, weichsten Tannine extrahiert. Danach wird der angegorene Wein von den Schalen gezogen und kann in einem anderen Fass ohne Schalen langsam zu Ende fermentieren. Viele Burgunder Rotweine werden so vinifiziert, die neue Generation der italienischen Barolo ebenfalls. Ihre Tannine sind weich und süß und oft auch in größerer Menge vorhanden als bei einer gewöhnlichen Niedertemperatur-Gärung. Die Länge der Maischegärung besagt also nichts über die Tanninstärke eines Weins.

Um die Extraktion zu optimieren, tüfteln Ingenieure und Önologen an immer neuen Tankkonstruktionen. In Australien werden zur Vergärung der Rotweinmaische häufig horizontale Rototanks verwendet, die sich in bestimmten Zeitabständen drehen und so die Maische neu aufwirbeln. Allerdings dient der Rototank vor allem dazu, Arbeit zu sparen: Ein Umwälzen der Maische von Hand ist nicht mehr nötig. Aus Deutschland kommen Rototanks, in deren Innerem sich Paddel drehen und die Maische aufrühren. Die Kerne fallen in eine Rinne am Boden des Fasses und werden nicht mitbewegt. Entwickelt wurde diese Technik, um den tanninarmen, farbschwachen deutschen Rotweinen mehr »Struktur« zu geben. In Italien wurden Tanks erfunden, bei denen zwei Kolben abwechselnd die auftreibenden Trester unter die Flüssigkeit drücken. All diese Konstruktionen sind freilich nur technische Varianten des traditionellen Herunterdrückens des Tresterhuts mit Stangen und Stampfern.

Vergärung mit Stielen

Da es früher keine Abbeermaschinen gab, wurde der größte Teil der Rotweine mit Stielen vergoren. Das war für die Winzer in erster Linie eine Kostenfrage. Nur wenige Châteaux, die hohe Preise für ihre Weine erzielten, konnten es sich leisten, die Trauben von Hand entrappen zu lassen.

Bis heute haben einige Weingüter den alten Brauch, die Trauben unentrappt zu vergären, beibehalten – allerdings nicht aus Bequemlichkeit. Für sie ist das Stieltannin erwünscht. Das gilt vor allem für Pinot-Noir-Weine, die von Natur aus tanninarm sind.

Im Burgund wird fast regelmäßig ein Teil der Trauben mit den grünen Stielen vergoren, um ihnen mehr Tanninstruktur zu verleihen. Dort ist man der Überzeugung, dass, wenn die Trauben reif sind, auch das Tannin in den Stielen reif sein muss. Ein weiterer Vorteil der Traubenvergärung mit Stielen ist, dass die Stiele in dem Tresterkuchen, der sich im Gärtank bildet, Kanäle schaffen, durch die der übergepumpte Wein ins Innere des Kuchens eindringen kann und ihn schneller aufweicht.

Kohlensäuremaischung

Louis Pasteur entdeckte 1872, dass ungemahlene, intakte Beeren unter Sauerstoffabschluss zu gären beginnen – ohne dass Hefen daran beteiligt sind. Diese Erkenntnis machten sich Weinerzeuger in Frankreich bald zunutze und vergoren zumindest einen Teil ihrer roten Trauben nach dieser Methode. Die Kohlensäuremaischung (in Frankreich *macération carbonique*) wird meist in einem geschlossenen Edelstahltank durchgeführt, in den Kohlendioxid gepumpt wird, um den Sauerstoff vollständig zu verdrängen.

Die Gärung selbst spielt sich dann in den Saftzellen des Fruchtfleisches ab. Allerdings werden durch diese intrazelluläre Gärung nur etwa 2 Vol.% Alkohol erreicht. Danach müssen die Trauben ganz normal gemahlen und vergoren werden. Das Resultat sind extrem fruchtige, aromatische Weine.

Die *macération carbonique* ist typisch für das Beaujolais. Dort wird immer noch ein großer Teil der Trauben zu Beaujolais Nouveau verarbeitet, der schon wenige Wochen nach der Lese ohne malolaktische Gärung (siehe oben) in den Handel kommt.

Andere Gebiete Frankreichs, aber auch Italiens haben ebenfalls höchst erfolgreich die Primeur- beziehungsweise Novello-Produktion aufgenommen. Aber auch mancher Erzeuger regulärer Rotweine fügt der Maische einen kleinen Teil ungemahlener Trauben hinzu, um das Traubenaroma seines Weins stärker zu betonen.

Kurzzeiterhitzung

In Deutschland und der Schweiz ist es Brauch, die Maische farbschwacher Sorten (Lemberger, Trollinger, Spätburgunder, Gamay) zu erhitzen, um mehr Farbstoffe zu extrahieren. Maischehocherhitzung heißt dieses Verfahren. Dabei werden kurzzeitig Temperaturen von 80 °C erreicht.

Derart behandelte Weine haben eine dunkle Farbe, aber nicht mehr Tannin. Sie können in den ersten zwei Jahren recht attraktiv wirken, bauen jedoch schneller ab als normal vergorene Weine.

Zusammensetzung des Rotweins

70–85 %	Wasser
11–13 %	Alkohol
17–19 %	Inhaltsstoffe

Die Inhaltsstoffe bestehen aus:

10–12 g/l	Glykol
3–3,5 g/l	Aschen (Salpeter, Kalzium, Eisen etc.)
2–3,5 g/l	Tannin
2–2,5 g/l	Weinsäure
2–2,5 g/l	Milchsäure
1–1,8 g/l	Anthocyane
0,5–1 g/l	unvergorener Restzucker
0,5–1 g/l	Bernsteinsäure
0,4–1 g/l	flüchtige Säuren
0,6–0,8 g/l	Butylenglycol
0,4–0,5 g/l	Stickstoffverbindungen
0,2–0,3 g/l	gelöstes Kohlendioxid
0,1–0,3 g/l	Zitronensäure
0,005–0,03 g/l	freie schweflige Säure

Spezialfall Rosé

Echte Roséweine sind aus roten Trauben hergestellt. Ihre hellrote Farbe erhalten sie dadurch, dass sie vor der Gärung eine Zeit lang auf der Maische stehen (vier bis zwölf Stunden), dann abgepresst werden, und der Most allein vergoren wird. Die internationale Weinindustrie ist jedoch längst dazu übergegangen, Roséweine aus einem Verschnitt von Rot- und Weißweinen herzustellen. In einigen Ländern, Deutschland etwa, ist das nicht erlaubt. Ausnahme: Württemberger Schillerwein.

Die Weißweinbereitung

Aus bestem Lesegut wird nur dann ein hochwertiger Weißwein entstehen, wenn der Kellermeister die Trauben vorsichtig, schonend, schnell und mit Köpfchen verarbeitet. Nicht allen gelingt das. Traditionell werden weiße Trauben nach der Anlieferung zunächst von den Stielen getrennt und gemahlen. Unter Mahlen versteht man das Quetschen der Trauben: Sie werden über zwei gegeneinanderlaufende Gummirollen geschickt, so dass die Zellen des Fruchtfleisches aufbrechen und ein Teil des Mostes frei abfließt: etwa 30 Prozent. Dieser Vorlaufmost ergibt den hochwertigsten Wein. Aber kein Hersteller kann es sich leisten, nur den Vorlaufmost zu verwenden.

Entrappen und Keltern

Seit der Erfindung mechanischer Abbeermaschinen werden die weißen Trauben in fast allen Anbauländern der Welt vor dem Mahlen entrappt. Das heißt: Die Stiele werden von den Beeren getrennt und nur die Beeren abgepresst. Der Most hat mithin keinen Kontakt mit den Stielen. Das Abbeeren führt also zu reintönigeren Weinen, und der Kellermeister kann auf das Mahlen der Trauben verzichten. Schon das Schlagwerk der Abbeermaschine knackt die Beerenhaut nämlich auf, so dass eine Weißweinmaische entsteht, die – zumindest bei hochwertigen Weißweinen – vor dem Pressvorgang ein paar Stunden im Abtropfbehälter stehen gelassen wird. In dieser Zeit würden unerwünschte phenolische Substanzen und Pflanzensäfte in den Most übergehen, wenn Stiele in der Maische wären. Sie würden sich als bitterer, spröde schmeckender Gerbstoff bemerkbar machen.

Dagegen wird in einigen Anbaugebieten auf das Abbeeren weißer Trauben bewusst verzichtet: in der Champagne etwa und bei vielen spätgelesenen, edelsüßen Weinen. Allerdings dürfen die Trauben nicht gemahlen und müssen sofort nach Ankunft im Keller abgepresst werden, damit keine Phenole in den Most übertreten. Die so genannte Ganztraubenpressung wird auch zunehmend in der normalen Weißweinbereitung praktiziert, weil die Trauben durch diese Behandlung weniger strapaziert werden und die Stiele im Presskuchen Kanäle schaffen, durch die der Most schnell ablaufen kann. Meist wird allerdings nur ein kleiner Prozentsatz der Trauben nach dieser Methode gekeltert, und das auch nur in guten Jahren.

Nach dem Mahlen wird die Maische in eine Presse befördert und vorsichtig abgepresst. Dieser Vorgang heißt Kelterung. In modernen Kellereien werden dazu Spindelpressen oder Tankpressen benutzt. Sie drücken die Maische zunächst nur sanft an, so dass diese mehr entsaftet als abgepresst wird. Bei einem Druck von 1 bar werden bereits über die Hälfte der Zellen im Fruchtfleisch zerstört. Auf diese Weise erhält man weitere 30 bis 40 Prozent Most. Erst danach wird der Pressdruck kontinuierlich erhöht. Die letzten noch unaufgeschlossenen Zellen des Fruchtfleisches brechen auf und geben ihren Saft frei. Er wird als Pressmost bezeichnet. Auf diese Weise können weitere zehn bis 15 Prozent Most gewonnen werden. Spitzenwinzer glauben, dass die Mostausbeute insgesamt nur maximal 70 Prozent betragen sollte, eher weniger. Denn der Pressmost fällt qualitativ deutlich gegenüber dem Most aus der Erstpressung ab.

Ausschlaggebend für die Qualität des späteren Weins ist auch die Wahl der richtigen Presse. Vertikale Korbpressen zum Beispiel sind nach dem Prinzip der Keltern früherer Jahrhunderte konstruiert. Sie haben den Nachteil, dass sie meist ein geringes Fassungsvermögen besitzen. Bei Qualitätsweinerzeugern erfreuen sie sich in letzter Zeit wieder großer Beliebtheit. In der Champagne werden die großen, über 4000 Kilo fassenden Marmonnier-Korbpressen von einigen renommierten Champagnerhäusern bis heute für ihre besten Weine verwendet. Die ersten 250 Liter bilden die Cuvée, den besten Teil des Mosts. Sie füllen zehn Fässer (Piècen zu 205 Liter). Die zweite Pressung (Taille) ergibt 615 Liter (drei Fässer).

Die horizontale Spindelpresse besteht aus zwei Platten, welche an Spindeln montiert sind, sich innerhalb des Presszylinders horizontal aufeinander zubewegen und dabei die Trauben zwischen sich pressen. Der Most fließt

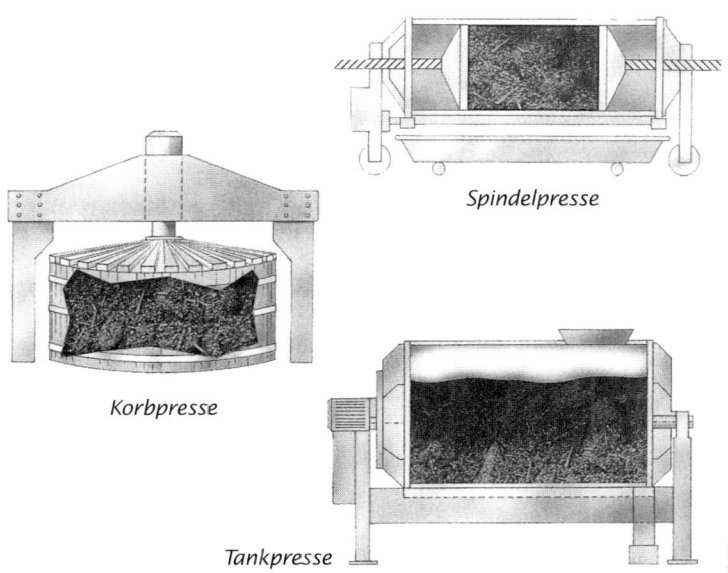

Spindelpresse

Korbpresse

Tankpresse

durch die Siebwand des Zylinders ab. Der Zylinder ist geschlossen, so dass der Pressvorgang unter Luftabschluss stattfinden kann. Weil die Pressfläche der beiden Platten in Relation zur Menge der Maische, die sich im Zylinder befindet, klein ist, muss erheblicher Druck ausgeübt werden, um sie zu entsaften und abzupressen. Für die Weißweinbereitung wird die Spindelpresse selten verwendet.

Die modernen, pneumatisch arbeitenden Tankpressen haben einen Luftsack im Füllraum des Tanks. Wenn sich der Luftsack aufbläst, werden die Trauben gegen die perforierte Innenwand des Zylinders gedrückt, bis sie aufplatzen. Durch die Löcher fließt der Most ab. Tankpressen arbeiten mit wesentlich geringerem Druck als Spindelpressen. Hinzu kommt, dass durch die siebartige Zylinderwandung nur wenig Schalenbestandteile in den Most gelangen – was bei Weißweinen höchst unerwünscht wäre. Tankpressen sind deshalb besonders zum Keltern von Weißweinen geeignet und werden heute in fast allen Weingütern verwendet.

Vorklären des Mostes

Bevor der Most weißer Trauben vergoren wird, muss er entschleimt werden. So lautet der Fachausdruck für das Vorklären. Most, der von der Kelter fließt, ist gelbgrün, dickflüssig und trüb. Er enthält Fruchtfleischteilchen, Schalenfragmente, Stielreste, Erde und andere Schmutzpartikel. Wird er von diesen Feststoffen nicht befreit, leidet die Qualität des späteren Weins darunter, fürchten viele Kellermeister. Doch Vorsicht ist geboten. Wenn der Most zu stark geklärt wird, besteht die Gefahr, dass der Wein hinterher wie »ausgezogen« schmeckt: mager, eindimensional, ohne Körper.

Beim Entschleimen werden dem Most beispielsweise Enzyme zugesetzt, die das Pektin lösen. Pektin ist für die Dickflüssigkeit verantwortlich. Es befindet sich in jedem Most, und zwar umso mehr, je später die Trauben gelesen wurden. Die hohe Viskosität des Mostes verlangsamt das Absinken der Feststoffe. Ohne Pektine ist der Most dünnflüssiger. Er kann schneller entschleimt und dann sofort vergoren werden. Für große Weingüter ist ein rasches Entschleimen schon aus praktischen Gründen wichtig: Sie müssen in kurzer Zeit sehr große Traubenmengen verarbeiten. Aber auch kleinere Weingüter legen auf eine schnelle Vergärung Wert. Weißweinmost ist nämlich oxydationsanfällig. Wegen des geringen Gehalts an Phenolen reagiert er leicht mit dem Sauerstoff in der Luft, wird braun und verliert an Frische. Ein frühzeitiges Angären verringert die Oxydationsgefahr.

Doch das Vorklären des Mostes ist nicht unumstritten – genauer: die Art des Vorklärens. Früher wurden alle Weißweine ohne Vorklärung vergoren – mit dem Risiko, dass die Weine wenig reintönig waren. Auch heute noch entstehen einige der bedeutendsten Weißweine der Welt nahezu ohne Vorklärung, zum Beispiel viele Burgunder Weißweine wie Meursault, Puligny-Montrachet und Corton-Charlemagne. Allerdings sind die Moste dieser Weine durch sorgfältiges Verlesen der Trauben, durch vorsichtiges Pressen und dadurch, dass sie überwiegend aus Vorlaufmost bestehen, meist von vornherein relativ sauber. Und nicht alle Weißweine besitzen die Statur weißer Burgunder. In der Regel ist eine gewisse Vorklärung des Mostes jedenfalls nötig, besonders in Jahren mit einem hohen Anteil an faulem Lesegut. Es kommt nur darauf an, nicht durch zu scharfes Vorklären andere, qualitätsfördernde Inhaltsstoffe zu zerstören. Deshalb werden ambitionierte Kellermeister ihre Moste immer möglichst schonend zu klären versuchen.

Die einfachste und natürlichste Vorklärmethode ist das Absetzen. Der frisch gepresste Most wird in einen Absetztank gepumpt, in dem er einen Tag lang ruht. Schon nach wenigen Stunden ist ein Teil der Feststoffe auf den Boden gesunken. Die mosteigenen Enzyme spalten die Pektine gar nicht oder nur teilweise. Der Most behält weitgehend seine Viskosität. Nach 24 Stunden sind alle Feststoffe auf den Boden des Tanks gesunken. Der Most hat sich selbst geklärt. Voraussetzung für diese Selbstklärung ist, dass der Most auf 5 °C oder 8 °C gekühlt wird, damit er nicht zu gären beginnt. In kühlen Weinregionen genügt es, den Absetztank im Freien aufzustellen, da die Nachttemperaturen niedrig sind. Der Nachteil der Absetzmethode ist, dass der Most häufig leicht geschwefelt werden muss, um eine Oxydation zu verhindern. Nur bei hochwertigen, phenolhaltigen Mosten, etwa nach einer kurzen Hülsenmaischung (siehe Seite 278), ist das Oxydationsrisiko gering.

Ist keine Kühlmöglichkeit vorhanden, muss der Most mit anderen Methoden vorgeklärt werden. Er kann zum Beispiel durch Zugabe von Bentonit geschönt werden. Allerdings wird dadurch nur das Eiweiß gebunden, nicht aber der Trub beseitigt. Viele Kellermeister schwören deshalb auf eine mechanische Klärung. Dabei werden Separatoren oder Vakuum-Drehfilter eingesetzt, die 10 000 Liter Most in einer Stunde klären können. Dadurch kann der Most schnell vergoren werden. Das Oxydationsrisiko ist gering, eine Mostschwefelung häufig nicht erforderlich. Zumindest kann die Schwefeldosis gering gehalten

werden, weil der Most nur sehr kurz Luftkontakt hat —
wesentlich kürzer als bei der Absetzmethode. Der Nachteil ist, dass beim Zentrifugieren wertvolle Inhaltsstoffe
verloren gehen können: Kolloide zum Beispiel. Diese Polymere machen oft die Klasse feiner Weißweine aus. Sie geben ihnen Körper, Langlebigkeit und eine Vielschichtigkeit des Geschmacks, wie sie einfache Konsumweine nicht
besitzen. Schließlich gehen durch die Fliehkraft des Sepa-
rators beziehungsweise durch die Saugkraft des Vakuum-
Drehfilters auch Hefen verloren. Der Most muss dann mit
Reinzuchthefen vergoren werden. Ehrgeizige Erzeuger
empfinden das als einen Verlust, weil eigene Hefen den
Charakter eines Weins mitprägen.

Gerade viele Großkellereien und Genossenschaften benutzen einen Vakuum-Drehfilter zur Vorklärung des
Mostes. Der ungeklärte Most wird mit Hilfe einer Vaku-
umpumpe durch einen dicken Kieselgurkuchen gesaugt,
in dem Feststoffe und Trub hängen bleiben. Mit dieser
Methode (Kieselgur-Filtration) können große Mengen
Most in kurzer Zeit geklärt werden. Kieselgur ist ein
weißer, locker verfestigter, hochporöser Stoff, der aus
natürlichen Ablagerungen fossiler Kieselalgen besteht.

Auch mittels Zentrifugen kann der Most geklärt werden. Kammer- oder Tellerseparatoren sind Zentrifugen,
bei denen die Festteile des ungeklärten Mostes durch die
Fliehkraft von der Flüssigkeit getrennt werden (immerhin kann der Most bis zu 15 Prozent aus Festteilen bestehen). Bei hoher Umdrehungszahl (10 000 Umdrehun-
gen/Minute) wird der Most stärker, bei niedriger
Drehzahl (4000 Umdrehungen) weniger stark geklärt. Im
Vergleich zur schonenderen Absetzmethode strapazieren
Separatoren den Most zweifellos stärker.

Zusammensetzung des Weißweinmostes

70–85 %	Wasser
15–27 %	Zucker
0,3–1,8 %	Wein- und Apfelsäure, Bernstein- und Milchsäure
0,3–0,6 %	Kalium, Natrium, Phosphat und andere Mineralstoffe
0,01–0,2 %	Tannine
0,03–0,5 %	Aminosäuren, Proteine
unter 0,01 %	Vitamine, Aldehyde, höherwertige Alkohole

Die alkoholische Gärung beim Weißwein

Die Methoden der Weißweinvergärung sind in den letzten 35 Jahren revolutioniert worden. Früher war für viele Weißweinwinzer ein naturkühler Gärkeller fast ebenso wichtig wie ein guter Weinberg. Er ermöglichte die gezügelte Vergärung des Weißweins ohne technische Hilfsmittel. Eine gezügelte Gärung ist deshalb so wichtig, weil Weißweine mehr von Primäraromen (siehe Glossar) leben als Rotweine. Bei hohen Gärtemperaturen würden der Alkohol versieden und zahlreiche Aromen verfliegen. Die Möglichkeit, den Most künstlich zu kühlen und dadurch langsamer fermentieren zu lassen, hat einen neuen Typ von Weißwein geschaffen: den reintönigen, duftigen, frischen Wein.

Temperaturkontrollierte Weißweinvergärung

Möglich wurde die Kühlung des Mostes durch die Einführung der Edelstahltanks. Sie kühlen den gärenden Wein auf zweierlei Art. Die einfachste Methode ist, kaltes

Wasser von oben über die Stahltanks rieseln zu lassen. Die aufwendigere, aber auch wirksamere Methode besteht darin, doppelwandige Edelstahltanks zu konstruieren, in deren Zwischenräumen Kühlschlangen verlaufen. Durch sie fließt die Kühlflüssigkeit Glykol. Auf diese Weise ist es möglich, nahezu jede gewünschte niedrige Temperatur im Tank zu erzeugen – selbst unter freiem Himmel.

Bei einer Temperatur von etwa 15 °C gärt der Most normalerweise innerhalb von ein oder zwei Tagen an. Bald haben sich die Hefen so stark vermehrt, dass die Gärtemperatur auf 18 °C bis 20 °C ansteigt. Innerhalb kurzer Zeit würde die Temperatur sogar bis auf 30 °C hochschießen, wenn die Kühlung nicht einsetzt. Sie bremst den Temperaturanstieg und sorgt so für eine gezügelte Gärung. Die meisten Weißweinmoste werden heute zwischen 15 °C und 18 °C vergoren. Temperaturkontrollierte Gärführung lautet der Fachausdruck dafür.

Die Möglichkeit, Moste zu kühlen, hat die Weißwein-Landkarte der Welt grundlegend verändert. Heute können auch in warmen Regionen frische Weißweine hergestellt werden. Spanien, Sizilien, Australien, Südafrika, Chile und Kalifornien sind Beispiele dafür. Freilich ist dazu ein großer technischer Aufwand nötig. Viele Gärkeller dieser warmen Länder und Regionen sehen aus wie Raffinerien: Batterien von Edelstahltanks, surrende Kühlaggregate, chromblitzende Rohrleitungen, über die der Wein von einem in den anderen Tank gepumpt wird.

Eine lebendige, fruchtige Säure ist für Weißweine, die temperaturkontrolliert kühl vergoren worden sind, besonders wichtig. Doch immer wieder passiert es, dass Weine aus warmen Anbaugebieten trotz vorgezogener Lese zu wenig Säure aufweisen. In warmen Weinbauregionen oder in heißen Jahren, in denen die natürliche Säure auf Werte unter vier Gramm pro Liter sinkt, kann daher eine Anreicherung des Mostes mit Säure sinnvoll sein. Azidifikation heißt der Fachausdruck. In Australien, Südafrika, Chile und Kalifornien ist sie grundsätzlich gestattet und wird häufig praktiziert. Dabei wird dem Wein Zitronen- oder Apfelsäure zugesetzt. In Europa ist eine Azidifikation selten. Bei chaptalisierten Weinen ist sie sogar verboten.

Kaltvergärung

Die unbegrenzten Möglichkeiten der Kühlung ließ experimentierfreudige Önologen bereits in den 1970er Jahren einige Weine bei 12 °C, 10 °C oder sogar bei 8 °C vergären. Bei so niedrigen Temperaturen vermehren sich die Hefen nur sehr zögernd. Entsprechend langsam und lange gärt der Most. Resultat: extrem frische, reintönige, attraktive Weine mit knackigen Aromen – gerade das Richtige für eine neue Schicht von Weintrinkern, die unkomplizierte Weine lieben und auf ein ausgeprägtes Sortenaroma keinen großen Wert legen. Kaltvergärung lautet der Fachausdruck.

Die Kaltvergärung ist nur mit bestimmten, genau selektierten Hefestämmen möglich, die auch bei niedrigen Temperaturen arbeiten. Außerdem müssen die Moste sehr gut vorgeklärt sein. Scharf vorgeklärte Moste aber sind arm an Pektinen: an Kohlenhydratpolymeren, welche die Eigenschaft haben, Moleküle »zusammenzuschweißen« und dafür zu sorgen, dass der Wein eine höhere Viskosität erhält, also dickflüssiger wird. Pektinarme Moste ergeben körperarme, eher süffige Weine. Kaltvergorene Weine sind daher selten vielschichtig. Ihre Aromenstruktur ändert sich wenig beim Übergang vom

Moststadium zum Weinstadium. Die Weine sind traubig – aber nicht weinig. Das typische Beispiel eines kaltvergorenen Weißweins ist der italienische Pinot Grigio.

Alternativen zur Temperatursteuerung

Gegenüber den plumpen, teilweise oxydierten, gerbigen Weißweinen der Vergangenheit stellt die neue Generation von Weißweinen zweifellos einen Fortschritt dar. Doch nicht jeder Weintrinker liebt sie. Manche Weinsnobs nennen sie verächtlich »Tankweine«, weil sie geschmacklich zu eindimensional und bisweilen schwer einer Rebsorte oder einer Region zuzuordnen sind. Außerdem führt die Vergärung unter Sauerstoffabschluss häufig dazu, dass die Weine hinterher umso anfälliger für Oxydation sind. Sie altern auf der Flasche relativ schnell und werden früh firnig. Es sind also Weine für den schnellen Genuss.

Die anfängliche Begeisterung für eine allzu reduktive Vergärung (Vergärung unter Abschluss von Sauerstoff) ist bei Winzern, die facettenreiche, anspruchsvolle Weine erzeugen wollen, schon seit einigen Jahren merklich gesunken. Sie suchen nach Wegen, um reintönige und dennoch gehaltvolle Weine zu erhalten.

Es gibt neben kühler vergorenen Weinen aber auch Weißweine, die bei Temperaturen bis 25 °C vergoren werden, ohne dass sie dabei Schaden nehmen. Im Gegenteil: Je höher die Gärtemperatur, desto stärker reagieren die Kohlenwasserstoffverbindungen, die Träger der Aromen sind, mit anderen Substanzen. Dadurch ändert sich der Geschmack des Weins. Neben primärfruchtige Aromen treten komplexe, manchmal bizarre Gäraromen, wie sie in manchen Chardonnays, Sauvignons und Viognier-Weinen zu finden sind.

Hülsenmaischung und Cryomazeration

Bei der Hülsenmaischung werden die weißen Trauben nicht abgepresst, sondern nur gemahlen. Most und Schalen ruhen dann ein paar Stunden lang zusammen. Dabei werden Aromastoffe aus der Beerenhaut gelöst, die dem Wein mehr »Struktur« geben. Damit die Weißweinmaische nicht angärt, wird sie auf null Grad Celsius heruntergekühlt. Mit Cryomazeration bezeichnet man dagegen das Gefrieren ganzer Trauben. Bei minus sechs Grad kommen sie dann auf die Kelter. Da zuerst der Wasseranteil des Mostes vereist, läuft nur hochkonzentrierter, zuckerreicher Extrakt ab. Mit dieser der Eisweinbereitung ähnelnden Prozedur werden in vielen Ländern süße Dessertweine gewonnen. Allerdings erreichen sie qualitativ nie das Niveau echter Eisweine.

Vergärung im Holzfass

Der Siegeszug der fruchtig-frischen Weißweine, die Mode der Kaltvergärung, das unaufhaltsame Vordringen der Reinzuchthefen – all das hat manche Winzer nachdenklich gemacht. Sie suchen nach Wegen, um andere Weine zu bekommen. Dabei haben sie das Holzfass wiederentdeckt.

Bevor es Edelstahltanks gab, wurden alle Weine im Holzfass vergoren. Eine Innovation ist es also nicht, wenn viele Winzer heute ihre Weine wieder dem Holzfass anvertrauen. Neu ist an dieser Entwicklung lediglich, dass es sich bei den Holzfässern größtenteils um Barriques handelt: kleine Fässer aus neuer Eiche, die nicht einfach nur Gärbehälter sind, sondern die Entwicklung des Weins entscheidend beeinflussen. Lediglich im Burgund und in Bordeaux wurden die Weißweine schon immer in kleinen Eichenholzfässern vergoren (früher auch in der Champagne). Wenn jetzt viele qualitätsorientierte Winzer anderer Weinbaunationen diesen Brauch übernehmen, so deshalb, weil sie von der Individualität dieser französischen Weine beeindruckt sind. Insbesondere Chardonnay wird häufig, fast regelmäßig in Barriques vergoren.

Die Vergärung im Holzfass unterscheidet sich von der Vergärung im Stahltank vor allem dadurch, dass die Gärtemperatur nicht kontrolliert werden kann. Sie steigt auf 23 °C bis 25 °C an. Dadurch nimmt die Gärung einen anderen Verlauf. Es entstehen neue Esterkomplexe, die den Wein geschmacklich ganz anders prägen als bei einer Kaltvergärung: Er verliert an Frucht- und entwickelt spezielle Gäraromen. Dazu gehören zum Beispiel laktische Aromen (wie Käse), Tee- und Tabakaromen, vegetabile Aromen (wie Heu und Paprika), Karamelaromen (Butter und Butterscotch). Sie geben dem Wein ein komplexes Geschmacksbild. Noch höher darf die Gärtemperatur allerdings nicht steigen, wenn nicht schädliche Bakterien aktiviert werden sollen. Diese Gefahr ist allerdings gering. Denn die Holzoberfläche, die die kühlen Kellertemperaturen an den gärenden Wein weiterleitet, ist relativ groß im Verhältnis zur geringen Flüssigkeitsmenge.

Die malolaktische Gärung

Alle Rotweine machen, nachdem die alkoholische Gärung beendet ist, eine zweite Gärung durch – im Gegensatz zu Weißweinen, bei denen dies eher die Ausnahme ist. Diese zweite Gärung heißt Milchsäuregärung oder malolakti-

278

sche Gärung, kurz »Malo«. Malo kommt vom lateinischen Wort *malum*: der Apfel. Im Wein befindet sich nämlich eine Säure, die so herb schmeckt wie ein unreifer Apfel: Apfelsäure. Um sie geht es. Bei den Weißweinen machen hauptsächlich Weine, die im kleinen Eichenfass vergoren werden, eine malolaktische Gärung durch.

Die malolaktische Gärung findet gleich im Anschluss an die alkoholische, manchmal schon während der alkoholischen Gärung statt. Dabei wird die im Wein enthaltene Apfelsäure abgebaut. Durch diesen biologischen Säureabbau wirken die Weine voller und körperreicher.

Wegen der größeren Temperatursensibilität lässt sich die malolaktische Gärung im kleinen Holzfass leichter durchführen als in Stahltanks. Der Kellermeister braucht im Grunde den Gärkeller nur zu erwärmen oder auf wärmere Frühlingstemperaturen zu warten.

Biologischer Säureabbau beim Rotwein

Rotweine aus allen gemäßigten Anbaugebieten haben einen mehr oder minder großen Überschuss an Apfelsäure. Selbst bei warmen Temperaturen und später Lese wird sie nicht vollständig abgebaut. Die roh, bisweilen adstringierend schmeckende Apfelsäure ist auch im vergorenen Wein noch anzutreffen – in kühlen Jahren in besonders hohem Maße.

Diese Apfelsäure wird irgendwann von den Milchsäurebakterien angegriffen. Sie spalten die Apfelsäuremoleküle und wandeln sie in die mildere Milchsäure um. Der Säuregehalt im Wein sinkt dadurch, der Wein schmeckt weicher und voller.

Die malolaktische Gärung wird also nicht durch Hefen, sondern durch Bakterien in Gang gesetzt. Sie ist ein natürlicher Vorgang und findet in vielen Anbaugebieten spontan im Frühling statt. Die einzige kellertechnische Maßnahme, die dazu nötig ist: Die Fenster öffnen, so dass die Frühlingswärme in den Keller strömt. Wenn die Temperaturen steigen und der Keller sich erwärmt, wird der durchgegorene Wein wieder aktiv. Er beginnt fein zu prickeln, später zu blubbern – sicheres Anzeichen dafür, dass etwas in ihm vorgeht.

Was genau mit dem Wein passiert, darüber herrschte lange Zeit Unklarheit. Erst vor dem Zweiten Weltkrieg wurde die genaue chemische Reaktion am Institut œnologique der Universität Bordeaux erforscht. Man fand unter dem Mikroskop Bakterien, die sich auch in einem sauren Milieu vermehren und keinen Zucker brauchen.

Genau betrachtet, sind es drei Milchsäurebakterien: Pediococcus, Leuconostoc und Lactobacillus. Man findet sie bereits im Weinberg unter die Hefen gemischt, aber auch im Keller und in den Gärfässern (ein leeres Fass enthält rund fünf Liter Flüssigkeit mit Hefen und Bakterien vermischt, die im Holz gespeichert sind). Allerdings sind sie träge. Sie werden überhaupt erst bei Temperaturen ab 20 °C aktiv – also normalerweise erst, wenn es warm wird. Besonders Pediococcus und Leuconostoc greifen ausschließlich die Apfelsäure an, lassen aber das Glycerin und die Weinsäure unberührt.

Da der Wein in dieser Phase noch nicht stabil ist, bevor die malolaktische Gärung abgeschlossen ist, wird in modernen Weingütern der Keller nach der alkoholischen Gärung beheizt, um die Malo zu stimulieren. Sie dauert etwa zwei oder drei Wochen. Danach enthält der Wein keine Apfelsäure mehr.

In vielen Anbaugebieten der Neuen Welt, vor allem in Kalifornien, Südafrika, Australien, finden sich oftmals nicht genügend, manchmal auch gar keine Bakterien in den Kellern.

Um die malolaktische Gärung durchführen zu können, muss der Wein mit ausgesuchten, kultivierten Milchsäurebakterien »geimpft« werden. Auch in einigen europäischen Regionen wird gelegentlich so verfahren. Wichtig ist allein, dass der Wein ohne Apfelsäure auf die Flasche kommt. Ansonsten besteht die Gefahr, dass er auf der Flasche nachgärt. Typisches Indiz: Der Korken hebt sich unter dem Druck des entweichenden Kohlendioxids.

Biologischer Säureabbau beim Weißwein

Auch Weißweine enthalten Apfelsäure – solche aus kühlen Anbaugebieten mehr, aus warmen Anbaugebieten sehr wenig. Doch die meisten Weißweinwinzer lehnen eine malolaktische Gärung ab. Sie sind über jedes Gramm Säure froh, das ihr Wein aufweist. Säure macht Weißweine lebendig, erfrischend, fein. Vor allem für junge Weißweine ist Säure unverzichtbar.

Neben der fruchtigen Weinsäure, die den größten Anteil ausmacht, sind ein paar Gramm Apfelsäure durchaus tolerabel. Selbst beim Elsässer und beim deutschen und österreichischen Riesling, die trotz ihrer späten Reife meist sehr hohe Säurewerte aufweisen, wird praktisch nie der biologische Säureabbau durchgeführt.

Bei anderen Weißweinen ist er dafür die Regel. Ursprünglich waren es weiße Burgunderweine aus Chardonnay-Trauben und die weißen Bordeaux-Weine aus

Sémillon und Sauvignon, die vorangingen. Heute sind es nahezu alle im kleinen Holzfass vergorenen Chardonnay-Weine, unabhängig davon, ob sie aus Italien, Australien, Kalifornien oder Chile kommen. Manchmal wird nur die Hälfte des Weins der malolaktischen Gärung unterzogen, die andere nicht, damit die Säure nicht zu tief sinkt.

Ausgleich von Qualitätsschwankungen

Gäbe es ein ideales Weinklima, so könnten jedes Jahr makellos reife Trauben geerntet werden. Körper und Alkoholgehalt des Weins würden sich in perfekter Harmonie befinden. Leider muss der Kellermeister manchmal die Versäumnisse der Natur ausgleichen und beispielsweise dem Wein künstlich zu einem höheren Alkoholgehalt verhelfen.

Chaptalisation oder Zuckerung

In kühlen, sonnenarmen Jahren bilden die Trauben nur wenig Zucker. Resultat sind Weine, die hinterher einen niedrigen Alkoholgehalt aufweisen. Sie sind leicht und wirken mager. Gerade körperreichen und aromatischen Weinen fehlt es an Harmonie.

So kommt es, dass viele Kellermeister dem Most oder dem gärenden Wein Zucker zusetzen. Der Zucker wird von den Gärhefen wie natürliche Glucose beziehungsweise Fructose angesehen und zu Alkohol verarbeitet. Das heißt: Der Wein ist nach Beendigung der Gärung trocken. Damit 100 Liter Wein ein Grad Alkohol mehr bilden, müssen diesem 2,4 Kilogramm Zucker zur Vergärung beigemischt werden.

Die Anreicherung des Weins mit Zucker zur Erzielung eines höheren Alkoholgehalts heißt Chaptalisation. Der Begriff geht auf den französischen Wissenschaftler und Politiker Jean-Antoine Chaptal zurück (1756–1832). Als Innenminister unter Napoleon machte ihm der Verfall der Weinqualität in der Zeit nach der Französischen Revolution große Sorgen. So schlug er vor, die Gradation der Weine durch Anreicherung mit konzentriertem süßen Most oder mit Rohrzucker zu erhöhen. Wie das konkret vor sich geht, beschrieb zum ersten Mal der Trierer Chemiker Ludwig Gall gegen Mitte des 19. Jahrhunderts, als zahlreiche Moselwinzer wegen mehrerer schlechter Jahrgänge hintereinander keine Trauben ernteten, den Weinbau aufgeben mussten und auswanderten. Die von ihm beschriebene Anreicherung ermöglichte es, auch in kleinen Jahren harmonische Weine zu erzeugen. »Sonne aus dem Sack«, frohlockten die Moselaner damals.

Chaptalisiert wird in nahezu allen Weinbauländern der Welt (lediglich in den warmen Zonen Kaliforniens, in Südafrika, Chile und in Australien ist die Chaptalisation verboten – allerdings auch nicht nötig). Die europäische Weingesetzgebung hat allerdings die Grenzen der Chaptalisation genau festgelegt. In den kühlsten Regionen Europas, der Weinbauzone A (England, Luxemburg, Mosel-Saar-Ruwer, Württemberg), dürfen die Weine im Regelfall um maximal 3,5 Vol.% angereichert werden (Rotweine 4 Vol.%), in Zone B (Champagne, Elsass, Baden) um 2,5 Vol.%, in Zone C (Bordeaux, Burgund) um 2 Vol.%.

Gleichwohl kommt es vor, dass Weine aus der Zone C auch in guten Jahren und ohne Not chaptalisiert werden, um ihnen mehr Gewicht zu geben. Für einen besonders großzügigen Umgang mit Zucker sind die Winzer aus dem Burgund und aus der Schweiz bekannt. Dort wird häufig versucht, kleinen Weinen durch Chaptalisierung mehr Alkohol zu geben, als sie von Natur aus mitbringen. In Italien darf nicht mit Zucker, es muss mit Traubenmostkonzentrat angereichert werden, wogegen die Weinwirtschaft Sturm läuft (durch ein Konzentrat aus fremden Trauben kann der Weingeschmack eines Weins verfälscht werden). Auf eine andere Gefahr, die von der Chaptalisation ausgeht, weisen die EU-Politiker immer wieder hin: Mancher Winzer treibt bewusst die Traubenerträge in die Höhe, um den entsprechend niedrigeren Alkoholgehalt seiner Weine später mit Zucker auszugleichen.

Umkehr-Osmose

In Frankreich wurde 1989 ein neues Verfahren zur Konzentration des Mosts erfunden, das die Anreicherung mit Zucker ersetzen kann. Das Verfahren heißt Umkehr-Osmose. Dabei wird dem vergorenen Wein Wasser entzogen, so dass sich Alkohol und Inhaltsstoffe automatisch konzentrieren. Bei dem Verfahren wird ein Tank mit einer halbporösen Membran in zwei Kammern unterteilt. Die eine enthält Wasser, die andere den Wein. Wird der Druck in der Weinkammer durch Pumpen erhöht, wandern die Wassermoleküle des Weins durch die halbporöse Membran in die Wasserkammer

Diese inverse Osmose wird vor allem in Saint-Emilion und Pomerol angewendet und hat dazu geführt, dass dort auch in verregneten Jahren extrem dichte, konzentrierte Weine entstehen. Allerdings ist dieses Verfahren so aufwendig und teuer, dass es sich nur wenige große Bordeaux-Châteaux leisten können.

Ausbau und Reifung

Nach dem Ende der Gärung ist der Wein fertig, aber noch nicht trinkbar. Er schmeckt roh, ist hart und muss reifen. Fast alle Weine benötigen, bevor sie in Flaschen gefüllt werden, eine Zeit der Reife. Das gilt für Rotweine wie für Weißweine. Die Reifezeit kann ein paar Wochen dauern. Sie kann sich aber auch über mehrere Jahre hinziehen. Diese Reifezeit wird Ausbau genannt, weil der Wein sich in dieser Zeit verändert, sein Aromenspektrum erweitert und »ausbaut«. Der traubige Geschmack, der den Wein direkt nach der Gärung auszeichnet, weicht einem weinigen Aroma.

Ausgelöst wird die Veränderung des Weins durch kleinste Mengen von Sauerstoff, die auf den Wein einwirken. Der Reifeprozess ist demnach nichts anderes als die Lagerung des Weins unter kontrollierter Zufuhr von Sauerstoff. Feinoxydation heißt dieser Vorgang. Zwar gilt Sauerstoff als Feind des Weins: Er lässt ihn rasch alt werden und verdirbt ihn am Ende. Ohne Sauerstoff geht es jedoch auch nicht. Der Ausbau des Weins erfordert zumindest ein geringes Quantum. Wie groß diese Sauerstoffmenge sein darf, mit der der Wein reagiert, lässt sich nur allgemein formulieren: So wenig wie möglich, so viel wie nötig. Auf jeden Fall ist sie so gering, dass man besser umgekehrt sagt: Ausbau ist die Lagerung des Weins unter möglichst weitgehendem Luftabschluss.

Der Ausbau kann im Holzfass stattfinden, aber auch im Edelstahltank beziehungsweise auf der Flasche. Rotweine benötigen zum Beispiel mehr Sauerstoff, Weißweine vertragen durchweg weniger. Häufig entscheidet sich der Kellermeister für eine Mischung von verschiedenen Reifemöglichkeiten. Es gibt allerdings auch Reifeprozesse des Weins, an denen Sauerstoff gar nicht beteiligt ist.

Chemische Prozesse beim Ausbau

Der Wein enthält nach der Gärung viele Bestandteile, die auf Sauerstoff reagieren. Dazu gehören die Anthocyane, die für die Farbe des Weins verantwortlich sind. Sie verbinden sich, wie alle Phenole, sehr rasch mit Sauerstoff. So tendieren Weißweine vom anfänglichen Strohgelb ins Goldgelbe, während Rotwein seine dunkelrote Farbe verliert, sich aufhellt und am Ende purpurrote oder granatrote Töne annimmt. Auch der Duft des Weins ändert sich. Kohlenwasserstoffverbindungen, die Träger der Primäraromen, verbinden sich mit Sauerstoffmolekülen, so dass sich komplexere Duftkombinationen ergeben. Sehr reaktionsfreudig sind auch die Tannine. Sie verschmelzen unter Luftzufuhr mit anderen phenolischen Verbindungen, so dass sich neben den rein fruchtigen Geschmackskomponenten auch neue Aromen entwickeln können: etwa erdige oder würzige Töne.

Das Verschmelzen von phenolischen Verbindungen unter Sauerstoffeinfluss wird Polymerisation genannt. Das Wort klingt kompliziert, beschreibt aber einen einfachen Vorgang: Kleine, kurzkettige Phenolmoleküle verbinden sich zu größeren Molekülen. Auf diese Weise entstehen zum Beispiel Tannin-Polymere oder die noch komplexeren Tannin-Polysaccharide. Die Auswirkungen dieser Polymerisation auf das Aroma des Weins sind beträchtlich. Die größeren Molekülstrukturen lassen den Wein sanfter, abgeklärter, eleganter erscheinen. Sie nehmen ihm das Ungestüme und geben ihm Komplexität und Feinheit. Bei fortschreitender Reife verketten sich die Tanninmoleküle so lange, bis sie nicht mehr in Flüssigkeit löslich sind und als Bodensatz in der Flasche ausgefällt werden.

Zu viel oder zu wenig Sauerstoff

Die Lagerung des Weins unter weitgehendem Luftabschluss birgt allerdings ein Risiko: die Gefahr der Reduktion. Reduktion bedeutet, dass der Wein mangels Sauerstoff nicht oder nur reduziert chemisch reagieren kann. Die Folge ist, dass übelriechende chemische Verbindungen, wie sie nach jeder Gärung im Wein enthalten sind (etwa Schwefelwasserstoff oder Mercaptane), nicht neutralisiert werden können. Wein, der unter zu starkem Luftabschluss lagert – egal, ob im Stahltank oder auf der Flasche –, entwickelt daher leicht unangenehme Gerüche von faulen Eiern oder von Kuhstall. Der Kellermeister, der eine reduktive Ausbauweise praktiziert, vermeidet die Ausbreitung solcher Aromen im Wein, indem er den Wein nach dem Ende der Gärung und dem Abzug von der Maische lüftet.

Die übermäßige Zufuhr von Sauerstoff hat jedoch ebenfalls negative Auswirkungen auf den Wein. Beim Kontakt zwischen Alkohol und Sauerstoff entsteht nämlich Acetaldehyd, eine Substanz, die, wenn sie im Wein gelöst ist, fade und unfrisch riecht. Der Wein ist dann oxydiert: Er hat einen Sherry- oder Madeiraton – typisch für angebrochene und zu lange offen stehen gelassene Flaschen. Ein Zahlenbeispiel mag verdeutlichen, wie schnell Wein oxydieren kann. Ist ein Fass nicht ganz gefüllt und weist es eine Oberfläche von etwa einem Quadratmeter auf, die mit Luft Kontakt hat, so werden in ihm 150 Kubikzentimeter Sauerstoff pro Stunde gelöst. Das bedeutet: Innerhalb weniger Tage ist der Wein komplett oxydiert. Damit das nicht passiert, muss der Kellermeister seine Fässer stets »spundvoll« halten, d. h. bis zum Spundloch füllen. Oder er muss Stickstoff in den Leerraum des Fasses pumpen – als Schutzgas gegen Sauerstoff. Baut er den Wein in Edelstahltanks aus, kann er im Inneren des Tanks einen luftdicht abschließenden Deckel von oben bis auf die Oberfläche des Weins absenken, um diesen vor Sauerstoffzutritt zu schützen.

Neben den Veränderungen, denen Wein durch Sauerstoffkontakt unterworfen ist, gibt es wichtige Reifeprozesse des Weins, die sich auch unter Abschluss von Sauerstoff vollziehen. Der wichtigste ist die Veresterung. Ester sind organische Verbindungen, die entstehen, wenn Alkohol und Säure reagieren. Ester bilden sich bei der Gärung des Weins. Der am häufigsten vorkommende Ester ist das Äthylacetat, eine Verbindung von Essigsäure und Äthylalkohol. Von diesem Ester stammt das fruchtige Aroma des Weins. Ester bilden sich auch nach der Gärung, wenn Weinsäure, Bernsteinsäure und Apfelsäure mit dem Alkohol reagieren. Diese Ester »entschärfen« die Säuren, so dass der Wein nach einigen Jahren oft milder schmeckt. Auf dem Höhepunkt ist der Wein, wenn er ein optimales Verhältnis von Säure, Estern und Alkohol aufweist.

Ausbau im Holzfass

Das am häufigsten verwendete Gefäß zur Reifung des Weins ist das Holzfass. Seine wichtigste Eigenschaft ist, dass der Wein in ihm atmen kann. Die Sauerstoffzufuhr beschleunigt die Polymerisation. Dadurch wird der Wein weicher, harmonischer und komplexer. Vor allem Rotwein wird im Holzfass ausgebaut. Während die meisten Weißweine bei längerer Lagerung im Holzfass an Frische verlieren und müde werden, kann der Sauerstoff, der durch die Fasswand eindringt, dem Rotwein wenig anhaben. Wegen des hohen Gehalts an Phenolen verträgt er den Sauerstoff nicht nur, er braucht ihn geradezu zur Reifung, die nichts anderes ist als die Feinoxydation des Weins.

Es gibt grundsätzlich drei Möglichkeiten des Luftzutritts während der Ausbauphase: durch das poröse Holz des Fasses, durch die kleine Oberfläche des Fassspunds und beim notwendigen Umpumpen des Weins von einem zum anderen Fass. Beim Umpumpen (Umziehen) von einem Fass ins andere oxydiert der Wein am stärksten, beim Ausbau im Holzfass am wenigsten. Pro Liter Wein, der durch den Schlauch fließt, werden 3 bis 4 cm^3 Sauerstoff gebunden. Bei viermaligem Umziehen im ersten Jahr bedeutet dies eine Sauerstoffzufuhr von 12 bis 15 cm^3. Durch den Luftkontakt über das Spundloch nimmt der Wein 15 bis 20 cm^3 Sauerstoff pro Jahr auf. Durch die Dauben des Holzfasses dringen 2 bis 5 cm^3 Sauerstoff pro Jahr ins Fass ein und werden im Wein gelöst.

Fassgröße und Dicke des Holzes

Allerdings darf die Menge des Sauerstoffs, der durch die Fassdauben dringt, nur gering sein. Wie gering, hängt von der Größe des Fasses ab. Sie ist von entscheidender Bedeutung für das Tempo des Reifeprozesses. Die kleinsten der gebräuchlichen Holzfässer sind Barriques: Sie stammen aus Bordeaux und fassen genau 225 Liter. Im Burgund sind sie mit 205 Liter sogar noch etwas kleiner. Auch im portugiesischen Douro-Tal werden kleine Fässer zur Lagerung des Portweins benützt. Sie heißen *pipes* und enthalten teils 550, teils 850 Liter.

In kleinen Fässern hat der Wein stärkeren Kontakt mit Holz, in größeren weniger. 1000 Liter Wein, die in einem großen Fass liegen, haben halb so viel Holzkontakt wie 1000 Liter, die auf vier kleine Barriques von 225 Liter Inhalt verteilt worden sind. In kleinen Fässern dürfen also nur Weine ausgebaut werden, die so phenolreich sind, dass sie der größeren Luftzufuhr standhalten. Die Premiers Grands Crus aus Bordeaux, die großen Rotweine aus dem spanischen Priorato, einige kalifornische Cabernet Sauvignons und die besten australischen Shiraz reifen in guten Jahren bis zu 24 Monate in diesen Fässern. Ein leichter Pinot Noir aus dem Elsass würde vermutlich schon nach sechs Monaten erste Ermüdungserscheinungen zeigen. In großen Holzfässern lässt er sich jedoch entsprechend länger lagern. Die besten italienischen Brunello werden in großen Holzfässern sogar zwei bis drei Jahre ausgebaut, die größten Barolo teilweise fünf Jahre, ohne Schaden zu nehmen.

Die Größe des Fasses bestimmt auch die Dicke der Fassdauben. Je größer das Fass, desto dicker müssen sie sein, um das Gewicht der Flüssigkeitsmenge zu halten. Damit sie unter dem Druck des Weins nicht bersten, müssen sie mit Metallbändern zusammengehalten werden. Dauben, die 10 Zentimeter dick sind, wie bei großen 50-Hektoliter-Fässern, lassen nur minimale Mengen Sauerstoff passieren. Bei kleinen Barriques sind die Dauben dagegen nur 2,5 Zentimeter stark. Entsprechend mehr Sauerstoff dringt durch die Wandungen. Auch deswegen vollzieht sich der Reifeprozess in kleinen Fässern rascher als in großen.

Der Einfluss neuen Holzes

Der Ausbau in kleinen Fässern hat noch einen anderen Effekt. Es werden Tannine aus dem Holz gelöst, die in den Wein übergehen und ihn geschmacklich mehr oder minder stark verändern. Zumindest gilt das, solange die Fässer neu sind. Die Menge des Tannins ist nicht gering. Im ersten Jahr gibt ein neues Barrique etwa 200 Milligramm an den Wein ab. Das entspricht etwa einem Zehntel des Tannins aus den Traubenschalen.

Allerdings ist das Holztannin von völlig anderer Konstitution als das Schalentannin. Es polymerisiert nicht, ändert sich folglich mit zunehmendem Alter des Weins nicht und besteht aus anderen Kohlenwasserstoffverbindungen. Sie sind für die typischen Geruchsnoten von süßer Vanille, gerösteten Haselnüssen, Gewürznelken und Karamell verantwortlich. Leider unterstreichen diese Noten nicht immer das Eigenaroma des Weins, sondern dominieren es bisweilen.

Nach drei, spätestens fünf Jahren Gebrauch ist der Einfluss des Fassholzes auf den Geschmack des Weins gleich null. Leider hat der Erfolg holzfassgereifter Weine bizarre Blüten getrieben: Besonders geschäftstüchtige Weinmacher, vor allem in den Weinländern der Neuen Welt, benutzen einfach Eichenholzspäne oder – noch billiger – chemische Essenzen, um einen Eichenholzton in den Wein zu bekommen. Seriöse Kellermeister lehnen solche Schminke ab.

Traditionelle Fässer

Traditionelle Holzfässer, die zehn, 20 oder mehr Jahre zählen, sind aus den Kellern fast völlig verschwunden. Nur in Deutschland, Österreich und im Elsass sind sie teilweise noch anzutreffen. Der Wert solcher Fässer, die keinen Geschmack mehr an den Wein abgeben, ist umstritten. Wenn sie regelmäßig von innen gesäubert werden, können sie dem Wein zusätzliche Nuancen geben. Wenn eine fingerdicke Schicht Weinstein an den Innenwänden sitzt, haben sie dagegen die Funktion eines Stahltanks. Oft dienen sie mit ihren Schnitzereien nur zur Zierde des Kellers.

Weißwein im Holzfass?

Nach der Gärung werden Weine gerne im kleinen Eichenfass (Barrique) ausgebaut, da das Holz porös ist und ein geringer, aber stetiger Sauerstoffaustausch stattfindet, der die Feinoxydation des Weins fördert. Theoretisch gilt dies für Weißwein ebenso wie für Rotwein.

Bei Weißweinen ist der Einsatz von Holzfässern aber durchaus nicht unumstritten. Zwar reift der Wein schneller als im sauerstoffarmen Milieu und entwickelt eine größere Aromenfülle. Das gilt besonders, wenn er einige Monate lang auf der Hefe liegt. Durch die Hefesatzlagerung erhält er zusätzliche Geschmacksnuancen. Sie können noch gesteigert werden, indem die Hefe regelmäßig aufgerührt wird. *Bâtonnage* lautet der französische Fachausdruck dafür.

Doch eignet sich einfach nicht jeder Weißwein zur Vergärung und zum Ausbau vor allem in kleinen Eichenfässern. Diese Behandlung ist nur für schwere, substanzreiche Weißweine erdacht worden. Ein Le Montrachet, ein Haut-Brion Blanc oder ein großer Pouilly-Fumé erreichen durch sie eine komplexere Reife, das Eichenholz verleiht ihnen einen zarten Vanilleton, die Hefesatzlagerung mehr Frische. Mittelgewichtige, gar leichte Weine werden

durch die Feinoxydation eher gezehrt und vom Holzge-
schmack regelrecht maskiert.

Leider hat das viele Winzer nicht abgeschreckt, ihren
Wein ins Holzfass zu geben. Der Wunsch, einen Weißwein
internationaler Klasse zu produzieren, ist häufig größer
als die Einsicht, dass es ihnen an geeigneten Reben, am
richtigen Standort und an der notwendigen Einstellung
fehlt.

Ausbau in der Flasche

Eine längere Lagerung im Holzfass birgt die Gefahr, dass
Rot- und Weißweine geschwächt und müde werden. Sie
verlieren ihre Frische. Um dieser Gefahr aus dem Wege zu
gehen, versuchen immer mehr Weinerzeuger, die Reifezeit
im Fass abzukürzen, ihre Weine früher auf Flaschen zu
füllen und sie dort verfeinern zu lassen, bevor sie zum Verkauf freigegeben werden.

Die spanischen Bodegas Vega Sicilia, die ihre Weine
früher bis zu sieben Jahren im Holzfass ausbauten, füllen
sie heute spätestens nach vier Jahren ab, lassen die Flaschen aber bis zu 20 Jahren im Keller. Sicher ein extremes
Beispiel, das ohne die spanische Tradition, nur reife,
trinkfertige Weine freizugeben, nicht verständlich wäre.
Aber es illustriert eine überall auf der Welt zu beobach-
tende Tendenz, die Fassreifung zugunsten der Flaschen-
reifung zu verkürzen.

Genau genommen spricht man von der »Reifung« im
Fass und von der »Verfeinerung« auf der Flasche. Der Luft-
zutritt in der Flasche ist wesentlich geringer als im Fass.
Eine gewisse Periode der Flaschenlagerung ergibt mithin
ausgeglichenere Weine mit einer besseren Verschmelzung

Im Barriquekeller reift der Wein in 225-Liter-Holzfässern.

der Aromen und der Integration von Tannin und Säure: Die Weine werden harmonischer. Die Verfeinerung auf der Flasche ist in den ersten Jahren ein weitgehend reduktiver Prozess. Das heißt, er findet mehr oder minder unter Sauerstoffabschluss statt.

In manchem Weinbaugebiet verhindert freilich die Gesetzgebung ein frühzeitiges Abfüllen auf die Flasche. Die Produktionsstatuten, oft 20 oder mehr Jahre alt, legen nicht selten fest, dass ein bestimmter Wein mindestens ein oder zwei oder zweieinhalb Jahre im Holzfass reifen muss, bis abgefüllt werden darf. In vielen Gebieten Italiens, etwa beim Brunello di Montalcino, ist man erst in den letzten Jahren dazu übergegangen, die Statute zu modernisieren.

294

Wie ein Holzfass entsteht

Viele alte Fassbau-Werkzeuge sind heute durch Maschinen ersetzt worden, etwa das Kröseisen und der Gargel-kamm, mit dem einst die Nut ausgekerbt wurde, in die der Fassboden eingesetzt wird. Das Öffnen gebrauchter Fässer, um den Weinstein von der Innenseite der Dauben zu entfernen und einen neuen Toast aufzubringen, gehört ebenfalls zu den Aufgaben des Fassbauers.

Spalten des Holzes

Das Vierteilen des Baumstamms längs der Fasern des Holzes wird schon lange nicht mehr von Hand, sondern von mechanischen Spaltmeißeln erledigt. Das Spalten hat gegenüber dem Sägen den Vorteil, dass die Zellstruktur des Holzes nicht beschädigt wird. Allerdings werden die Stäm-me heute vielfach nicht mehr geviertelt, sondern es werden gleich Dauben aus ihnen gesägt. Die Ausbeute ist größer, der Abfall geringer.

Lagern im Freien

Der Fassbau ist Technik, das Lagern des Holzes jedoch ein Qualitätsfaktor erster Güte. Traditionell müssen die Dauben drei Jahre lang unter freiem Himmel gelagert werden. Die Sonne dörrt das Holz, der Regen wäscht die scharfen Tannine sowie Polysaccharide und Glucose aus. Heute wird der größte Teil des Fassholzes künstlich im Ofen getrocknet, so dass sich die ganze Prozedur auf drei bis zwölf Monate reduziert.

Zusammensetzen der Dauben zu einem Fass

Die Größe der Fassdauben zum Beispiel für ein Barrique wird nach einer mathematischen Formel berechnet, das Daubenholz dann entsprechend gehobelt, gesägt, und die einzelnen Dauben werden trocken zusammengesetzt. Dass die Stoßkanten der Dauben später dicht halten, dafür sorgt der Wein selbst: Er lässt das Holz aufquellen, so dass keine Flüssigkeit entweichen kann.

»Toasten« des Fassholzes

Bevor der Boden eingesetzt wird, muss das Fass »getoastet« werden. So lautet der Fachausdruck für das Flämmen der inneren Fasswandungen. Der Toast beeinflusst die chemische Struktur des Holzes und gibt den Weinen später einen leichten Röstton. Je nach Typ des Weins, der in ihm reifen soll, werden die Fässer leicht, medium oder stark getoastet.

Anlegen der Fassreifen

Wenn der Küfer die Fassböden eingepasst hat, werden die provisorischen Fassbänder abgenommen und die endgültigen metallenen Fassreifen um den Bauch des Barriques gelegt. Sie halten das Fass zusammen und verhindern, dass es später unter dem Gewicht des Weins auseinander bricht. Zuletzt wird das Spundloch in eine der Dauben gesägt.

Welche Holzarten
sich für ein Fass eignen

Weinfässer gab es in der Vergangenheit aus den unterschiedlichsten Hölzern: Sie wurden in den vergangenen Jahrhunderten aus dem Holz der Kastanie, Akazie, Kirsche, Pinie, Palme, Rotzeder und des Eukalyptusbaums hergestellt.

Aber kein Holz eignet sich zur Lagerung des Weins so sehr wie das der Eiche. Eiche ist härter und dichter als die meisten anderen Holzarten. Das süße, würzige Tannin ihres Holzes kann das Aroma feiner Weine hervorragend unterstützen. Aus diesem Grunde wurden schon im 17. Jahrhundert vorzugsweise Eichenholzfässer zum Ausbau des Weins verwendet.

Allerdings wachsen Eichen langsam. Sie müssen mindestens 80 Jahre alt sein, bevor sie eingeschlagen werden, und der Stammdurchmesser muss mehr als 50 Zentimeter betragen.

Drei Hauptquellen für Fasseiche

Es gibt rund 300 verschiedene Eichenarten auf der Welt, aber nur drei kommen für den Fassbau in Frage: die Steineiche (Quercus sessilis) und die Sommereiche (Quercus peduncolator), die beide in Europa kultiviert werden, sowie die amerikanische Weißeiche (Quercus alba), die in Nordamerika zu Hause ist.

Bis vor dem Ersten Weltkrieg reiften die besten europäischen Rotweine in Fässern, deren Holz aus Polen, Lettland und Estland kam. Später kamen andere Länder als Lieferanten von Qualitäts-Eichenhölzern dazu.

Heute gibt es drei Hauptquellen. Die erste ist Frankreich, vor allem die Forste in Zentralfrankreich und in den

Vogesen. Die zweite Quelle ist das Gebiet des ehemaligen Jugoslawien: Slowenien, Kroatien, Bosnien-Herzegowina und Serbien (slawonische Eiche). Als dritte Quelle haben sich seit einigen Jahren die USA etabliert. Das Holz ihrer Eiche wird vor allem in Australien und Spanien, zunehmend auch in Südfrankreich hoch geschätzt. Österreich und Deutschland haben als Eichenholzlieferanten nur regionale Bedeutung.

Französische Eiche – fein und teuer

Die französische Eiche gilt heute weltweit als die beste. Sie ist nicht nur sehr aromatisch, die Feinheit ihrer Aromen ist unübertroffen.

Allerdings ist sie auch die teuerste, so dass sich nur Erzeuger hochwertiger Weine Fässer aus französischer Eiche leisten können. Sie wird größtenteils zu Barriques, Piècen oder anderen kleinformatigen Weinbehältnissen verarbeitet.

Der hohe Preis des Eichenholzes aus Frankreich hat damit zu tun, dass die französischen Forste zwar groß sind, aber äußerst restriktiv bewirtschaftet werden. Außerdem wächst die hochwertigste Eiche nur in wenigen Gebieten, in denen die Böden nicht zu feucht sind und kein Eisen enthalten.

Noch wichtiger ist, dass der Verarbeitungsaufwand und der Materialverbrauch bei französischer Eiche sehr viel höher sind, als das zum Beispiel bei amerikanischer oder slawonischer Eiche der Fall ist. Französisches Eichenholz kann nämlich nicht gesägt, sondern muss von Hand gespalten werden. Da dies nur längs der Faserrichtung möglich ist, ist die Ausbeute sehr gering und der Abfallanteil sehr hoch.

Slawonische Eiche – eher neutral

Slawonische Eiche besteht fast ausschließlich aus der Sorte Quercus peduncolator. Sie wird seit alters zum Fassbau verwendet, insbesondere für größere Fässer von fünf bis 150 Hektolitern, wie sie traditionell für italienische Weine verwendet werden: etwa für Barolo, Brunello di Montalcino und Chianti. In der Faserstruktur ist sie etwas grober als französische Eiche, im Geschmack neutraler.

Das Forstmanagement der neuen Balkanrepubliken ist freilich von französischen Standards weit entfernt. Immer wieder passiert es, dass Bäume zu jung eingeschlagen werden und später strenge Gerbsäure an den Wein abgeben. Oder das Holz wird gesägt statt gespalten, was später zu Leckagen an den Fässern führt. Als neue Eichenholzlieferanten drängen derzeit Ungarn, Rumänien, Ukraine und Russland auf den Markt.

Amerikanische Eiche – sehr aromatisch

Die amerikanische Eiche besitzt wesentlich härteres Holz als die europäischen Quercus-Arten und lässt sich wesentlich leichter verarbeiten. Es ist eine sehr aromatische Eiche, die sich zum Ausbau geschmacksintensiver Rotweine, etwa aus Shiraz- (Syrah-) oder Tempranillo-Trauben, bewährt hat. Auf delikate, elegante Weine wirkt sie jedoch zu stark, weshalb auch viele amerikanische Weinmacher die französische Eiche vorziehen.

Amerika hat die größten Bestände an Weißeichen in der Welt. Die Fasseiche kommt meist aus Pennsylvania, Minnesota oder anderen östlichen Bundesstaaten. Aber auch in Oregon, teilweise sogar in Kalifornien wird sie angebaut.

Stabilisierung und Schwefelung

Bevor der Wein auf die Flasche kommt, muss sichergestellt werden, dass er stabil ist. Stabil heißt: Er muss dauerhaft frei von Trübungen und Schlieren sein. Er darf nicht nachgären und keine Bestandteile enthalten, die später unerwünschte Veränderungen bewirken können. Ist der Wein stabil, muss vor der Flaschenabfüllung dafür gesorgt werden, dass seine Qualität erhalten bleibt und er nicht schnell oxidiert und zu Essig wird. Dazu werden praktisch alle handelsfähigen Weine geschwefelt, eine nicht unumstrittene Praxis, da Schwefel in zu hoher Dosierung sowohl dem Menschen als auch dem Wein Schaden zufügen kann. Es kommt entscheidend darauf an, den Anteil der schwefligen Säure so gering wie möglich zu halten, denn die Dosis entscheidet über Schaden oder Nutzen.

Die Stabilisierung von Rotwein

Beim Rotwein findet die Stabilisierung während des Ausbaus statt – wie auch beim Weißwein. Sie zieht sich aber meist über einen längeren Zeitraum hin als beim Weißwein, weil Rotweine in der Regel später auf den Markt kommen. Eine erste Stabilisierung hat der Rotwein schon erfahren, bevor er ins Fass kommt. Während der malolaktischen Gärung ist die gesamte Apfelsäure in Milchsäure transformiert worden, so dass eine Nachgärung auf der Flasche ausgeschlossen ist. Die Klärung und die weitere Stabilisierung finden dann während der Ausbauphase statt.

Umziehen des Weins

Bordeauxweine werden im ersten Jahr traditionell viermal umgezogen, das heißt umgefüllt. Soutirage heißt dieser Fasswechsel. Er dient dazu, den Wein von dem Sediment zu befreien, das auf den Boden gesunken ist. Es besteht nicht nur aus Heferesten, Bakterien und anderen Mikroorganismen, sondern auch aus Weinstein und Mineralsalzen, die sich später bei steigenden Temperaturen wieder in der Flüssigkeit lösen könnten. Bei jedem Fasswechsel fällt weniger Sediment an. Im zweiten Jahr ist der Wein schon fast klar. Es genügt, ihn dreimal oder auch nur zweimal umzuziehen.

Auffüllen des Fasses nach dem Umziehen des Weins.

Rotweine anderer Anbaugebiete (mit anderen Fassgrößen als in Bordeaux) werden eher seltener umgezogen. Jedes Umpumpen strapaziert den Wein: Der Druck des Kompressors und die unvermeidlichen Erschütterungen können zu unerwünschten Ausscheidungen von Stoffen führen. Das chemische Gleichgewicht des Weins wird gestört.

Bei den ersten Fasswechseln ist es wichtig, dass Sauerstoff an den Wein kommt, zumal die Oxydationsgefahr beim Rotwein vergleichsweise gering ist. Der Wein ist noch mit Kohlendioxid gesättigt. Die folgenden Fasswechsel werden dann meist unter Sauerstoffabschluss durchgeführt.

Der Verlust an Wein durch Verdunstung des Wasseranteils über die Kapillaren des Holzes ist gering (ein bis zwei Prozent pro Jahr) – vorausgesetzt, die Keller haben eine Luftfeuchtigkeit um 85 Prozent. Luftblasen um den Spund entstehen vor allem durch das Zusammenziehen der Flüssigkeit im Winter. Wichtig ist deshalb, dass die Fässer nach jedem Umziehen wieder aufgefüllt werden, damit sie »spundvoll« sind. Hierfür legt jeder Kellermeister ein Fass mit Reservewein an.

Die Schönung des Weins

Rotwein muss, ebenso wie Weißwein, chemisch stabil gemacht, also geschönt werden. Dazu gehört, dass ein Teil der im Wein enthaltenen Kolloide entfernt wird, feinste Schwebeteilchen, vor allem Tannine, Anthocyane und andere Phenole sowie Proteine. Sie würden sonst später ausgefällt und hinterließen einen dichten Bodensatz in der Flasche. Einfache Konsumweine wären so nicht verkäuflich. Aber auch hochwertige, feine Weine brauchen ein bestimmtes Maß an Schönung, damit instabile Tannine und Anthocyane sowie wärmeempfindliche Proteine ausgeschieden werden können. Beim nächsten Umziehen werden sie dann als Bodensatz entfernt.

Geschönt wird mit tonhaltigen Mineralerden wie Bentonit (weniger häufig Kieselsol, Kaolin, Kohle) und eiweißhaltigen Produkten (Gelatine oder Hausenblase, seltener Albumin und Kasein). Alle diese Mittel sind in pulverisierter Form käuflich. Häufig wird auch frisches, aufgeschlagenes Hühnereiweiß ins Fass gegeben – besonders bei feinen Weinen. Innerhalb weniger Minuten bindet es Tannine und Farbstoffe und bildet großflockige Kolloide, die sich leicht aus dem Wein entfernen lassen. Bentonit eignet sich vor allem, um Proteine zu binden, wird aber bei Rotweinen vorsichtig eingesetzt, weil es die Tannine angreift. Alle Schönungsmittel hinterlassen keine oder nur minimale Spuren im Wein. Früher wurde mit Milch und Tierblut geschönt.

Von Hausenblase bis Gummi arabicum

Alle Weine müssen während des Ausbaus geschönt werden. Die Schönung dient dazu, den Wein von jeglichen Trübungen zu befreien. Dazu sind spezielle Weinbehandlungsmittel nötig:

Hausenblase	Rot- und Weißwein
Eiweiß	Rotwein
Gelatine	Rot- und Weißwein
Tannin	Weißwein
Kieselsol	Rot- und Weißwein
Kaolinerde	Süßwein
Bentonit	Rot- und Weißwein

Zur Beseitigung von Geruchs- oder Geschmacksfehlern sind folgende Weinbehandlungsmittel zugelassen:

Kasein	gegen Altersfirne
Weinhefe	zur Auffrischung
Kohle	gegen Geruchsfehler
Blutlaugensalz	gegen Schwermetalle
Kalziumphytat	gegen Schwermetalle
Gummi arabicum	gegen Weinstein
Kupfersulfat	gegen Schwermetalle

Filtern des Weins

Das Filtern des Weins ist eine weitere Möglichkeit, ihn stabil zu machen. So wird Weißwein häufig schon beim Abstich von der Hefe, Rotwein nach dem Abzug von der Maische filtriert. Man benutzt dafür grobe Schichtenfilter, die aus Zellulose, Kieselgur (fossile Kieselalgen) oder Perlit bestehen (glasartiger Filterstoff, überwiegend aus Aluminiumsilikat). Mit ihnen wird der Wein von seinen groben Bestandteilen befreit. Diese Filter ersetzen Siebe und Tücher, mit denen schon die Sumerer ihren Wein zu klären pflegten. Danach wird der Wein normalerweise erst wieder vor der Füllung gefiltert. Für diese Feinfiltration werden heute Membranfilter eingesetzt. Sie bestehen aus einer porösen Folie aus Kunststoff, in der die kleinen, für das Auge unsichtbaren Trubteilchen hängen bleiben. Bei Weißweinen und jungen Rotweinen ist eine Feinfiltration notwendig. Bei lange im Fass ausgebauten Rotweinen ist sie umstritten, weil der Wein sich durch Absetzen bereits weitgehend selbst geklärt hat.

Einige Erzeuger hochwertiger Rotweine versuchen ohne Filtration auszukommen, um nicht den Wein wichtiger

Geschmacksträger zu berauben. Nicht zu filtieren bedeutet immer ein kleines Risiko: Der Wein könnte sich später auf der Flasche unerwartet oder nicht optimal entwickeln. Trotzdem gehen die Hersteller dieses Wagnis ein, um die bestmögliche Qualität zu erhalten. So werden einige der berühmtesten Weine der Welt direkt vom Fass auf die Flasche gebracht – zum Beispiel im Burgund. Dazu muss angemerkt werden, dass ein reicher, kraftvoller Cabernet Sauvignon unter der Filtration weniger leidet als ein zarter, duftiger Pinot Noir. Es kommt also auf die Erfahrung und das Fingerspitzengefühl des Kellermeisters an.

Die Stabilisierung von Weißwein

Weißweine müssen in einem relativ kurzen Zeitraum stabil gemacht werden, weil die meisten bereits im Februar oder März nach der Lese auf den Markt kommen. Die Stabilisierung ist ein Prozess, der aus vielen einzelnen Schritten besteht und schon lange vor der Flaschenabfüllung einsetzt. Er beginnt mit der Klärung des Weins. Die Klärung hat den Zweck, den Wein von Schwebeteilchen zu befreien und optisch »blank« zu machen, wie der Kellermeister sagt. Danach muss er in einen Zustand versetzt werden, der ihn vor mikrobiologischen Veränderungen dauerhaft schützt. Früher wurden Weine zu diesem Zweck pasteurisiert. Heute erreicht man dasselbe Ziel durch Filtern und Separieren oder – schonender – durch Kühlen und Absetzenlassen.

Erster Abstich und Klärung

Die Stabilisierung beginnt mit der Klärung des Jungweins nach dem Ende der alkoholischen Gärung. Dabei wird der Wein von der groben Hefe getrennt, die in einem dicken Satz auf dem Boden des Fasses liegt. Genau betrachtet, handelt es sich um ein Gemisch aus toten Hefezellen, Bakterien, Weinsteinkristallen, Schalenresten und Fruchtfleischteilchen. Geläger lautet der Fachausdruck. Der mehr oder minder klare Wein über dem Geläger wird abgezogen und in ein anderes Fass gelegt (umgefüllt).

Mit diesem ersten Abstich erfolgt also zugleich eine erste Klärung – sie findet übrigens immer unter Sauerstoffkontakt statt, um den Wein zu belüften. Oft ist diese Klärung sogar schon ziemlich vollständig, besonders dann, wenn der Wein beim Umziehen filtriert oder gar zentrifugiert wird. Allerdings werden die Weine durch diese Verfahren stark strapaziert. Für einfache Konsumweine mag das recht sein, für hochwertige, teure Weine nicht.

Die Hefesatzlagerung

Viele ehrgeizige Kellermeister legen geradezu Wert darauf, dass die Weine sich möglichst langsam klären. Sie zögern den ersten Abstich hinaus, um den Wein noch ein paar Wochen auf der Hefe liegen zu lassen. Dadurch gelangen zusätzliche Gäraromen in den Wein, die ihn voller und delikater machen.

Besonders Weine, die in kleinen Holzfässern vergoren werden, profitieren von dieser Hefesatzlagerung. Sie sollen sowieso eine malolaktische Gärung durchmachen, und die Bakterien, die diese auslösen, befinden sich in den Hefezellen am Boden der Fässer. Deshalb wird der Hefesatz auch mit einem »Stock« regelmäßig aufgerührt.

Bâtonnage heißt diese Maßnahme im Burgund. Durch das Hefesatzaufrühren wird der Wein zugleich belüftet. Das Risiko, dass er unangenehme Gerüche annimmt, ist dann gering. Erst danach wird der Abstich vorgenommen.

Die Kaltstabilisierung

Eine häufig ausgeübte Praxis ist es, den Weißwein nach dem Abstich von der Hefe in den kältesten Teil des Kellers zu legen oder ihn im Stahltank auf null Grad zu kühlen. Bei derart niedrigen Temperaturen wird überschüssige Weinsäure ausgefällt und sinkt als Weinstein (Kaliumhydrogentartrat) auf den Boden des Fasses. So ist die Wahrscheinlichkeit gering, dass der Wein später auf der Flasche Weinsteinkristalle bildet, die wie Glassplitter aussehen und beim unkundigen Verbraucher Irritationen hervorrufen können. Allerdings stellt Weinstein weder eine Verunreinigung des Weins dar noch beeinträchtigt er dessen Geschmack.

Die Schönung des Weins

Ein geklärter Wein ist freilich noch kein stabiler Wein. Er enthält zahlreiche organische Verbindungen, die unter bestimmten äußeren Bedingungen reagieren und den Wein negativ verändern können. Dazu gehören zum Beispiel Proteine. Sie sind im Wein gelöst und nur unter dem Mikroskop erkennbar. Um sie zu entfernen, muss der Wein geschönt werden. Die Schönung dient also nicht dazu, den Wein »schön« zu machen, sondern Enzyme oder andere Polymere in einen festen Zustand zu überführen, so dass sie auf den Boden sinken und leicht entfernt werden können. Das am häufigsten verwendete

Schönungsmittel für Weißweine ist Bentonit, eine Tonerde aus Silizium- und Aluminiumoxid. Sie wird in Wasser aufgeschlämmt und dem Wein zugegeben. Folge: Das Protein flockt aus und sinkt zu Boden. Ohne Schönung würden die Proteine später, wenn der Wein abgefüllt und wärmeren Temperaturen ausgesetzt ist (etwa im Regal einer Weinhandlung), koagulieren und Schlieren in der Flasche bilden. Früher wurde zur Schönung auch häufig Fischleim (Hausen- oder Störblase) verwendet. Dieser gehört zu den erlaubten Behandlungsmitteln und hinterlässt im Wein ebenso wenig Geschmacksspuren wie Bentonit.

Unter Schönung wird aber auch die Beseitigung etwaiger Geruchs- und Geschmacksfehler verstanden, die Weine nach der Gärung manchmal aufweisen. Dabei werden ihnen kleine Mengen von Kohle oder Gelatine beigemischt (etwa gegen Schwefelwasserstoffgeruch), seltener von Hefe, Tannin, Kieselsol oder von gelbem Blutlaugensalz (zur Entfernung von Schwermetallen). Alle diese Substanzen sind offiziell zugelassen. Sie sind geruchlos und haben keinen Eigengeschmack. Allerdings müssen sie eher als Behandlungs- denn als Schönungsmittel angesehen werden. Sie dienen lediglich dazu, unsachgemäß vergorene Weine zu »reparieren«. Geruchs- und Geschmacksbeeinträchtigungen sind stets das Resultat von Vinifikationsfehlern.

Der zweite Abstich

Etwa acht Wochen nach dem ersten Abstich wird der Wein ein zweites Mal abgestochen – diesmal unter Luftabschluss. Bei diesem Abstich wird er vom Feintrub getrennt. Der Feintrub besteht aus kleinsten, noch im Wein verbliebenen Schwebeteilchen, wie Hefereste oder Kaliumsalzkristalle, sowie den Ausflockungen der Schönungsmittel. Wenn die Klärung nach dem ersten Abstich nur sehr grob war, ist entsprechend mehr Feintrub im Wein. Manche Weißweinwinzer legen sogar Wert darauf, ihren Wein lange auf der Feinhefe auszubauen. Dazu gehören nicht nur die französischen Muscadet-Winzer, die sogar *sur lie* auf ihr Etikett schreiben. Für viele österreichische und deutsche Riesling-Winzer ist ein Sur-lie-Ausbau selbstverständlich – ohne dies groß zu erwähnen. Gegen Ende der Ausbauzeit ist der größte Teil dieser Stoffe auf den Boden des Fasses gesunken. Der darüber liegende Wein ist klar. Ein dritter oder vierter Abstich ist ganz selten nötig. Der letzte Trub wird durch Filtern vor der Flaschenabfüllung entfernt. Der Wein ist dann nicht nur blank, er ist auch stabil.

Was wird aus den leeren Fässern?

Fässer, die lange leer stehen, womöglich erst im nächsten Jahr wieder gebraucht werden, müssen mit Wasser oder einer Wasser-Wein-Lösung gefüllt werden, damit die Dauben nicht austrocknen und sich zusammenziehen. Das Fass würde undicht werden. In manchen Weinanbaugebieten wird dem Wasser ein Teil des Hefetrubs zugegeben. In ihm befinden sich zum Beispiel jene Bakterien, die die malolaktische Gärung bewerkstelligt haben. Auf diese Weise überleben die Bakterien und können ein Fass für den nächsten Weinjahrgang »präparieren«. Am besten ist es jedoch, das Fass stets mit Wein zu füllen – oder es gleich auszurangieren. Kleine Eichenholzfässer werden zum Beispiel entsorgt, nachdem drei bis fünf Jahrgänge in ihnen gelegen haben.

Die Schwefelung

Praktisch alle handelsfähigen Weine sind heutzutage geschwefelt. Wäre das nicht so, würden sie schnell oxydieren und zu Essig werden. Freilich ist Schwefel kein Stoff, der dem Wein bedenkenlos zugefügt werden sollte. Er darf aber auch nicht verteufelt werden. Auf die richtige Dosis kommt es an.

Schon von den Griechen wurde Schwefel bei der Weinherstellung als Konservierungsmittel benötigt. Er verhindert, dass Wein oxydiert. Ein geschwefelter Wein hat daher saubere, klare Aromen, ein ungeschwefelter würde fade schmecken, unfrisch riechen und schnell braun werden. Die Schwefeldosen sind gering – so gering, dass der Schwefel weder zu schmecken noch zu riechen ist. Auch gesundheitliche Beeinträchtigungen sind weitgehend auszuschließen. Zwar ist Schwefel ein Gift, doch rühren Kopfschmerzen und Übelkeit wohl eher von zu hohem Alkoholgenuss, Sodbrennen und Magenverstimmungen eher von einer Säure-Unverträglichkeit her. In Australien und Amerika ist dennoch ein Schwefelhinweis auf dem Weinetikett vorgeschrieben.

Wie der Schwefel wirkt

Kaum eine andere Substanz hat die Eigenschaft, so schnell auf Sauerstoff zu reagieren wie der Schwefel. Dadurch können die Attacken des Sauerstoffs auf die natürlichen Inhaltsstoffe des Weins verhindert werden. Das gilt nicht nur für den Moment der Schwefelung, sondern auch für die künftige Konservierung des Weins. Der Kellermeister muss den Wein mit so viel Schwefel ausstatten, dass er möglichst lange frisch bleibt, seine natürlichen Aromen dabei aber nicht beeinträchtigt werden. Natürlich hält der Schwefel nicht ewig vor. Im Laufe des Reifeprozesses nimmt er kontinuierlich ab und ist irgendwann verbraucht. Das ist der Punkt, an dem der Wein durch Oxydation zu Essig wird. Schwefel kann in Gasform (SO_2) aus der Stahldruckflasche kommen, als wässrige Lösung (H_2SO_3) oder aber auch als Kaliumdisulfit in Tablettenform ($K_2S_2O_5$) zugesetzt werden.

Der Hauptzweck der Schwefelung ist die Bindung des Acetaldehyds, ohne die kein Wein auskommt. Die Mengen sind jedoch gering: zwischen zehn und 30 Milligramm pro Liter. Weißweine benötigen wegen der erhöhten Oxydationsanfälligkeit etwas mehr Schwefel, Rotweine etwas weniger. Manchmal muss der Wein wegen kleinster Nachgärungen, die neue Acetaldehyde bilden, während des Ausbaus erneut geschwefelt werden: Dabei werden die Schwefelgaben noch geringer bemessen. Schwefel bindet aber nicht nur das Acetaldehyd. Er reagiert auch mit anderen Inhaltsstoffen des Weins, etwa der Benztraubensäure, der Ketoglutarsäure und der Glucose. Schwefel verändert und beeinträchtigt also das Aroma des Weins. Schon aus diesem Grund bemühen sich die Erzeuger feiner Weine, die Schwefelgaben so niedrig wie möglich zu halten.

Gebundener und freier Schwefel

Der im Wein enthaltene Schwefel lässt sich in zwei Kategorien einteilen: den freien und den gebundenen Teil. Der gebundene Schwefel ist derjenige Teil, der mit dem Acetaldehyd und anderen Inhaltsstoffen reagiert hat. Er ist sensorisch nicht wahrnehmbar und gesundheitlich ohne Bedeutung. Anders der freie Schwefel: Er liegt im Wein als Sulfit vor, also als Salzform oder als freie schweflige Säure. Dieser freie Schwefel ist es, der eventuell riechbar ist und gesundheitliche Beschwerden hervorrufen kann, falls der Wein zu hoch geschwefelt wurde. Für die gesundheitliche Bewertung kommt es deshalb auf den Gehalt an freier schwefliger Säure an.

Wann geschwefelt wird

Früher wurden die Fässer geschwefelt, bevor der Wein hineinkam. Heute wird der Wein geschwefelt, und zwar an drei Punkten seines Herstellungsprozesses: im Most- beziehungsweise Maischestadium, nach Beendigung der Gärung und vor der Flaschenabfüllung. Die Mostschwefe- lung dient dazu, die Enzyme (das sind sauerstoffübertra- gende Oxydasen) zu hemmen. Nach der Gärung bindet der Schwefel das im Wein enthaltene Acetaldehyd. Acetal- dehyd entsteht beim Kontakt von Alkohol mit Sauerstoff und macht sich im Wein durch einen unangenehmen Alterston bemerkbar. Schwefel ist in der Lage, dieses Ace- taldehyd zu neutralisieren.

Vor und nach der Gärung wird jeder Wein leicht geschwefelt.

Nach der Gärung wird der Wein normalerweise nur so schwach geschwefelt, wie es für die Bindung der Acetaldehyde nötig ist. Erst bei der Abfüllung wird dem Wein dann jene Schwefelmenge beigefügt, die ihn vor Oxydation auf der Flaschen schützen soll. Diese letzte Schwefelgabe vor der Flaschenabfüllung dient also dazu, den Wein in der Flasche zu konservieren. Der Schwefel ist in ihm dann als freie schweflige Säure enthalten. Ein Weißwein enthält, nachdem er abgefüllt wurde, zwischen 35 und 45 Milligramm pro Liter, ein Rotwein zwischen 20 und 35 Milligramm an freiem Schwefel. Die höchsten Mengen enthalten edelsüße Weine mit 60 bis 80 Milligramm. Die Werte sind umso niedriger, je gesünder das Traubengut war (möglichst wenig faule Trauben) und je sorgfältiger ein Wein vinifiziert wurde (etwa durch Reduzierung der Acetaldehyd-Bildung). Bezogen auf den Gesamtschwefel macht die schweflige Säure knapp 20 Prozent, der gebundene über 80 Prozent aus.

Schwefelarme oder schwefelfreie Weine

Bis heute ist kein wirksamer Ersatz für den Schwefel gefunden worden. Schwefelfreie Weine zu produzieren, ist deshalb ohne erhebliche Einbußen an Qualität beziehungsweise an Haltbarkeit nicht möglich. Einige Weinerzeuger – vor allem in den Ländern der Neuen Welt – verwenden vor der Flaschenfüllung oft Ascorbinsäure statt Schwefel. Ascorbinsäure ist Vitamin C und besitzt ebenfalls eine oxydationshemmende Wirkung. Allerdings hemmt sie nicht die Enzyme. Deshalb kann die Zugabe von Ascorbinsäure die Mostschwefelung nicht ersetzen.

Wichtig ist vor allen Dingen, die Schwefelgaben so niedrig wie möglich zu halten: Durch zügige Verarbeitung der gelesenen Trauben kann eine Mostschwefelung vermieden oder zumindest weitgehend minimiert werden. Vor allem auf eine Schwefelung der Trauben sollte verzichtet werden – wie sie in warmen Massenanbaugebieten mit langen Wegen zwischen Weinberg und Kellerei leider immer noch üblich ist. Schwefel mindert deutlich die Traubenqualität.

Gesetzliche Höchstmengen an Gesamtschwefel für die Länder der Europäischen Union
(in Milligramm pro Liter)

trockener Rotwein (bis 5 g Zucker)	160
trockener Weißwein (bis 5 g Zucker)	210
trockener Weißwein (über 5 g Zucker)	260
Spätlesen	300
Auslesen	350
Beeren-, Trockenbeerenauslesen, Eisweine, Süßweine	400

Stationen der Weinherstellung

Die planvolle Bereitung von Rotwein spiegelt sich nirgendwo so deutlich wider wie in der klaren inneren Glie-
derung der Weingüter von Bordeaux. Von der Trauben-
annahme bis zur Tresterentsorgung hat jede Tätigkeit
ihren genau definierten Platz im Château-System.

Annahme der roten Trauben: automatische Messung des
Zuckergehalts.
Abbeermaschine und Traubenmühle: Die roten Trauben
werden entrappt, angequetscht und über unterirdische
Leitungen in die Gärtanks gepumpt.
Gärkeller: In den Edelstahltanks wird die Maische nach Sorten getrennt vergoren. In der ersten Gärphase wird sie
mindestens zweimal täglich automatisch umgewälzt, um
eine maximale Extraktion der Tannine zu gewährleisten.
Computerboard: Die Gärtemperatur wird automatisch
kontrolliert. Wenn sie über 30 °C steigt, setzt die Kühlung
ein.
Mikrovinifikation: kleine Edelstahltanks, in denen der
Kellermeister mit ausgewählten Chargen von Trauben experimentiert, um beispielsweise eine bessere Extraktion zu
erreichen.
Gärkeller Weißwein: Viele Bordeaux-Châteaux erzeugen
neben dem Rotwein auch eine kleine Partie Weißwein.
Der Weißweinmost wird nach dem Abpressen in kleinen
Eichenholzfässern vergoren.
Tankpressen: Nach der Gärung wird die Maische abgepresst
und der frei ablaufende Wein (vin de goutte) vom Presswein (vin de presse) getrennt.

Alter Holzcuvier: Früher wurde die Maische nicht in Edelstahltanks, sondern in großen, offenen Holzbottichen vergoren. Auch heute noch schwören einige der besten Châteaux auf diese traditionellen Gärbehälter. Andere haben den Holzcuvier zum Museum umfunktioniert.

Reifekeller für das erste Jahr (chai): Nach dem Abpressen wird der junge Wein in kleine Barriques gefüllt, wo er die malolaktische Gärung durchmacht. Danach reift er zwischen acht und zwölf Monaten in den kleinen Eichenholzfässern, die genau 225 Liter fassen.

Reifekeller für das zweite Jahr: Im zweiten Jahr wird der Wein über unterirdische Leitungen in einen anderen chai gepumpt. Dort reift er ein weiteres Jahr. Während dieser Zeit wird er geklärt.

Abfüllanlage: Nach eineinhalb bis zwei Jahren wird der Wein auf Flaschen gefüllt, wobei er vorher leicht geschwefelt und in der Regel auch leicht gefiltert wird. So ist sichergestellt, dass er frei von jedem Trub ist.

Flaschenlagerung: Nach der Abfüllung werden die unetikettierten Flaschen in Buchten gestapelt. Der Kellermeister kontrolliert, ob die Korken dicht sind und keine Nachgärungen auf der Flasche stattfinden.

Kistenlager und Speditionshalle: Je nach Geschäftspolitik eines Châteaux werden 50 bis 80 Prozent eines Jahrgangs nach der offiziellen Freigabe sofort verkauft. Der Rest verbleibt als Reserve im Château. Vor der Konfektionierung in Holzkisten wird der Wein etikettiert.

Trestersammelstelle: Der Trester wird kompostiert und in einer Destille verkauft.

Degustationsraum: Alle größeren Bordeaux-Châteaux haben einen Raum, in dem Besucher die Weine des neuen Jahrgangs verkosten können.

Spezialweine –
von Champagner bis Sherry

Champagner, Port und Sherry haben eines gemeinsam: Sie verdanken ihre Entstehung besonderen Umständen oder dem Zufall.

Beim Port waren die besonderen Umstände der Spanische Erbfolgekrieg, beim Sherry ein Verbrechen: der Raubüberfall Sir Francis Drakes auf Cádiz.

Beim Champagner spielten Zufälle eine Rolle, etwa der, dass die Entdeckung der Perlen in Frankreich und des druckstabilen Glases in England nahezu gleichzeitig erfolgten. Der Siegeszug des Champagners begann.

Madame Lily Bollinger antwortete einmal einem Reporter auf die Frage, zu welchen Gelegenheiten sie Champagner trinke: »Ich trinke ihn, wenn ich glücklich bin, und ich trinke ihn auch, wenn ich traurig bin. Manchmal trinke ich ihn, wenn ich allein bin. In Gesellschaft trinke ich ihn sowieso. Selbst wenn ich keinen Appetit habe, nehme ich gern ein Gläschen zu mir. Und wenn ich Appetit habe, greife ich natürlich auch zu ihm. Aber sonst rühre ich ihn nicht an – außer wenn ich durstig bin.«

Viele taten und tun es der großen, alten Dame gleich. Nur ein paar Engländer fanden Champagner zeitweise dekadent: »Verschmäh den Champagner und trinke hinfort, am heimischen Herd den bescheidenen Port.«

Aber das ist Geschichte. Heute trinken sie beides – und Sherry ebenso.

Champagner –
die Welt der feinen Perlen

»Ich trinke Sterne«, rief Dom Pérignon aus, als er zum ersten Mal schäumenden Wein trank. Der Mönch aus der Abtei Hautvillers bei Reims hat den Champagner nicht erfunden. Aber er hat begriffen, wozu Perlen gut sind: Sie heben den Geschmack des Weins.

Champagner ist der berühmteste Schaumwein der Welt. Seine feinen Perlen und das zarte Aroma haben ihn zum Inbegriff des gehobenen französischen Weingeschmacks werden lassen. Er wächst im Bezirk Marne sowie vier benachbarten Départements, etwa 150 Kilometer nordöstlich von Paris – das nördlichste und damit kühlste Anbaugebiet Frankreichs. Nur dort darf er sich Champagner nennen – vorausgesetzt, er wurde nach der Flaschengär-Methode hergestellt.

Wie Schaumwein entsteht

Schaumwein entsteht dadurch, dass Weißwein ein zweites Mal vergoren wird. Dies geschieht, indem der fertige Wein auf Flaschen gezogen wird und ihm dabei eine kleine Menge (24 Gramm pro Liter) Fülldosage hinzugefügt wird – ein Gemisch aus Wein, Zucker und speziellen Hefen, auch *liqueur de tirage* genannt. Die Hefen beginnen sofort den Zucker in der Flasche zu vergären. Nach ein bis zwei Monaten ist die Gärung beendet. Der Wein enthält dann rund 1,2 Vol.% mehr Alkohol, als er vorher aufwies. Wie bei jeder Gärung entsteht auch bei der Flaschengärung Kohlendioxid. Es kann nicht entweichen, weil die Flasche fest mit einem Kronenkorken verschlossen ist. Folglich bleibt es im Wein als Kohlensäure gelöst.

Das Degorgieren

Die Flaschen liegen in Buchten im Keller waagerecht gestapelt, so dass sich die abgestorbenen Hefen, die zu Boden sinken, im Bauch der Flasche absetzen. Je nach Typ liegt der Schaumwein zwischen neun Monaten und fünf Jahren unbeweglich auf der Hefe. Dieses Hefelager ist wichtig für den Wein: Es hält ihn frisch und verleiht ihm den typischen Hefegeschmack. Danach muss die Hefe allerdings entfernt werden. Dazu wird die Flasche etwa 40 Sekunden lang mit dem Hals in ein Eisbad getaucht. Die Hefe gefriert sofort zu einem eisigen Klumpen. Wenn danach der Kronenkorken gelöst wird, schießt sie unter dem Druck, der in der Flasche herrscht, in hohem Bogen heraus. Der Wein ist klar und kann sofort endverkorkt werden. Dieser Vorgang heißt Degorgieren.

Das Rütteln

Allerdings muss sich das Hefedepot vorher im Flaschenhals gesammelt haben. Die Witwe Clicquot kam damals auf die Idee, Löcher in ihren Küchentisch zu bohren und die Flaschen vor dem Degorgieren einige Tage lang kopfüber hineinzustecken. Heute werden die Flaschen leicht geneigt in ein Pult gesteckt, so dass die Hefe langsam in den Hals der Flasche rutschen kann. Da das Depot ziemlich fest an den Wandungen der Flasche sitzt (obwohl die Champagnerhefen so gewählt werden, dass sie einen recht grobkörnigen Niederschlag ergeben), müssen sie gelöst werden. Jeden Tag wird die Flasche im Pult ein bisschen gedreht, damit die Hefe sich lockert. Rütteln heißt dieser Vorgang, französisch: *remuage*. Genau 21 Tage dauert es, bis sich der gesamte Hefetrub im Flaschenhals befindet.

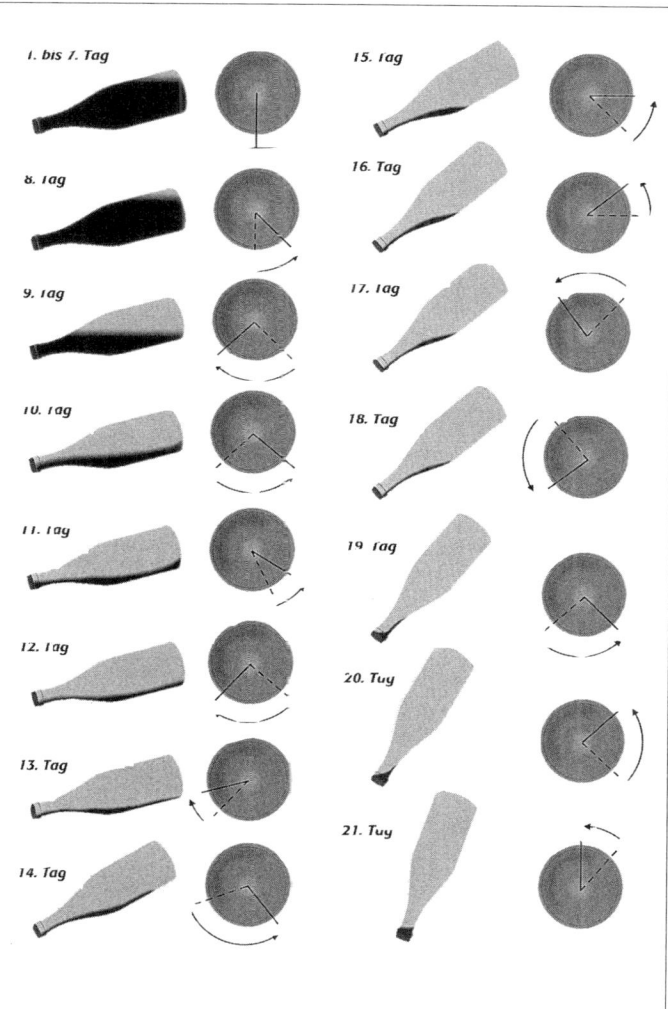

1. bis 7. Tag

8. Tag

9. Tag

10. Tag

11. Tag

12. Tag

13. Tag

14. Tag

15. Tag

16. Tag

17. Tag

18. Tag

19. Tag

20. Tag

21. Tag

Das Rüttelverfahren: Drei Wochen lang wird der Champagner von Hand gerüttelt. Dabei werden die Flaschen in einem bestimmten Winkel gedreht und gleichzeitig immer stärker geneigt.

Die Dosage

Nach dem Degorgieren ist der Schaumwein klar. Die Flaschen werden, damit nicht zu viel Kohlensäure verloren geht, sofort verkorkt und etikettiert. Vorher muss er allerdings noch dosiert werden: mit Wein, in dem Zuckersirup gelöst ist. Dadurch werden einerseits die Flaschen, deren Füllniveau durch den Auswurf der Hefe leicht gesunken ist, wieder aufgefüllt. Andererseits wird der Champagner dadurch gesüßt. Fast alle Standard-Champagner und jahrgangslosen Schaumweine erhalten eine mehr oder minder große »Versanddosage« (*liqueur d'expédition*) zur Harmonisierung des Geschmacks. Da sie meist eine leicht erhöhte Säure aufweisen, schmecken sie dennoch trocken (*brut*).

Nur hochwertige Jahrgangschampagner oder Schaumweine, die lange auf der Hefe gelegen haben, werden ohne Dosage verkorkt. Brut Nature, Dosage Zéro oder Pas Dosé steht dann auf ihrem Etikett. Der Kohlensäuredruck nach dem Verkorken liegt zwischen fünf und sechs bar. Das entspricht etwa dem dreifachen Druck eines Autoreifens.

Die Assemblage

Rund 80 Prozent aller Champagner kommen ohne Jahrgangsangabe auf den Markt. Das bedeutet: Sie sind aus Weinen zweier oder mehrerer Jahrgänge zusammengestellt. Das Zusammenstellen verschiedener Grundweine zu einem homogenen, harmonischen Wein wird Assemblage genannt. Champagner wird traditionell aus einer Mischung von drei verschiedenen Sorten hergestellt: der weißen Chardonnay und den roten Pinot Noir und Pinot Meunier. Die beiden roten Sorten werden zu

Weißwein verarbeitet, indem der Saft ohne die Schalen vergoren wird. Die Farbe, die in den Schalen sitzt, kann also nicht in den Wein übertreten. Pinot Noir gibt dem Wein die Fülle, Chardonnay die Finesse, Pinot Meunier die Fruchtigkeit. Von Pinot Noir und Chardonnay werden gern auch ältere Jahrgänge einbezogen, die zwölf oder 24 Monate in Stahltanks ausgebaut wurden. Gelegentlich wird auch auf kleine Partien noch älterer, hochwertiger Reserve-Weine zurückgegriffen, um die Assemblage zu »adeln«.

Die Weine aus den drei verschiedenen Sorten müssen vor der Flaschengärung zu einem Wein assembliert werden. Dabei wird festgelegt, in welchem Verhältnis die drei Weine gemischt werden. Die Assemblage erfordert großes Verkostungsgeschick. Oft müssen Dutzende von Weinen verschiedener Tanks und Fässer verkostet werden, bevor die Entscheidung fällt, ob und in welchem Umfang sie in den endgültigen Wein eingehen. Die Assemblage ist daher immer Aufgabe mehrerer Personen. Der Kellermeister schlägt zwei oder drei Mischungen vor, die Besitzer, der Verkaufsdirektor und andere gute Zungen sind eingeladen, sie zu probieren und gegebenenfalls abzuändern.

Kenner meinen, dass die Fähigkeit, eine gute Assemblage herzustellen, die Größe eines Champagnerhauses ausmache. Entscheidend ist die Fähigkeit, hunderte von Weinen zu verkosten und zu bewerten, um am Ende fünf oder gar zehn Millionen Flaschen eines möglichst gleichartigen Weins zu bekommen – so viel lassen große Champagnerhäuser pro Jahr heraus. Nur etwa 20 Prozent der Produktion kommt als Jahrgangschampagner auf den Markt.

Die Champagnerstile

Die Assemblage bestimmt den Stil eines Champagnerhauses. Bollinger benutzt traditionell einen hohen Anteil Pinot Noir, Billecart-Salmon einen erhöhten Anteil Chardonnay.

Hochwertige Champagner enthalten oft auch einen kleinen Anteil älterer Weine. Krugs Grande Cuvée besteht immer aus mindestens sechs verschiedenen Jahrgängen. Sie auszuwählen, gehört zur Kunst der Assemblage dazu.

Auch muss Champagner nicht zwangsläufig aus allen drei Sorten erzeugt werden. Er kann beispielsweise auch nur aus Chardonnay (Blanc de Blancs) oder nur aus Pinot Noir (Blanc de Noirs) gekeltert werden. Letzteres ist zum Beispiel beim Rosé-Champagner der Fall. Von der Assemblage hängt maßgeblich der Erfolg eines Champagnerhauses ab.

Prestige-Cuvées und Jahrgangsschaumweine

Neben ihrem Standardschaumwein, der in großen Mengen hergestellt wird und ein Jahrgangsverschnitt ist, erzeugen fast alle Häuser besonders hochwertige Cuvées in begrenzter Anzahl. Berühmte Prestige-Cuvées sind »R.D.« und »Grande Année« (Bollinger), »Louise Pommery« (Pommery), »Cristal« (Roederer), »La Grande Dame« (Veuve Cliquot), »Comtes de Champagne« (Taittinger) und »Nicolas François« (Billecart-Salmon). Sie bestehen aus Wein der ersten Pressung, enthalten einen großen Anteil Reserve-Weine, haben lange auf der Hefe gelegen und besitzen ein Alterungsvermögen von bis zu 20, 30 Jahren. Ähnliches gilt für Jahrgangsschaumweine.

Der Kellermeister Dom Pérignon

Dom Pérignon (1639–1715) hat herausgefunden, dass die kluge Mischung von Weinen verschiedener Rebsorten und Lagen einen besseren Endwein ergeben kann. Die Entdeckung des Schaumweins vollzog sich dagegen in London, nicht in der Champagne. Während die Franzosen noch luftdurchlässige, ölgetränkte Lumpen benutzten, um ihre Flaschen zu verschließen, besaßen Kaufleute in England um 1650 bereits Korken. Bei ungewollten Nachgärungen auf der Flasche konnte das CO_2 nicht entweichen. Es blieb als Kohlensäure im Wein gefangen. Wurde die Flasche geöffnet, schäumte der Wein. Die gezielte Flaschengärung wurde erstmals um 1700 in der Champagne angewendet – mit geringem Erfolg. Die meisten Flaschen platzten. Erst als die Engländer festeres Glas liefern konnten, setzte sich das Flaschengärverfahren durch.

Es muss nicht immer Champagner sein

Der Glanz, der vom Champagner ausgeht, hat dazu geführt, dass die Technik der Flaschengärung heute weltweit kopiert wird. Die hohe Kunst der Schaumweinerzeugung beherrschen dagegen nur wenige. Diese wenigen haben jedoch gezeigt, dass sich auch außerhalb der Champagne hochklassige Schaumweine erzeugen lassen – aus den gleichen oder aus anderen Sorten.

Aus Kalifornien und Australien kommen einige erstklassige Schaumweine aus Chardonnay- und Pinot-Noir-Trauben: *Sparkling Wines* werden sie dort genannt. Auch in Italien werden aus diesen Sorten einige hochklassige Spumante erzeugt.

In Frankreich selbst, etwa im nördlichen und südlichen Burgund, wird Schaumwein überwiegend aus Chardonnay-Trauben gekeltert. Crémant heißen außerhalb der Champagne erzeugte Schaumweine. Neben dem Crémant de Bourgogne gibt es den Crémant de Loire (Sorte: vorwiegend Chenin Blanc), den Crémant de Die (Sorte: Clairette), den Crémant d'Alsace (Sorten: Pinot Blanc, Pinot Gris, Pinot Noir, Auxerrois, Riesling), Crémant de Limoux (Sorte: Blanquette), den Crémant de Bordeaux (Sorten: Sémillon, Sauvignon Blanc, Muscadelle). Einige sind Champagnern ebenbürtig.

Auch in Österreich und Deutschland, dessen Sekte im 19. Jahrhundert die größten Konkurrenten Frankreichs waren, erreichen manche Schaumweine durchaus das Niveau guter Champagner – auch wenn sie aus anderen Rebsorten gewonnen werden (in Österreich Grüner Veltliner, Welschriesling und Riesling, in Deutschland überwiegend Riesling). Gleiches gilt für den Cava aus dem Penedès, den bekanntesten spanischen Schaumwein. Der Ruhm des roten russischen Krim-Sekts ist seit 1917 verblichen.

Andere Verfahren der Schaumweinherstellung

Die Flaschengärung mit jahrelanger Lagerung sowie dem späteren Rütteln und Degorgieren ist arbeitsaufwendig und teuer. Deshalb haben Fachleute einfache, weniger kostspielige Methoden der Schaumweinherstellung erfunden. Keines dieser Verfahren ergibt jedoch eine so feine Perlage wie die *méthode champenoise* oder *méthode traditionelle*, das traditionelle Champagnerverfahren.

■ *Charmat-Methode*

Die Zweitgärung der Grundweine findet in großen Drucktanks aus Edelstahl statt. Das Hefedepot wird vor der Flaschenabfüllung durch Filtern entfernt. Industrielle Methode, in Bordeaux erfunden und für einfachere Schaumweine gut geeignet, etwa für den italienischen Prosecco, für Spumante und viele deutsche Sekte.

■ *Transvasionsverfahren*

Flaschengärung wie bei der Champagnermethode. Danach wird die Flasche jedoch geöffnet, der Wein in einen Drucktank gefüllt, das Hefedepot abgefiltert und der Wein unter Druck auf neue Flaschen gefüllt. In Amerika entwickelte und dort auch bei hochwertigen Schaumweinen angewendete Methode.

■ *Karbonisierungsverfahren*

Verzicht auf eine Zweitgärung, stattdessen Zusatz von Kohlensäure zum Wein und Abfüllen desselben unter Druck. Auf diese Weise entstehende Weine gelten nicht als Schaum-, sondern als Perlweine (ital.: frizzante, frz.: pétillant). Sie weisen nur einen Druck zwischen 1 und 2,5 bar auf.

Dosage bei Schaumweinen (Gramm Zucker pro Liter)

Brut Nature, Pas Dosé, Dosage Zéro, Naturherb	bis 3
Extra Brut	unter 6
Brut	unter 15
Extra Trocken	12–20
Trocken	17–35
Mild	über 50

Portwein und Madeira –
»The Englishmen's Wines«

Port und Madeira wurden von englischen Händlern erfunden. Besonders geschätzt wurden sie von der intellektuellen Oberschicht des Landes. Da die Winter auf der Insel lang und die Colleges im 18. Jahrhundert meist kalt waren, bevorzugten die Gelehrten zum Aufwärmen Port oder Madeira. Im Zeitalter der Zentralheizung hat sich ihre Bestimmung leicht geändert. Sie werden jetzt nur noch zum Genuss getrunken.

Portwein ist ein süßer Rotwein, der durch die Zugabe einer kleinen Menge Weinbrands aufgespritet wird. So entsteht ein schwerer, berauschender Wein von opaker Farbe, der zwischen 19 und 22 Vol.% Alkohol aufweist und in seiner Art von unerreichter Feinheit ist. Er stammt von den terrassierten Hängen des Douro-Flusses im Norden Portugals. Seinen Namen hat er von der Stadt Porto am unteren Flusslauf. Am Ufer, das der Stadt gegenüber liegt, befinden sich die Lagerhäuser der großen Portweinfirmen. Dort reift der Wein. Das englische Element ist noch heute auf dem Portweinmarkt stark vertreten. Die Lagerhäuser heißen Lodges, die Firmen haben Namen wie Cockburn, Taylor, Dow, Sandeman oder Graham, und Port selber gilt noch immer als »the Englishmen's wine«, obwohl er längst erfolgreich in alle Welt verkauft wird.

Wie Portwein entsteht

Zur Herstellung des Portweins sind 48 verschiedene Rebsorten zugelassen – von über 100, die im Douro-Tal noch kultiviert werden. Die meisten sind rote Sorten. Früher wurden sie in hölzernen Bottichen (*lagares*) mit den Füßen zerstampft, heute verrichten hydraulische Pressen diese Arbeit. Danach wird die Maische vergoren. Aber bereits nach ein bis zwei Tagen wird die gärende Maische mit 77-prozentigem Weinbrand aufgespritet. Die Hefen stellen ihre Tätigkeit ein, der Wein weist, wenn er von der Maische gezogen wird, zwischen 40 und 60 Gramm unvergorenen Restzucker auf.

Im Frühjahr wird der Wein mit Tanklastwagen nach Porto gefahren und in Fässer eingelagert (traditionell *pipes* genannt, 520 Liter fassend). Dort reift er mindestens zwei Jahre, manchmal aber auch 20, gelegentlich sogar 40 Jahre.

Portwein – die wichtigsten Stile

■ *Ruby*

Dunkelrubinroter, konfitürenhaft süßer Port mit zwei bis vier Jahren Reife. Er macht den größten Teil allen Portweins aus. Ein Ruby wird immer aus Grundweinen verschiedener Jahrgänge zusammengestellt.

■ *Tawny*

Mahagonibrauner Portwein, meist länger im Fass gereift als ein Ruby, gelegentlich mit kleinen Chargen von 20, 30 oder 40 Jahre alten Portweinen assembliert und dann sehr fein. Trinkreif. Ein Tawny sollte nach dem Öffnen der Flasche schnell getrunken werden, da er leicht oxidiert.

■ *Colheita*

Tawny Port aus einem einzigen Jahrgang, mindestens sieben Jahre Fassreife, meist mehr.

- *LBV (Late Bottled Vintage)*

Jahrgangsportwein aus einem kleineren Jahrgang mit vier bis sechs Jahren Fassreife: Er kann zwar sehr gut sein, ist aber häufig nur ein besserer Ruby.

- *Vintage Port*

Jahrgangsportwein, der nur in als »groß« oder »sehr gut« deklarierten Jahren erzeugt wird. Reift zwei Jahre im Holzfass und braucht dann 20, 30 oder mehr Jahre, um seine beste Trinkreife zu erreichen. Macht ein Prozent der Produktion aus.

- *White Port*

Portwein, der nur kurz auf der Maische gestanden hat oder aus den wenigen weißen Sorten gekeltert wurde, die am Douro wachsen. Er reift maximal 18 Monate im Tank, ist etwas weniger süß (manchmal fast trocken) und hat einen Alkoholgehalt von etwa 17 Vol.%. Macht zehn bis 15 Prozent der Produktion aus.

Wie Madeira entsteht

Auch der Madeira ist ein alkoholverstärkter, süßer Rotwein. Er kommt von der gleichnamigen Atlantikinsel und wird überwiegend aus der Sorte Tinta Negra Mole gekeltert – eine qualitativ mittelmäßige Sorte, die erst nach der Reblauskatastrophe angepflanzt wurde. Im Unterschied zum Portwein wird der Madeira nach dem Aufspriten jedoch einer speziellen Wärmebehandlung unterzogen. In gemauerten Betonbottichen, in Stahltanks, in Glasballons oder in Holzfässern wird er mehrere Monate lang auf 40 bis 50 °C erwärmt – durch eine Art Tauchsieder oder durch Aufheizen in Estufas, so genannten »Ofenräumen«. Durch die Wärmebehandlung soll der Wein schneller reifen und der Zucker karamellisieren. Reife hat der Madeira nämlich dringend nötig. Er bringt viel Tannin mit und besitzt eine hohe Säure – übrigens auch eine hohe flüchtige Säure, wie an seinem Bouquet deutlich erkennbar ist. Sein Geschmack reicht von schokoladig-süß bis ranzig-trocken.

Der größte Teil der Madeiras ist gerade zum Kochen gut. Es gibt jedoch auch hochklassige Vetreter ihrer Art. Die besten wachsen auf Höhen bis 1800 Meter. Dort werden die Terrassen zunehmend mit den alten weißen Sorten Sercial, Boal, Malvasia und Verdelho kultiviert. Ihre dunkle Farbe erhalten Madeiras dieser Sorten durch die Wärmebehandlung. Diese traditionellen Qualitäten reifen langsam, ohne erhitzt zu werden. Sie werden in 600-Liter-Pipes gefüllt und mindestens 20 Jahre unter dem Dach der Handelshäuser gelagert, wo es im Winter kühl und im Sommer sehr heiß ist. *Vinhos de canteiro* werden sie genannt. Sie haben einen Geruch von Malz und Karamell, von Vanille, süßen Mandeln, Rosinen und kandierten Früchten. Kaum ein anderer Wein scheint so langlebig zu sein wie sie.

Madeira – die wichtigsten Stile

Der Standard-Madeira ist ein Jahrgangsverschnitt, der selbst dann, wenn er als Extra Dry deklariert ist, eine spürbare Restsüße aufweist. Meist sind die Madeiras jedoch mehr oder minder vollsüße Weine. Die besten werden aus den noblen Weißweinsorten gewonnen und tragen deren Namen auf dem Etikett. Die Zusatz-Prädikate haben folgende Bedeutung: Finest bedeutet eine Reifedauer von drei Jahren, Reserve von fünf Jahren, Special Reserve von zehn Jahren, Extra Reserve von 15 Jahren und schließlich Vintage von mindestens 20 Jahren.

■ *Sercial*
Relativ leichter, meist mäßig trockener Madeira mit schneidiger Säure. Feiner, aber reifebedürftiger Aperitifwein. Im Alter fast trocken.

■ *Verdelho*
Würziger, kräftiger Madeira von der Nordseite der Insel, trocken bis mäßig süß mit feinem Nussaroma. Lange alterungsfähig.

■ *Boal*
Dunkler, karamellfarbener Wein, reich und duftig im Bouquet, deutliche Süße, oft etwas »angebrannt« im Geschmack. Auch Bual geschrieben.

■ *Malmsey*
Der rarste, süßeste, dunkelste Madeira, nur aus Malvasia-Trauben gewonnen, die an den Südhängen der Insel angebaut werden. Der volle Geschmack wird vom Alkohol getragen, der die zitronenhaft frische Säure mildert.

Sherry – Feuer des Südens

Der Weißwein, aus dem Sherry erzeugt wird, ist flach und ziemlich belanglos. Erst durch Aguardente, jenen Branntwein, der ihm in kleinen Mengen zugegeben wird, erhält er seinen vollen, würzigen Geschmack und sein unnachahmliches Feuer.

Sherry existiert in zahlreichen Varianten. Er kann trocken oder vollsüß sein, dunkel oder hell, stark oder mäßig alkoholreich. Man unterscheidet zwei Grundtypen: den strohgelben, trockenen Fino und die dunklen Oloroso. Diese beiden Grundtypen sind der Ausgangspunkt für Dutzende von Spielarten, in denen der Sherry auf den Markt kommt: mal als sirupartiger Likör, mal als hochfeiner, in Würde gereifter, trockener Wein.

Fino und Manzanilla

Der Fino ist der klassische, trockene Sherry aus dem Anbaugebiet von Jerez de la Frontera, auch wenn er mengenmäßig nicht an oberster Stelle der Sherry-Produktion steht. Er wird zunächst wie ein normaler Weißwein vergoren und zum Reifen ins Fass gelegt. Im Fass bildet sich dann eine graugelbe Florhefe auf der Weinoberfläche, die immer weiter wächst. Schließlich legt sie sich wie ein wächserner Film über den ganzen Wein, so dass dieser praktisch unter Luftabschluss reift.

Florhefe macht die Besonderheit des Sherrys gegenüber anderen alkoholverstärkten Weißweinen aus. Sie hinterlässt charakteristische Geschmacksnuancen von Bittermandeln im Wein, weshalb sie sorgfältig gepflegt wird. Zum Beispiel reagiert sie empfindlich auf zu viel Alkohol. Deshalb wird ein Fino-Sherry nur vorsichtig aufgespritet und weist selten mehr als 15 Vol. % Alkohol auf.

Ähnliches gilt für den Manzanilla, die Fino-Variante aus der benachbarten Stadt Sanlúcar de Barrameda an der Mündung des Flusses Guadalquivir. Der Manzanilla ist im Vergleich zum Fino zarter und eignet sich sogar als Begleiter zum Essen: Die Einheimischen in Sanlúcar trinken ihn zu Fisch und Langusten.

Amontillado

In den heißen andalusischen Sommern wird es auch in den oberirdischen Lagerhallen der großen Sherryhäuser ziemlich warm. Dann kann es passieren, dass die Florhefeschicht auf dem Wein zusammenbricht. Florhefe ist nämlich wärmeempfindlich. In diesem Fall gelangt Sauerstoff an den Wein und oxydiert ihn. Der Fino wird zum Amontillado. Er entwickelt mehr Fülle und nimmt eine bernsteinfarbene Tönung an. Ein echter Amontillado ist also ein ohne Florhefe gealterter Fino und vollkommen trocken: ein köstlicher Tropfen mit feinem Aroma von Orangen und Haselnüssen.

Allerdings sind echte Amontillados selten, weil die wenigsten Sherrymacher auf den zufälligen Zusammenbruch der Florhefe warten, sondern diesen bewusst fördern. Meistens spriten sie den Fino auf 16 Vol.% auf, so dass die Hefe abstirbt. Dann werden sie in der Solera (siehe Seite 335) verschnitten und mit Vinos Dulces gesüßt: Süßreserve. Der handelsübliche Amontillado ist medium dry.

Oloroso

Oloroso ist ein Sherry ohne Florhefe. Der Wein wird nämlich nach der Gärung auf 18 Vol.% angereichert, so dass diese sich gar nicht erst entwickeln kann. Ein Oloroso reift also unter Sauerstoffkontakt. Durch diese oxydative Ausbauweise erhält er seine karamellig-dunkle Farbe und den würzigen Geschmack mit Anklang an Trockenfrüchte. Da während des jahrelangen Ausbaus in der Solera Flüssigkeit verdunstet (drei bis sechs Prozent pro Jahr und Fass), kann der Alkoholgehalt bis auf über 23 Vol.% ansteigen.

Auch Olorosos sind von Natur aus trockene Sherrys. Alte, gereifte Olorosos gehören sogar zu den exquisitesten und teuersten Sherrys überhaupt. In der Praxis wird jedoch der größte Teil der Oloroso mit süßem Most verschnitten, um als Cream Sherry in die Regale der Supermärkte zu gelangen. PX wird diese Süßreserve – spanisch: *mistela* – genannt, nach der Traube, aus der sie gewonnen wird: Pedro Ximénez. Sie war einst in Jerez weit verbreitet, ist heute aber nur noch selten zu finden. Sherry-Produzenten haben sich deshalb das Recht erstritten, PX-Trauben von außerhalb ihrer Zone verwenden zu dürfen: aus dem Gebiet von Montilla-Moriles.

Das Solera-System

Die zweite Besonderheit des Sherry ist das System der Reifung. Es heißt Solera. Dabei werden junge und alte, gereifte Sherry-Jahrgänge über mehrere Jahre hinweg miteinander verschnitten.

In sehr alten Manzanillas können bis zu 19 verschiedene Jahrgänge enthalten sein. Das System garantiert, dass bei jeder Abfüllung ein Sherry gleichen Stils entsteht. Entwickelt wurde die Solera jedoch aus einem anderen Grund: Damit die Florhefe nicht abstirbt, muss alten Fässern immer wieder jüngerer Wein zugesetzt werden. Da der Alkoholgehalt alter Sherrys steigt und die Florhefe zu zerstören droht, muss ihm immer wieder jüngerer Wein mit niedrigerem Alkoholgehalt beigefügt werden.

■ Palo Cortado

Rarer, hochklassiger Sherry-Typ, aus einem Querverschnitt mehrerer kleiner Partien Olorosos aus der Solera entstanden. Selten zu finden, weil Sherry normalerweise entweder als Fino oder als Oloroso angelegt wird.

■ *Pale Cream*

Heller, kommerzieller Sherry, der mit Mistela gesüßt wurde.

■ *Manzanilla Pasada*

Hochfeiner, gereifter Manzanilla, der nur kurz unter der Florhefe gelegen hat. Er zeigt eine salzige Note.

■ *Raya*

Schlichtsüßer Sherry-Typ, der aus getrockneten Trauben hergestellt und praktisch nie abgefüllt, sondern nur als Verschnittwein verwendet wird.

Die wichtigsten
Rebsorten

In den Werken der Rebenforscher sind etwa 10 000 verschiedene Rebsorten aufgeführt. Aber nur wenige davon haben eine wirtschaftliche Bedeutung. So machen die 50 am häufigsten angebauten Sorten rund 95 Prozent der Weltweinproduktion aus. In prähistorischer Zeit dagegen muss eine noch ungleich größere Sortenvielfalt existiert haben. Allerdings wurde ihre Zahl durch Krankheiten, Trockenheit und Kälte immer wieder dezimiert. Nur jene Reben überlebten, die sich den örtlichen Klima- und Bodenbedingungen anpassen konnten. Die Anpassung ging so weit, dass sich die Beeren einiger Reben rot färbten – als Schutz gegen die Sonne in warmen Gegenden.

Im Laufe der Jahrtausende entwickelten sich unzählige Mutationen. Hinzu kamen zufällige Kreuzungen verschiedener Sorten, denn anders als die heutigen Zuchtreben sind Wildreben zweigeschlechtlich: Sie besitzen entweder nur männliche oder nur weibliche Blüten. Später selektierte der Mensch die in der botanischen Fachsprache als »Vitis vinifera« bezeichneten Reben nach ihrer Eignung zur Weinerzeugung, kultivierte und vermehrte sie gezielt durch Stecklinge. So entstand die Basis für das heutige Rebensortiment, das zum Großteil in Europa und in Vorderasien beheimatet ist.

Die wichtigsten roten Rebsorten

Barbera

Die eigenständige italienische Rotweinsorte steht unter anderem im Piemont in Ertrag und wird meist reinsortig ausgebaut. Sie ergibt vor allem die über Italien hinaus bekannten, kräftigen Rotweine Barbera d'Asti und Barbera d'Alba. Barbera-Weine zeichnen sich durch einen geringen Gerbstoffgehalt und hohe Säure aus und lassen an Sauerkirschen, Gewürznelken, Marmelade und Tabak denken.

Im Jahr 1799 wurde die Traube zum ersten Mal als *vitis vinifera Monferratensis* erwähnt. Heute wird sie nahezu überall in Italien kultiviert, etwa im Oltrepò Pavese, in der Franciacorta, im Valpolicella, im Trentino, in der Emilia Romagna und in Süditalien. Auch den Sprung nach Übersee hat sie geschafft: Sogar in Kalifornien stehen Barbera-Reben. Nachteil der Rebe ist: Sie neigt zu Massenerträgen, wenn sie nicht zurückgeschnitten und ihr Ertrag kräftig reduziert wird, so dass aus ihr neben qualitätvollen auch viele einfache und einfachste Weine produziert werden.

Cabernet Franc

Weitestgehend im Schatten der Cabernet Sauvignon steht diese Rotweintraube, die vermutlich eine Mutation der Cabernet Sauvignon ist, jedoch nicht annähernd von deren Rang. Deshalb wird die Sorte, speziell von Bordeauxwinzern, vor allem zur Assemblage (siehe Glossar) mit Cabernet Sauvignon und Merlot verwendet: Fünf bis fünfzehn Prozent Cabernet Franc verleihen dem Bordeaux seine pikante Würze.

Hochwertige Weine aus dieser Sorte gibt es in Saint-Emilion, wo sie zum Teil mit einem hohen Anteil verarbeitet wird. Gute Ergebnisse zeigt die Cabernet Franc auch an der unteren Loire. Beispiele sind die Rotweine Bourgueil und Chinon oder Anjou-Villages und Champigny. Auch in Südtirol, Venetien und dem Friaul ist die Sorte stark verbreitet. Hier wird sie reinsortig gekeltert, allerdings nicht immer mit überzeugendem Resultat. Meist bringt sie grasige und relativ einfache Weine hervor. Auch in den Weinbauländern der Neuen Welt wird sie angebaut: ähnlich wie im Bordeauxgebiet fast ausschließlich als Komplementärtraube.

Cabernet Sauvignon

Weltweit eine der berühmtesten und erfolgreichsten Rotweinreben überhaupt und eine der Hauptreben der großen Bordeauxweine ist die Cabernet Sauvignon. Wegen ihrer geringen Erträge und ihres großen Gerbstoffgehalts bringt sie hochklassige, dunkelfarbige und vielschichtige Weine mit langer Lebensdauer hervor. Im Duft erinnern Cabernet-Sauvignon-Weine an schwarze Johannisbeeren, Zedernholz und schwarzen Pfeffer. Sie bestechen durch die Feinheit und Fülle ihrer Aromen, werden aber in Europa selten rebsortenrein ausgebaut, sondern meist mit anderen Rebsorten assembliert.

Heute gilt Bordeaux als Urheimat der Rebe, speziell das Médoc mit seinen kieselsteinhaltigen, wasserdurchlässigen Böden. Aber in Bordeaux wird sie in großem Stil erst seit dem Ende des 18. Jahrhunderts kultiviert. Da sie Bidure genannt wurde, halten Ampelographen es für wahrscheinlich, dass sie mit der Biturica-Traube identisch ist, die Plinius im ersten Jahrhundert nach Christus in seiner »Naturalis Historia« beschrieben hat. Der Name leitet sich von dem Stamm der Bituriker ab, die zu jener Zeit am Nordrand der Pyrenäen siedelten. In den letzten Jahren wird die Cabernet- Sauvignon-Traube auch im Süden und Südwesten Frankreichs verstärkt angebaut und ist auch in Italien, Spanien und in der so genannten Neuen Welt in Mode gekommen, vor allem in Kalifornien, Chile, Südafrika, Australien und Neuseeland.

Carignan

Eine Rotweinsorte ist als Massenweinsorte stark in Verruf gekommen, die mehr als das verdient hat: die Carignan. Sie wird vor allem in Südfrankreich angebaut und ist nicht unmaßgeblich für die Weinüberschüsse in Europa verantwortlich. Im Nordosten Spaniens ist Carignan unter dem Namen Cariñena weit verbreitet, auch hier eher als Massenträger missbraucht. Genau wegen ihrer großen Erträge ist die Traube in Südkalifornien, Mexiko und Lateinamerika beliebt, wo schlichteste Industrieweine aus ihr gewonnen werden.

Dabei können die Weine mit schönen Blaubeer-, Rosmarin- und Lorbeeraromen aufwarten, mitunter auch mit kräftigen Fruchtkompott-Noten. Immer mehr Winzer im südfranzösischen Languedoc und Roussillon sowie in Spanien, so zum Beispiel im Priorato, stellen unter Beweis, dass sich aus ihr durchaus feine, charaktervolle Weine erzeugen lassen, wenn sie entsprechend zurückgeschnitten und der Ertrag gezielt begrenzt wird.

Cinsaut

Die Rotweinsorte ist – auch unter der Schreibweise Cinsault – in ganz Südfrankreich weit verbreitet und gehört zum typischen südfranzösischen Rebensortiment. Seit den 1970er Jahren des vergangenen Jahrhunderts wurde sie von Qualitätsweinwinzern in den Départements Aude und Hérault neu entdeckt. Zu der Zeit war sie in Frankreich offiziell in die Riege der »verbessernden« Rebsorten aufgenommen worden. Ihr Wein ist meist leichter und milder als der anderer Rotweinsorten, zeichnet sich aber durch Fruchtigkeit und Aromenreichtum aus. In guten Lagen und mit strengem Beschnitt eignet sich die Traube wegen ihrer dunklen Farbe und Fruchtigkeit gut zur Assemblage mit Mourvèdre, Grenache und auch Cabernet Sauvignon: Sie gibt ihnen Duft und Geschmeidigkeit. Allerdings wird sie selten allein gekeltert; Ausnahme sind einige sortenreine Rosés.

Über Frankreich hinaus ist die Cinsaut auch in Südafrika, Algerien, Marokko und dem Libanon weit verbreitet. Gerade in Südafrika spielt sie einen wesentliche Rolle im Rebenspiegel: Unter dem Namen Hermitage ist sie immer noch eine der populärsten Rotweinsorten.

Gamay

Ausgesprochen tanninarm ist die traditionelle Rotweintraube des Beaujolais im südlichen Burgund. Aus ihr werden überwiegend leichte, herzhaft-fruchtige Weine gekeltert, deren bekanntester der Beaujolais Primeur ist, der als Bote jeden neuen Jahrgangs ab dem dritten Donnerstag im November weltweit begrüßt wird. Die Rebe hat aber durchaus das Potenzial für mehr: Auch einige substanzreichere Weine werden aus ihr gewonnen. Diese kommen immer aus den Beaujolais-Cru-Lagen wie Brouilly, Morgon, Chiroubles, Fleurie oder Moulin-à-Vent. Diese so genannten Cru-Beaujolais können durchaus ein paar Jahre altern. Ganz im Gegensatz dazu das Gros der Beaujolais-Weine: Sie müssen eher jung getrunken werden, weil es ihnen an Säure und Tannin für eine längere Lagerung mangelt. Charakteristisch sind die Aromen der Gamay: Vor allem der Duft nach Bananen ist sortentypisch, dazu kommen Anklänge an Himbeerdrops und Gewürznelken.

Außer im Beaujolaisgebiet wird die Gamay-Traube in Frankreich noch an der Loire angebaut, wo sie vorwiegend für einfache Tafelweine gebraucht wird. Größere Gamay-Anbauflächen gibt es auch in der Schweiz. In Kalifornien hat sich die Sorte nicht durchgesetzt.

Garnacha (Grenache)

Die am häufigsten angebaute spanische Rotweinsorte ist die rote Sorte Garnacha. Die Traube, die in Frankreich unter dem Namen Grenache bekannt und dort vor allem im Süden verbreitet ist, ist in Spanien sowohl im Norden (Navarra, Rioja) als auch im Süden (La Mancha) zu finden. Leider wird sie meist als Massenträger missbraucht. Doch können aus ihr auf kargen Böden durchaus feine, zum Teil sogar hochfeine Weine gewonnen werden. Die besten spanischen Garnacha-Weine kommen aus dem

Priorato. Hier war die Traube einst weit verbreitet, wurde dann jedoch von der Cariñena verdrängt.

Ihr Ursprung dürfte im nordspanischen Aragón liegen. Von dort ist sie nach Südfrankreich gekommen, wo sie weite Verbreitung gefunden hat: Sie ist beispielsweise die Basissorte des berühmten Châteauneuf-du-Pape, außerdem werden die aussage- und farbkräftigen Roséweine Lirac und Tavel aus ihr gewonnen. Garnacha- oder Grenache-Weine sind leicht an ihrem leichten Tabakaroma zu erkennen, außerdem zeichnen sie Anklänge von Brombeermarmelade sowie Rosinen aus, Letztere ein Hinweis auf ihre warme, ja meist heiße Herkunft. Auch auf Sardinien kennt man die Rebe, allerdings unter dem Namen Cannonau.

Malbec

Die Malbec-Rebe, die früher fester Bestandteil vieler Bordeauxweine war, ist fast von der Weinbühne verschwunden. Die Rotweinsorte war früher sehr populär, befindet sich aber heute wegen ihrer Ertragsunsicherheit – sie neigt zum Verrieseln – auf dem Rückzug. Sie ergibt einen dunkelfarbenen, tanninstarken Wein mit Fruchtanklängen von Sauerkirschen und Pflaumenmus sowie würzigen Noten von Pfeffer und Zimt.

Der heute berühmteste Vertreter der Sorte ist der Cahors aus dem Südwesten Frankreichs. Dort wird die Sorte Cot genannt und mit anderen Sorten, unter anderem mit Tannat, zum »schwarzen Wein von Cahors« verschnitten. Früher wurde sie viel in Bordeaux angebaut, heute ist sie nur noch in wenigen Weinen zu einem geringen Anteil enthalten – etwa in einigen Gewächsen aus dem Graves.

Merlot

Einige der größten Rotweine der Welt werden aus der Merlot-Traube gekeltert, insbesondere die Bordeauxweine aus Saint-Emilion und vor allem aus Pomerol, allen voran die legendären Pétrus und Le Pin. Auf den lehmigen und sandigen Böden, die in diesem Teil Bordeaux' vorherrschen, erbringt die Traube rubinrote, fleischige Weine von großer Distinktion. Allerdings bietet sie ein heterogenes Bild, denn sie ist eine ertragsstarke Sorte und ergibt, wenn keine mengenbegrenzenden Maßnahmen ergriffen werden, einfache bäuerliche Weine. Merlot-Weine weisen weniger Tannin, eine niedrigere Säure und eine geringere Langlebigkeit auf als Cabernet-Sauvignon-Weine, haben dafür eine höhere Alkoholgradation. In der Jugend ähnelt ihr Aroma dem der Cabernet-Weine, wobei statt der herben, aristokratischen Strenge eher süße, malzige Töne in den Vordergrund treten.

Wahrscheinlich stammt die Merlot aus dem Bereich Saint-Emilion und Pomerol; zumindest wurde sie dort schon Anfang des 18. Jahrhunderts in großem Stil angebaut. Von dort gelangte sie ins Médoc, wo sie hinter Cabernet Sauvignon die zweite Sorte in den Weinbergen ist. Heute ist sie in der ganzen Welt verbreitet, und ihre Rebfläche wächst schneller als die der Cabernet Sauvignon. Mindestens vier Gründe sind dafür ausschlaggebend. Erstens reift sie eine Woche bis zehn Tage früher – kann also risikoloser ausreifen. Zweitens ordnet sich die Merlot in der Assemblage problemlos anderen Rebsorten unter. Drittens stellt sie nicht so hohe Ansprüche an die Lage und gedeiht auch in kühlerem Mikroklima. Viertens ist sie ertragreicher. Über Bordeaux hinaus wird sie im Tessin schon seit Jahrzehnten kultiviert. Auch Italiener, Osteuropäer und Australier bauen sie verstärkt an. In Kalifornien ist sie seit den 1990er Jahren sogar zur Modesorte geworden.

Nebbiolo

Eine weitere italienische Qualitätsrebe ist die anspruchsvolle Nebbiolo. Auch diese spät reifende Rotweintraube ist im Piemont beheimatet. Sie ergibt relativ hellfarbene Weine, die aber zugleich tanninreich und ausgesprochen langlebig sind. Die Weine schmeicheln durch Kirschkompott- und Zimtanklänge und erinnern an getrocknete Blumen und Teer. Letzteres ist dem Charme der Weine durchaus nicht abträglich.

Die Traube hat das Potenzial zu Spitzenleistungen: Die berühmtesten Nebbiolo-Weine sind der Barolo und der Barbaresco, beide Vertreter der obersten italienischen Qualitätskategorie. Auch der Roero und der Nebbiolo d'Alba sind sortenreine Nebbiolo-Varianten, das heißt, sie werden ohne andere Reben – sortenrein – ausgebaut. Die Rotweine Gattinara und Ghemme enthalten ebenfalls Nebbiolo-Trauben, können aber zu einem geringen Anteil mit anderen Sorten assembliert werden. Seit 1303 ist die Rebe im Nordwesten Italiens aktenkundig. Vermutlich ist sie aber sehr viel älter.

Pinot Noir

Die Traube der großen französischen Burgunderweine ist eine der ältesten Rebsorten der Welt. Aus ihr werden Weine von erhabener Eleganz erzeugt – aber leider auch Weine von plumper Schlichtheit. In der Farbe präsentieren sich die durchweg tanninarmen Weine in mittlerem Purpurrot, ihr Aroma ist von süßer Fruchtigkeit geprägt. Die Pinot Noir ist heute praktisch die einzig vertretene rote Sorte an der Côte d'Or im Burgund und hat die Gamay völlig verdrängt. Die großen Burgunder Chambertin, Musigny, Pommard und Volnay sind einige der bekanntesten Pinot-Noir-Weine dieser Gegend.

Die Urheimat der Pinot Noir ist mit Sicherheit das Burgund, wo sie bereits im 14. Jahrhundert urkundlich nachgewiesen ist. Vermutlich existierte sie dort aber schon mindestens tausend Jahre früher. Aber auch außerhalb des Burgund hat die Rebe weite Verbreitung gefunden. Sie wird im Elsass und in der Champagne angebaut, wo sie – zu Weißwein gekeltert – die Basis für den Champagner liefert. In Deutschland, wo sie Spätburgunder oder Blauer Burgunder heißt, findet man sie in der Südpfalz, in Baden, in Assmannshausen am Rhein, an der Ahr und am Mittelmain um Klingenberg. Vereinzelt ist sie auch im österreichischen Burgenland, in Südtirol und in der Toskana anzutreffen. Allerdings gelingen die fast immer sortenrein ausgebauten Weine in warmem Klima weniger gut. Aus diesem Grund wird in Amerika die Pinot Noir nicht in Kalifornien, sondern mit Erfolg im kühleren Oregon angebaut. In Südafrika und Australien ist sie nur vereinzelt vertreten.

Sangiovese

Italien verfügt über eine Vielzahl qualitätvoller Rebsorten. Die wichtigste Rotweinsorte aber ist die Sangiovese. Ihr Hauptverbreitungsgebiet liegt in der Toskana. Dort bildet Sangiovese die Basis des Chianti und des Vino Nobile di Montepulciano und ist Alleinrebe des Brunello di Montalcino. Über die Toskana hinaus ist sie auch in der Emilia-Romagna, in Umbrien, Latium und in den Marken weit verbreitet.

Erstmals erwähnt wird die Traube erst 1722, und zwar in der Toskana. Doch spricht vieles dafür, dass sie bereits von den Etruskern angebaut wurde. Das bedeutet, dass sie schon 2000 Jahre früher in Italien bekannt gewesen sein dürfte.

Sangiovese existiert in zahlreichen Varietäten, deren wichtigste die Sangiovese Grosso und die Sangiovese Piccolo sind. Der Austrieb der Reben erfolgt spät, dementsprechend reifen die Trauben erst relativ spät aus. Ergebnis sind fruchtige Weine, die aber gleichzeitig tanninherb sind, säurebetont und reifebedürftig.

Syrah

Zu den edelsten Rotweinsorten der Welt gehört auch die Syrah-Traube. Sie ist vor allem in Frankreich an der Rhône zu Hause. Dort bringt sie berühmte, teils reinsortige Syrah-Weine wie den majestätischen Hermitage, den eleganteren Côte Rôtie, die leichteren Saint-Joseph und Cornas sowie den roten Crozes-Hermitage hervor. Auch im Châteauneuf-du-Pape und anderen Weinen der südlichen Rhône ist sie enthalten. Allen Syrah-Weinen gemeinsam ist ihre dunkle Farbe, ihre Tanninstärke und ihr bittersüßes, würziges Beerenaroma mit Anklägen an Trüffel und Veilchen.

Ob die Sorte ursprünglich von der Rhône stammt oder erst durch Händler aus der persischen Stadt Shiraz dorthin gebracht wurde, ist unklar. Jedenfalls ist sie weit über ihr angestammtes Anbaugebiet an der Rhône hinaus bekannt geworden: Unter dem Namen Shiraz wird sie beispielsweise mit sehr großem Erfolg in Australien angebaut und ist dort neben der Cabernet Sauvignon die häufigste Rotweinsorte.

Tempranillo

Die bedeutendste Rebsorte Spaniens ist die Tempranillo. Die bekanntesten spanischen Weine, der Ribera del Duero und der Rioja – dieser mit einem hohen Tempranillo-Anteil – werden aus ihr gekeltert. Die Rebe wird örtlich auch als Tinto Fino bezeichnet, in der Ribera del Duero heißt sie Tinto del País. Sie ergibt Weine mit fruchtigen Aromen von Brombeeren, Preiselbeeren und Cassis sowie Anklängen an Sandelholz und Moschus. Weine aus Tempranillo sind dunkelfarben, mit viel Gerbstoff und einer kräftigen Säure ausgestattet, die sie für ein langes Leben prädestinieren.

Unsicher ist die Herkunft der Rebe. Die Frage ist, ob sie in ihrem Ursprung aus Spanien stammt. Es gibt Hinweise, dass sie möglicherweise auch im Mittelalter aus Frankreich importiert wurde. Allerdings ist sie heute auf Spanien begrenzt. In Frankreich dagegen ist sie nicht mehr anzutreffen.

Zinfandel

Die Weine dieser Rotweintraube, die – zwar ursprünglich europäischer Herkunft – in Übersee angebaut wird, erfreuen sich auch in Europa steigender Beliebtheit. Aus der roten Traube Zinfandel werden Weine ganz unterschiedlicher Art und Farbe: Rotweine, Roséweine und Weißweine (wenn ohne Schalen vergoren). Der typische und charaktervollste Wein ist jedoch immer ein roter Zinfandel.

Die Sorte wird fast ausschließlich in Kalifornien angebaut. Dort werden aus ihr teilweise hochklassige, bisweilen edle Rotweine erzeugt, daneben aber auch zahlreiche Konsumweine, die die Amerikaner mit Eiswürfeln trinken. Charakteristisch sind ihre Fruchtaromen von schwarzen Johannisbeeren und Bananen, sowie Noten von Pflaumenmus und Pfeffer. White Zinfandel ist ein süßer Zinfandel.

Es wird vermutet, dass die Zinfandelrebe von der italienischen Primitivo-Rebe abstammt, die in großen Mengen in Apulien angebaut wird, dort in den letzten Jahren geradezu zur Moderebe für interessante Rotweine avancierte und aus der darüber hinaus schlichte, einfache Tafelweinverschnitte wie süße, gespritete Likörweine erzeugt werden.

Zweigelt

Die erfolgreiche österreichische Rotweinrebe ist eine Kreuzung aus Blaufränkisch und Saint-Laurent. Sie wurde erst 1922 von Dr. Zweigelt in der Weinbauforschungsanstalt Klosterneuburg gezüchtet. Die Rebe bringt Weine hervor, die sich durch fruchtiges Bouquet, samtigen Körper und prägnanten Kirschgeschmack auszeichnen. Die meisten Weine dieser Traube wollen jung getrunken werden, doch entstehen mancherorts durchaus Weine, die alterungswürdig sind. Die populärste Rebe Österreichs ist in fast allen Rotweingegenden des Landes anzutreffen.

Die wichtigsten weißen Rebsorten

Chardonnay

Die noble Rebsorte, die mit großer Sicherheit aus dem französischen Burgund stammt (es gibt im südlichen Burgund sogar ein Dorf namens Chardonnay) ist heute weltweit verbreitet und bringt ebenso feine wie gewöhnliche Weißweine hervor – je nach Standort, Klon und Pflege. Unter allen weißen Rebsorten verzeichnete sie in den letzten 25 Jahren die größten Zuwächse. Die berühmtesten Chardonnay-Weine wachsen auf den kalkhaltigen Böden von Burgund: Puligny-Montrachet, Meursault, Corton-Charlemagne und Chablis. Dort werden die Weine reinsortig aus Chardonnay-Trauben erzeugt und haben nussige, im Alter leicht petrolige Aromen. Andere größere Anbaugebiete finden sich im südlichen Burgund: im Maconnais und an der Côte Chalonnaise. Auch im Champagner ist die Chardonnay vertreten, in der Regel zu 50 bis 70 Prozent, im Blanc-de-Blancs-Champagner zu 100 Prozent.

In Italien findet man die Sorte vor allem im Trentino, in Südtirol, in der Franciacorta und im Friaul. Neuerdings wird sie auch erfolgreich in Österreich kultiviert, wo sie Morillon (Südsteiermark) beziehungsweise auch Feinburgunder (Wachau) genannt wird. Außerhalb Europas hat die Sorte weite Verbreitung in Kalifornien (Carneros oder Sonoma County), Chile (Maipo), Südafrika, Neuseeland und Australien gefunden. Dort wird sie größtenteils in kleinen, neuen Eichenfässern vergoren, wodurch sie einen leicht karamelligen Geschmack bekommt. Der Erfolg der Chardonnay-Traube beruht darauf, dass sie auf nahezu jedem Bodentyp ansprechende Qualitäten hervorbringt. Sie treibt früh aus und darf nicht zu spät gelesen werden, weil sonst die Säure absinkt. In jedem Fall ist sie eine eigenständige Sorte und keine Mutation des Weißen Burgunders, wie in zahlreichen Büchern noch zu lesen ist.

Chasselas

Die klassische Schweizer Sorte ist schon vor 400 Jahren im Wallis (dort auch Dorin genannt) nachweisbar. Heute bedeckt sie knapp die Hälfte der Anbaufläche des Landes. Sie ergibt einfache, leichte, oft etwas säurearme und ausdruckslose Weißweine. Es existieren jedoch auch bessere Qualitäten. Bekannte Chasselas-Weine sind beispielsweise der Fendant, Yvorne, Aigle, Saint-Saphorin oder Dézaley.

In Deutschland heißt die Sorte Gutedel und war zu Anfang des 20. Jahrhunderts die am häufigsten angebaute Traube. Heute ist sie in größeren Mengen nur noch im südlichen Baden (Markgräflerland) vorhanden.

Chenin Blanc

Die Weißweintraube ist in Frankreich beheimatet und wegen ihrer hohen Erträge beliebt. Im Anjou und in der Touraine an der unteren Loire steht sie im Ertrag. Aus ihr werden einfache Weine wie Vouvray und Saumur gewonnen. Diese Weine werden oft mit Restsüße und schäumend ausgebaut.

In besten Lagen werden aus der Chenin Blanc jedoch kraftvolle, äußerst langlebige Weißweine mit markanter Säure erzeugt, zum Beispiel Coulée de Serrant. Außerhalb

Frankreichs wird die Sorte vor allem in Südafrika angebaut. Dort heißt sie teilweise noch Steen.

Gewürztraminer

Die hochwertige Weißweinsorte mit leicht rötlich gefärbten Beeren wird wegen ihres niedrigen und unsicheren Ertrags nur noch selten angebaut. Vermutlich ist sie eine Variante des Traminers. Dieser ist in Südtirol beheimatet, hat aber gelbe Beeren und ist weniger aromatisch als der Gewürztraminer.

Spät gelesen, kann der Gewürztraminer große Qualitäten ergeben: goldgelbe, kräftige, »männliche« Weine, die nicht selten deutlich über 13 Vol.% Alkohol aufweisen und nicht nur trocken, sondern auch halbtrocken, süß oder edelsüß ausgebaut werden. Trotz niedriger Säure sind sie langlebige Weine. Große Gewürztraminer mit typischem Rosen- und Lycheeduft findet man im Elsass und in Deutschland.

Grauer Burgunder

Die Weißweinsorte ist ausgesprochen populär und ergibt viele einfache, aber auch einige gehaltvolle und gelegentlich feine Weine. Die wichtigsten Verbreitungsgebiete sind Frankreich, besonders das Elsass – wo sie Pinot Gris oder Tokay genannt wird –, Deutschland und Österreich, dort bisweilen Ruländer genannt.

Auch in Norditalien, in Südtirol und im Friaul, erfreut sie sich unter dem Namen Pinot grigio großer Beliebtheit. In Venetien und im Trentino werden aus ihr sorten-untypische, aber kommerziell sehr erfolgreiche Konsumweine erzeugt. Die Beeren haben teilweise einen rötlichblauen Schimmer, was ein Beleg dafür ist, dass die Sorte von der Pinot Noir (Blauburgunder) abstammt.

Grüner Veltliner

Die Sorte ist in gleichem Maße populär wie ertragreich. Vor allem in Österreich ist sie weit verbreitet – sie bedeckt etwa ein Drittel der Rebfläche des Landes. Sie treibt früh aus und wird relativ spät gelesen. Grüner Veltliner ergibt leichte, spritzige Weine mit pfeffriger Würze, die jung und oft mit einem Schuss Wasser (»G'spritzter«) getrunken werden.

Hauptanbaugebiet in Österreich ist das Weinviertel. In beste Lagen gestellt, lassen sich jedoch auch extrakt- und alkoholreiche Spätlesen ernten, etwa im Kremstal, im Kamptal und vor allem in der Wachau. Dort wird der Grüne Veltliner seit knapp 100 Jahren angebaut. In seiner höchsten Vollendung als Smaragd ergibt er hochfeine Weine, die langlebiger als Rieslinge sind.

Müller-Thurgau

Die am häufigsten angebaute Sorte in Deutschland ist als Kreuzung Riesling x Silvaner bekannt. Nach neueren Forschungen ist sie jedoch eine Kreuzung von Riesling x Chasselas. Die Traube wurde 1882 an der Weinbauschule Geisenheim am Rhein von dem Rebenforscher Hermann Müller gezüchtet, der aus dem Schweizer Kanton Thurgau stammte.

Die Sorte ergibt meist einfache, duftige Weine mit leichtem Muskatton – Basis der Liebfrauenmilch. Unter der Bezeichnung Rivaner werden aber auch geschmeidige, elegante Tischweine produziert. Schließlich werden aus ihr, weil sie früh reift und rasch Zucker sammelt, auch Auslesen und Beerenauslesen hergestellt. Synonyme: Riesling x Silvaner, Rizlingszilvani (Ungarn).

Muskateller

Die sehr alte, aromatische Sorte war wahrscheinlich schon bei den Griechen als »anathelicon moschaton« und Römern – unter dem Namen uva apiana – bekannt. Heute ist diese Sorte über die ganze Welt verbreitet. Es gibt viele Spielarten von ihr. Der Gelbe Muskateller, in Frankreich unter den Bezeichnungen Muscat Blanc, Muscat de Frontignan oder Muscat Blanc à Petits Grains bekannt, ist die hochwertigste.

Aus der Muskateller-Traube werden zum Beispiel der elsässische Muscat, der piemontesische Moscato d'Asti, der trockene steirische Muskateller und der spanische Moscadel del Grano Menudo erzeugt.

Riesling

Gerade in kühlen Anbaugebieten ergibt die anspruchsvolle, spätreifende Sorte besonders feine Weine ergibt. Die Hauptverbreitungsgebiete der Riesling-Traube sind Deutschland und das Elsass. Aber auch in Österreich, in Russland und – auf kleiner Fläche – in Australien und Kalifornien wird die Sorte angebaut. In Amerika wird sie Johannisberger Riesling, White Riesling oder Rhine Riesling genannt.

Ob ihre Urheimat am Rhein, an der Mosel oder in der Pfalz liegt, ist schwer festzustellen. Sicher ist, dass sie schon im 15. Jahrhundert am Rhein und im 16. Jahrhundert an der Mosel weit verbreitet war. Möglicherweise ist sie aber auch schon um 800 n. Chr. auf Befehl von König Ludwig dem Deutschen am Rhein angebaut worden. Andere Vermutungen gehen dahin, dass sie sich dort aus der Wildrebe Vitis vinifera entwickelt habe. In jedem Fall ist sie eine anspruchsvolle Sorte (korrekte Bezeichnung: Weißer Riesling), die zumindest in Deutschland, im Elsass und in Österreich nur in sonnenzugewandten Steillagen bedeutende Weine ergibt.

Riesling-Weine haben, auch wenn sie spät gelesen werden, stets eine betonte Säure. Sie sind extraktreich und ausgesprochen langlebig. Wegen der dicken Beerenhaut ist der Riesling gegen Fäule ziemlich resistent – Voraussetzung für die Erzeugung edelsüßer Beerenauslesen. Im Vergleich zu anderen Sorten verliert sie auch bei leicht erhöhten Erträgen nicht nennenswert an Qualität. Trotzdem gibt es als Resultat von Massenproduktion viele schlichte Weine, vor allem aus Deutschland. Auch in der Liebfrauenmilch kann sie enthalten sein.

Sauvignon

In den letzten Jahren verzeichnete die hochklassige und weltweit stark verbreitete Rebsorte große Zuwachsraten. Sie treibt spät aus, kann aber auch schon relativ früh gelesen werden. Mit großer Wahrscheinlichkeit stammt sie aus Bordeaux, wo sie heute die am meisten angebaute weiße Sorte ist. In den Weißweinen von Graves, Pessac-Léognan, Entre-Deux-Mers sowie in den Bordeaux Blancs und den edelsüßen Sauternes bildet sie zusammen mit der Sémillon (und teilweise der Muscadelle) eine bewährte Einheit.

Das bedeutendste Anbaugebiet ist heute jedoch die mittlere Loire mit den Weinbauzentren Sancerre und Pouilly-Fumé. Auf den dortigen Silex-Böden (Feuerstein) kommt das kräftige, an Stachelbeeren, Brennnesseln oder Schotenfrüchte erinnernde Aroma am klarsten zum Ausdruck. Andere wichtige Anbaugebiete sind die Steiermark, das Burgenland (in Österreich ist die Sorte noch unter dem irreführenden Namen Muskat-Silvaner bekannt), Slowenien und das italienische Friaul. Außerhalb Europas gibt es regelrechte Sauvignon-Moden in Kalifornien (im Holzfass ausgebaut unter der Bezeichnung Fumé Blanc), Chile, Australien und vor allem Südafrika. Sauvignon-Weine aus Neuseeland fallen wegen ihrer aggressiven, herb-vegetabilen Note auf.

Die meisten Sauvignon-Weine sind schwer. Ihr Alkoholgehalt liegt häufig über 13 Vol.%, vor allem bei den Sauvignons aus Übersee. Im Gegensatz zu hochklassigen Chardonnays zeigen Sauvignon-Weine ihre Feinheiten schon im jungen Stadium. Sie sind keine ausgesprochenen Altersweine.

Scheurebe

Diese Kreuzung Silvaner x Riesling wurde im Jahre 1916 von Dr. Georg Scheu, dem Leiter der ehemaligen Hessischen Rebenzuchtstation Pfeddersheim bei Worms, gezüchtet: in Deutschland eine der wenigen erfolgreichen Neuzüchtungen.

Die Scheurebe bringt zarte, bouquetbetonte Weine mit typischem Cassis-Duft hervor — wenn sie in guten Lagen steht. Allerdings ist sie dort nur selten zu finden, weil diese für den Riesling reserviert sind. Dies hat zur Folge, dass aus ihr blumige, bouquetreiche Weine hergestellt werden, die nicht selten mit Restsüße abgerundet sind.

Sémillon

Die aus Bordeaux stammende Rebsorte wird als nobel angesehen, weil aus ihr viele hochwertige edelsüße Weine erzeugt werden. Sie besitzt eine dünne Beerenhaut, was sie für Attacken des Edelschimmels (Botrytis cinerea) anfällig macht. Der berühmteste edelsüße Wein ist der Château d'Yquem: In ihm ist die Sémillon zu 80 Prozent enthalten.

Normal, also nicht edelsüß ausgebaut, ergibt sie körperreiche, »fette« Weine, die im jungen Stadium eher neutral schmecken. Deshalb wird sie in der Regel auch mit Sauvignon oder anderen Sorten assembliert. Wird sie nicht zurückgeschnitten, neigt sie zu Massenerträgen. Sie wird heute vor allem in und um Bordeaux angebaut sowie in der Dordogne, aber auch in Chile (Maipo) und in Australien (Hunter Valley und Barossa Valley).

Silvaner

Zu den am häufigsten angebauten Sorten in Deutschland gehört diese alte, autochthone (siehe Glossar) Rebe. Da sie als Massenträger gilt, werden aus ihr jedoch oft schlichte, ausdruckslose Weine erzeugt.

Wenn ihr Ertrag begrenzt wird, ergibt sie jedoch volle, zartfruchtige, erdige Weine. Diese findet man vor allem in Franken, im Elsass und in Österreich (dort Sylvaner geschrieben). In Rheinhessen werden aus ihr einfache Konsumweine erzeugt. In der Schweiz heißt die Sorte Johannisberg oder Gros Rhin und kann ebenfalls sehr markante Weine ergeben.

Viognier

Im trockenen, warmheißen Klima des Rhônetals bringt Viognier die besten Ergebnisse. Sie ist eine alte und ertragsarme Rebsorte. Die bekanntesten Weine sind der weiße Condrieu und der seltene Château Grillet, beides schwere, langlebige Weißweine mit relativ hohem Alkoholgehalt.

Die Rotweine der Côte Rôtie dürfen 20 Prozent Viognier-Trauben enthalten. Im Languedoc und Roussillon wird die Viognier häufig mit anderen weißen Sorten zusammen vinifiziert. Seit Ende der 1980er Jahre werden aus ihr nicht nur dort, sondern auch in Italien und Kalifornien zunehmend sortenreine Weißweine erzeugt.

Weißer Burgunder

Aus der alten Rebsorte können sehr gute Weine mit viel Eigencharakter erzeugt werden. Sie wird auch Weißburgunder oder Clevner genannt und ist vor allem in Baden und in der Pfalz verbeitet. Aber auch in Österreich, Südtirol und im Friaul, in Ungarn, Slowenien und Kroatien wird sie mit gutem Erfolg angebaut. In Frankreich wird sie praktisch nur im Elsass kultiviert, dort allerdings mit gutem Erfolg (Pinot Blanc).

Der Weiße Burgunder wurde jahrzehntelang fälschlich als Pinot Chardonnay bezeichnet. In Wirklichkeit ist er eine Mutation des Pinot Noir (Blauburgunder). Charakteristisch ist das sanftwürzige Bouquet und die rassige Säure.

Die 50 häufigsten Rebsorten

(Anteil an der Weltrebfläche für Vitis-Vinifera-Reben in Prozent)

1.	Airén	weiß	5,47 %
2.	Grenache	rot	4,34 %
3.	Sultana	weiß	4,02 %
4.	Ugni blanc	weiß	3,44 %
5.	Carignan	rot	3,21 %
6.	Rkatsiteli	weiß	3,21 %
7.	Merlot	rot	1,66 %
8.	País	rot	1,64 %
9.	Cabernet Sauvignon	rot	1,61 %
10.	Mourvèdre	rot	1,39 %
11.	Muscat blanc	weiß	1,26 %
12.	Bobal	rot	1,04 %
13.	Muscat d'Alexandrie	weiß	1,03 %
14.	Tempranillo	rot	0,98 %
15.	Cinsaut	rot	0,92 %
16.	Sémillon	weiß	0,86 %
17.	Kadarka	rot	0,85 %
18.	Malbec	rot	0,82 %
19.	Chenin	weiß	0,80 %
20.	Riesling	weiß	0,77 %
21.	Aramon	rot	0,75 %
22.	Welschriesling	weiß	0,74 %
23.	Verdicchio	weiß	0,73 %
24.	Palomino	weiß	0,69 %
25.	Macabeo	weiß	0,68 %
26.	Pedro Ximénez	weiß	0,65 %
27.	Müller-Thurgau	weiß	0,57 %
28.	Pamid	rot	0,54 %
29.	Chasselas	weiß	0,52 %

30.	Cereza	rot	0,51 %
31.	Xarel-lo	weiß	0,49 %
32.	Pinot Noir	rot	0,48 %
33.	Grenache blanc	weiß	0,47 %
34.	Colombard	weiß	0,46 %
35.	Bonarda	rot	0,45 %
36.	Gamay	rot	0,42 %
37.	Grüner Veltliner	weiß	0,41 %
38.	Syrah	rot	0,40 %
39.	Cabernet franc	rot	0,39 %
40.	Chardonnay	weiß	0,38 %
41.	Alicante Bouschet	rot	0,37 %
42.	Merseguera	weiß	0,36 %
43.	Tinto Madrid	rot	0,35 %
44.	Dimiat	weiß	0,34 %
45.	Cardinal	rot	0,29 %
46.	Pardina	weiß	0,28 %
47.	Barbera	rot	0,28 %
48.	Muscat d'Hambourg	weiß	0,27 %
49.	Silvaner	weiß	0,26 %
50.	Zalema	weiß	0,23 %

Weinpflege und
Weingenuss

Die Sorgfalt gegenüber dem Wein endet nicht mit der Verantwortung des Kellermeisters und der Abfüllung auf die Flasche. Es gilt vielmehr, die Qualität von der Flasche ins Glas zu bringen. Da Wein, zumindest feiner Wein, möglichst wenig behandelt sein soll, ist das gar nicht einfach. Denn zwischen Abfüllung und Genuss liegen meist mehrere Monate, oft Jahre, und in dieser Zeit ändert er sich beständig: durch Wärme- und Kälteeinfluss, durch Kontakt mit Sauerstoff, durch chemische Reaktionen in ihm selbst.

Wein ist zwar kein lebendiges Produkt, wie immer wieder behauptet wird, wohl aber ein höchst empfindliches. Deshalb ist es wichtig, Wein richtig zu lagern und richtig zu servieren. Ohne Wissen um die rechte Behandlung von Wein kann sich beim Weintrinker jedenfalls kaum ein Gefühl für die Qualität feiner Weine entwickeln.

Lagerung und Trinkreife

Der modernen Önologie ist es gelungen, Weine weich und möglichst schon in jungen Jahren trinkbar zu machen. Sie trägt damit einem Trend bei den Konsumenten Rechnung, die nicht erst graue Haare bekommen wollen, bis die von ihnen erworbenen Weine endlich genussreif sind.

Die Weinlagerung – Warten auf den Höhepunkt

In fast allen Weinanbaugebieten der Welt lässt sich dieser Trend zu früher trinkbaren Weinen beobachten. Er hat selbst jene Weine erfasst, die als Inbegriff der Langlebigkeit galten: die Bordeaux-Weine. Durch einen höheren Anteil der frühreifen Merlot am Traubenmix, aber auch durch eine veränderte Vinifikation haben sie ihre jugendliche Härte und Verschlossenheit gegen fruchtige Opulenz ausgetauscht.

Dieser Weinstil ist nicht unumstritten. Kritiker argwöhnen, dass die Weine nie zu jenen Gipfeln gelangen werden, die Bordeaux-Weine früher erklommen haben. Die Verteidiger des modernen Stils behaupten hingegen: Ein großer Wein ist auch schon in seiner Jugend groß. Für sie ist die Bestimmung der Trinkreife einfach: Sie beginnt früher, und sie hält trotzdem lange an.

Grundsätzlich gilt jedoch: gerbstoffreiche Weine brauchen länger als gerbstoffarme Weine. Deshalb sind Weißweine in den meisten Fällen früher genussfähig als Rotweine, schwere Rotweine später als leichte. Auch alkoholstarke, säurereiche, restsüße und edelfaule Weine entwickeln sich langsam und brauchen oft Jahre, bis sie das Stadium der Genussreife erreicht haben.

Und nicht zuletzt: Weine aus großen Jahrgängen entwickeln sich meistens langsamer als Weine aus kleinen Jahren.

Der ideale Weinkeller

Wer auf ideale Bedingungen Wert legt, muss sich seinen Weinkeller als Bunker tief unter die Erde legen. Das können nur wenige. Es ist auch nicht nötig, weil weniger ideale Flaschenlager ihren Zweck ebenso erfüllen: den Wein in Ruhe reifen zu lassen.

Und was heißt Reife? Schätzungsweise 80 Prozent der Weine werden heute in den ersten drei Jahren getrunken. Spezielle Weinkeller sind also nur für einen kleinen Teil jener Weine notwendig, die fünf, zehn oder mehr Jahre lagern sollen.

Temperatur

Als ideale Kellertemperatur gelten 12 °C, weil der Weißwein dann gleich die richtige Trinktemperatur hat. Tatsächlich kann die Kellertemperatur ebenso gut 8 °C oder 18 °C betragen, ohne dass ein Wein deswegen Schaden nähme. Wichtiger ist, dass die Temperaturschwankungen zwischen Sommer und Winter nicht zu groß sind: möglichst nicht mehr als 6 °C. Bei hohen Temperaturen dehnt sich der Wein aus, bei niedrigen zieht er sich zusammen. Diese Kontraktionen schaden dem Wein, wenn er zehn Jahre und länger reifen soll.

Luftfeuchtigkeit

Die Luftfeuchtigkeit hält den Korken frisch. In trockenen Räumen, etwa in Heizungskellern, trocknet der Korken aus, verliert an Elastizität, wird undicht oder krümelig. Nicht nur, dass dadurch Wein austreten kann: Auch Sauerstoff dringt in die Flasche ein. Der Wein verdunstet also schneller. Bereits nach wenigen Jahren ist der Flüssigkeitspegel in der Flasche erkennbar gesunken.

Unter 60 Prozent Luftfeuchtigkeit sollte daher kein Weinkeller aufweisen. Alles, was darüber ist, ist gut. Einige der besten Weinkeller weisen sogar 100 Prozent Luftfeuchtigkeit auf. Mögen sich die Etiketten lösen und sich schwarzer Schimmel auf der Korkoberfläche bilden – dem Wein tut es nichts.

Licht

Das grüne oder braune Glas der Flaschen schützt den Wein nicht vor dem Verderb durch Sonnenlicht. Daher müssen die Räume, in denen Flaschen offen lagern, abgedunkelt werden. Licht fördert bei fast allen organischen Stoffen – so auch beim Wein – die Reifung und den langsamen Verfall. Sichtbares Zeichen dafür ist die Veränderung der Farbe: Weißwein tendiert schneller ins Goldgelb, Rotwein verblasst.

Erschütterungen

Weine, die lange lagern sollen, müssen vollkommen ruhig liegen. Erschütterungen durch nahen Auto- oder Eisenbahnverkehr wirbeln immer wieder die feinen Bestandteile des Depots auf. Ständige Geräuschquellen wie Heizungs- oder Wasserpumpen lassen Wein ebenfalls unmerklich vibrireren.

Fremde Gerüche

Der Luftaustausch durch den Korken einer Weinflasche ist zwar gering. Doch bei jahrelanger Lagerung können fremde Gerüche aus der Umgebung den Wein negativ beeinflussen. Küche und Garage eignen sich daher nicht für eine längere Weinlagerung, noch weniger Räume, in denen geraucht wird und Essensdunst unter der Decke hängt (Wirtsstuben).

Praktische Tipps zur Lagerung von Wein

- Alle Flaschen werden grundsätzlich liegend aufbewahrt, damit der Korken nicht austrocknet.

- Flaschen können im Karton gelassen werden, wenn kein abgedunkelter Raum vorhanden ist.

- In trockenen Kellern kann man einen Luftbefeuchter oder gefüllte Wassereimer aufstellen, um das Raumklima zu verbessern.

- In warmen Kellern müssen frei liegende Heizungsrohre vollständig isoliert werden, damit sie keine Wärme abgeben.

- In sehr feuchten Kellern sollten Weinflaschen in Zellophanfolie eingewickelt werden, damit sich die Etiketten nicht lösen.

- Herkömmliche Kühlschränke eignen sich nicht zu längerer Weinlagerung. Sie vibrieren, und die Temperatur schwankt stets um einige Grade nach oben und nach unten.

- In vielen Städten bieten Speditionsfirmen und Weinhandlungen kleine, gut klimatisierte und geschützte Kellerabteile für Privatkunden zur Miete an.

- Weinklimaschränke bieten ideale Bedingungen, um Wein lange zu lagern. Sie sind erschütterungsfrei und temperaturkonstant. Einziger Nachteil: Sie sind teuer und fassen nur den Bruchteil eines gut sortierten Weinkellers.

- In großen Flaschen reift der Wein besser. Der Sauerstoff, der in die Flasche eindringt, verteilt sich auf die doppelte, dreifache oder mehrfache Flüssigkeitsmenge als in einer Normalflasche. Allerdings vollziehen sich bestimmte Reifeprozesse im Wein auch ohne Sauerstoffkontakt, etwa durch Esterbildung. Diese Reifeprozesse sind von der Flaschengröße unabhängig. Wäre das nicht so, würde ein Wein in versiegelten Flaschen ewig jung bleiben.

Trinkreife – ein subjektiver Begriff

Trinkreife lässt sich nicht mathematisch vorausberechnen. Sie variiert von Wein zu Wein. Vorhersagen beruhen bestenfalls auf eigener Erfahrung. Hinzu kommt, dass Trinkreife ein subjektiv gefärbter Ausdruck ist. Ein guter roter Burgunder ist meist schon trinkreif, wenn er auf den Markt kommt. Seine Feinheiten treten aber erst nach zehn Jahren zutage. Ähnlich ist es mit einem Barolo: Die Italiener trinken ihn nach drei Jahren, wenn er freigegeben wird. Für andere ist das »Babymord«. Nach ihrem Empfinden beginnt die Trinkreife frühestens nach acht oder zehn Jahren.

Kleine und große Jahre

Jahrgangsunterschiede gibt es überall auf der Welt, wo Wein erzeugt wird. Aber es lohnt sich, nicht nur die guten Jahrgänge zu kaufen. Kleine Jahrgänge unterscheiden sich von den guten oft nur dadurch, dass sie etwas weniger voll und früher trinkreif sind.

Erst seit Ende des 17. Jahrhunderts werden Weine nach Jahrgängen unterschieden. Genauer gesagt: seit Weine in Flaschen abgefüllt und nicht mehr jahrelang von großen Fässern abgezapft werden. Die Erfahrung, dass Weine die klimatischen Eigenarten eines Jahres widerspiegeln, hatten die Menschen freilich schon lange vorher gemacht: Sie klagten, wenn der Wein sauer war und frohlockten, wenn er voll, feurig und süß ausfiel.

Jahrgangsunterschiede gibt es überall auf der Welt, wo Wein erzeugt wird. In warmen Anbaugebieten, in denen die klimatischen Schwankungen nicht sehr groß sind, fallen die Qualitätsunterschiede naturgemäß geringer aus als in kühlen Anbaugebieten mit gemäßigtem Klima: Dort sind die Ausschläge bisweilen recht heftig. Das gilt besonders für Regionen wie Piemont und Toskana, Wachau und Steiermark, Rhein und Mosel, Elsass und Loire, Burgund und Bordeaux. Aus Bordeaux kommt zum Beispiel das geflügelte Wort, dass die dortigen Châteaux keinen Wein, sondern Jahrgänge verkaufen. Konkret heißt das: Rote Trauben müssen genügend Zucker und vor allem reifes Tannin gebildet haben. Für weiße Trauben gilt: Sie müssen genügend Zucker bilden und dürfen nicht zu viel Säure verlieren.

Die Jahrgänge variieren zusätzlich von Weinanbaugebiet zu Weinanbaugebiet. Ein allgemein gültiges Jahrgangsprofil für alle Weinländer gibt es nicht. Selbst innerhalb eines Anbaugebietes kann es erhebliche Unterschiede

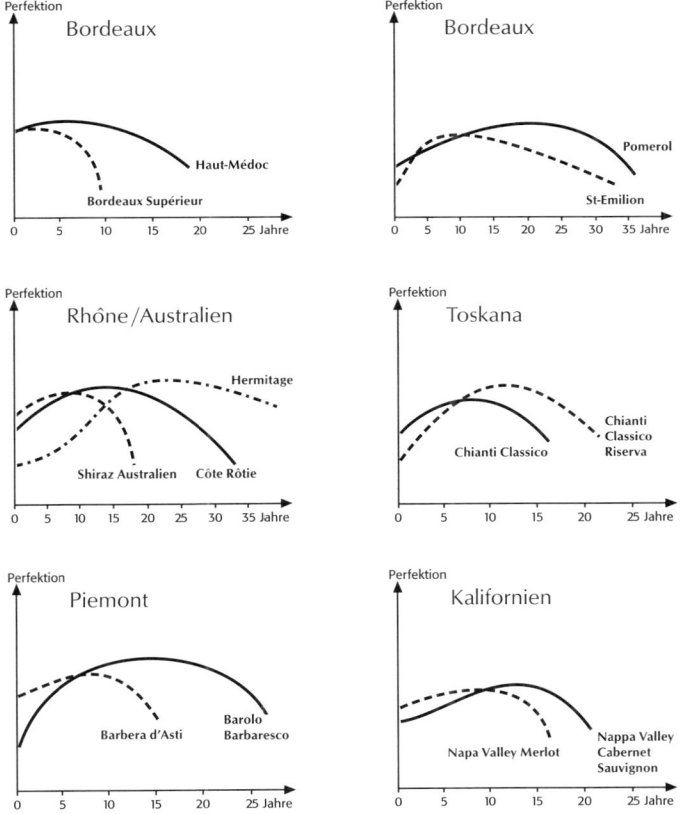

geben, besonders wenn das Anbaugebiet groß ist. Allerdings sind die Qualitätsunterschiede zwischen den Jahrgängen heute in vielen Anbaugebieten nicht mehr so groß wie früher. Durch aufwendige Lesetechniken und strenges Aussondern unreifer oder fauler Trauben lassen sich oft auch in kleinen Jahren passable, gar gute Weine erzeugen. Solchen Aufwand treiben freilich wenige ehrgeizige Erzeuger. Ihnen werden Jahrgangstabellen, die stets vergröbernd sind, nicht gerecht.

Weinzubehör

Einen edlen Wein unsachgemäß zu servieren ist unverzeihlich. Ebenso unpassend ist es jedoch, das Weintrinken zu einer Geheimwissenschaft zu machen. Außer einem Korkenzieher und einem Glas braucht man wenig, um zu genießen – von einem guten Wein abgesehen. Das Wenige sollte allerdings mit Bedacht gewählt werden.

Welcher Korkenzieher ist der beste?

Korkenzieher gehören zur Grundausstattung eines Weintrinkers. Es gibt sie in vielen Varianten: kitschig, schwergängig, unpraktisch, platzbeanspruchend, überdreht. Nur wenige Korkenzieher sind einfach und funktional zugleich. Jeder Weintrinker muss aus der Vielzahl der angebotenen Modelle auswählen, welches Gerät am besten zu ihm passt.

❶ Korkenzange

Der »Korkenzieher« für Sekt- und Champagnerflaschen. Mit der Korkenzange wird der Korken nicht aus der Flasche gezogen, sondern lautlos aus dem Flaschenhals gedreht. Fest sitzende Korken lassen sich so mühelos entfernen. Wer vorsichtig mit dem Instrument umgeht, verhindert auf diese Weise, dass der Wein überschäumt. Bevor die Zange angesetzt wird, müssen natürlich das Stanniolpapier und das Drahtkörbchen über dem pilzförmigen Korken entfernt werden.

❷ Des Kellners Freund

Unter dieser liebevollen Bezeichnung wird die wohl praktischste Korkenzieher-Konstruktion angeboten, die es derzeit gibt: Mit dem Messer die Kapsel abschneiden, Spindel in den Korken versenken, Stützfuß auf den Flaschenrand setzen und den Korken heraushebeln. Geschicklichkeit und ein bisschen Kraft in den Handgelenken sind freilich nötig.

❸ Kapselschneider

Statt mit dem Messer die Kapsel abzuschneiden, wird dieser Kapselschneider auf den Flaschenrand gesetzt und einmal gedreht: Ob Blei-, Stanniol- oder Kunststoffkapsel, das Material wird sauber abgeschnitten, und zwar so tief, dass der Wein beim Einschenken nicht über die Schnittkante läuft.

❹ Das T-Modell

Der meistbenutzte Korkenzieher der Welt: einfach, sicher, billig – und umständlich zu handhaben. Mit diesem Standardgerät eine Flasche zu entkorken, erfordert Kraft. Und wenn der Korken dann mit einem lautem »Flopp« den Flaschenhals verlässt, ist manchmal selbst der Wein »geschockt«.

❺ Screwpull

Ein ebenso schicker wie intelligenter Korkenzieher aus Amerika: elastische Spindel mit breitem Gewinde, das nahezu jeden Korken sicher packt – auch die fest sitzenden. Ohne größere Kraftanstrengung zu bedienen. Nur in eine Richtung drehen, und der Korken wird sicher nach oben bugsiert.

❻ Zig-Zag

Gelegentlich in England und Amerika anzutreffendes, etwas unhandliches Korkenzieher-Modell: Die kurze Spindel wird in den Korken gedreht. Durch Zusammendrücken der Scheren kann der Korken leicht und ohne große Kraftanwendung aus der Flasche gezogen werden.

❼ Des Butlers Freund

Raffinierte Korkenzieherform, vor allem in Amerika verbreitet. Die beiden Zungen werden zwischen Flaschenhals und Korken geschoben. Durch ihre unterschiedliche Länge liegt der Schwerpunkt der Krafteinwirkung beim Herausziehen an verschiedenen Stellen des Korkens. So wird dieser sanft umschlossen und gleitet un-

❶　　❷　　❸　　❹　　❺

versehrt aus dem Flaschenhals. Bei alten Flaschen mit mürbem Korken oft die einzige Möglichkeit, an den Wein zu kommen.

❽ *Korkentferner*

Dieses Gerät wurde entwickelt, um die Reste abgebrochener oder bröseliger Korken aus dem Wein zu fischen, damit sie beim Ausschenken nicht ins Glas fließen. Die vier Drahtarme werden durch einen beweglichen Ring, der unterhalb des Griffs angebracht ist, geöffnet und geschlossen. Obenauf schwimmende Korkteilchen können

❼   ❽   ❾

so umfasst und aus der Flasche entfernt werden. Eine wirksame, aber etwas aufwendige Methode, um störende Korkreste zu entfernen.

❾ *Screwpull-Zange*

Die eleganteste und schnellste Art, die Flasche vom Korken zu befreien, ist die Screwpull-Zange. Eine Hand umklammert den Flaschenhals mit der Zange, die andere legt den Hebel von hinten nach vorne, so dass sich die dünne, elastische Spindel in den Korken bohrt. Danach wird der Hebel einfach zurückgelegt und der Korken fast schwerelos aus der Flasche gehoben. Weder Kraft noch Geschicklichkeit sind nötig, um mit diesem High-Tech-Gerät umzugehen. Allerdings ist es auch die teuerste Art, den Korken aus der Weinflasche zu ziehen.

Die richtige Glaswahl

Zur Pflege des Weins gehört auch die Wahl eines guten Glases. Ihn zum Beispiel aus einem ungeeigneten Glas zu trinken bedeutet, die Feinheiten zu verschenken, um die der Winzer gekämpft und die der Kellermeister sich bemüht hat zu erhalten.

Vor allem sollte ein Weinglas dünnwandig und wohlgeformt sein – und auf keinen Fall aus farbigem Glas.

❶ *Champagner und Schaumweine*

Man trinkt sie aus schmalen, hochgezogenen, tulpenförmigen Gläsern, die hoch genug sein müssen, damit sich die Mousse (der Schaum) aufbauen kann. Außerdem sollen die Bläschen (Perlage) gut sichtbar sein. Das Auge trinkt mit. Der Kelch selbst ist dünnwandig. Die temperatursensiblen Lippen spüren die erfrischende Kühle des Weins.

❷ *Leichter Weißwein*

Dieses Glas mit seinem schmalen Durchmesser und dem kleinen Volumen ist ideal für leichte und mittelschwere Weißweine, die ihre blumig-fruchtigen Primäraromen sofort freigeben. Durch die geringen Dimensionen werden die Düfte noch konzentriert, während die Zunge vor allem den süßen Fruchtschmelz wahrnimmt. Gut für Riesling Kabinett, Grünen Veltliner, Sancerre, Soave, Pinot Grigio u. ä.

❸ *Körperreicher Weißwein*

Durch sein größeres Volumen eignet sich dieses Glas für gehaltvolle Weißweine, die atmen müssen und von

Natur aus eine milde Säure aufweisen beziehungsweise eine malolaktische Gärung (siehe Glossar) durchgemacht haben. Es eignet sich also besonders für holzfassgereifte Weißweine und ist ideal für Chardonnay (Barrique), Sauvignon Blanc (Barrique), Riesling Spätlese, schweizerische Chasselas u. ä.

❹ *Tanninarme Rotweine*

Durch die relativ große Öffnung fließt der Wein auf breiter Front in die Mundhöhle ein und führt ihn zu allen Stellen, an denen Frucht und Säure zur Geltung kommen. Das heißt: Nicht nur die auf süßen Schmelz spezialisierte Zungenspitze, sondern auch die anderen Zungenpartien werden gereizt. Vor allem geeignet für Burgunderweine, Blaufränkisch, Barbera, Gamay, Pinotage u. ä.

❺   ❻   ❼   ❽

❺ *Tanninstarke Rotweine*

Der hohe Duftkamin führt das Bouquet konzentriert zur Nase. Durch die nicht zu enge Öffnung wird der Wein auch an der Zungenspitze wahrgenommen, so dass der erste Geschmackseindruck von der fruchtigen Süße geprägt ist. Dadurch wird tanninstarken Weinen die anfängliche Bitterkeit genommen. Durch das dünne Glas teilt sich die Temperatur des Weins sofort den Lippen mit – auch das gehört zum Genuss dazu. Für jungen Bordeaux, Rioja, Chianti u. ä.

❻ *Schwere Rotweine*

Durch den großen Durchmesser des Glases hat der Wein viel Kontakt mit der Luft. So kann sich der Alkohol, der zugleich auch Geschmacksträger ist, entfalten. Fülle und Komplexität kommen besser zum Ausdruck. Der hohe Stiel verhindert zugleich, dass die Temperatur der Hand die Temperatur der Flüssigkeit beeinflusst (Weingläser werden am Stiel angefasst). Ideal für reife Burgunder, Barolo, Brunello di Montalcino, Syrah u. ä.

❼ *Dessertweine*

Edelsüße Dessertweine werden nur schluckweise getrunken. Der relativ kleine Kelch ist den geringen Mengen angepasst, in denen man diese Weine genießt. Der Wein fließt über die Zungenspitze hinweg an die Zungenränder, so dass die außerordentliche Geschmacksfülle schärfer wahrgenommen, nicht aber die Restsüße verstärkt wird. Für Auslesen, Sauternes, Grains Nobles u. ä.

❽ *Sherry und Portwein*

Portwein, Sherry, Madeira, Marsala sind körperreiche Weine, die einen Alkoholgehalt von über 18 Vol. % aufweisen. Der Alkohol darf beim Verkosten aber nie im Vordergrund stehen. Die kleinen, engen Gläser verhindern, dass der Alkohol verfliegt und das Bouquet brandig macht. Die Öffnung des Glases ist außerdem so eng, dass es nahezu unmöglich ist, die Nase tief ins Glas zu senken. Auf diese Weise wird der hohe Alkoholgehalt kaum wahrgenommen.

Sinnvolles Zubehör

Das Arsenal der Wein-Accessoires reicht vom Taschengerät, mit dem der Alkoholgehalt des Weins gemessen wird, bis zur Zange, mit der alte Vintage-Ports geöffnet werden. Tatsächlich ist der größte Teil des Weinzubehörs nur Spielzeug: der Dekantierapparat, die silbernen Umhängeetiketten, der Säbel, mit dem Champagnerflaschen geköpft werden.

Emile Peynaud, Professor für Önologie an der Universität Bordeaux und Autor eines Buches über die Hohe Schule des Weintrinkens, hat in kurzen Worten beschrieben, wie Wein getrunken wird: »Man nimmt ihn aus dem Regal, bringt ihn auf die gewünschte Temperatur, entkorkt ihn und serviert ihn sofort.« Nur für alte Flaschen lässt er eine Sonderbehandlung zu.

Dekantierkaraffe für alte Weine

Dekorative Karaffe in Entenform, in der alte Weine serviert werden. Die Form ist dazu geeignet, dass das Depot beim Umfüllen in der Flasche gelassen werden kann. Die kleine Oberfläche vermindert die Gefahr, dass alte, gezehrte Weine durch den Luftschock schnell umkippen.

Dekantierkaraffe für junge Weine

Viele junge Rotweine haben, wenn die Flasche geöffnet wird, ein unangenehm riechendes, reduktives (siehe Glossar) Bouquet. Solche Weine sollten dekantiert werden. Schon beim Umfüllen wird der Wein im Karaffenhals verwirbelt. Die große Oberfläche bietet zusätzlich einen maximalen Luftkontakt, was besonders noch nicht ganz ausgereiften Rotweinen entgegenkommt.

Dekantierkörbchen

Alte Rotweine werden oft liegend in einem Körbchen serviert, damit sich das Depot (die Ausscheidungen des Weins, Schwebteilchen, die sich gerade bei längerer Lagerung bilden) auf dem Flaschenboden sammeln kann und beim Einschenken nicht ins Glas gelangt. Eine altmodische Methode, betagte Weine zu servieren, die aber durchaus ihren Zweck erfüllt.

Dekantiertrichter

Um das Umfüllen alter Weine mit Depot in die Karaffe zu erleichtern, wurde der Dekantiertrichter erfunden. Er wird in den Hals der Karaffe gesteckt, und der Wein wird aus der Flasche langsam in den Trichter gegeben. Vorteil: Man muss nicht aufpassen, wann das Depot kommt. Ein eingebautes Sieb fängt auch feine Schwebeteilchen auf.

Schaumweinverschluss

Der Verschluss wird auf die angebrochene Schaumweinflasche gesetzt und schließt sie luftdicht ab. Die Kohlensäure bleibt erhalten. Am nächsten Tag schäumt der Wein noch beim Einschenken.

Will man eine Flasche nicht am selben Tag leeren, ist dies in jedem Fall eine wirkungsvollere Methode, als einen Silberlöffel in den Flaschenhals zu hängen und die Flasche offen stehen zu lassen.

Sektkühler

Um Weiß- oder Schaumweine auf die richtige Temperatur zu bringen, gibt es keine bessere Methode, als die Flasche in einen mit Eiswürfeln und Wasser gefüllten Sektkühler zu stellen. Das Wasser leitet die Wärme der Weinflasche innerhalb kurzer Zeit ab. Allerdings bleibt der Wein im Flaschenhals warm – es sei denn, die Flasche wird kopfüber in den Kübel gestellt. Vorsicht ist geboten, wenn – beispielsweise im Restaurant – ein vorgekühlter Weißwein im Eiskübel steht: Oft wird er dabei zu kalt.

Weinkühler aus Ton

In einem zylinderförmigen Behälter aus Ton behält ein vorgekühlter Wein eine Zeit lang seine Trinktemperatur. Der Kühler wird vor der Benutzung unter kaltes Wasser gehalten, damit er sich vollsaugen kann. Durch Verdunstung des Wassers in warmer Umgebungstemperatur wird der Wein kühl gehalten.

Weinthermometer

Unverzichtbares Utensil für Weinfreunde, um den Wein mit der richtigen Temperatur zu servieren. Je nach Modell wird es ins Glas gestellt, in die Flasche gehängt oder in Form einer Banderole auf die Flasche gesteckt. Allerdings sollte das Thermometer nicht am Tisch und nicht im Restaurant benutzt werden – aus Stilgründen.

Weine servieren

Zum Weintrinken braucht es eigentlich nicht viel: eine gute Flasche und ein passendes Glas. Aber da gehen die Probleme schon los. Wann soll die Flasche geöffnet werden? Wie muss der Wein temperiert sein? Wie viel Wein darf ins Glas eingeschenkt werden? Wann muss ein Wein dekantiert werden? Dazu ein paar Tipps, die keine steife Etikette darstellen, sondern eher zu ungetrübtem Weinvergnügen verhelfen sollen.

Das Dekantieren

Das vorsichtige Umfüllen eines Weins in eine Karaffe heißt Dekantieren. Sinnvoll ist das Dekantieren nur bei alten Rotweinen, die Depot gebildet haben, sowie bei schweren, aber noch jungen Rotweinen, die Luftkontakt brauchen, bevor sie serviert werden.

Warum dekantiert wird

Der Grund für das Dekantieren alter Weine besteht darin, das Depot in der Flasche zu lassen, damit es beim Ausschenken nicht ins Glas fließt. Das Depot ist das Sediment, das sich im Lauf der Jahre auf dem Flaschenboden abgesetzt hat. Meist handelt es sich dabei um Ausfällungen von Gerbstoffen. Der Geschmack wird zwar durch das Depot nicht beeinträchtigt, aber das Depot selbst schmeckt bitter. Einzige Ausnahme: alte Burgunder. Ihr Depot schmeckt und kann mitgetrunken werden. Burgunder brauchen mithin nicht dekantiert zu werden.

Viel wichtiger ist das Dekantieren jedoch bei jungen, tanninstarken Rotweinen. Diese brauchen dringend Luft, um ihr Aroma zu entfalten – damit etwaige reduktive, unangenehme Nebentöne schnell verfliegen. Für das Dekantieren junger Weine sind Karaffen ideal, die eine große Luftoberfläche und einen langen Hals haben, damit der Wein schon beim Umfüllen verwirbelt wird. Auch bei schweren Weißweinen kann ein Dekantieren von Vorteil sein. Nur bei sehr alten Weinen sollte man mit dem Dekantieren vorsichtig sein. Der plötzliche Luftschock kann dazu führen, dass der Wein innerhalb kürzester Zeit oxydiert und ungenießbar wird.

Wie dekantiert wird

Das einfachste Hilfsmittel zum Dekantieren alter Rotweine ist ein Trichter mit einem feinen Sieb im Ausfluss, in dem das Sediment hängen bleibt. Es geht aber auch ohne Trichter. Geübte Weintrinker dekantieren über einer Kerze, die den Flaschenhals von unten erleuchtet und anzeigt, wann das Depot ausfließt. In diesem Moment wird der Dekantiervorgang gestoppt. Der Bodensatz bleibt in der Flasche.

Die richtige Trinktemperatur

Durch die richtige Trinktemperatur gewinnen Weine an Ausdruckskraft. Dabei muss zwischen Servier- und Trinktemperatur unterschieden werden. Das heißt: Der Wein sollte immer ein oder zwei Grad kühler serviert als getrunken werden, weil er sich im Glas oder in der Flasche auf dem Tisch schnell erwärmt.

8 °C

Einfache Weißweine (z. B. Galestro, Vinho Verde, südafrika-
nischer Chenin Blanc) und, besonders im Sommer, auch
Perlweine (Prosecco)

10 °C

Leichte Weißweine (z. B. schweizerische Chasselas, Albariño,
junger Riesling, Grüner Veltliner, Pinot Grigio, White Zinfandel), dazu Champagner ohne Jahrgang

12 °C

Vielschichtige, schwere Weißweine (z. B. Chardonnay, Meursault, Sauvignon aus der Steiermark, alte Champagner,
edelsüße Weine), dazu Rosé- und leichte Rotweine (Tavel
Rosé, Zinfandel Rosé)

14 °C

Einfache, junge Rotweine (z. B. Valpolicella, Beaujolais, Pinot
Noir aus dem Elsass) und Portwein

16° C

Kräftige, junge Rotweine (z. B. junger Cabernet Sauvignon,
Chianti Classico, rote Burgunder, Bordeaux, Rhône)

18 °C

Schwere, gereifte Rotweine (z. B. Barolo, Hermitage,
Cabernet Sauvignon Reserve)

An heißen Sommertagen können Weißweine auch ein oder
zwei Grad kühler getrunken werden. Aber Rotwein wird
nicht wärmer getrunken, nur weil es draußen friert.

Wie Wein richtig temperiert wird

Weißwein wird am besten langsam im Kühlschrank oder im Sektkühler auf die richtige Trinktemperatur gebracht. Für ehrwürdige, alte Weine bedeutet ein Bad im Eiskübel allerdings einen Schock und ist nicht anzuraten.

Rotwein, der zu kühl aus dem Keller kommt, sollte im Zimmer langsam auf Trinktemperatur gebracht werden. Barbarisch ist es, ihn auf die Heizung oder gar in die Mikrowelle zu stellen. Wenn schon ein Eiskübel, dann möglichst mit kleingehacktem Eis. Es schmilzt schneller als ganze Eiswürfel und kühlt den Wein nicht so tief herunter. Schonender als ein Eiskübel sind Tischkühler aus Ton oder Kunststoff (»Glacetten«). Sie halten Weißwein lange kühl.

Vorsicht vor starken Gerüchen

Wein erfordert die Konzentration aller Sinne. Deshalb darf während einer Weinprobe nicht geraucht werden. Das gilt auch, wenn die Weine zum Essen probiert werden. Rauchen beeinträchtigt zwar grundsätzlich nicht die Fähigkeit zum Degustieren von Wein, stört aber die anderen Teilnehmer. Außerdem brauchen die Geschmacksnerven mindestens 15 Minuten, um sich nach einer Zigarette wieder zu regenerieren. Kaffee beeinträchtigt die Zunge noch stärker als Tabak. Deshalb sollte Kaffee nie vor einer Weinprobe getrunken werden.

Wer zu einer Weinprobe geht, sollte möglichst kein Parfüm oder Rasierwasser benutzen. Kosmetikdüfte vergällen jeden Weingenuss.

Blumen schmücken die Tafel, stören aber den Weingenuss, besonders wenn es sich um stark duftende Blumen handelt.

Die kleine Weinschule –
Weine optimal servieren ohne Schnörkel

- In der Regel wird die Weinflasche am Tisch geöffnet.
  Dabei sollte die Stanniolkapsel deutlich unterhalb des
  Flaschenmundes abgeschnitten werden, damit der Wein
  beim Einschenken nicht über die Schnittkante fließt.
  So können keine Schwermetalle (Blei, Zinnlegierungen)
  in das Glas gelangen.

- Bei Flaschen, die in feuchten Kellern gelegen haben,
  befindet sich unter der Kapsel oft Schimmel. Dieser
  Schimmel beeinträchtigt aber weder die Kork- noch die
  Weinqualität.

- Der Korken sollte, nachdem er aus der Flasche gezogen
  wurde, einer kurzen Geruchsprobe unterzogen
  werden. Kranke Korken sind an einem intensiven Korkgeruch zu erkennen, gesunde Korken riechen neutral
  oder nach Wein.

- Bricht ein Korken ab, wird der Korkenzieher noch einmal
  vorsichtig angesetzt; dabei sollte man unbedingt vermeiden, dass der restliche Korken in die Flasche geschoben wird. Fallen Krümel in den Wein, so fließen diese
  mit den ersten Tropfen, die ausgeschenkt werden, ins
  Glas. Diese ersten Tropfen werden weggeschüttet.

- Zuerst schenkt der Gastgeber sich selbst eine kleine
  Menge Wein ein und probiert ihn, um auszuschließen,
  dass er korkkrank ist. Danach schenkt er den Gästen ein.
  Zuletzt füllt er sein eigenes Glas auf.

- Die Flasche wird nicht am Hals angefasst, sondern am Bauch mit dem Etikett nach oben. Bocksbeutel hält man beim Einschenken flach, nicht hochkant.

- Das Glas wird maximal zu einem Drittel gefüllt, großvolumige Gläser höchstens zu einem Viertel. Nur so kommt das Bouquet zum Ausdruck. Allein Sektflöten werden halb voll bis dreiviertel voll geschenkt.

- Die Weingläser sollten frei von Wasserflecken sein und müssen neutral riechen. Sie dürfen deshalb nur mit heißem Wasser ohne Spülmittel abgewaschen werden. Danach sollten sie von Hand abgetrocknet werden, damit keine Wasserflecken am Glas entstehen.

- Der Gastgeber ist für das Nachschenken des Weins zuständig. Er muss entsprechend aufmerksam sein, damit die Gäste nicht auf dem Trockenen sitzen.

- Das Weinglas wird am Stiel angefasst, nicht am Kelch. So soll verhindert werden, dass die Körperwärme der Hand den Wein erwärmt.

- Wein wird nicht getrunken, sondern verkostet. Das heißt: Man nimmt ihn schluckweise oder in zwei Schlucken zu sich, genießt ihn auf der Zunge und lässt ihn vor allem nach dem Schlucken nachklingen. Gegen den Durst gehört Wasser auf den Tisch.

- Ein Wechsel des Weins im Laufe des Essens hebt das Niveau jedes Beisammenseins. In der Regel wechselt man von Weißwein zu Rotwein. Vorher kann noch ein Aperitif, nach dem Essen ein Dessertwein gereicht werden. Es können auch zwei Rotweine oder zwei Weißweine gereicht werden. Ein Essen ist jedoch keine Weinprobe.

- Beim Wechsel von Weißwein zu Rotwein müssen neue Gläser benutzt werden, ebenso vor dem Dessertwein. Bei zwei ähnlichen Weißweinen oder Rotweinen kann hingegen das alte Glas weiterbenutzt werden.

- Alte Weine, die dekantiert werden müssen, sollte man schon zwei Tage vorher aus dem Keller holen und aufrecht stellen, damit das Depot auf den Boden der Flasche sinkt. Alte Rotweine können auch in ein Flaschenkörbchen gelegt und aus diesem eingeschenkt werden. Der Gastgeber muss dann beim Einschenken aufpassen, dass kein Depot ins Glas kommt.

- In der Regel werden alte Weine direkt vor dem Servieren dekantiert. Junge Weine, die dekantiert werden, um zu atmen, sollten zwei bis vier Stunden vor dem Servieren in die Karaffe umgegossen werden. Wer auf das Dekantieren verzichten will, sollte die Weinflaschen wenigstens ein bis zwei Stunden vorher öffnen, damit der Wein Luft bekommt.

Weinfehler

Es gibt zwei Arten von Weinfehlern: echte und einge-
bildete. Der häufigste echte Weinfehler ist der Korkschmecker. Hinter eingebildeten Weinfehlern verbergen
sich oft ungewohnte Weinaromen, die der Konsument als
fremdartig empfindet und intuitiv ablehnt.

Echte und eingebildete Fehler

Im deutschen Sprachraum wird ein Weinfehler mit dem
Wort Böckser bezeichnet. Dieser Ausdruck umfasst eine
Vielzahl von Weinfehlern: bleibende und vorübergehen-
de, manchmal aber auch nur vermeintliche. Typische
Weinfehler sind das Schwefelwasserstoff-Bouquet (Mer-
kaptanböckser), ein stinkendes Gärbouquet (Mistböck-
ser) oder das berüchtigte Mäuseln (Hefeböckser), bei
dem der Wein einen unangenehmen, schalen Nachklang
nach dem Schlucken hat. Alle diese Böckser sind vorüber-
gehende Unreinheiten, die gelegentlich bei jungen, reduktiv ausgebauten und möglicherweise vor der Füllung
zu wenig belüfteten Weinen auftreten. In der Regel klin-
gen sie jedoch ab, wenn der Wein eine Zeit lang Luftkontakt hat. Darum gilt: Wein im offenen Glas fünf oder zehn
Minuten stehen lassen. Oft verfliegt der unangenehme
Geruch von selbst; wenn nicht, den Wein 24 Stunden lang
in der offenen Flasche stehen lassen und ihn dann noch-
mals probieren; notfalls den Wein ein weiteres halbes oder
ganzes Jahr im Keller reifen lassen.

Gravierender sind Schwefelböckser, die ihre Ursache in zu hohen Schwefelgaben haben. Sie machen sich durch eine stechende, leicht prickelnde Empfindung im hinteren Nasenbereich bemerkbar. Freies Schwefeldioxid wird nur sehr langsam gebunden. Es macht sich besonders in stark säurehaltigen Weinen bemerkbar. Außerdem gibt es eine Reihe von Geruchsanomalitäten, die nur schwer oder gar nicht aus dem Wein verschwinden. Dazu gehören Mufftöne, die durch Lagerung in unhygienischen Holzfässern entstehen; Geranientöne, die durch Bakterien während und nach der Gärung hervorgerufen werden. Sie sollten allerdings vom Kellermeister rechtzeitig erkannt und vor der Füllung beseitigt werden.

Flüchtige Säure

Ein häufig bei schweren, alkoholreichen Weinen vorkommender Geruchsfehler, der vor allem auf eine zu hohe Menge an Essigsäure beziehungsweise Äthylacetat im Wein zurückzuführen ist. Im Bouquet des Weins lässt sich dann ein typischer Nagellackgeruch ausmachen (eine geringe Menge Essigsäure ist in jedem Wein enthalten, sie sollte nur nicht den Wert 1,5 Gramm pro Liter überschreiten). Essigsäure wird von Essigbakterien produziert. Sie lassen Sauerstoff und Alkohol miteinander reagieren.

Bei Rotweinen und bei Chardonnay aus warmen Anbaugebieten und in guten Jahren treten vermehrt flüchtige Säuren im Bouquet auf. Auch edelsüße Weine sind für einen hohen Essigsäuregehalt prädestiniert. Allerdings wird flüchtige Säure nicht von allen Konsumenten als störend empfunden. Bei bestimmten Weinen, etwa dem Unico von Vega Sicilia, schien flüchtige Säure jahrelang fast ein Qualitätsmerkmal zu sein.

Korkschmecker und andere Fehler

Ein Wein, der nach Kork riecht oder schmeckt, ist eindeutig fehlerhaft. Da der Korkgeruch und -geschmack nicht vorübergeht, sondern bleibt und sich eher noch verstärkt, ist ein korkkranker Wein nicht mehr zum Genuss geeignet. In der Regel tritt der Korkfehler schon im Bouquet zutage als mehr oder minder penetranter Korkgeruch. Oft ist der Korkton aber auch schmeckbar. In den meisten Fällen wird er durch Trichloranisol hervorgerufen (siehe Seite 395). Äußerlich ist dem infizierten Korken nichts anzusehen.

Im Restaurant kann der Wein zurückgewiesen werden (aber nicht erst die Flasche halb austrinken und dann reklamieren). Der Weinhändler (oder Winzer) leistet bei einer Flasche korkkrankem Wein keinen Ersatz. Bei drei Flaschen der gleichen Sorte könnte er sich kulant zeigen. Ist ein ganzer Karton korkkrank, müsste er ihn ersetzen – auch wenn das Gegenteil in seinen Geschäftsbedingungen steht. Bei einfachen Weinqualitäten sollte sich der Konsument nicht zieren, Flaschen mit Schraubverschluss oder Kronenkork zu akzeptieren. Sie sind der sicherste Schutz gegen Korkschmecker.

Andere echte Weinfehler sind Trübungen in Weiß- oder Rotwein (das Depot ausgenommen). Weißweine mit Depot müssen zwar nicht, können aber fehlerhaft sein, zumindest ist ein Depot bei Weißweinen unüblich. In jedem Fall fehlerhaft sind ältere Weiß- oder Rotweine mit leichter Kohlensäure. Dies weist auf eine Nachgärung hin.

Keine Weinfehler sind Weinstein, das sind weiße Kristalle am Flaschenboden, leichte Kohlensäure bei frischen Weißweinen und ein Depot bei Rotweinen. Auch ein Barriqueholzton ist zwar Geschmackssache, aber kein Fehler, ebenso wenig wie eine braunorange Farbe bei alten Rotweinen (Altersfarbe).

Heikle Verschluss-Sache Korken

Kork ist ein nahezu idealer Weinverschluss. Er schließt die Flasche gut ab, lässt nur geringste Mengen Sauerstoff durch und ist geschmacksneutral. Dafür ist er teuer. Je nach Qualität und Länge kostet er zwischen 0,10 und 0,80 Euro. Und hundertprozentige Sicherheit bietet er leider nicht.

Schon die Römer verwendeten zum Verschließen ihrer Weingefäße neben Harz und Pech auch Naturkork. Durchgesetzt hat sich der Korken allerdings erst im 17. Jahrhundert, nachdem die Flasche erfunden worden war. Doch nicht jeder Kork hält, was er verspricht. Immer wieder kommt es vor, dass Flaschen lecken oder – schlimmer noch – der Wein einen unangenehmen Korkgeschmack annimmt. Über 50 flüchtige Substanzen sind gezählt worden, die mit dem Wein interagieren. Viele Weinerzeuger vermuten, dass die Korkqualität in dem Maße sinkt, in dem die Zahl der Flaschenabfüller steigt. Sie denken über Alternativen nach – und haben sie auch schon gefunden: Stopfen aus Silikon.

Woraus ein Korken besteht

Kork wird aus der Rinde der Korkeiche (Quercus suber) gewonnen. Diese wächst vor allem im warmen Mittelmeerraum. Der größte Korklieferant der Welt ist Portugal. Aber auch in Südwestspanien befinden sich ausgedehnte Kulturen von Quercus suber. Sardinien und Korsika verfügen ebenfalls über große Korkeichenbestände und eine eigene Korkindustrie. Ein großer Teil der dortigen Korkeichenwälder sind angepflanzte Kulturen. In Südfrankreich und Nordafrika werden die Korkeichen dagegen relativ wenig genutzt.

In der Regel werden die Bäume nach 25 bis 30 Jahren zum ersten Mal geschält. Rund zehn Jahre dauert es, bis die Rinde wieder nachgewachsen ist. Bei einem durchschnittlichen Alter von 150 Jahren wird die Korkeiche also mindestens elfmal geschält.

Kork besteht aus den abgestorbenen Zellen des Holzgewebes. Sie sind mit Stickstoff gefüllt und absolut luft- und wasserundurchlässig. 30 000 bis 40 000 solcher Zellen befinden sich in einem Kubikzentimeter Kork. Der Sauerstoffaustausch mit dem Wein kann nicht durch den Korken hindurch, sondern nur zwischen Korken und Flaschenhals stattfinden. Er ist umso geringer, je besser die Qualität des Korkens ist. Erstens ist das Suberin, jener Stoff, aus dem die Zellwände bestehen, sehr elastisch und schmiegt sich eng an das Glas an. Zweitens werden die Korken gegen die Laufrichtung der Lentizellen (dunkle, verholzte Rinnen im Kork) aus der Rinde geschnitten, so dass keine Kanäle entstehen, durch die größere Mengen Sauerstoff in die Flasche eindringen könnte. An den Lentizellen ist der Korken übrigens am brüchigsten. Dort bricht der Korken am leichtesten ab. Die hochwertigsten Korken sind solche, die möglichst wenig Lentizellen aufweisen.

Nach dem Schälen wird die Rinde mindestens ein halbes Jahr lang unter freiem Himmel getrocknet, danach gekocht und desinfiziert. Dann beginnt das schwierigste Geschäft: die Selektion der Rindenplatten, die zur Herstellung von Weinkorken geeignet sind. Nur rund die Hälfte findet Gnade vor den Augen der Prüfer, die andere

Hälfte wird zu Korktapeten und ähnlichem Dekor verarbeitet. Die geeigneten Platten werden quer zur Wuchsrichtung des Baumes in Streifen geschnitten, die genau so breit sind, wie der Korken hoch sein soll. Die Streifen werden gebleicht (heute meist mit Wasserstoffperoxyd) und der Korken aus ihnen gestanzt. Damit er später besser in den Flaschenhals rutscht, wird er noch mit einem Paraffin- oder Silikonwachs überzogen.

Woher der Korkgeschmack kommt

Ein Wein, der nach Kork riecht oder schmeckt, ist fehlerhaft. Verantwortlich ist meist eine Substanz namens Trichloranisol (TCA). Sie bildet sich, wenn die chlorhaltigen Lösungen, in denen die Korken gebleicht werden, mit dem Phenol, das in jedem Naturkork enthalten ist, reagieren, und das Produkt dieser Reaktion von Schimmelpilzen umgesetzt wird, die unsichtbar auf dem Korken wachsen (mit dem Schimmel, der manchmal auf der Oberseite des Korkens alter Flaschen zu finden ist, hat dieser Schimmelpilz nichts zu tun). Äußerlich sieht ein TCA-infizierter Korken also makellos aus.

Seit Mitte der 1980er Jahre werden Korken deshalb ohne Chlor gebleicht – ohne dass allerdings der Korkgeschmack verschwunden wäre. Der Grund: Chlor befindet sich überall in der Umwelt (Leitungswasser, Holzschutzmittel usw.) und kontaminiert den Kork selbst in kleinsten Mengen. Aber auch ungebleichte Korken können von solchen Schimmelpilzen (Aspergillus, Penicillium) infiziert werden. Sie befinden sich ebenso in den Lagerhallen der Korkhersteller wie den Kellern vieler Winzer. Dann ist nicht TCA, sondern eine andere Substanz für den Korkgeschmack verantwortlich.

Die Suche nach dem Korkersatz

Kork ist mit der ständig steigenden Zahl von Flaschenabfüllern knapp geworden – vor allem guter Kork. Für einfache Tafel- und Landweine, aber auch für Qualitätsweine aus der Literflasche, die nicht zum langen Lagern geeignet sind, werden zunehmend metallene Drehverschlüsse verwendet. Aber auch der Silikonstopfen ist auf dem Vormarsch. Er ist ähnlich wie ein Korken aufgebaut: Er besteht aus aufgeschäumtem Polymeren mit vielen luftdicht abgeschlossenen, elastischen Zellen. Er dehnt sich, wenn er zusammengedrückt wird, nicht nach oben oder unten im Flaschenhals aus. Zumindest gilt das für hochwertige Silikonstopfen. Auch die Rückstellkraft – so lautet der Fachausdruck für den Druck, den ein zusammengepresster Korken im Flaschenhals auf das Glas ausübt – ist ähnlich groß wie beim Naturprodukt. Wein kann normalerweise nicht auslaufen, wohl aber kann ein Luftaustausch stattfinden.

Wein degustieren

Das Verkosten des Weins ist, technisch betrachtet, ein nüchterner Vorgang. Es geht darum, Aussehen, Duft und Geschmack des Wein zu analysieren und danach zu einem Gesamturteil über den Wein zu kommen.

Für den Genießer ist Weinverkosten etwas ganz anderes. Er will nicht analysieren. Er will sich vom Wein forttragen, sich in seine Geheimnisse einweihen lassen. Für ihn beginnt der Genuss mit dem Leuchten der Farbe und dem Anblick der Schlieren, die am Glasrand herablaufen. Und er endet lange, nachdem der Wein durch den Hals gelaufen ist. »Wer genießen kann, trinkt keinen Wein mehr, sondern kostet Geheimnisse«, fomulierte der spanische Maler Salvador Dalí.

Natürlich ist auch der Kopf am Weingenuss beteiligt. Das Wissen um die Herkunft des Weins, die Kenntnis der Besonderheiten eines Jahrgangs, die Fähigkeit, komplexe Geschmackseindrücke aus der Erinnerung mit anderen Eindrücken zu vergleichen – all das gehört zu einer lustvollen und intelligenten Weinverkostung dazu. »Im Wein geht ein Stück von der Seele des Landes, aus dem er kommt, auf den über, der ihn trinkt«, sagte einmal der verstorbene italienische Winzer Giacomo Bologna.

Farbe und Aromen

Als Erstes ist Wein Augenlust. Ob leuchtendes Purpurrot oder sattes Bernsteingelb, die Farbe des Weins ist eine Botschaft für die Sinne. Mehr noch: Sie kann durchaus etwas über das Alter, die Rebsorte und im Einzelfall über die Qualität des Weins verraten.

In der Tat: Das Auge trinkt mit. So schwärmen einige besonders leidenschaftliche Weintrinker regelrecht von der Farbe, beschert sie ihnen doch schon einen Vorgeschmack auf das bevorstehende Trinkerlebnis. Oder der Temperatur des Weins, die, unabhängig vom Geschmack, den Gaumen erfrischen kann. Oder dem Knistern der Perlen im Champagner. So betrachtet hat jeder Wein nicht nur ein bestimmtes Aroma, sondern auch eine optische, taktile und akustische Qualität.

Die Farbe des Weins

Weißweine dunkeln mit zunehmendem Alter nach. Besonders gehaltvolle Weißweine, die womöglich kurz auf der Maische gestanden haben (Cryomazeration), sind jedoch nie glanzhell, sondern zeigen sich schon jung in einem kräftigen Zitronengelb. Bei Rotweinen ist die Farbentwicklung umgekehrt. Sie hellen sich mit zunehmendem Alter auf und weisen einen orangefarbenen Schimmer am Rand auf. Bordeaux-Weine, besonders aber Burgunder, tendieren nach 20 Jahren oft ins Bräunliche und werden beinahe unansehnlich. Die Farbe steht dann in krassem

Gegensatz zum Geschmack: Dieser nähert sich seinem Höhepunkt und entwickelt eine feine, malzige Süße.

Für junge Bordeaux-Weine wird gerne die Gleichung aufgestellt: Je dunkler die Farbe, desto besser ist der Wein. Tatsächlich korrespondiert die Anzahl der Farbpigmente in den Beeren mit der Reife der Trauben und damit mit der Qualität eines Jahrgangs: Je besser der Jahrgang, desto dunkler der Wein. Vom Bordeaux-Wein lässt sich jedoch nicht auf andere Weine schließen. Die meisten roten Traubensorten haben von Natur aus weniger Farbe als die Cabernet Sauvignon, aus der die Bordeaux-Weine überwiegend gekeltert werden. Sie sind – auch in großen Jahren – heller, ohne deswegen schlechter zu sein. Burgunder und Barolo sind typische Beispiele dafür: Sie erreichen nie die Farbtiefe eines Bordeaux' oder eines spanischen Ribera del Duero. Ein Qualitätsurteil lässt sich aus der Farbtiefe nicht ableiten. Außerdem kommen dunkelfarbene Weine häufiger in heißen als in kühlen Anbaugebieten vor. Südspanische, süditalienische und algerische Rotweine sind häufig nur zum Verschneiden gut.

Die Aromen des Weins

Das Faszinierende am Wein ist seine geschmackliche Vielfalt. Er kann Aromen von Pfirsich oder schwarzer Johannisbeere, von Gewürznelken, Butter oder getrockneten Feigen annehmen. Dabei schmeckt nicht alles gut, was gut klingt. Und manchmal sind es gerade die bizarren Aromen, die dem Wein das gewisse Etwas geben.

Das Aroma des Weins ist eine Botschaft der Sinne. Es besteht aus dem Teil, den der Mensch riechen, und dem, den er schmecken kann. Duft und Geschmack sind die wichtigsten Komponenten des Weingenusses. Wissenschaftler haben rund 500 verschiedene Weinaromen nachweisen können. Wenn ihre Messverfahren, die Gaschromatographie und die Massenspektralanalyse, feiner wären, würden es vermutlich noch wesentlich mehr sein.

Der größte Teil dieser Aromen ist chemisch nicht beschreibbar. Erst bei wenigen Aromen ist es möglich, ihnen die entsprechende chemische Formel zuzuordnen. Wenn sie sprachlich benannt werden sollen, entstehen oft unerwartete, ja bizarre Aromenbezeichnungen. Anfang der 1980er Jahre haben Wissenschaftler der kalifornischen Weinuniversität Davis den Versuch unternommen, die verschiedenen Weinaromen zu systematisieren. Zu einer verbindlichen Weinsprache hat aber auch er nicht geführt.

Die Primäraromen

Als Primäraromen werden die natürlichen Traubenaromen bezeichnet, die aus den Beeren kommen. In der Mehrzahl handelt es sich um blumige und fruchtige Aromen. Zumindest bei jungen Weinen dominieren sie. Später kommen würzige Noten hinzu.

Dabei besitzt jede Rebsorte ihre eigenen Primäraromen. Weine aus der weißen Sauvignon-Blanc-Traube verströmen oft einen Stachelbeerduft, während Pinot-Noir-Weine nach Kirschen und Pflaumen riechen. Die Primäraromen können jedoch – auch bei der gleichen Rebsorte – unterschiedlich ausfallen, je nachdem wo und in welchem Boden der Wein wächst. So ist ein Cabernet Sauvignon aus dem kalifornischen Napa Valley fruchtbetonter als ein Bordeaux Cabernet: In Bordeaux herrschen alkalische Böden vor, in Napa saure.

Die Sekundäraromen

Neben den Aromen, die aus der Traube kommen, finden sich im Wein auch Aromen, die während der Gärung entstanden sind. Diese Gär- oder Sekundäraromen bereichern den Wein, machen ihn »weinig« und führen dazu, dass er ein anderes Aromaprofil bekommt als der Traubensaft es besaß. Träger dieser Sekundäraromen sind Alkohole, Säuren, Aldehyde und Ester. Sie hängen von den Hefestämmen ab, die den Zucker in Alkohol umwandeln, aber auch von der Reife der Trauben: also von der Menge und der Zusammensetzung des Traubenzuckers. Typische Sekundäraromen können Geschmacksnoten wie Butter, Brot, Pilze, Leder, Käse und animalische Noten sein. Aber auch Geschmackseindrücke von der Art gekochter Marmelade, feuchtem Herbstlaub und Stallgeruch gehören in diese Kategorie. Ein Großteil der Sekundäraromen ist flüchtiger Natur und verschwindet wieder: teilweise schon während des Ausbaus, teilweise später auf der Flasche.

Die Tertiäraromen

Im Sommer nach der Lese, wenn es warm wird, beginnt sich das Aroma des Weins zu verändern – gleichgültig, ob er sich dann noch im Fass oder schon auf der Flasche befindet. Die primärfruchtigen Aromen treten in den Hintergrund, es entwickeln sich neue Duftkompositionen. Würzige Aromen, balsamische Aromen und Holzaromen machen sich bemerkbar – erste Anzeichen einer beginnenden Reife. Der Fachmann spricht davon, dass der Wein nun kein Aroma mehr hat, sondern ein Bouquet. Mit dem weiteren Ausbau oder der weiteren Verfeinerung auf der Flasche nimmt die Bouquetbildung zu. Der Wein wird komplexer, vielfältiger, facettenreicher.

Riechen und Schmecken

Einen großen Teil dessen, was der Mensch zu schmecken glaubt, riecht er in Wirklichkeit. Das gilt auch für den Wein. Um seine Geheimnisse zu entschlüsseln, ist vor allem ein guter Geruchssinn nötig. Die Nase ist eines der entwickeltsten Sinnesorgane des Menschen: Das Riechhirn des Menschen kann immerhin bis zu 4000 verschiedene Gerüche wahrnehmen.

Der Duft des Weins geht von den flüchtigen Substanzen aus. Sie machen den größten Teil seiner Aromen aus. Chemisch sind die flüchtigen Substanzen an Alkohole, Aldehyde, Ester, Säuren oder andere Kohlenwasserstoffverbindungen gebunden. Je mehr Kohlenstoffatome sie enthalten, desto intensiver ist der Duft. Die stärksten Düfte stammen von den Estern. Sie sind die flüchtigsten aller Verbindungen, flüchtiger noch als die Aldehyde, die ihrerseits aber stärker duften als die Alkohole. Am wenigsten flüchtig sind die Säuren.

Das Riechorgan

Die Riechzone des Menschen liegt in einer kleinen Seitenkammer der oberen Nasenhöhle. Der Luftstrom beim Einatmen berührt die Riechzone nicht direkt. Allerdings werden Luftwirbel in diese Seitenkammer getragen, die dann die Duftempfindungen auslösen. Die Geruchsrezeptoren selbst befinden sich auf einer Fläche, die nicht größer als einundeinhalb Quadratzentimeter ist, der Riechschleimhaut. Sie ist mit einem feuchten Film überzogen, so dass die Duftmoleküle, die sie berühren, auf ihr gelöst werden. Nur in flüssigem Zustand können Gerüche wahrgenommen werden.

Die Nasenlöcher mit der ebenfalls feuchten Nasenscheidewand haben dagegen keine Riechfunktion. Sie dienen lediglich dazu, die inhalierte Luft zu filtern, zu erwärmen und zu befeuchten. Da sich die Seitenkammer mit der Riechschleimhaut zum Rachenraum hin öffnet, werden die Geruchsrezeptoren beim Ausatmen stärker gereizt als beim Einatmen. Das ist der Grund, weshalb ein Wein nach dem Schlucken oft so lange nachklingt.

Die Geruchsneuronen

Auf der menschlichen Riechschleimhaut enden etwa 50 Millionen Neuronen in Form von kleinen Härchen, die in der Schleimhaut schwimmen. Neuronen sind Nervenleitungen, die direkt mit dem Gehirn verbunden sind. Über die Riechhärchen geben sie die empfangenen Reize an das Riechhirn weiter. Dieses liegt gleich oberhalb der Nasenhöhle.

Die Wege sind also kurz – Indiz dafür, wie eng das gesamte zentrale Nervensystem des Menschen an Geruchsempfindungen gekoppelt ist. Das Riechhirn entziffert die Reize und ordnet sie zu einem homogenen Geruchseindruck, was notwendig ist, weil Millionen von Riechfäden gleichzeitig stimuliert werden, wenn Geruchsmoleküle auf sie treffen.

Wissenschaftliche Untersuchungen haben ergeben, dass das Riechhirn des Menschen bis zu 4000 Gerüche nicht nur wahrnehmen, sondern auch unterscheiden kann. Neben dieser Gabe der Natur ist dagegen die Erinnerung von Geruchseindrücken – ein wichtiger Faktor beim Weintesten – eine intelligente Leistung des Menschen und unterliegt dem Willen. Und vor allem dem Training.

Die Riechschwellen

Es ist eher unwahrscheinlich, dass es ein angeborenes Talent zum Weinverkosten gibt. Zwar ist die Größe der Riechschleimhaut nicht bei jedem Menschen gleich. Doch kommt es gar nicht auf die Größe, sondern auf die Empfindlichkeit der Rezeptoren an. Einige Menschen reagieren bereits auf 100 Geruchsmoleküle, andere erst ab 10 000.

Allerdings wird vermutet, dass die Wahrnehmung stark vom Großhirn gesteuert wird. Das heißt: Die Fähigkeit, Gerüche zu erkennen, hängt stark von der Kenntnis der Geruchskomponenten und der Bereitschaft ab, diese zu unterscheiden. Riechschärfe ist also, zumindest beim Wein, trainierbar.

Aber es gibt Einschränkungen. Menschen, die Dauergerüchen ausgesetzt sind (Tabakqualm, Autoabgase), nehmen diese kaum mehr wahr. Ihre Geruchsschwelle steigt. Sie werden geruchsunempfindlich. Auch scheint die Riechschärfe mit zunehmendem Alter nachzulassen. Ob dies mit der Abnutzung der Rezeptoren zu tun hat oder eine Folge nachlassender geistiger Konzentration ist, darf als ungeklärt gelten.

Sicher ist, dass die Riechschärfe im Tagesverlauf schwankt, und zwar sowohl bei jungen wie bei alten Menschen. Nach Frühstück, Mittagessen und Abendessen ist sie besonders niedrig. Nüchtern riecht der Mensch dagegen am besten.

Das Schmecken

Den Wein körperhaft auf der Zunge zu spüren, bedeutet höchsten Genuss. Zwar ist der Geschmack nie so vielfältig wie der Duft. Aber im Mund befriedigt der Wein mehr als nur einen Empfindungssinn – und löscht den Durst.

Die nichtflüchtigen Geschmacksträger des Weins sind Zucker, Säuren und die Phenole. Sie duften nicht (oder nur geringfügig), sie müssen infolgedessen geschmeckt werden.

Für den Geschmack ist die Zunge zuständig. An ihr befinden sich die meisten Geschmacksrezeptoren, am Gaumen und im Rachenraum dagegen nur wenige. Dennoch sind Gaumen und Rachen am Weingenuss beteiligt. Der physische Berührungsreiz, die Temperatur, das Zusammenziehen der Schleimhäute unter dem Einfluss des Tannins – für alle diese Sinneseindrücke ist der Empfindungssinn des Mundes empfänglich, der Trigeminus. Durch die Erwärmung des Weins im Mund werden schließlich auch die flüchtigen Aromen noch einmal aktiviert, die auf retronasalem Weg die Nasenschleimhaut noch einmal stimulieren.

Die Zunge

Die Zunge ist mit Papillen bedeckt: feinste pilz- oder wallförmige Ausstülpungen, die vor allem dem Tastsinn dienen. Etwa 200 bis 400 dieser Papillen enthalten jedoch auch Geschmacksknospen. Mit ihnen kann der Mensch chemische Stoffe wahrnehmen.

Allerdings sind die Geschmacksknospen unregelmäßig über die Zunge verteilt. Sie häufen sich an der Zungenspitze, an den Zungenrändern und an der Zungenwurzel. In der Zungenmitte sind kaum Geschmacksknospen zu finden. Dieser Teil der Zunge ist also geschmacksneutral.

Jede Geschmacksknospe enthält zahlreiche Sinneszellen, die an ihrem oberen Ende in kleinen, speichelumhüllten Geschmacksfäden enden, dem Porus. Sie sind die eigentlichen Empfindungserreger: Sie reagieren auf chemische Substanzen und leiten die entsprechenden Informationen ins Gehirn weiter. Am allerbesten können Kinder schmecken. Bei ihnen stehen die Geschmacksknospen am dichtesten. Vom 20. Lebensjahr an nimmt ihre Zahl jedoch stetig ab. Mit 60 Jahren hat sich ihre Zahl schließlich halbiert.

Lange Zeit ging man davon aus, dass die Zunge eine unendlich große Anzahl von Geschmacksnuancen wahrnehmen kann. Heute weiß man, dass es gerade einmal vier Grundgeschmackssrichtungen sind, auf die die Zunge reagiert: süß, salzig, sauer, bitter.

Allerdings weiß man auch, dass der Weingeschmack stets aus einer Mischung dieser vier Grundrichtungen besteht. Süße hängt am Alkohol, besonders am Glykol. Die Säure ist als Weinsäure, Milchsäure, Essigsäure, gegebenenfalls als Apfelsäure im Wein enthalten. Salze sind Bestandteile der Säuren (da der salzige Geschmack von anderen Geschmackskomponenten dominiert wird, tritt er als solcher kaum in Erscheinung). Den Bittergeschmack steuern bestimmte Phenole bei, beispielsweise die Tannine.

Freilich sind nur wenige Geschmacksknospen in der Lage, alle vier Geschmacksrichtungen wahrzunehmen. Die meisten können nur eine oder zwei erkennen. Entsprechend verteilen sich die Empfindungen auf verschiedene Zonen der Zunge.

Die Degustation

Wein genießen ist eine Sache, Wein degustieren eine andere. Die professionelle Degustation ist Arbeit mit wenig Genusswert – der Wein wird nämlich nicht geschluckt, sondern ausgespuckt. Das Ziel: ein möglichst umfassendes, für sich und andere Menschen plausibles Urteil über einen Wein abzugeben. Manchmal gelingt es, häufig nicht.

Die Wahrnehmung von Geschmacksreizen und ihre Beschreibung stellen noch kein Urteil über den Wein dar. Der französische Feinschmecker-Philosoph Jean Anthèlme Brillat-Savarin (1755–1826) hat schon vor 200 Jahren eine wichtige Unterscheidung getroffen: Für ihn beginnt jeder Weingenuss mit einer »direkten Empfindung«, dem Geschmack. Der Wein berührt die Lippen, läuft langsam über die Zunge, rollt dann wieder zurück zu den Lippen. So wird der Geschmack voll ausgekostet. Zur »vollständigen Empfindung« gehört freilich mehr: der mundwässernde Anblick des Weins, die »Tränen«, die nach dem Schwenken am Glas herunterlaufen, und natürlich der Duft. Mit ihm beginnt der direkte Genuss. Er reizt die Sinne ähnlich wie die Berührung des Weins mit der Zunge.

Die »vollständige Empfindung« ist die Voraussetzung für ein Urteil über den Wein. Aber erst die »reflektierte Empfindung«, die die Sinneseindrücke ordnet, macht es möglich, zu einem solchen Urteil zu kommen. Der Körperreichtum, die Länge, die Vielfalt, die Üppigkeit, die Harmonie – der Gesamteindruck von einem Wein bildet sich durch das mosaikhafte Zusammensetzen einzelner Wahrnehmungen im Kopf. Brillat-Savarin war ein barocker Lebemann. Er wollte zuerst genießen. Sein Werk über »Die Physiologie des Geschmacks« ist eine fast wissenschaftlich anmutende Lehre der höheren Genüsse – einschließlich dem des Weins.

Die professionelle Degustation – Kampf um Zehntelpunkte

Die heutigen Degustationsbreviere sind nüchterner. Da geht es nicht um den Genuss, sondern um die Analyse des Weins. Sommeliers, Weinhändler und Journalisten verkosten die Weine, ohne sie zu schlucken. Nachdem der Wein auf der Zunge »gewogen« wurde, wird er in Näpfe gespuckt. Die Arbeit steht also im Vordergrund, nicht der Genuss. Die Weine werden blind verkostet – ohne Ansicht des Etiketts. Persönliche Vorlieben oder Vorurteile sollen sich nicht auf das Urteil auswirken.

		Kommission	Degustator	Wein	Farben							Multi-plikator	Summe
					Typ								
					5	4	3	2	1	0			
Viskosität												1	
Farbe	Klarheit											1	
	Tönung											1	
Nase	Sauberkeit											2	
	Qualität											2	
Geschmack	Sauberkeit											2	
	Qualität											2	
Gesamt-eindruck	Feinheit											3	
	Komplexität											3	
	Länge											3	
												Gesamtsumme:	

Degustationsblatt

Auf dem Degustationsblatt wird der Wein bewertet.

Bei offiziellen Degustationen, etwa Weinprämierungen, wird ein formalisiertes Degustationsblatt verwendet. Darin werden für Aussehen, Bouquet, Geschmack und den Gesamteindruck Punkte vergeben. Das Degustationsblatt gibt es in vielen Varianten. Der Grundaufbau ist jedoch immer gleich. Nach Errechnung des Mittelwertes der Gesamtnoten sind es am Ende Zehntelpunkte, die über Sieg oder Niederlage entscheiden.

150 Weine pro Tag

Die Punktebewertung dient nach wie vor als Basis für die Vergabe von Medaillen bei Weinwettbewerben. Mit der Inflation der Gold-, Silber- und Bronzemedaillen haben die Weinwettbewerbe jedoch überall auf der Welt an Glaubwürdigkeit eingebüßt. Heute wird die Punktebewertung durch berufliche Weinverkoster, Degustationskommissionen, Fachjournalisten vorgenommen. Sie dient vor allem der Erstellung von Rangordnungen. Solche rankings sind, da sie meist veröffentlicht werden, ein wichtiges Verkaufsinstrument geworden. Keine Weinzeitschrift kann es sich leisten, auf sie zu verzichten. Benotungen nach Punkten haben die oftmals blumigen, phantasiereichen Weinbeschreibungen abgelöst. Während in Europa traditionell auf einer 20-Punkte-Skala gewertet wird, ist in Amerika die 100-Punkte-Skala gebräuchlich.

Die Glaubwürdigkeit der Ergebnisse solcher Degustationen hängt freilich nicht von der Skala, sondern von der Seriosität der Verkoster ab – und von den Bedingungen: 80 Weine an einem Tag konzentriert zu verkosten und zu bewerten, ist zweifellos schwierig. Bei 150 Weinen am Tag – was keine Seltenheit ist – dürfte die Fehlerrate entsprechend hoch liegen.

Die private Weinprobe

Auch im privaten Rahmen lassen sich Weindegustationen veranstalten. Sie sollten unter ein Thema gestellt werden: Cabernet Frankreich gegen Cabernet Kalifornien, oder die zehn besten Chardonnay Kaliforniens gegeneinander. Eine solche Weinprobe wäre horizontal aufgebaut. Wenn sie vertikal aufgebaut ist, wird ein und derselbe Wein über mehrere Jahrgänge hinweg verprobt.

Wichtig bei diesen Proben ist, dass die Weine blind verkostet werden. Auf diese Weise wird eine größere Objektivität gewährleistet. Man wickelt die Flaschen, die in der Degustation sind, in Papier ein, so dass niemand das Etikett lesen kann. Oder man stülpt einfach einen Strumpf über die Flasche. Ob Punkte oder verbale Urteile über die Weine abgegeben werden, liegt im Ermessen des Veranstalters der Degustation. Meist werden die Weine getrunken, nicht ausgespuckt.

Selbst Fachleute können nur eine begrenzte Anzahl von Weinen am Tag verkosten.

Speisen und Wein

In den alten Weinbauländern wie Spanien, Italien, und Frankreich ist Wein seit jeher ein Tischgetränk. Der Brauch, zum Essen Wein zu trinken, stammt aus den Mittelmeerländern. Er kommt aus einer Zeit, in der Wein noch ein Lebensmittel war.

Heute ist Wein ein Genussmittel. Aber das mediterrane Vorbild gilt auch heute noch. Allerdings wird mehr Augenmerk auf die richtige Kombination von Speisen und Wein gelegt als früher. Das Austüfteln von raffinierten Geschmacksverbindungen ist ein schwieriges, aber lohnendes Unterfangen. Denn so viel ist klar: Wenn der richtige Wein gewählt wird, muss das Essen keine kulinarische Spitzenleistung sein, um zu einem Erlebnis zu werden. Wenn aber der Wein nicht passt, nützt auch das beste Essen nichts.

Kein Dogma mehr

Über die »Vermählung von Speise und Wein« gibt es unzählige Abhandlungen. Vielen Autoren gilt es als unumstößliche Wahrheit, dass Artischocken, Spargel, Tomaten und Schokolade schwer mit Wein zu kombinieren sind – auch wenn in jedem Frühjahr hunderte von Spargelweinen auf den Markt kommen und sich Millionen von Menschen offenbar an ihnen delektieren.

Ein Quäntchen Wahrheit steckt aber schon in allen diesen Aussagen – vielleicht auch mehr. In jedem Fall kommt kein Wein trinkender Feinschmecker um den Eigenversuch herum. Sicher ist: Wein kann den Geschmack einer Speise heben. Und: Welcher Wein zu welcher Speise passt, ist kein Dogma mehr. »Harmonie ist nur Harmonie, wenn sie Kontrast und Akzent aufweist«, schrieb der chinesische Philosoph Konfuzius. Das Wort könnte auch als Motto für alle gelten, die Speisen und Wein miteinander vermählen wollen.

Längst hat sich herumgesprochen, dass Rotwein auch zu hellem Fleisch und Weißwein zu dunklem passt. Denn meist kommt es bei der Wahl des richtigen Weins nicht nur auf die Speise selbst an. Die Zubereitungsart ist oft wichtiger. So entscheidet zum Beispiel die Sauce, welcher Wein am besten zum Essen passt: Ist sie mit Crème fraîche montiert, kann beispielsweise auch ein lieblicher Weißwein zu dunklem Fleisch passen. In Wirklichkeit folgen die unzähligen Versuche, Speisen und Wein zu kombinieren, nur wenigen Regeln.

Erlaubt ist, was schmeckt

Im Zweifelsfall sollte lieber am Essen als am Wein gespart werden. Ein Romanée-Conti braucht keine Filetspitzen und keine Entenbrüstchen, um zu glänzen. Ein einfacher Coq au Vin tut es auch.

Bestimmte Weine scheinen regelrecht eine eigene Speise zu verlangen. Jedenfalls wirkt es mitunter so, als sei die Stopfleber eigens für die schweren, vollsüßen Sauternes aus Frankreich und der Stilton-Käse für den Portwein erfunden worden. Dabei passt ein Sauternes auch zu Edelschimmelkäse oder Salzburger Nockerln. Und zum Stilton schmecken ein Madeira, ein Oloroso-Sherry oder ein Banyuls ebenso gut wie Portwein.

Überhaupt Käse: Nichts entzweit die Experten so sehr wie die Frage, ob Rotwein oder Weißwein zu Käse getrunken werden soll. Dabei ist die Frage ganz einfach zu beantworten: Beide. Die Wahl hängt allein vom Käse ab. Ziegenkäse und Sancerre sind zum Beispiel eine Idealkombination. Das würzige Stachelbeer-Aroma des Weißweins mildert den strengen Geschmack des Käses. Ebenso gut passen natürlich auch Sauvignon-Blanc-Weine aus anderen Teilen der Welt zu Ziegenkäse. Im Übrigen empfiehlt es sich, für alle laktischen oder auch leicht gereiften Weichkäse (Camembert, Vacherin) einen Weißwein zu wählen. Rotweine, speziell schwere, tanninreiche, eignen sich dagegen eher zu gereiften Käsesorten wie Parmesan, Pecorino oder Cheddar.

Viele Weinempfehlungen haben den Nachteil, dass sie für die Haute Cuisine zusammengestellt sind. Heißt das, dass zur volkstümlichen Küche nur Wasser getrunken wird? Keineswegs. Die Amerikaner und Australier machen es vor: Zu Fleischspieß mit Barbecue-Sauce trinken sie einen würzigen Cabernet-Shiraz-Verschnitt, zu einem ordentlichen Hamburger gerne einen leichten Zinfandel. Freilich ist Wasser gelegentlich auch vonnöten. Zu Senf, Tomaten, Artischocken, Anchovies und Schokolade passt nämlich kaum ein Wein.

Fisch und Wein

Fisch und Wein eröffnen ungeahnte Möglichkeiten. Selbst Rotwein passt zu manchen Fischgerichten. Aber viele der so genannten Idealkombinationen erweisen sich als traditionelle, rein regionale Geschmacksverbindungen.

Zu Fisch wird traditionell Weißwein getrunken. Diese Regel gilt überall auf der Welt. Aus gutem Grund: Fisch ist in der Regel salzig, und Salz verträgt sich nicht mit dem Gerbstoff des Rotweins. Außerdem ist Fisch von Natur aus eher zart im Geschmack. Wuchtige Rotweine würden die meisten Fischgerichte erschlagen.

Je edler der Fisch, desto besser der Wein

Natürlich muss der Wein auf das Fischgericht abgestimmt sein. Die Wahl des richtigen Weißweins ist aber weniger schwierig als die des geeigneten Rotweins. Fast alle trockenen Weißweine eignen sich, um Fischgänge zu begleiten.

Natürlich gibt es aber geradezu klassische, bewährte regionale Kombinationen. Zu einem Eglifilet aus dem Zürcher See werden die Schweizer einen ihrer Chasselas-Weine vorziehen, vielleicht einen Fendant oder einen Yvorne. Zu einer Seezunge aus Dieppe trinken die Belgier gerne einen Pouilly-Fumé von der Loire. Und die Weingourmands von Miami werden zu einem Red Snapper aller

Wahrscheinlichkeit nach einen saftigen Chardonnay aus dem Klimaschrank holen.

Freilich haben gute Köche bewiesen, dass auch Rotwein zu Fisch schmecken kann, insbesondere zu fettreichen Fischen. Zu einem Karpfen lässt sich nicht nur ein speckiger Grauburgunder, sondern auch ein kräftiger, junger, deutscher Spätburgunder vom Kaiserstuhl gut trinken.

In den Trattorien von Ravenna und Modena wird trockener Lambrusco zu Aal aus dem Comacchio-See serviert. In Amerika genießt man geräucherten Lachs gerne mit Pinot Noir aus Oregon.

Und in guten Pariser Restaurants kann es durchaus vorkommen, dass der Sommelier zu einem Rochenflügel eine Flasche Saint-Emilion empfiehlt. Nur eine Regel gilt fast immer: Je edler der Fisch, desto besser sollte der Wein sein.

Essen, um gut zu trinken

Grundsätzlich gilt: Der Wein muss den Speisen geschmacklich standhalten. Er muss ihren Geschmack unterstreichen. Aber er darf die Speise nicht dominieren: Ein schwerer Rotwein passt nicht zu einem leichten Forellenfilet, und ein Champagner schmeckt nicht zu Spaghetti Bolognese.

Das bedeutet: Der Geschmack des Weins muss den Geschmack der Speise ergänzen, etwa so, wie eine Sauce es auch tut. Er darf, ja er soll der Speise etwas hinzufügen, einen Akzent setzen. Davon profitiert nicht nur das Gericht. Ein junger, verschlossener Wein öffnet sich plötzlich, ein älterer Wein fängt an zu blühen.

Weintipps –
von Asiatisch bis Wildgericht

Asiatisch

Es ist nicht leicht, zur asiatischen Küche einen passenden Wein zu finden. Am ehesten halten exotischen Gewürzen wie Kardamom oder Chili australische Shiraz oder halbtrockene bis fruchtigsüße Rieslingweine aus Deutschland stand. Ihre würzigaromatische Note ergänzt gut die pikante Süße dieser Speisen. Allerdings sollten die Weißweine kühler als normal getrunken werden. Zu Curry passt auch ein süßer Sherry.

Austern

Austern sind eine der größten Delikatessen unter den Meeresfrüchten. Häufig wird dazu ein Glas Champagner angeboten. Tatsächlich passen beide nicht zusammen. Das salzige Austernwasser in den Schalen nimmt dem Champagner jede Feinheit und schmeckt nicht zu der leichten Restsüße (Brut). Ideal schmeckt zu französischen Fines de Claires ein Muscadet de Sèvre et Maine. Zu holländischen Imperiales passt ein Chablis oder ein Sauvignon Blanc aus Neuseeland.

Edelfische

Edelfische mit einer Sauce hollandaise oder einer Butter-Weißwein-Sauce brauchen gehaltvolle, kräftige Weißweine. Zum Beispiel einen vollen Chardonnay aus Südtirol oder einen weichen, körperreichen Sauvignon aus Kalifornien. Der buttrig-cremige Geschmack der Sauce passt gut

418

zu dem süßen Glycerinschmelz, den jeder alkoholreiche Wein aufweist. Ein zehn Jahre alter Meursault wäre die Krönung.

Edelschimmelkäse

Edelschimmelkäse wie Roquefort, Gorgonzola oder Bleu d'Auvergne sind traditionelle Begleiter von edelsüßen Weinen. Dazu gehören vor allem deutsche Beeren- und Trockenbeerenauslesen, österreichischer Ausbruch, ungarischer Tokajer, und elsässische Grains Nobles. Der bittersüße Grundgeschmack des Weins findet sich in diesem Käse wieder. Zu Stilton wird Portwein, alter Oloroso-Sherry oder südfranzösischer Banyuls getrunken.

Gedämpfter Fisch

Beim Fisch kommt es auf die Zubereitung an: Zu gedämpftem oder gekochtem Seefisch empfiehlt sich ein leichter, trockener Weißwein. Das Salz im Fisch lässt die Frucht des Weins deutlich hervortreten. Erste Wahl sind Weißweine vom Typ eines Riesling, Entre-Deux-Mers oder Grüner Veltliner Federspiel aus der Wachau.

Geflügel

Poularde, Pute oder anderes Geflügelfleisch lässt sich sowohl mit Weiß- als auch mit Rotweinen kombinieren. Es kommt auf die Sauce an. Zu reduzierten Bratensaucen empfiehlt sich ein feinwürziger, fruchtbetonter Rotwein, Typ österreichischer Blaufränkisch. Zu karamelligen Sahnesaucen passt ein weicher, fülliger Merlot aus Kalifornien oder ein schlanker Merlot aus dem Tessin. Es darf auch ein halbtrockener deutscher Riesling aus dem Rheingau oder – besonders raffiniert – ein trockener Gewürztraminer sein.

Geflügelleber

Gänsestopfleber und Entenstopfleber gehören zu den raren, teuren und umstrittenen Genüssen der Gourmet-Küche. Zu diesem aus Frankreich stammenden Gericht wird traditionell ein edelsüßer Sauternes getrunken, dessen mächtige Süße und hoher Alkohol dem Fett der Leber standhalten und dieses besser verdauen hilft. Ebensogut lassen sich aber auch andere edelsüße Weine aus dem Elsass, aus Deutschland, Österreich, Ungarn oder Australien dazu trinken.

Geschmortes

Zu lange geschmortem Fleisch wie Lammschlegel, Kalbshaxe oder Bœuf à la mode gehört ein kräftiger, leicht gereifter Rotwein: Ribera del Duero Reserva, Brunello di Montalcino, Saint-Julien oder Pauillac. Ist das Fleisch mit Kräutern gewürzt, muss es auch ein würziger Wein sein. Ideal sind Weine vom Typ Côtes de Roussillon oder Rioja.

Krustentiere

Krustentiere wie Hummer und Langusten gehören zu den edelsten und teuersten Meerestieren. Ob gekocht und mit einer Sauce angerichtet oder nur gegrillt – immer ist ein hochwertiger Chardonnay erste Wahl, egal ob er aus dem Burgund oder aus Kalifornien kommt. Die feine Extraktsüße oder der vanillige Barriqueton passen gut zu dem zarten, süßen Fleisch der Tiere.

Kurz Gebratenes

Zu rosa gebratenem Fleisch, etwa Steak, Filet oder Roastbeef, sollte ein junger, gerbstoffreicher Rotwein getrunken werden. Der blutige Bratensaft und das Tannin ergänzen sich hervorragend. Zum Beispiel ein Haut-Médoc, Crozes-Hermitage oder eine Chianti Classico Riserva. Ist das Fleisch über offenem Feuer gegrillt, schmeckt auch ein Barriquewein vom Typ Rioja Crianza oder Cabernet Sauvignon aus dem Napa Valley sehr gut.

Parmesan

Reifer Parmesan und Rotwein ist eine Idealkombination. Der würzig-fette Geschmack dieses Hartkäses hebt den Geschmack nahezu jeden kräftigen Rotweins, besonders natürlich der großen italienischen Rotweine wie Barolo und Brunello di Montalcino. Fett neutralisiert Tannin. Aber auch Schwergewichte wie Rhôneweine und spanische Ribera del Duero öffnen sich bei einem kleinen Stück Parmesan. Besonders interessant ist es, alte, reife Rotweine mit Parmesan zu kombinieren.

Patés und Quiches

Zu Patés und Quiches, in denen frisches, gewürztes Fleisch oder Fisch, Eiermilch und Mürbeteig verarbeitet wurde, müssen junge, geschmacksintensive Weine gereicht werden – egal ob weiß, rosé oder rot. Ideal sind Weißweine wie ein trockener Müller-Thurgau aus Franken oder ein kalifornischer Sauvignon. Ebenso möglich sind ein Rosé aus der Provence oder der urtümliche steirische Schilcher. Wenn es Rotwein sein soll, dann ein leichter bis mittelschwerer Typ von der Art eines Bourgogne Rouge oder eines österreichischen Blauen Zweigelt.

Schinken

Schinken, gleich ob luftgetrocknet oder geräuchert, ist salzig. Salz macht Gerbstoff bitter. Also muss zu Schinken ein gerbstoffarmer Wein serviert werden. Typ: Beaujolais Primeur, Kalterer See oder gleich ein Weißwein. Die Italiener schwören auf die Kombination Schinken und Prosecco, die Spanier auf Schinken und Cava. Es geht aber sicher auch ein Gutedel, Chasselas oder ein frischer Rosé aus der Provence.

Schweinefleisch

Eher geschmacksarm, wird es deshalb meist im Bratensaft oder mit einer Sauce serviert. In diesem Fall muss der Wein auf die Sauce abgestimmt werden. Am besten passt dazu ein junger, traubiger, nicht übermäßig tanninbetonter Rotwein. Typ: Barbera aus dem Piemont, Dornfelder aus der Pfalz oder kräftiger, kalifornischer Zinfandel.

Wild und Wildgeflügel

Wildente oder Wildtaube haben einen strengen, bitteren Geschmack. Damit er nicht dominiert, sollte mit dem Wein ein Kontrapunkt gesetzt werden: etwa ein trockener, körperreicher Rotwein mit reifer, süßer Frucht. Ideal ist ein Burgunder. Zu Hasenragout oder Hirschkeule sind dagegen eher Cabernet- oder Syrah-Weine angesagt.

Wein und Gesundheit

Auch für Wein gilt der Ausspruch des Arztes Paracelsus: »Nur die Dosis macht, dass ein Ding nicht giftig ist.« Das bedeutet: Alles kann schädlich sein, wenn die Dosis zu groß ist.

Auch Wein schädigt den Organismus – wenn er falsch dosiert ist. In Maßen genossen jedoch hat er durchaus wohltuende Wirkungen, die ihn zu einem gesunden Nahrungsmittel machen.

Wein besteht zu etwa 85 Prozent aus Wasser und zu 12 Prozent aus Alkohol. Vor allem der Alkohol hat ihn ins Gerede gebracht. Trotzdem ist sich der größte Teil der Mediziner einig: Mäßiger Weingenuss ist gesünder als Abstinenz – nicht zuletzt wegen der restlichen drei Prozent Inhaltsstoffe, die im Wein enthalten sind.

Die Wirkungen des Weins

Wein ist jahrhundertelang ein Lebensmittel gewesen – und ist es in einigen Teilen der Welt, vor allem im südeuropäischen Raum, auch heute noch. Sein Wert für die Ernährung des Menschen und sein Beitrag zu dessen Gesundheit geraten angesichts der Diskussion über die Gefahren des Alkoholkonsums leicht in Vergessenheit.

Glyzerin und Säuren – die mengenmäßig bedeutendsten Bestandteile neben dem Alkohol – fördern zum Beispiel den Stoffwechsel und stärken das Immunsystem. Außerdem enthält Wein Vitamine und Mineralien. Sie sind allerdings in so geringen Mengen in ihm enthalten, dass sie nur wenig zum Tagesbedarf eines Menschen beisteuern.

Obendrein ist Wein ein wichtiger Kalorienspender. Andere positive Auswirkungen auf die Gesundheit können nur vermutet werden: etwa die Vorbeugewirkung gegen Rheuma und Osteoporose.

Das französische Paradoxon

Die wichtigste Erkenntnis der letzten Jahre aber ist der Zusammenhang zwischen Weinkonsum und sinkendem Herzinfarktrisiko. Das »französische Paradoxon« hat Schlagzeilen gemacht. Am 17. November 1991 widmete die amerikanische Fernsehgesellschaft CBS ihren regelmäßigen News-Report »60 Minuten« einem ungewöhnlichen Thema: dem Rotwein. Der Moderator Morley Safer hob ein Glas Rotwein in die Höhe und erklärte, möglicherweise liege der Grund für die niedrige Herzinfarktrate in Frankreich in dem Inhalt dieses Glases.

Dann erläuterte er das, was er das *French paradox* nannte: dass die Franzosen zwar viel Butter, fette Käse, Gänsestopfleber und Sahnesaucen äßen, trotzdem aber statistisch eine viel niedrigere Herzinfarktrate aufwiesen als die Amerikaner oder andere westliche Nationen. Seine Erklärung: das tägliche Glas Rotwein, das die Franzosen zu sich nähmen.

Die einstündige Sendung erschütterte das Weltbild der Amerikaner zutiefst, für die Alkohol bis dahin als schlimmste Geißel der Nation galt. Zeitungen, Zeitschriften und Fernsehsender stürzten sich auf das Thema. 1992 stieg der Rotweinkonsum der Amerikaner um 39 Prozent, nachdem er vorher jährlich um knapp fünf Prozent gefallen war.

Rotwein gegen Cholesterin

Inzwischen haben wissenschaftliche Studien in England, Amerika, Frankreich und Dänemark nachweisen können, dass tatsächlich ein Zusammenhang zwischen Rotweinkonsum und abnehmenden Koronarkrankheiten des Herzens besteht.

Verantwortlich dafür ist die vor allem in Rotweinen vorkommende Gruppe der Phenole. Sie umfasst etwa hundert verschiedene Substanzen, zu denen auch das Tannin gehört. Ähnlich wie im Wein haben die Phenole im Blut eine oxidationshemmende Wirkung: Sie verhindern die Oxydation des »bösartigen« LDL-Lipoproteins, auch Cholesterin genannt.

Ein hoher Cholesteringehalt kann zur langsamen Verengung der Arterien im Bereich der Herzkranzgefäße führen – bis zur völligen Verstopfung. Am Ende dieser Arteriosklerose stünde der Herzinfarkt. Laborversuche haben jedoch gezeigt, dass Rotwein (mehr noch als Alkohol) das Blut dünnflüssiger macht. Auf diese Weise wird etwaigen Blutgerinnseln vorbeugt.

Wie Lipoproteine wirken

Die Menge des Blutfettes hängt stark von der genetischen Konstitution des Menschen ab. Der Cholesterinspiegel ist jedoch auch direkt von der Ernährungsweise abhängig. Das heißt: Er steigt mit fettreicher Ernährung. Verantwortlich dafür ist vor allem die steigende Produktion von LDL.

Dieses Low Density Lipoprotein setzt sich langfristig wie Wachs an den Wänden der Arterien ab und verengt diese, so dass der Durchlauf des Blutes erschwert wird. Schlimmer noch: LDL bindet Sauerstoff und entzieht es dem Blutstrom, so dass möglicherweise der Herzmuskel unterversorgt ist. Auf diese Weise steigt das Herzinfarktrisiko beträchtlich an.

Bislang waren vor allem Substanzen wie Vitamin E und Betacarotin wegen ihrer antioxydativen Wirkung als Koronarschutz bekannt. Wesentlich wirksamer noch als Vitamin E und Betacarotin sind drei Phenole, die in jedem Rotwein enthalten sind, und zwar in umso größerer Menge, je tanninreicher der Wein ist:

- Quercetin, das außer im Wein auch in Äpfeln und Zwiebeln vorhanden ist,
- Catechin, das in allen Weintrauben in hohem Maß enthalten ist,

- Resveratrol, das von den Weintrauben gebildet wird, wenn sie von Pilzkrankheiten befallen werden.

Diese drei Phenole verhindern die Oxydation des Blutfetts, so dass es zu keinen Ablagerungen kommt. Mehr noch: Sie sind es, die die Produktion des nützlichen HDL-Lipoproteins (High Density Lipoprotein) im Blut am stärksten ansteigen lassen, des gutartigen Cholesterins, das die Ablagerungen an den Gefäßwänden auflöst.

Ein hoher HDL-Wert ist daher der beste Schutz gegen Blutverfettung. Dieser Schluss muss zumindest aus einer 1990 in Frankreich veröffentlichten Studie gezogen werden. Dabei hatte je eine Versuchsgruppe puren, verdünnten Alkohol, Weißwein und Rotwein zu sich genommen. Interessantes Resultat: Die Rotweingruppe zeigte den höchsten HDL-Anstieg und zugleich die stärkste Senkung der LDL-Werte.

Negative Begleiterscheinungen

Ob Weingenuss positive oder negative Auswirkungen auf den Organismus hat, hängt ganz entscheidend von der Menge des konsumierten Weins ab. Allerdings reagiert jeder Organismus anders auf den Alkohol. Geschlecht, Alter, körperlicher Zustand spielen eine große Rolle.

Wer in kurzer Zeit große Mengen Wein trinkt, schädigt den Organismus. Aber auch bei moderatem Dauerkonsum ist es nötig, Leber, Nervensystem, Verdauungsapparat und andere Organe regelmäßig zu kontrollieren. Negative Begleiterscheinungen des Weingenusses können Kater, Magenbeschwerden u. ä. sein:

Allergie

Wein kann im Einzelfall Hautjucken und Atembe-schwerden bewirken. Ursache dafür kann eine Unver-träglichkeit gegenüber der schwefligen Säure sein, die allen Weinen in geringen Mengen zur Konservierung zugesetzt wird. Aber auch Histamin kann Allergien ver-stärken. Histamin ist ein Eiweißbaustein, der nicht in allen, aber in bestimmten Rotweinen vorkommt – wenn auch in sehr geringen Mengen. Bei einer Histamin-Un-verträglichkeit muss der Konsument auf andere Weine ausweichen.

Benommenheit

Eine Flasche Wein mit 12 Vol.% enthält gut 70 Gramm reinen Alkohol (Äthylalkohol). Die menschliche Leber, die zu 90 Prozent für den Abbau des Alkohols zuständig ist, kann pro Stunde maximal zehn Gramm Alkohol ver-arbeiten. Die entsprechenden Übermengen zirkulieren als Acetaldehyd (einem Zwischenprodukt des Alko-holabbaus) solange im Blut, bis die Leber sie abbauen kann. Folge: eingeschränkte Reaktionsfähigkeit, Schädi-gung des Nervensystems. Besonders Schaumweine wie Sekte und Champagner beschleunigen die Alkoholauf-nahme noch.

Kopfschmerzen

Sie sind fast immer eine Folge übermäßigen Alkohol-konsums. Dabei ist es weniger der reine Alkohol, der die Kopfschmerzen verursacht, als vielmehr die in jedem Wein enthaltenen Methylalkohole und Fuselöle, die Kopfschmerz- und Kreislaufbeschwerden hervorrufen (Kater). Allerdings beträgt der Anteil an Methylalkohol weniger als ein Prozent. Bei schweren Rotweinen liegt er höher als bei leichten Weißweinen.

Lebervergrößerung

Kann der Alkohol von der Leber beziehungsweise von anderen Geweben (etwa der Muskulatur) nicht abgebaut werden, werden die Zwischenprodukte Acetaldehyd und Acetat zu Fett aufgebaut. Es entsteht die so genannte Fettleber. Bei entsprechender Vergrößerung wird die Funktion dieses Organs und damit der gesamte Stoffwechsel erheblich beeinträchtigt.

Magenbeschwerden

Bei Menschen mit empfindlichem Magen kann Wein zur Reizung der Magenschleimhaut führen. Das gilt insbesondere für Weißweine, die meistens eine höhere Säure aufweisen als Rotweine. Die Übersäuerung des Magens führt zu Völlegefühl, Appetitlosigkeit, Sodbrennen.

Migräne

Kopfschmerz und Übelkeit können bei manchen Menschen auch bei moderatem Alkoholkonsum auftreten, insbesondere nach dem Konsum von Rotwein. Schuld daran ist eine Reaktion der Nervenzellen mit den Phenolen, die sich in erhöhten Mengen im Rotwein befinden.

Übermäßige Kalorienzufuhr

Allein der Alkohol einer Flasche Wein (12 Vol. %) beträgt knapp 500 Kalorien. Mit jedem Gramm Restzucker, den der Wein aufweist, kommen zwölf Kalorien hinzu. Wein besitzt mithin einen hohen Nährwert, der oft unterschätzt wird. In Anbetracht seiner zusätzlich noch appetitanregenden Wirkung kann es so leicht zu einer erhöhten Kalorienzufuhr kommen.

Wie viel Wein tut gut?

Die Menge des täglich ohne Bedenken zu konsumierenden Weins ist von Mensch zu Mensch verschieden. Sie hängt von der körperlichen Konstitution, dem Gewicht, dem Geschlecht und auch dem Training der Organe ab. Die männliche Leber kann durchschnittlich 30 Prozent mehr Alkohol verarbeiten als die weibliche. Allerdings spielen dabei das Alter des Weinliebhabers und sein Gesundheitszustand eine große Rolle.

Amerikanische Ärztegremien sprechen vorsichtig von ein bis zwei Glas Wein (à 0,1 Liter) pro Tag, die der Gesundheit eines durchschnittlichen, mittelgewichtigen Menschen auf jeden Fall zuträglich sind. Die britische Medizinische Gesellschaft gibt ebenfalls sehr zurückhaltende Ratschläge. Sie empfiehlt bestimmte Wochenrationen: 21 Einheiten Wein für Männer und 14 Einheiten für Frauen. Eine Einheit entspricht acht Gramm Alkohol (eine 0,75 Liter fassende Flasche mit einem Wein von 12 Vol. % enthält etwa 70 Gramm Alkohol). Das bedeutet: Ein wöchentlicher Weinkonsum von 2,5 Flaschen für Männer und 1,5 Flaschen für Frauen ist gesundheitlich unbedenklich und fördert das Wohlbefinden. Die Tagesration beträgt danach etwa anderthalb Glas Wein (à 0,1 Liter) für Frauen und zweieinhalb Glas (à 0,1 Liter) für Männer. Einig sind sich die Mediziner, dass Frauen während der Schwangerschaft keinen Wein trinken sollten.

Allgemeine
Weingesetze

Alle weinbautreibenden Länder der Welt haben Gesetze erlassen, um ihre Weine vor Fälschungen oder Qualitätsverfälschungen zu schützen. Die Weingesetze sollen dem Verbraucher Sicherheit über die Herkunft des Weins geben und eine Mindestqualität garantieren. Obendrein soll der Verbraucher durch sie mehr Sicherheit und Klarheit über Herkunft, Mindestalkoholgehalt, Typizität und Rebsorte(n) erhalten – und möglichst auch über die Qualität.

Tatsächlich sind die Weingesetze ein Labyrinth – zumindest in Europa. Ihre Logik erschließt sich nur noch Verwaltungsbeamten und Statistikern.

Im Labyrinth der europäischen Weine

Wein wird in den Ländern der Europäischen Union (EU) in zwei Kategorien eingeteilt: Tafelwein und Qualitätswein. Qualitätsweine bilden die Spitze der Weinhierarchie. In der Regel sind die besten Anbaugebiete jedes Landes ausersehen, um Qualitätsweine zu produzieren.

Damit ein gewisser Standard an Qualität und Typizität gewährleistet ist, hat jede Region für sich mehr oder minder präzise Vorschriften erlassen.

Tafelweine stellen dagegen die untere Stufe der Qualitätspyramide dar. An sie werden nur sehr niedrige Anforderungen gestellt. Ein großer Teil der Tafelweine wird erst gar nicht in Flaschen gefüllt, sondern fassweise gehandelt, um später in Korbflaschen, Großgebinden, Kartonverpackungen oder im Weinschlauch auf den Markt zu kommen.

Die Qualitätsweine

Sie sind immer an eine bestimmte weinbauliche Region gebunden. Die Trauben müssen aus einem klar definierten Anbaugebiet kommen. Deshalb steht auf ihrem Etikett häufig V.Q.P.R.D.: Vin de Qualité Produit dans une Région Déterminée. Zu deutsch: Qualitätswein bestimmter Anbaugebiete. Für Qualitätsweine gelten in der EU bestimmte allgemeine Vorschriften:

- In der Regel beträgt der natürliche Mindestalkoholgehalt 8,5 Vol.%.
- In den meisten Anbaugebieten ist eine Aufbesserung (Chaptalisierung) um maximal 2,5 Vol.% erlaubt.
- Die Entsäuerung des Weins ist ebenso gestattet wie die Säurezugabe (Azidifikation), allerdings nicht bei gleichzeitiger Chaptalisation.

- Die Weinzusatzstoffe sind genau festgelegt (z. B. Schwefel, Bentonit).
- Das Maß an flüchtiger Säure, das ein Wein aufweist, darf 1,2 Gramm pro Liter nicht übersteigen.
- Qualitätsweine dürfen nicht mit Weinen außerhalb der EU verschnitten werden.

Darüberhinaus hat jedes Qualitätswein-Anbaugebiet eigene Bestimmungen erlassen, die nur für seine Weine gelten. Sie enthalten zum Beispiel Vorschriften über

- die zugelassenen Traubensorten,
- die maximale Traubenmenge pro Hektar,
- den Mindestalkoholgehalt,
- den Mindestsäuregehalt,
- die Mindestausbauzeit,
- den frühesten Zeitpunkt der Vermarktung.

Italien und Spanien haben die Qualitätsweine noch einmal in besonders qualifizierte beziehungsweise garantiert kontrollierte unterteilt. Frankreich und die anderen Weinnationen verzichten auf jede Unterteilung.

Die Prädikatsweine

Deutschland und Österreich haben ihre Qualitätsweine noch unterteilt in Qualitätsweine bestimmter Anbaugebiete und in Prädikatsweine. Die Eingruppierung richtet sich ausschließlich nach dem Mostgewicht (siehe Glossar). Für Prädikatsweine gilt, dass ihr Alkoholgehalt nicht durch Zucker angereichert werden darf.

Frankreich und Italien haben die Kategorie der Qualitätsweine stattdessen nach unten erweitert. Weine aus größeren, weniger berühmten Anbaugebieten können in Frankreich den Status V.D.Q.S. (Vin Délimité de Qualité Supérieure) erlangen. Nach diesem Vorbild hat auch Italien 1996 die Kategorie I.G.T. geschaffen (Indicazione Geografica Tipica). Dass diese Weine qualitativ tatsächlich über den Tafel- bzw. Landweinen und unter den Qualitätsweinen anzusiedeln sind, ist damit natürlich nicht gesagt.

Die Tafelweine

Sie bilden die unterste Kategorie in der Weinhierarchie der EU. An sie werden die geringsten qualitativen Anforderungen gestellt. Sie stammen meist aus großen Massenanbaugebieten Frankreichs, Italiens und Spaniens, aber auch aus weinbaulich wenig geeigneten Zonen Deutschlands und Österreichs oder aus solchen, die zu gar keinem Qualitätswein-Anbaugebiet gehören. Für Tafelwein gelten folgende Anforderungen:

- Er darf aus allen für den Weinbau geeigneten Zonen der EU stammen.
- Es existieren keine gesetzlichen Mengenbeschränkungen für die Traubenproduktion im Weinberg.
- Das Mindestmostgewicht liegt bei 50 Grad Öchsle.
- Der Mindestsäuregehalt liegt bei 4,5 Gramm pro Liter.
- Die Chaptalisierung ist erlaubt.
- Alle in der EU empfohlenen Traubensorten sind zugelassen.
- Verschnitte zwischen Weinen aus EU-Ländern sind möglich.
- Weder Jahrgang noch Rebsorte(n) müssen auf dem Etikett erscheinen.

Die Landweine

Etwa 65 Prozent der europäischen Weinproduktion bestehen aus Tafelwein. Ein großer Teil davon ist unverkäuflich. Rund ein Viertel des Tafelweins muss darum jedes

Jahr aus dem Markt genommen und zu Industrialkohol destilliert werden. Um mehr vermarktungsfähige Tafelweine zu erhalten, hat die EU 1973 eine Zwischenkategorie geschaffen: die Landweine. Sie sollen die Elite der Tafelweine sein.

Sie kommen aus festgelegten Großregionen (oder Ländern bzw. Départements), ihre Traubensorten sind genau definiert, sie müssen mindestens 0,5 Vol.% mehr aufweisen als Tafelweine und durchweg trocken ausgebaut sein: süffige, schmackhafte und preiswerte Alltagsweine. Frankreich erzeugt fast 20 Prozent Landweine, bei anderen Nationen hat sich der Landwein nicht durchgesetzt.

Sonderfall Neue Welt

In den Ländern außerhalb Europas ist der Weinbau weniger stark geregelt. Die USA haben seit 1983 über hundert Ursprungsgebiete für ihre Weine definiert (American Viticultural Areas, AVA), aber ohne dass damit Produktionsvorschriften verbunden wären, etwa Mengenbegrenzungen der Traubenproduktion. Ansonsten gibt es nur die Unterscheidung zwischen Table Wine (alle Weine bis 15,9 Vol.%), Dessert Wine (ab 16 Vol.%) und Sparkling Wine (schäumend). Dafür gibt es bestimmte Etikettenvorschriften: 85 Prozent des Weins müssen von der Rebsorte stammen, die auf dem Etikett angegeben ist. Gleiches gilt für Australien, während es in Südafrika und Chile nur 75 Prozent sein müssen. Vorschriften für die Begrenzung der Traubenproduktion existieren nicht. Chaptalisation ist in allen diesen Ländern verboten (in Neuseeland gestattet), die Säurezugabe (Azidifikation) hingegen ist erlaubt.

Rebsortenglossar

- **Aglianico** Aus Griechenland stammende, heute in den süditalienischen Regionen Kampanien und Basilikata vorherrschende Rebe, die zu den besten Rotweinsorten Italiens zählt. Liefert dunkelfarbene, rau-samtige Weine mit kräftigem Gerbstoff, die lange haltbar sind. Der bekannteste Aglianico-Wein ist der Taurasi.

- **Airén** Häufigste spanische Weißweinrebe, wegen ihrer Trockenheitsbeständigkeit vor allem in der heißen La Mancha-Region angebaut, wo sie in der Vergangenheit schwere, alkoholreiche Weine hervorbrachte. Heute werden aus ihr meist leichte, neutral-fruchtige Tropfen erzeugt.

- **Albana** Ursprüngliche, italienische Weißweinsorte, die heute vor allem in der Romagna verbreitet ist. Ergibt dort einen leichten, mäßig fruchtigen und recht kurzlebigen Wein, der nach der Rebsorte benannt ist.

- **Albariño** Interessante, leicht aromatische Traube, aus der im galizischen Anbaugebiet Rías Baixas charaktervolle, trockene Weißweine erzeugt werden. In Portugal ist sie im weißen Vinho Verde enthalten und heißt dort Alvarinho.

- **Alicante Bouschet** Französische Teinturier-Rebe (siehe Seite 459), gezüchtet aus Petit Bouschet x Grenache, die vor allem im südlichen Frankreich viel angebaut und farbschwachen Rotweinen beigemischt wird.

- **Aligoté** Charaktervolle, eigenständige Sorte aus dem Burgund, aus der kräftige, körperreiche Weißweine erzeugt werden, die jung getrunken werden. Der beste kommt aus dem Dorf Bouzeron. Allerdings hat die Chardonnay (siehe Kapitel: Die wichtigsten Rebsorten) die Aligoté weitgehend verdrängt. Außerhalb Frankreichs findet man die Sorte in Bulgarien, Rumänien und anderen osteuropäischen Ländern.

■ *Aramon* Qualitativ wertlose Massenweinsorte, die vor allem im Languedoc, Roussillon und Hérault angebaut wird. Aus ihr werden Meere von blassen, geschmacksarmen Rotweinen erzeugt.

■ *Assyrtiko* Typische Sorte von der griechischen Insel Santorin, liefert kräftige, trockene Weißweine sowie die berühmten Liastos: süße, likörähnliche Trockenbeerenweine.

■ *Auxerrois* Name für eine Vielzahl verschiedener Weißweinsorten. Im Ursprung aber wohl eine eigenständige Rebe, die über Frankreich nach Deutschland gekommen ist. Heute wird sie noch in geringen Mengen im Elsass und in der Pfalz angebaut. Sie hat nichts mit Chardonnay (siehe Kapitel: Die wichtigsten Rebsorten) oder Pinot Blanc (siehe Kapitel: Die wichtigsten Rebsorten) zu tun. Im südwestfranzösischen Cahors wird die Malbec-Traube (siehe Kapitel: Die wichtigsten Rebsorten) Auxerrois genannt.

■ *Bacchus* Aus (Silvaner x Riesling) x Müller-Thurgau gekreuzte Weißweinsorte, die in vielen Anbaugebieten Deutschlands wächst und süffige, unkomplizierte Weine ergibt, nicht selten mit Restsüße.

■ **Barbera**
(siehe Kapitel: Die wichtigsten Rebsorten)

■ **Blauer Portugieser** Qualitativ mittelmäßige, aber reich tragende Rotweintraube, aus der milde, gerbstoffarme (siehe Glossar) Konsumweine erzeugt werden, die entfernt Burgunderart aufweisen. Ob die Sorte aus Portugal stammt, ist unklar. Nachweisbar ist sie im 18. Jahrhundert in Österreich, von wo sie nach Ungarn, Ex-Jugoslawien und Deutschland gelangte.

■ **Blauer Wildbacher** Uralte Rotweinsorte, die aus der Weststeiermark stammt und heute – von wenigen Ausnahmen abgesehen – nur dort noch erhalten ist. Unter dem Namen Schilcher wird aus ihr ein urtümlicher, zwiebelfarbener Wein gekeltert, der sich durch eine hohe Säure auszeichnet.

■ **Blaufränkisch** Dunkelbeerige, herbwürzige Traube, die heute eine der wichtigsten Rotweinsorten Österreichs ist. Sie wird vor allem im Burgenland, aber auch im Anbaugebiet Carnuntum kultiviert. Sie liefert prägnante, facettenreiche Weine und wird neuerdings in edlen Cuvées mit Cabernet Sauvignon oder anderen Sorten verwendet. In Deutschland heißt die Sorte Lemberger und wird in Württemberg angebaut, wo sie oft bessere Weine ergibt als der Spätburgunder (Pinot Noir). In Ungarn als Kékfrankos bekannt.

■ **Bouvier** Österreichische weiße Kreuzungsrebe, vor allem im Burgenland und der Steiermark angebaut. Als Massenträger und »Zuckersammler« bekannt, deshalb meist als Tafeltraube und oft für die Erzeugung von Prädikatsweinen benutzt.

■ **_Brachetto_** Selten gewordene hellrote Sorte aus dem Piemont, die meistens für einen süßen Frizzante-Rotwein oder für süße Dessertweine benutzt wird, ursprünglich jedoch charaktervolle, trockene Rotweine ergab. In Frankreich ist sie unter dem Namen Braquet bekannt und ist Bestandteil einiger Weine aus der Provence.

■ **_Brunello_** In der südtoskanischen Stadt Montalcino gebräuchliche Bezeichnung für die örtliche Spielart der roten Sangiovese-Grosso-Traube (siehe Kapitel: Die wichtigsten Rebsorten), aus der der Brunello di Montalcino gewonnen wird.

■ **_Cabernet Franc_**
(siehe Kapitel: Die wichtigsten Rebsorten)

■ **_Cabernet Sauvignon_**
(siehe Kapitel: Die wichtigsten Rebsorten)

■ **_Canaiolo_** Ertragsstarke, etwas rustikale Rotweinsorte, die aus Mittelitalien stammt. Traditionell die zweite Sorte im Chianti, jedoch stärker im umbrischen Torgiano vertreten.

■ **_Carignan_**
(siehe Kapitel: Die wichtigsten Rebsorten)

■ **_Chardonnay_**
(siehe Kapitel: Die wichtigsten Rebsorten)

■ **Chasselas**
(siehe Kapitel: Die wichtigsten Rebsorten)

■ **Chenin Blanc**
(siehe Kapitel: Die wichtigsten Rebsorten)

■ **Cinsaut**
(siehe Kapitel: Die wichtigsten Rebsorten)

■ **Clairette** In Südfrankreich beheimatete Weißweinsorte, aus der früher vorzugsweise Wermuth, heute einfache Tafelweine erzeugt werden.

■ **Cortese** Einfache, ertragreiche weiße Traubensorte aus dem Piemont, vor allem bekannt durch den Gavi, der zu 100 Prozent aus ihr gewonnen wird.

■ **Corvina** Tiefdunkle Rotweintraube, welche die Basis für den Valpolicella bzw. den Amarone bildet. Meist zusammen mit Rondinella und Molinara vinifiziert, neuerdings jedoch auch vereinzelt sortenrein als Tafelwein gekeltert.

■ **Cot** Synonym für die Rotweinsorte Malbec (siehe Kapitel: Die wichtigsten Rebsorten), die in Südwestfrankreich, vor allem in Cahors, anzutreffen ist, jedoch immer weniger verwendet wird.

■ **Counoise** Qualitativ gute, spät reifende Rotweinsorte, die zu einem geringen Anteil in vielen Weinen von Châteauneuf-du-Pape zu finden ist und in vielen Appellationen der südlichen Rhône zugelassen ist.

■ **Dolcetto** Autochthone (siehe Glossar) piemontesische Rotweinsorte, aus der violettrote, fleischige, trockene Weine erzeugt werden, die vor allem im Monferrato und in den Langhe als sehr populäre Alltagsweine gelten.

■ **Dornfelder** Deutsche Kreuzungsrebe (Helfensteiner x Heroldrebe), die in den letzten Jahren vor allem in der Pfalz und in Württemberg verstärkt angebaut wurde. Ergibt dunkelrote, aromatisch-fruchtige Weine, die dort nicht selten besser gelingen als der Spätburgunder (siehe S. 458).

■ **Durif** In Kalifornien gebräuchlicher Zweitname für die Rotweinrebe Petite Sirah (siehe S. 454).

■ **Feteasca** Die häufigste in Rumänien angebaute Weißweinsorte, die duftige, in ihren besten Qualitäten körperreiche und dauerhafte Weine ergibt. Auch in Bulgarien, Ungarn und Russland weit verbreitet.

■ **Feteasca Neagra** Quantitativ bedeutendste Rotweinsorte Rumäniens, qualitativ ziemlich minderwertig. Besser als Schwarze Mädchentraube bekannt.

■ **Folle Blanche** Früher in Frankreich weit verbreitete, heute praktisch nur noch um Nantes und Cognac kultivierte Weißweinsorte (zur Cognac-Herstellung verwendet).

■ **Freisa** Alte, selten gewordene Traube aus dem piemontesischen Monferrato, aus der meist süße, schäumende Rotweine gekeltert werden, die aber auch prägnante, trockene Rotweine ergibt.

■ **Frühburgunder** Frühreife, aber dickschalige Rotweinrebsorte, die für eine Mutation des Spätburgunders (siehe Pinot Noir) gehalten wird. In geringen Mengen in Deutschlands Rotwein-Anbaugebieten zu finden. Trotz ihrer Farbschwäche kann sie teilweise hervorragende Qualitäten ergeben. In Frankreich heißt sie Pinot Madeleine.

■ **Furmint** In ganz Osteuropa, vor allem aber in Ungarn weit verbreitete Rebsorte, die feurige, alkoholreiche Weißweine ergibt, die ebenso trocken wie süß ausgebaut werden. Der berühmteste ist der edelsüße Tokajer, einer der besten und langlebigsten Dessertweine der Welt.

■ **Gaglioppo** Beste Rotweinsorte Kalabriens, die körperreiche, feinwürzige Weine mit kräftigem Tannin liefert. Sie stammt aus Griechenland, wurde aber schon vor über 2000 Jahren nach Italien importiert. Der bekannteste Gaglioppo-Wein ist der Cirò.

■ **Gamay**
(siehe Kapitel: Die wichtigsten Rebsorten)

■ **Garnacha**
(siehe Kapitel: Die wichtigsten Rebsorten)

■ **Gewürztraminer**
(siehe Kapitel: Die wichtigsten Rebsorten)

■ *Grauer Burgunder*
(siehe Kapitel: Die wichtigsten Rebsorten)

■ *Grechetto* Klassische umbrische Weißweinsorte, traditionell im Orvieto und in den Weißweinen von Torgiano enthalten.

■ *Greco di Tufo* Aus Griechenland stammende, in Süditalien kultivierte Weißweinsorte, aus der körperreiche und bisweilen feine Weine wie der kampanische Greco di Tufo, der kalabrische Cirò Bianco und der süße Greco di Bianco hergestellt werden.

■ *Grenache*
(siehe Garnacha)

■ *Grüner Veltliner*
(siehe Kapitel: Die wichtigsten Rebsorten)

■ *Gutedel* Deutscher Name für die weiße Chasselas-Traube (siehe Kapitel: Die wichtigsten Rebsorten). Heute in größerer Menge nur noch im Markgräflerland (Süd-Baden) angebaut.

■ *Jurançon Noir* Ziemlich einfache Rotweinsorte, die heute nur noch zu Verschnittzwecken angebaut wird, etwa im Anbaugebiet von Gaillac, seltener in Cahors. Auch in Jurançon selbst anzutreffen, wird aber nicht für den weißen Jurançon verwendet.

■ *Kerner* Kreuzung Trollinger x Riesling, vor allem in Deutschland verbreitet. Frostharte Weißweinrebe, die teilweise sehr gute, leicht bouquet- und säurebetonte Weine ergibt.

■ *Lambrusco* In Italien von Venetien bis Sizilien verbreitete Rotweinsorte, die von der Getränkeindustrie nicht selten süß und frizzante abgefüllt wird. Der klassische Lambrusco ist jedoch ein stiller, trockener und durchaus wohlschmeckender Alltagswein.

■ *Macabeo* Traditionelle Weißweinsorte der Rioja, Navarras und anderer Regionen Nordspaniens. Wird auch für die Cava-Produktion kultiviert.

■ *Malbec*
(siehe Kapitel: Die wichtigsten Rebsorten)

■ *Malvasia* Sortenname für etwa ein Dutzend Spielarten einer Weißweinrebe, die in der Regel einfache, alkoholreiche Weine hervorbringt. Sie ist vor allem in Italien (Friaul, Piemont, Toskana, Latium, Sizilien, Sardinien), aber auch in Portugal als Bestandteil des Portweins und auf Madeira (Malmsey) verbreitet.

■ *Manseng* Aus dem französischen Baskenland stammende Weißweinsorte, dessen hochwertige Spielart Petit Manseng in den letzten Jahren wiederentdeckt und vermehrt angebaut wurde. Sie bildet die Basis für die berühmten Jurançon-Weine um die südwestfranzösische Stadt Pau – den Jurançon Sec und die süße Variante, bei der die Trauben getrocknet werden, bevor sie auf die Kelter gehen. Sie wird aber auch in Béarn und in der Gascogne sehr geschätzt, besonders für den Pacherenc-du

Vic-Bilh. Die weniger feine Gros Manseng dient meist zu Verschnittzwecken.

■ *Marsanne* Ertragsstarke Weißweinsorte, die an der nördlichen Rhône zu finden ist und schwere, kurzlebige und eher plumpe Weine ergibt. Basissorte des Crozes-Hermitage.

■ *Marzemino* In einem kleinen Bezirk im Trentino wachsende Sorte, aus der einfache, aber wohlschmeckende, kirschfruchtige Rotweine erzeugt werden.

■ *Melon* Relativ anspruchslose, neutral schmeckende Weißweinsorte, die fast ausschließlich an der Loire-Mündung angebaut wird. Dort werden aus ihr die weißen Muscadet-Weine gewonnen (Muscadet de Sèvre-et-Maine). Aus dem südlichen Burgund stammend, wird daher auch Melon de Bourgogne genannt.

■ *Merlot*
(siehe Kapitel: Die wichtigsten Rebsorten)

■ *Montepulciano* In Mittelitalien verbreitete Rotweinsorte mit Kerngebiet in den Marken und den Abruzzen. Liefert etwas derbe, oft alkohollastige, in ihren besten Qualitäten jedoch feine, würzige Weine (oft assembliert mit Sangiovese oder Uva di Troia). Die bekanntesten sind der Rosso Conero und der Rosso Piceno. In der Stadt Montepulciano wird die Sorte nicht angebaut.

■ *Morellino* Bezeichnung für eine regionale Spielart der roten Sangiovese Grosso, die in der Südtoskana um den Ort Scansano zu finden ist.

■ **Morio-Muskat** Stark im Rückgang befindliche weiße Kreuzungsrebe (Silvaner x Weißburgunder), die vor allem in Deutschland angebaut wurde und bouquetreiche Weißweine ergibt.

■ **Mourvèdre** Ursprünglich spanische Rotweinsorte, die heute in der Provence und im Midi eine Renaissance erlebt, etwa in Bandol. Mit ihren kleinen, dickschaligen Beeren ergibt sie dunkelfarbige, tanninreiche Weine von urtümlicher Fruchtigkeit, die sich gut zum Verschneiden eignen. In Spanien heißt die Sorte Monastrell und herrscht in den Anbaugebieten Alicante, Valencia, Jumilla und Almansa vor.

■ **Mtsvane** In Georgien und auf der Krim beheimatete Sorte, die stilvolle, fruchtfrische Weißweine von guter Qualität ergibt. Hochwertigste Sorte in der GUS.

■ **Müller-Thurgau**
(siehe Kapitel: Die wichtigsten Rebsorten)

■ **Muscadelle** Zu großen Erträgen neigende, frühreife Weißweinsorte, die in den meisten Weißweinen Bordeaux' in geringer Menge enthalten ist. Besitzt eine grobfruchtige, rustikale Note und wird kaum mehr neu angepflanzt. Hat nichts mit dem Muskateller zu tun.

■ **Muskateller**
(siehe Kapitel: Die wichtigsten Rebsorten)

■ **Muscat d'Alexandrie** Mindere Spielart des weißen Muskateller, vor allem in Spanien, Portugal, auf Sizilien (dort Zibibbo genannt) sowie in Südafrika und Chile zur Herstellung süßer Likörweine oder Brandys verwendet. Ansonsten eher eine Tafeltraube, die auch zur Herstellung von Rosinen angebaut wird.

■ *Muscat d'Hambourg* Teilweise blau pigmentierte weiße Tafeltraube aus der Muskateller-Familie, die heute kaum mehr zur Weinproduktion genutzt wird.

■ *Muskat-Ottonel* Spielart der Muskateller-Traube (wahrscheinlich durch Einkreuzung von Chasselas), jedoch weniger hochwertig als der Gelbe Muskateller. In Österreich und Ungarn ist die Weißweinrebe noch weit verbreitet, dort jedoch ebenso auf dem Rückzug wie in Deutschland.

■ *Nebbiolo*
(siehe Kapitel: Die wichtigsten Rebsorten)

■ *Neuburger* In Österreich (Burgenland, Thermenregion) angebaute Weißweinrebsorte unbekannten Ursprungs, die kraftvolle, neutral-fruchtige Weine mit zartem Nussaroma hervorbringt.

■ *Pedro Ximénez* Früher in großen Mengen in Jerez zur Sherryherstellung angebaute, derzeit stark zurückgehende Weißweintraube. Die größte Pedro-Ximénez-Anbaufläche befindet sich heute in Australien, wo aus ihr vor allem Brandys und Likörweine hergestellt werden.

■ *Petit Verdot* Wertvolle, spät reifende Rotweinsorte, die vor allem in Bordeaux angebaut wird und dort länger heimisch ist als die Cabernet Sauvignon (siehe Kapitel: Die wichtigsten Rebsorten). Sie ergibt nahezu schwarzrote, tanninreiche und stark säurehaltige Weine mit feiner Würze, wird aber nur noch wenig angebaut: In den meisten Margaux-Weinen ist sie zu rund fünf Prozent enthalten.

■ *Petite Sirah* Mittelmäßige Rotweinrebsorte mit nicht ganz klarem Ursprung, in Kalifornien auch Durif genannt. Sicher ist, dass sie mit der echten Syrah (siehe Kapitel: Die wichtigsten Rebsorten) nichts zu tun hat. Angebaut wird sie im heißen San Joaquin Valley, aber auch im kühleren Monterey Distrikt. Hat sich als Verschnittsorte für Zinfandel (siehe Kapitel: Die wichtigsten Rebsorten) und Pinot Noir bewährt (siehe Kapitel: Die wichtigsten Rebsorten).

■ *Picolit* Weiße Rebsorte aus dem Friaul, aus der ein einfacher, süßer, preislich sehr teurer Dessertwein erzeugt wird. Die Picolit neigt zum Verrieseln, weshalb die Erträge niedrig und sehr unbeständig sind.

■ *Picpoul Noir* Im Languedoc beheimatete, alte Rotweinrebsorte, die auf den Sandböden des Küstenlitorals am Mittelmeer wächst. Zudem eine der 13 zugelassenen Rebsorten des Châteauneuf-du-Pape.

■ *Pinotage* Im Jahre 1925 aus Pinot Noir und Cinsaut eingekreuzte Rotweinrebsorte, die vor allem in Südafrika weit verbreitet ist und dort die besten Ergebnisse gezeitigt hat. Die Weine sind relativ dunkel in der Farbe, haben in der Jugend ein erdig-würziges Bouquet, entwickeln aber schnell eine schöne, ausdrucksvolle Frucht. Daneben gibt es aber auch viele belanglose, minderwertige Pinotage-Weine in Südafrika.

■ *Pinot Meunier* Wegen ihrer Frosthärte die am häufigsten angebaute Sorte in der Champagne, wo sie als dritte Varietät neben Chardonnay und Pinot Noir in den Champagner eingeht – allerdings nur zu einem kleinen Prozentsatz. Die Rotweinsorte gilt als rustikal, derbfruchtig. Nach traditioneller Auffassung gehört sie jedoch in jeden guten Champagner. Die Sorte, die von der Pinot Noir (siehe Kapitel: Die wichtigsten Rebsorten) abstammt, wird auch in Württemberg angebaut und heißt dort Schwarzriesling oder Müllerrebe. Ihre Blätter sind wie mit Mehl bestreut.

■ *Pinot Noir*
(siehe Kapitel: Die wichtigsten Rebsorten)

■ *Plavac* Die wichtigste Weißweinsorte Sloweniens, aus der einfache, neutral-fruchtige, nicht selten sehr vollmundige Weine erzeugt werden.

■ *Plavac Mali* Beste Rotweinsorte in Slowenien und Kroatien, die vollmundige, körperreiche Weine von außerordentlich großer Haltbarkeit liefert.

■ *Prosecco* In Venetien beheimatete Weißweintraube, die relativ spät reift und Weine mit leicht erhöhter Säure ergibt. Bekannt vor allem durch den Prosecco Frizzante beziehungsweise Prosecco Spumante, weniger bekannt als Stillwein.

■ **Prugnolo Gentile** Örtliche Spielart der roten Sangiovese-Traube (siehe Kapitel: Die wichtigsten Rebsorten) im toskanischen Anbaugebiet Montepulciano.

■ **Ribolla** Im Friaul werden aus ihr leichte, rassige, etwas rustikale Weißweine erzeugt.

■ **Riesling**
(siehe Kapitel: Die wichtigsten Rebsorten)

■ **Rkatsiteli** Mit Abstand häufigste Sorte Russlands, zugleich eine der meistangebauten Weißweintrauben Europas. Kann kräftige, körper- und säurebetonte Weißweine hervorbringen, aber auch likörähnliche Süßweine und Sherry-gleiche Meditationsweine.

■ **Rotgipfler** Traditionelle Weißweinrebsorte aus dem österreichischen Gumpoldskirchen. Bringt körperreiche, langlebige Weißweine mit Charakter hervor.

■ **Roussanne** Anspruchsvolle Weißweinsorte an der Rhône. Meistens zusammen mit der Marsanne (siehe Seite 451) vinifiziert.

■ **Ruländer** Synonym für den Grauen Burgunder (siehe Kapitel: Die wichtigsten Rebsorten). In Deutschland wird die Weißweinsorte häufig für körperreiche Grauburgunder mit Restsüße verwendet.

■ **Sagrantino** Hochwertigste Rotweinsorte Umbriens mit Hauptanbaugebiet um die Stadt Montefalco. Liefert kräftige, dunkelrote Weine mit spürbarer Würze und leichter Süße im Bouquet. Mangels überregionalen Interesses wurden aus ihr jahrelang süße Dessertweine erzeugt. Heute keltert man aus ihr wieder zunehmend hochklassige, trockene Weine von großer, innerer Komplexität.

■ *Saint-Laurent* Wahrscheinlich aus dem Elsass stammende, heute noch in Österreich anzutreffende Rotweinsorte, die geringe Ansprüche an den Boden stellt, gute Erträge garantiert und im besten Fall – bei entsprechend beschränkten Erträgen – einen delikaten, herbfruchtigen Rotwein ergibt, oft aber auch fade und ausdruckslos ausfällt.

■ *Samtrot* Mutation der Müller-Rebe, in Württemberg neu vermehrt. Dort erzeugt man aus der Rotweinrebe solide bis feine Sortenweine.

■ *Sangiovese*
(siehe Kapitel: Die wichtigsten Rebsorten)

■ *Sauvignon*
(siehe Kapitel: Die wichtigsten Rebsorten)

■ *Savagnin* Im französischen Jura anzutreffende, vornehme Weißweintraube, aus der der berühmte, sherryähnliche Vin Jaune hergestellt wird. Sie ist auch im Arbois enthalten.

■ *Savatiano* Die meistverbreitete Weißweintraube Griechenlands. Liefert die Basis für den alkoholstarken, geharzten Retsina-Wein.

■ **Scheurebe**
(siehe Kapitel: Die wichtigsten Rebsorten)

■ **Schiava** Italienischer Name für den roten Südtiroler Vernatsch.

■ **Schwarzriesling** In Württemberg übliche Bezeichnung für die rote Pinot Meunier (siehe Seite 455).

■ **Sémillon**
(siehe Kapitel: Die wichtigsten Rebsorten)

■ **Shiraz** In Australien gebräuchliche Bezeichnung für die rote Syrah-Traube (siehe Kapitel: Die wichtigsten Rebsorten). Benannt nach der persischen Stadt Shiraz.

■ **Silvaner**
(siehe Kapitel: Die wichtigsten Rebsorten)

■ **Spätburgunder** In Deutschland gebräuchlicher Namen für Pinot Noir (siehe Kapitel: Die wichtigsten Rebsorten).

■ **Steen** Traditionelle Bezeichnung für die weißen Chenin Blanc (siehe Kapitel: Die wichtigsten Rebsorten) in Südafrika.

■ **Syrah**
(siehe Kapitel: Die wichtigsten Rebsorten)

■ **Tannat** Anspruchsvolle Rotweinsorte aus dem Südwesten Frankreichs, die schwarzrote Weine mit hohem

Gerbstoffgehalt ergibt. Allerdings wird die Traube selten allein, sondern meist zusammen mit anderen Sorte vergoren. Man findet sie vor allem in Weinen aus dem Pyrenäenvorland, etwa dem Madiran, dem Irouléguy, dem roten Tursan und dem Béarn, aber auch dem Cahors.

■ *Teinturier* Französische Bezeichnung für alle Deckweinsorten, die eigens gezüchtet wurden, um farbschwachen Rotweinen mehr Farbe zu geben. Basis der meisten Teinturier-Reben ist die dunkelfarbene Teinturier de Cher, die mit der blassen Aramon eingekreuzt wurde und so die Sorte Petit Bouschet ergab. Die Petit Bouschet, die noch heute in Frankreich viel angebaut wird, wurde dann in zahlreichen Versuchen weiter zur Teinturier-Traube eingekreuzt.

■ *Tempranillo*
(siehe Kapitel: Die wichtigsten Rebsorten)

■ *Teroldego* Alte Rotweinsorte aus dem Trentino, die auf den flachen Schwemmlandböden um Mezzocorona angebaut wird. Da als Massenträger angesehen, sind die meisten Teroldego-Weine gerbstoff- und säurearm und recht eindimensional. Die besten besitzen allerdings Charakter und eine große Aromentiefe.

■ *Tocai* Autochthone (siehe Glossar) Weißweinsorte, mit der der größte Teil der Weinberge Friauls bestockt ist. Die meisten Tocai sind fruchtigfrische Alltagsweine. Die besten können Charakter haben.

■ *Touriga* Hochwertigste portugiesische Rotweinrebe, die die Basis aller guten Portweine bildet. Die kleinbeerige Traube liefert nur geringe Erträge, weshalb die Sorte im Anbau zurückgegangen ist. Oft auch Hauptbestandteil guter Dãos.

■ **Traminer** Auch Roter Traminer genannt: Mutterrebe des aromareichen Gewürztraminers (siehe Kapitel: Die wichtigsten Rebsorten), aus der leicht aromatische, qualitativ gute, aber selten herausragende Weißweine gewonnen werden.

■ **Trebbiano** Italienischer Name für die Sorte Ugni Blanc, die zu den am meisten angebauten Weißweinsorten der Welt gehört. Anspruchslose und ausdrucksschwache Sorte, die in Italien in zahlreichen Variationen vorkommt (Frascati, Soave, Lugana, Procanico, Bianco di Val di Chiana). Cognac-Traube.

■ **Trollinger** In Württemberg beheimatete Rotweinsorte, hinter der sich die Südtiroler Vernatsch-Traube verbirgt. Aus ihr werden meist blassrote, schlichte, gelegentlich aber auch durchaus delikate Weine gewonnen, die sich örtlich großer Beliebtheit erfreuen.

■ **Tsimlyansky Cherny** Wichtigste Schaumweintraube der GUS-Staaten, vor allem am Don, aber auch auf der Krim angebaut, wo sie die Basis für den roten Krimsekt liefert. Da alkoholreich und säurearm, muss der Wein verschnitten werden.

■ **Verdejo** Vornehme, alte Rebe aus Spaniens Weißweinregion Nummer eins, dem Rueda. Ist Basissorte aller dortigen Weißweine.

■ *Verdelho* Alte charakteristische Weißweinrebsorte auf der Insel Madeira, die heute leider im Verschwinden begriffen ist.

■ *Verdicchio* Vor allem in den italienischen Marken angebaute Rebe, die dort seit dem 14. Jahrhundert bekannt ist und meist neutral-fruchtige Weißweine ergibt.

■ *Vermentino* Charaktervolle Weißweinsorte, die heute in größeren Mengen nur noch auf Korsika und Sardinien, in kleinen Mengen in Ligurien und in der nördlichen Toskana, speziell in der Maremma, angebaut wird.

■ *Vernaccia* Alte, aber nicht sonderlich hochwertige Weißweintraube, die auf den Hügeln des toskanischen Städtchens San Gimignano einen delikaten, trockenen Weißwein ergibt. Ist nicht verwandt mit dem Vernaccia di Oristano aus Sardinien.

■ *Vernatsch* Am häufigsten angebaute rote Sorte in Südtirol, die in besseren Versionen einen leichten, samtigen Wein mit delikatem Frucht- und Mandelaroma, meist aber einen schlichten Wein ohne große Ausdruckskraft ergibt. Die bekanntesten Vernatsch-Weine sind der Sankt Magdalener und der Kalterer See. Es gibt mindestens ein Dutzend Spielarten der Vernatsch-Rebe.

■ *Viognier*
(siehe Kapitel: Die wichtigsten Rebsorten)

■ *Welschriesling* Zweithäufigste Sorte Österreichs, angebaut am Neusiedlersee, in der Steiermark und im

Weinviertel. Ergibt teils leichte, teils kräftige Weißweine, in ihren besten Qualitäten feinwürzig und rassig, sonst mastig und neutral. Mit dem Riesling (siehe Kapitel: Die wichtigsten Rebsorten) hat sie nichts gemein. In Ungarn Welsch Rizling und in Italien Riesling Italico.

■ *Xynomavro* Beste Rotweinsorte Griechenlands, in den bekannten makedonischen Weinen Naoussa und Amynteon enthalten.

■ *Zierfandler* Qualitativ gute Weißweinsorte, die körperreiche, säurebetonte Weißweine hervorbringt. Wichtigste Traube im österreichischen Gumpoldskirchener.

■ *Zinfandel*
(siehe Kapitel: Die wichtigsten Rebsorten)

■ *Zweigelt*
(siehe Kapitel: Die wichtigsten Rebsorten)

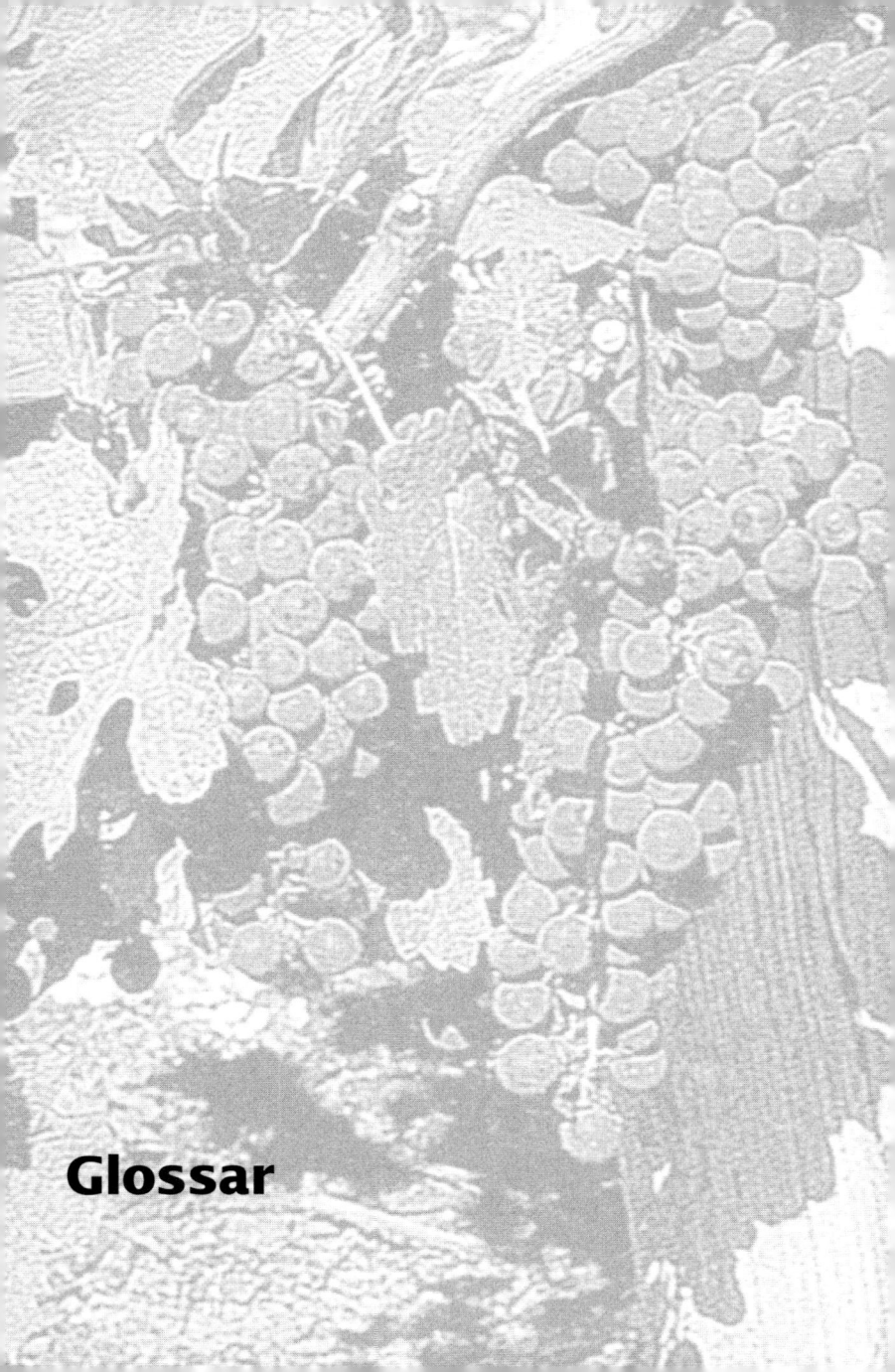

Glossar

Abgang: Nachklang eines Weins nach dem Schlucken, auch Finale genannt.

adstringierend: die Zunge zusammenziehend. Geschmackseindruck, der häufig bei jungen, gerbstoffhaltigen Rotweinen auftritt.

alkoholische Gärung: erste Gärung des Mostes, bei der der Zucker mittels Hefen und Bakterien in Alkohol umgewandelt wird. Durch die alkoholische Gärung wird aus Most Wein.

Allier-Eiche: feinporige, gern zum Barriquebau verwendete Eiche aus dem gleichnamigen französischen Département. Wegen ihres süßen Geschmacks werden Chardonnay-Weine gerne in Allier-Eiche vergoren.

Ampelographie: Rebsortenkunde.

Annata: ital. Jahrgang. Junger Wein, der nach wenigen Monaten den Keller verlässt.

anreichern: Hinzufügen von Zucker zum Most vor der Gärung, um einen höheren Alkoholgehalt des Weins zu bekommen.

AOC: Kurzform für Appellation d'Origine Contrôlée, die höchste französische Qualitätsstufe für Wein.

Assemblage: Zusammenfügen gleicher Weine aus unterschiedlichen Fässern zu einem Wein (bzw. Weine gleicher Herkunft, jedoch unterschiedlicher Rebsorte).

Ausbruch: Beerenauslese aus Rust am Neusiedlersee, gewonnen aus überreifen oder edelfaulen Trauben mit einem Mostgewicht von mindestens 138° Oechsle.

Auslese: hohe deutsche Prädikatsstufe, reserviert für meist süße oder edelsüße Weine mit 90° bis 100° Oechsle, wird oft aber auch für entsprechend hochgradige, trockene Weine in Anspruch genommen.

autochthone Rebsorte: Rebsorte, die nur in einem eng begrenzten lokalen oder regionalen Raum angebaut und vinifiziert wird.

Azidifikation: Anreicherung des Mostes durch Zitronen- oder Apfelsäure.

Barrique: kleines Holzfass mit 225 Litern Inhalt, einst für Bordeaux-Weine entwickelt, heute in aller Welt verbreitet.

Bâtonnage: das Aufrühren der Hefe im Fass mit einem Stock. Qualitätsfördernde Maßnahme bei Weißweinen, die im Holzfass vergoren werden. Entwickelt im Burgund.

Bernsteinsäure: frische, herbe Fruchtsäure, die sich neben Weinsäure (siehe Seite 476) und Apfelsäure in jedem Wein in geringeren Mengen findet.

Blanc de Blancs: nur aus weißen Trauben gekelterter Schaumwein.

Blanc de Noirs: nur aus roten Trauben gekelterter Schaumwein.

Blindprobe: Verkostung von Weinen, deren Flaschen verhüllt sind.

Botrytis cinerea: Edelfäule, erwünscht für Sauternes und alle Formen von Beeren- und Trockenbeerenauslesen.

Bouquet: Summe aller Stoffe, die dem Wein sein typisches Geruchsbild geben.

brandig: alkoholisch schmeckend.

Cantina: ital. Keller bzw. Kellerei.

Cava: span. Schaumwein aus dem Penedès.

Cave: frz. Keller, auch Kellerei.

Chai: ebenerdiger Fasskeller in Bordeaux.

Champagner-Methode: Umschreibung für die Flaschengärung beim Champagner. Für andere Schaumweine müssen nach EU-Recht die alternative Bezeichnung Méthode traditionelle oder Méthode classique verwendet werden.

chaptalisieren: anreichern (siehe Seite 464).

Charakter: Weine mit Charakter sind eigenständig und laufen nicht irgendwelchen Moden nach.

Clairet: in England übliche Bezeichnung für Bordeaux-Weine allgemein.

Charmat-Methode: Methode zur Herstellung von Schaumweinen ohne Flaschengärung. Dabei wird der Wein in großen Druckbehältern aus Edelstahl statt in der Flasche zweitvergoren.

Clos: abgeschlossener, meist von einer Mauer eingefasster, guter Weinberg. Vor allem im Burgund gebräuchlicher Name.

Cooler: amerikanischer Ausdruck für einen Leichtwein.

Crémant: Schaumwein aus bestimmten Gebieten außerhalb der Champagne (z. B. Elsass, Loire, Burgund), nach Champagnerverfahren hergestellt, mit weniger Kohlensäure (zwei bis drei Atmosphären) als ein Champagner.

Cru: besonders gute Weinberglage.

Cuvée: 1. hochwertiger Most aus der ersten Pressung von Champagnertrauben.
2. Assemblage verschiedener Champagner-Grundweine vor der Flaschengärung.

Cuvier: frz. Gärkeller.

Dauben: gebogene Holzstücke, die die Wandung eines Fasses bilden.

dekantieren: Umfüllen des Weins von der Flasche in eine Karaffe.

Diabetikerwein: trockener Wein mit maximal vier Gramm Restzucker pro Liter.

Domaine: frz. Weingut.

durchgegoren: restzuckerfreier, staubtrockener Wein.

edelsüß: Bezeichnung für Wein aus edelfaulen, stark eingeschrumpelten oder gefrorenen Trauben mit hohem Fructose-Anteil.

Edelzwicker: im Elsass gebräuchliche Bezeichnung für einen Wein, der aus vielen verschiedenen Rebsorten gekeltert ist.

Erzeugerabfüllung: Wein, der auf dem Weingut abgefüllt worden ist, von dem die Trauben stammen.

eurotrocken: EU-Wein, dessen Restzuckergehalt maximal neun Gramm pro Liter beträgt bzw. sich nach der Formel »Säure plus zwei« errechnet (d. h. ein Wein mit sechs Gramm Säure darf noch bei acht Gramm Restzucker als trocken gelten).

Extraktsüße: Extraktreiche Weine werden oft als leicht süß wahrgenommen, auch wenn sie vollkommen durchgegoren sind. Grund dafür ist der erhöhte Glyzeringehalt. Glyzerin gehört zur Gruppe der Alkohole und ist ein wichtiger Bestandteil des Extrakts.

Fattoria: ital. Weingut.

Finesse: frz. Feinheit.

Flavone: Farbstoffe in den Schalen weißer Beeren, die gelbe Pigmente enthalten. Weißweine, die ein paar Stunden Schalenkontakt gehabt haben, haben eine zitronen- oder goldgelbe Farbe.

fränkisch-trocken: Weine mit nicht mehr als vier Gramm Restzucker pro Liter. In Franken gängige Interpretation der trockenen Geschmacksrichtung.

frizzante: ital. perlend. Eigenschaft von Perlweinen wie dem Prosecco.

Frühfrost: Frost Ende Oktober oder Anfang November. Häufig erwünscht, weil er die Möglichkeit zur Eisweinlese bietet.

Fumé Blanc: kalifornischer, im Holzfass vergorener Sauvignon Blanc.

füllkrank: aufgrund kürzlich erfolgter Abfüllung geschmacklich noch gestörter Wein.

gemischter Satz: Weine, die aus mehreren Traubensorten zugleich vergoren werden.

Gerbsäure: in Rotweinen in großen, in Weißweinen in geringen Mengen anzutreffendes Tannin.

Gerbstoff: Gerbsäure beziehungsweise Tannin (siehe Seite 474).

G'spritzter: in Österreich übliche Bezeichnung für einen mit Mineralwasser verdünnten Wein. Gut eignet sich dazu z. B. Grüner Veltliner.

Grains Nobles: hochkarätige Beeren- oder Trockenbeerenauslese aus dem Elsass mit mindestens 110° Öchsle, darf nur aus den Sorten Riesling, Muscat, Gewürztraminer und Pinot Gris erzeugt werden.

grün: Wein mit unreifer Säure.

Großlage: in Deutschland gebräuchliche, irreführende Bezeichnung für ein weitgefasstes, sich über mehrere Gemeinden erstreckendes Rebeneinzugsgebiet. Die Bezeichnung hat mit »Lage« im ursprünglichen Sinn nichts zu tun.

halbtrocken: in der EU gebräuchliche Bezeichnung für Weine bis zu 18 Gramm Restzucker pro Liter, beim Champagner (extra sec) bis zu 20 Gramm.

hart: Wein mit unreifem, zu jungem Tannin.

Heuriger: 1. österr. Weinlokal mit angeschlossenem Weingut, 2. Wein des jüngsten Jahrgangs.

hochfarbig: ins Orange tendierende Farbe eines Rotweins. Indiz, dass der Höhepunkt erreicht oder überschritten ist.

Hogsheads: vor allem in Australien zu findendes Weinfass mit 300 Liter Inhalt.

IGT: Indicazione Geografica Tipica, neue Weinkategorie in Italien (entspricht den VDQS-Weinen), in der viele der ehemaligen hochklassigen Vini da Tavola aufgehen.

integrierter Pflanzenschutz: Kombination von Schädlingsbekämpfungs- und Heilmitteln im Weinbau sowie die Abstimmung auf die Schwere des Schadens, den Witterungsverlauf und auf Wechselwirkungen zwischen verschiedenen Schädlingen auf die Gesundheit der Rebpflanze. So soll der Einsatz von Pflanzenschutzmitteln reduziert werden.

internationale Rebsorten: übliche Bezeichnung für Cabernet Sauvignon, Merlot, Pinot Noir, Sauvignon Blanc, Chardonnay.

Johannisberg: 1. Silvaner aus dem Schweizer Wallis, 2. schlossartiges Weingut im Rheingau, dort einer der bekanntesten Weinorte.

Johannisberger Riesling: amerikanische Bezeichnung für die Rebsorte Riesling.

Klon: griech. Zweig. Durch Aufpfropfen eines ausgewählten Reises vermehrte Rebpflanze.

Kohlensäuremaischung: auch Macération carbonique (frz.). Vergärung ungemahlener, intakter roter Beeren unter Sauerstoffabschluss. Resultat sind besonders fruchtbetonte Weine (Beaujolais).

Komplementärsorte: Ergänzungsrebsorte, die anderen Rebsorten zur Geschmacksabrundung beigegeben wird.

körperreich: schwerer, alkohol- und extraktreicher Wein.

krautig: aufdringliches Aroma unreifer Cabernet-Franc-, Cabernet-Sauvignon- und Merlot-Weine.

kurz: ohne Nachklang im Mund.

lang: Wein mit lange nachklingendem Aroma.

leicht: Wein mit niedrigem Alkoholgehalt und niedrigen Extraktwerten.

Lese: Traubenernte.

Liebfrauenmilch: im Ausland gebräuchliche Bezeichnung für einfachste liebliche deutsche Weißweine aus Müller-Thurgau-Trauben, aber auch aus Riesling, Kerner und Silvaner gewonnen.

Likörwein: Dessertwein mit mindestens 15 Vol.% Alkohol.

maderisiert: oxydiert, überaltert, nach Madeira riechend.

Macération carbonique: frz., Kohlensäuremaischung (siehe oben)

Maggiton: unangenehmer Geruchseindruck von alten, maderisierten Rotweinen.

Malolaktische Gärung: auch biologischer Säureabbau oder zweite Gärung genannt. Durch Milchsäurebakterien wird die aggressive Apfelsäure im Wein in die sanftere Milchsäure umgewandelt.

Mehltau: echter und falscher Mehltau. Pilzkrankheit, die erstmals 1847 in Frankreich auftrat und ganze Ernten vernichtete.

Méthode champénoise: Flaschengärverfahren beim Champagner.

Méthode classique: auch Méthode traditionelle. Flaschengärverfahren bei Schaumweinen außer Champagner.

Millésime: frz. Jahrgang.

mineralisch: Aroma bestimmter Weißweine, z. B. einiger deutscher und Elsässer Rieslinge sowie des Pouilly-Fumé.

Most: Saft ausgepresster Trauben.

Mostgewicht: Menge des Zuckers, der im Traubensaft gelöst ist. Wird in verschiedenen Maßeinheiten gemessen und gibt u. a. Aufschluss über den Reifegrad der Trauben.

Mostklärung: Säuberung des Mostes vor der Vergärung.

Nase: Bouquet.

Nachgärung: unerwünschtes Weitergären des Weins auf der Flasche.

negative Auslese: Auslesen fauler Trauben vor der Hauptlese.

nervig: Eigenschaft eines zarten, säurehaltigen Weins.

Oechslegrad: in Deutschland gebräuchliche Maßeinheit zur Bestimmung des Mostgewichts (siehe oben).

Önologie: Wissenschaft von der Kellertechnik und vom Weinbau.

oxydativ: fehlerhafter Wein, der durch zu langen Sauerstoffkontakt viele Aldehyde enthält und unfrisch, müde und maderisiert schmeckt. Alkoholreiche Weine wie Sherry, Madeira, Portwein, Vin Santo oder auch Marsala werden allerdings bewusst oxydativ ausgebaut.

Passito: Wein aus getrockneten Trauben, z. B. Sfursat (Valtellina), Amarone (Valpolicella), Vin Santo (Toskana).

Perlage: im Glas entweichende Kohlensäure bei Schaumweinen.

pfeffrig: typische Geschmackseigenschaft des Grünen Veltliner.

pH-Wert: Maßzahl für die Stärke aller Säuren im Wein; normal sind Werte zwischen 2,8 (sauer) und 3,5 (mild).

positive Auslese: selektives Herauslesen gesunder bzw. edelfauler Trauben.

Prä-Phylloxera: Weine aus der Zeit vor 1870, als die Reblauskatastrophe begann.

Prädikatswein: In Deutschland und Österreich gebräuchliche Bezeichnung für höherwertige Qualitätsweine entsprechend ihres Mostgewichts. Sie dürfen grundsätzlich nicht angereichert werden. In Österreich werden alle edelsüßen Weine als Prädikatsweine bezeichnet.

Primäraromen: natürliche Aromen, die aus den Beeren kommen. Meist blumige und fruchtige Aromen. Bei jungen Weinen meist dominierend.

Qualitätswein: oberste Stufe der europäischen Weingesetzgebung. In Frankreich fallen rund 40 Prozent aller Weine in diese Kategorie (VDQS, AOC), in Italien

20 Prozent (DOC, DOCG), in Spanien 55 Prozent (DO) und in Deutschland (QbA, QmP) 95 Prozent.

Quinta: port. Weingut.

Reblaus: aus Amerika eingeführter Schädling, vernichtete ab 1863 von Frankreich kommend die Rebenbestände Europas.

reduktiv: duftiger, spritziger, weitgehend unter Sauerstoffabschluss ausgebauter Wein.

reinsortig: nur aus einer Traubensorte erzeugter Wein.

reintönig: sauberer, für die Traubensorte typischer Duft und Geschmack ohne Nebentöne.

Reinzuchthefe: im Labor gezüchtete Hefen zur Vergärung von Wein (im Gegensatz zu Naturhefen).

rektifiziertes Traubenmostkonzentrat (RTK): konzentrierte traubenzuckerhaltige Lösung, die aus Traubenmost gewonnen wird und statt Zucker zum Anreichern (siehe Seite 464) von Weinen verwendet werden kann.

Ried: terrassierte Einzellage in der Wachau.

rütteln: Drehen der Champagnerflaschen mit der Hand (frz. Remuage), während diese mit dem Hals in hölzernen Gestellen (Rüttelpulten) stecken. So sollen die in der Flasche angesammelten Hefereste in den Flaschenhals befördert werden.

Schaumwein: Sammelbezeichnung für Champagner, Crémant, Sekt, Cava, Spumante, Asti und andere Weine mit gelöster Kohlensäure.

Sommelier: Weinkellner.

spritzig: Wein mit Restkohlensäure.

Stillwein: Wein ohne Kohlensäure. Der Gegensatz zu Schaumwein.

sur lie: frz. auf der Hefe gelagert. Methode, um Weißweine geschmacksintensiver und frischer zu machen.

Süßreserve: geschwefelter Traubenmost, wird zur Süßung von Weinen benutzt.

Taille: frz., vor allem in der Champagne gebräuchlicher Ausdruck für den unter hohem Pressdruck ablaufenden, im Vergleich zum Vorlaufmost (siehe Seite 475) weniger hochwertigen Most, im Gegensatz zur Cuvée (siehe Seite 466). Man unterscheidet zwischen erster und zweiter Taille.

Tannin: Gerbstoff. Wirkt adstringierend. Ein hoher Tanningehalt gibt Rotweinen das Gerüst zur Lagerfähigkeit.

Teinturier-Rebe: frz. Färberrebe. Rebsorten mit rotfleischigen Reben, die blassen Rotweinen farbliche Tiefe verleihen sollen.

Temperaturkontrolle: Messung der Mosttemperatur während der alkoholischen Gärung (siehe Seite 464) zur Steuerung von Gärungsdauer und Gärungsverlauf.

Terroir: frz., komplexes Zusammenspiel von Boden und Klima.

Traube: Frucht der Weinrebe.

Traubensaft: Most. Ein Kilo Trauben ergibt normalerweise 0,7 Liter Most.

Trester: ausgepresste Traubenschalen samt der Kerne. Wird als Brennstoff, organischer Dünger oder als Grundstoff für Tresterschnaps (Grappa, Marc) weiterverwendet.

Tronçais-Eiche: für den Fassbau begehrtes Holz aus den Forsten um die Stadt Nevers, feinporig und mit weichen, süßen Tanninen.

Ursprungsbezeichnung: gesetzlich definierte Basis aller europäischen Qualitätsweine.

VDQS: Kurzform für Vin Délimité de Qualité Supérieure, in Frankreich gelegentlich anzutreffende Kategorie für Qualitätsweine zweiter Wahl.

Vendange Tardive: frz. Spätlese. Ausdruck für halbtrockene oder für edelsüße Weine.

Verrieseln: nicht alle Blüten der Rebe werden befruchtet, sie entwickeln folglich keine Fruchtansätze, die Trauben haben weniger Beeren.

verschlossen: unentwickelter, junger Wein.

Verschnitt: auch Verschneiden, Mischen von unterschiedlichen Weinpartien bzw. Rebsorten oder von Weinen aus unterschiedlichen Regionen zu einem neuen Wein.

Vieilles vignes: frz. alte Reben.

Vigna: ital. Weinberg.

Vigneto: ital. Weinberg.

Vin de table: frz. Tafelwein.

Vino da tavola: ital. Tafelwein. Bis 1996 wurden einige der besten Weine Italiens bewusst und provokativ zu Tafelweinen deklassiert, weil die Anforderungen an Qualitätsweine für sie nicht passten.

Vinifikation: Weinbereitung. Keltern der Trauben und Vergären des Mostes.

Vintage: engl. Jahrgang.

Vintage Port: Jahrgangs-Portwein.

vollmundig: körperreicher Wein mit ansprechendem Alkoholgehalt.

Vorlaufmost: jener hochwertige Teil des Mostes, der nach dem Mahlen der Trauben ohne weiteres Pressen von der Kelter läuft.

VQPRD: Kurzform für Vin de Qualité Produit dans une Région Déterminée. Französische Weinkategorie, entspricht dem deutschen Qualitätswein bestimmter Anbaugebiete.

Vosges-Eiche: feinporige, relativ geschmacksarme Eiche aus den Vogesen.

Weinsäure: natürliche Fruchtsäure, die umso mehr im Wein zu finden ist, je reifer die Trauben sind.

Weinstein: Kaliumsalz. Ausfällung der Weinsäure in Form von kleinen weißen Kristallen in der Flasche. Beeinträchtigt den Geschmack nicht.

Weißherbst: in Deutschland übliche Bezeichnung für Roséweine.

wurzelecht: alte, unveredelte Reben.

Zapfen: in der Schweiz gebräuchlicher Ausdruck für den Korken.

zweite Gärung: malolaktische Gärung.

Register

A

B

Bildnachweis

Dieth & Schröder Fotografie, Robert Dieth alle Trauben-Icons, 363, 435, 441; *FoodPhotography Eising* 374/375, 377/378; *Enno Kleinert* 239, 240, 241, 242, 269; *Root Stock/Hendrick Holler* 60, 135, 145, 295, 337; *Scope/Jean-Luc Barde* alle Hintergrundmotive Fasskeller; *Scope/Jacques Guillard* 302; *Scope/Michel Guillard* 63, 313, 411; *Scope/Frederic Hadengue* 477; *Scope/Eric Quentin* 397; *Spectre* 321, 409; *StockFood/CEPHAS/Mick Rock* 110, 183, 249, 463; *StockFood/CEPHAS/Ted Stefanski* 177; *StockFood/CEPHAS/Wine Magazin* 413; *Tonystone Bilderwelten* 425; *ZS Verlag* 11, 371